国家卫生健康委员会"十四五"规划教材

全国高等学校**制药工程专业第二轮**规划教材

供制药工程专业用

制药过程自动化与仪表

主　编　张　勇

副主编　曹梦龙　朱红梅

编　者（按姓氏笔画排序）

申宗江（山东新华制药股份有限公司）

吕　品（河南中医药大学）

朱红梅（山东农业大学）

刘　岩（天津中医药大学）

张　勇（山东第一医科大学）

郭燕燕（安徽中医药大学）

曹梦龙（青岛科技大学）

翟代庆（山东第一医科大学）

潘永兰（南京中医药大学）

人民卫生出版社

·北京·

图书在版编目（CIP）数据

制药过程自动化与仪表 / 张勇主编. —北京：人民卫生出版社，2023.9
ISBN 978-7-117-34750-1

Ⅰ. ①制… Ⅱ. ①张… Ⅲ. ①制药工业－化工过程－自动控制－医学院校－教材②制药工业－化工仪表－医学院校－教材 Ⅳ. ①TQ460.3

中国国家版本馆 CIP 数据核字（2023）第 076980 号

人卫智网	www.ipmph.com	医学教育、学术、考试、健康，购书智慧智能综合服务平台
人卫官网	www.pmph.com	人卫官方资讯发布平台

制药过程自动化与仪表
Zhiyao Guocheng Zidonghua yu Yibiao

主　　编：张　勇
出版发行：人民卫生出版社（中继线 010-59780011）
地　　址：北京市朝阳区潘家园南里 19 号
邮　　编：100021
E - mail：pmph @ pmph.com
购书热线：010-59787592　010-59787584　010-65264830
印　　刷：天津科创新彩印刷有限公司
经　　销：新华书店
开　　本：850×1168　1/16　　印张：24　　插页：2
字　　数：568 千字
版　　次：2023 年 9 月第 1 版
印　　次：2023 年 11 月第 1 次印刷
标准书号：ISBN 978-7-117-34750-1
定　　价：88.00 元
打击盗版举报电话：010-59787491　E-mail：WQ @ pmph.com
质量问题联系电话：010-59787234　E-mail：zhiliang @ pmph.com
数字融合服务电话：4001118166　E-mail：zengzhi @ pmph.com

出版说明

随着社会经济水平的增长和我国医药产业结构的升级,制药工程专业发展迅速,融合了生物、化学、医学等多学科的知识与技术,更呈现出了相互交叉、综合发展的趋势,这对新时期制药工程人才的知识结构、能力、素养方面提出了新的要求。党的二十大报告指出,要"加强基础学科、新兴学科、交叉学科建设,加快建设中国特色、世界一流的大学和优势学科。"教育部印发的《高等学校课程思政建设指导纲要》指出,"落实立德树人根本任务,必须将价值塑造、知识传授和能力培养三者融为一体、不可割裂。"通过课程思政实现"培养有灵魂的卓越工程师",引导学生坚定政治信仰,具有强烈的社会责任感与敬业精神,具备发现和分析问题的能力、技术创新和工程创造的能力、解决复杂工程问题的能力,最终使学生真正成长为有思想、有灵魂的卓越工程师。这同时对教材建设也提出了更高的要求。

全国高等学校制药工程专业规划教材首版于 2014 年,共计 17 种,涵盖了制药工程专业的基础课程和专业课程,特别是与药学专业教学要求差别较大的核心课程,为制药工程专业人才培养发挥了积极作用。为适应新形势下制药工程专业教育教学、学科建设和人才培养的需要,助力高等学校制药工程专业教育高质量发展,推动"新医科"和"新工科"深度融合,人民卫生出版社经广泛、深入的调研和论证,全面启动了全国高等学校制药工程专业第二轮规划教材的修订编写工作。

此次修订出版的全国高等学校制药工程专业第二轮规划教材共 21 种,在上一轮教材的基础上,充分征求院校意见,修订 8 种,更名 1 种,为方便教学将原《制药工艺学》拆分为《化学制药工艺学》《生物制药工艺学》《中药制药工艺学》,并新编教材 9 种,其中包含一本综合实训,更贴近制药工程专业的教学需求。全套教材均为国家卫生健康委员会"十四五"规划教材。

本轮教材具有如下特点:

1. 专业特色鲜明,教材体系合理　本套教材定位于普通高等学校制药工程专业教学使用,注重体现具有药物特色的工程技术性要求,秉承"精化基础理论、优化专业知识、强化实践能力、深化素质教育、突出专业特色"的原则来合理构建教材体系,具有鲜明的专业特色,以实现服务新工科建设,融合体现新医科的目标。

2. 立足培养目标,满足教学需求　本套教材编写紧紧围绕制药工程专业培养目标,内容构建既有别于药学和化工相关专业的教材,又充分考虑到社会对本专业人才知识、能力和素质的要求,确保学生掌握基本理论、基本知识和基本技能,能够满足本科教学的基本要求,进而培养出能适应规范化、规模化、现代化的制药工业所需的高级专业人才。

3. 深化思政教育，坚定理想信念 以习近平新时代中国特色社会主义思想为指导，将"立德树人"放在突出地位，使教材体现的教育思想和理念、人才培养的目标和内容，服务于中国特色社会主义事业。各门教材根据自身特点，融入思想政治教育，激发学生的爱国主义情怀以及敢于创新、勇攀高峰的科学精神。

4. 理论联系实际，注重理工结合 本套教材遵循"三基、五性、三特定"的教材建设总体要求，理论知识深入浅出，难度适宜，强调理论与实践的结合，使学生在获取知识的过程中能与未来的职业实践相结合。注重理工结合，引导学生的思维方式从以科学、严谨、抽象、演绎为主的"理"与以综合、归纳、合理简化为主的"工"结合，树立用理论指导工程技术的思维观念。

5. 优化编写形式，强化案例引入 本套教材以"实用"作为编写教材的出发点和落脚点，强化"案例教学"的编写方式，将理论知识与岗位实践有机结合，帮助学生了解所学知识与行业、产业之间的关系，达到学以致用的目的。并多配图表，让知识更加形象直观，便于教师讲授与学生理解。

6. 顺应"互联网＋教育"，推进纸数融合 在修订编写纸质教材内容的同时，同步建设以纸质教材内容为核心的多样化的数字化教学资源，通过在纸质教材中添加二维码的方式，"无缝隙"地链接视频、动画、图片、PPT、音频、文档等富媒体资源，将"线上""线下"教学有机融合，以满足学生个性化、自主性的学习要求。

本套教材在编写过程中，众多学术水平一流和教学经验丰富的专家教授以高度负责、严谨认真的态度为教材的编写付出了诸多心血，各参编院校对编写工作的顺利开展给予了大力支持，在此对相关单位和各位专家表示诚挚的感谢！教材出版后，各位教师、学生在使用过程中，如发现问题请反馈给我们（发消息给"人卫药学"公众号），以便及时更正和修订完善。

人民卫生出版社
2023 年 3 月

前　言

药品是医生治病救人的武器,制药工程是关乎人民健康与幸福生活的大事。实现药品生产过程的自动化、智能化、质量可追溯化,对全面建成小康社会,实现国泰民安的中国梦,具有重要的现实意义。

制药过程自动化与仪表是制药工程及其相关专业四年制本科培养方案中的一门专业课。课程综合了自动控制理论、计算机控制、检测技术、传感器技术、电工与电子技术等学科内容,知识高度交叉。学时少,内容多,如何在有限的时间内完成教学大纲的任务,是教材编写中必须考虑的核心问题。

故编写本书的指导思想和意图是,紧扣教育部制药工程专业的培养方案和课程大纲要求,体现制药工程的特点,把自动化与仪表和制药工艺过程紧密结合,突出工程观念,树立工程思想,建立系统思维,紧密结合制药行业的生产现状,但又不拘泥于制药企业。学习本课程后,能对制药行业的自动化与仪表、智能控制有全面清晰的了解,能掌握常用的检测方法、检测手段,熟悉基本的控制规律、控制方案,为就业和深造打下坚实的基础。

本书由十九章组成。第一章和第二章讲述制药过程自动化与仪表的发展历程和基础知识;第三章至第七章讲述制药行业温度、压力、流量、物位、成分的检测方法;第八章至第十章讲述显示仪表、控制器和执行器;第十一章至第十六章为自动控制的相关知识,包括简单控制系统、复杂控制系统、可编程逻辑控制器、集散控制系统、现场总线控制系统、制药企业计算机控制系统等;第十七章为先进控制系统简介;第十八章为典型制药设备的自动控制;第十九章为制药企业的自动控制综合举例,展示了制药企业先进的集散控制系统,包括工艺简介、带控制点的工艺流程图、典型的控制系统及软件运行界面、工程整定方法等。

全书内容丰富,编排合理,技术先进。在强调基础知识的同时,对制药行业主流的控制系统——可编程控制器、集散控制系统进行了重点讲解。工业互联网是智能制造的抓手,本书对制造执行管理系统、企业资源计划、计算机控制系统、大数据、云计算等知识也进行了阐述,使学生能把握主流计算机测量与控制方向。同时根据要求增加了数字资源。即通过扫描二维码,对重要知识点和拓展知识点进行链接,可以观看相关视频和图片,知识呈现形式生动活泼,与生产实际紧密结合;每一章都附带教学课件、自测题及其答案,方便读者自学。

编写过程遵循"精化基础理论、优化专业知识、强化实践能力、深化素质教育、突出专业特色"原则,实现新工科和新医科的深度融合。教材编委中,除高校长期从事本课程教育科研的教师外,制药企业的高级工程师也参与了教材的编写工作。

全书由张勇主编并统稿。具体分工如下:张勇编写第一章、第二章;潘永兰编写第三章、

第五章;吕品编写第四章、第十二章、第十七章;刘岩编写第六章、第十一章;朱红梅编写第七章、第十六章;翟代庆编写第八章、第十章;郭燕燕编写第九章、第十八章;曹梦龙编写第十三章、第十四章、第十五章;申宗江编写第十九章第一节。每一位编者同时负责该章节的数字资源内容。另外,山东新华制药股份有限公司高级工程师胡晓光,也参与了本书的编写工作,撰写了第十九章第二节,并提供了数字资源;山东农业大学的李滨教授也参与了部分数字资源的编写。

本书可作为制药工程专业四年制本科教材,也可以作为非自动化专业的自动化与仪表课程教材,可供相关工程技术人员参考。

本书编写过程中,得到了出版社、编者单位、专家、学者、企业界同仁的大力支持,在此表示感谢。由于本书是第1版,涉及知识面广,知识更新快,虽力求做到严谨、规范,但鉴于水平、经验所限,肯定存在诸多不足之处,欢迎读者批评指正,以便再版时加以修订和改正。

张 勇

2023 年 2 月

目 录

第一章 绪论

ER1-1 第一章
绪论（课件）

随着现代科学技术的发展，制药企业的自动化水平日益提高，生产过程的工艺参数变得更加精准、可控。本章从制药工程的工艺特点出发，介绍自动化发展历史和演化脉络；同时讲述国内外自动化与仪表的软件和硬件系统，以便掌握主流控制系统的应用现状，了解其未来发展趋势；最后讲述了仪表的误差与基本技术性能指标，这些知识是正确使用和评价仪表的基础。

ER1-2 制药企业自动化与仪表控制室（视频）

第一节 制药工程的工艺特点

1. **变量复杂** 药品种类繁多，工艺过程复杂，变量多输入多输出，涉及物理、化学、生化等各种变化或反应，各参数间互相影响、互相关联、互相干扰，有非线性、强耦合性，且存在纯滞后特性。

2. **设备多样** 既有连续生产过程，又有单元化、批量化、离散型、间歇性、混合型生产过程；既有塔、釜、罐、槽，又有热交换器、泵、压缩机等设备。

3. **有生产的特殊性** 生产往往在密闭的容器、设备中进行，具有高温、高压、有毒、易燃、易爆、腐蚀性、刺激性等特点。

4. **参数控制要求精确** 对温度、压力、流量、液位、质量、成分、pH、湿度等的要求很高，反应过程瞬息万变，对化学反应时间的控制、投料的先后顺序、搅拌的方式、颗粒的大小、设备的清洗方式、设备的状态、生产车间的洁净度等决定了药品的成败。

5. **监管严格** 各个国家对药品生产都有严格的监管。对质量、规范、验证性要求很高，对产品的稳定性、批次与批次之间数据的一致性也提出了很高的要求。

制药工业无论从生产还是研发的角度来讲，都必须对工艺参数进行严格的控制。下面以发酵罐控制系统为例进行阐述。

该系统的主体设备为发酵罐。发酵罐上部安装了电机驱动的搅拌装置。该系统采用了可编程逻辑控制器计算机控制系统。

ER1-3 发酵罐现场（图片）

F106 100L 发酵（种子）罐控制的参数有温度、压力、pH、转速、溶氧量。空消是指发酵罐内部还没有放置发酵液，对整个罐体进行灭菌消毒。实消是指加入培养基后消毒灭菌。通过严格的时间设置，调节压缩空气的进气量、热水上水、冷水上水、料液、补碱等，合成所需的产品。主界面可以观察实时数据，浏览历史数据，并对数据进行统计分析。系统同时具有越线报警功能。

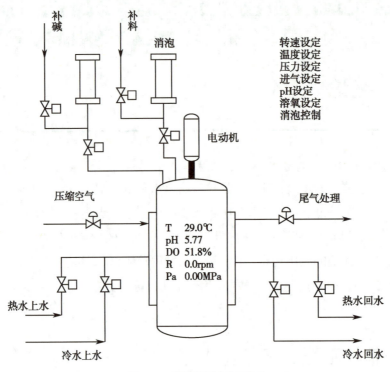

图 1-1　发酵罐控制原理图

第二节　自动化发展概述

药品的生产不仅取决于产品制造的机制、原料、环境、人员,还与工艺设备、工艺过程控制密切相关。特别是近年来,随着现代化测控技术、通信技术、计算机技术的发展,各种软硬件技术及控制算法的迭代,制药企业的自动化水平得到迅猛发展,极大地促进了企业的技术进步,保障了人员、设备的安全,提高了生产、研发效率和经济效益,减轻了工作人员的劳动强度,降低了生产成本和环保风险,使药品的稳定性、产量、全过程周期可追溯性、透明化、信息化水平、审计跟踪功能等显著增强,为实现智能制造打下了坚实的基础。

自动化是指在较少人力干预下,按照人的预先设定,对系统或设备进行自动检测变送、信息处理、分析判断、操纵控制、过程优化和决策,实现预期目标的过程。自动化发展大致经历了以下四个发展历程。

一、经典控制理论

自动化技术是伴随着人类社会的发展而逐步发展与壮大的。经过漫长的手动操作、半手动操作、蒸汽革命,20 世纪 40 年代,自动控制理论开始形成,被誉为 20 世纪上半叶“三大伟绩之一”,也称为经典或古典控制理论。该理论针对时域、频域方面的控制问题进行分析和设计,以传递函数作为描述系统的数学模型,分析系统响应,提出性能指标,判定系统的稳定性。采用的方法有奈奎斯特稳定判据、伯德图、根轨迹法、比例积分微分控制（又称 PID 控制）等。特别是 PID 控制，数学建模简单精确，投运方便，稳定性好，响应快速准确，工作可靠，得到了广泛的应用。目前，工业企业中 80%～90% 的系统仍然应用 PID 规律进行过程控制。因此，经典控制理论对单输入、单输出，线性定常系统的分析和应用是卓有成效的。与此同时，专家学者们出版了一些经典著作，如美国科学家维纳撰写的《控制论》。我国著名科学家钱学森将控制理论应用于工程实践，并于 1954 年出版了《工程控制论》，该著作全面总结了经典控制理论，并突破了经典控制理论的局限，对现代控制理论的发展作出了重要贡献。

二、现代控制理论

现代控制理论描述的是多输入、多输出系统，致力于解决非线性和参数时变问题，以线性代数、微分方程为分析工具，以状态空间法为基础，通过对状态变量的描述来进行控制系统的分析与设计，本质上也是一种时域分析方法。1956 年，极小值原理、动态规划的出现，奠定了最优控制的理论基础。1959 年，现代控制理论的重要成果卡尔曼滤波开始创建，随后，卡尔曼提出了系统的能控性、能观性理论，奠定了现代控制理论的基础。

当然，经典控制理论和现代控制理论并不矛盾。制药过程中，实时性比较强，线性系统和非线性系统，定常系统和时变系统，单变量系统和多变量系统往往互相交织，给自动控制系统的实现带来了一定的难度。

三、大系统理论

1980 年以来，控制理论持续发展，并与其他理论交叉融合。现代控制理论与系统分析、最优理论，特别是运筹学相结合，形成了大系统理论。该理论主要解决规模庞大、结构复杂、目标多样、影响因素众多的随机性控制问题；既可以采用集中控制，也可以实行分散控制、递阶控制、协同控制。此外，控制系统和嵌入式技术、模糊控制、专家系统、神经网络理论、物联网技术相结合，衍生出许多新型的控制方案。

四、智能控制

近年来，随着人工智能的发展，智能控制从理论和应用上均得到蓬勃发展。智能控制是人工智能和自动控制相结合的产物，它把信息处理、信息反馈、控制决策有机糅合，用以解决复杂系统、不确定系统、非线性系统的控制问题，实现复杂控制系统的多目标、多层次、多变量优化约束控制。模式识别、机器学习、深度搜索算法的引入，机器人、大数据、云计算、物联网等技术互相支撑，管控一体化、开放流程自动化相互融合，丰富了自动控制的内涵，使工厂自动化得到质的提升和飞跃。

第三节 仪表发展概述

仪表随着自动控制理论的发展而发展。其大致的发展历程参见表1-1。

表1-1 仪表的发展历程

序号	时间	名称	主要特点
1	1950 年	基地式仪表（instruments on base）	就地安装、显示、记录和简单控制
2	1960 年	电动单元组合仪表（DDZ）气动单元组合仪表（QDZ）	采用国际标准统一信号，集中供电，结构合理，功能多样，整套仪表可构成本质安全型防爆系统
3	1969 年	可编程逻辑控制器（program logic controller，PLC）	抗干扰能力强，可靠性高，模块化设计，编程简单，体积小，维护方便
4	1970 年	直接数字控制（direct digital control，DDC）	用一台计算机对一个或多个参数进行检测、控制
5	1973 年至今	工业以太网 & 互联网（industrial ethernet，industrial internet）	引入工业以太网技术和 TCP/IP 协议，将不同地点的现场设备连接成网络，实时性好，应用广泛，易于集成
6	1975 年至今	集散控制系统（distributed control system，DCS）	将分散控制装置、通信设备、集中操作、信息管理融合在一起，功能分层，合作自治
7	1984 年至今	现场总线控制系统（fieldbus control system，FCS）	数字通信、开放性、智能化、多站通信，开放化、数字化，属于局域网
8	1999 年至今	物联网技术（internet of things，IOT）	物联网将所有物品通过射频识别信息传感设备与互联网连接起来，实现智能化识别和管理。机器人在制药企业广泛应用
9	2010 年至今	基于大数据、云计算的计算机监控系统（big data & cloud computing）	针对规模庞大的应用数据，利用云平台的处理能力，对生产过程进行实时监控

基地式仪表把测量、显示、控制集中在一起，结构简单，使用比例较少。单元组合仪表分气动、电动两种。设备由变送、转换、计算、显示、给定、调节、辅助、执行等单元组成。可根据功能和实际需要进行组合。DDZ-Ⅲ型电动仪表，输出信号 4～20mA 或 1～5V；QDZ-Ⅲ气动仪表之间的标准传递信号为 20～100kPa。单元组合仪表采用 PID 控制和复杂控制系统（如串级、比值、分程、前馈、选择控制等）。

1969 年，第一台可编程逻辑控制器（PLC）诞生，逻辑控制和顺序控制得到蓬勃发展。PLC 是一种数字运算操作的电子系统，专为在工业环境下的应用而设计，目的是用来控制复杂的工艺生产过程，现已经成为工厂自动化的支柱之一。

直接数字控制的输入、输出均为数字量，其输出直接作用于控制对象，控制方式灵活多样，既可实现实时控制，又可实现分时控制。但由于控制过于集中，一旦计算机发生故障，将引起整个系统的崩溃，故可靠性不高，很快被集散控制系统代替。

以太网概念于 1973 年提出。工业以太网控制系统是基于 IEEE 802.3（ethernet）的强大的区域和单元网络。IEEE 802.3 标准于 1983 年颁布。该网络通信速度快，实时性和确定性好，安全性高、价格低廉、稳定可靠、软硬件产品丰富，容易实现开放互联，可以通过互联网实现远程控制、远程访问。工业互联网即是把人、数据和机器连接起来,这个概念是于 2012 年提出的。其目的是通过开放的、全球化的通信网络平台,将生产各要素连接起来,资源共享,实现生产全流程的数字化、网络化、自动化、智能化,提高生产效率,降低生产成本。

集散控制系统,又称为分布式控制系统,主要由工程师站、控制器和 I/O 子系统组成,通常分为现场控制层、过程监控层和生产管理层。其基本设计思想是危险分散、控制分散,操作和管理集中。它克服了直接数字控制的缺点,可靠性大大提高。

现场总线控制系统是连接智能测量和控制设备的全数字式、双向传输、具有多节点分支结构的通信链路。采用两线制通信,现场仪表都连接在控制室的两根总线上数据共享,可以选择不同厂家的设备进行集成。具有现场通信网络、现场设备互连、互操作性、分散的功能块、通信线供电和开放式互联网络等技术特点。与现场总线相比,两线制通信投资少,安装费用低,结构简单,可靠性高,易于维护。但当两根总线出现问题时,有可能整个现场总线处于瘫痪状态。比较典型的现场总线控制系统有 PROFIBUS、FF、CAN、HART、LONWORKS 等。

物联网技术的目标是实现万物互联,高速移动通信技术(如 5G)使得物联网应用成为可能。物联网可将任何传感器,按照规定的协议,与网络相连,从而实现数据收集、数据管理、监测监控等功能。物联网技术可访问制药企业的各种实时信息,实现操作的可见性,使生产标准化成为可能。可穿戴医疗设备是物联网应用的一个典型实例。

基于大数据和云计算的计算机监控系统在制药企业得到广泛应用。随着 5G＋工业互联网技术的日益成熟,以大数据、云计算、区块链、数字孪生、无线网络、边缘计算、增强现实和虚拟现实等技术作驱动,形成"云、网、边、端"的全链条能力,实现制药企业原材料、生产、仓储、质量、设备全产业链数字化管理与精准控制,提高生产效率,降低生产成本,从而为生产决策智慧化奠定良好基础。

对控制系统中检测的结果实施报警动作、调节或停机控制,称为安全仪表系统(safety instrumentation system, SIS)。控制系统中的报警和联锁装置,是企业自动控制中的重要组成部分。针对不同用户,根据职责范围,可以进行不同的权限设置。

仪表可使用电或气来提供能源,进行信号的传输。电动仪表传输距离远,反应速度快,控制及时,易于实现计算机控制;气动仪表结构简单,工作稳定,价格便宜,本质安全防爆。除特殊场合外,仪表普遍使用电动仪表。除了使用普通的仪表外,制药生产过程还广泛使用卫生级仪表,仪表的材料要做到无毒无害,与药品接触要满足卫生型和无菌型要求。

第四节　自动化与仪表的硬件系统与软件系统

一、硬件系统

在自动化与仪表的发展过程中,出现了众多的国内外仪器仪表生产企业,这些企业的产品众多,不胜枚举。表 1-2 仅对少数企业的部分产品进行举例,必要时可对这些企业进行信息检索和查询。

ER1-4　企业车间

表 1-2　仪表生产厂家及产品举例

序号	厂家名称	国别	产品举例
1	上海自动化仪表	中国	热电偶、热电阻、压力控制器、涡轮流量计、超声波物位计、气动薄膜调节阀
2	重庆川仪	中国	PAS300 集散控制系统、SCS-100 可编程控制系统、智能执行机构、智能调节阀、分析仪器及成套系统
3	汇川技术	中国	PLC 系列产品
4	科隆	德国	密度计、雷达液位计、磁翻板液位计、电磁流量计
5	罗克韦尔	美国	安全仪表系统
6	梅特勒托利多	瑞士	溶解氧测量仪、工业秤、TOC 分析仪、微生物浓度检测仪、工业过程气体分析仪
7	艾波比	瑞典	超声波物位测量仪
8	恩德斯豪斯	德国	pH 测量仪、电磁流量计
9	罗托克	英国	执行器、开关阀
10	岛津	日本	气相色谱仪、液相色谱仪

二、软件系统

现代化的医药生产、开发离不开工业控制软件。工业软件通常可分为四类：研发设计类、生产管控类、管理运营类和嵌入式软件。和本课程密切相关的软件有企业资源计划（ERP）、计算机辅助制造（CAE）、制造执行系统（MES）、集散控制系统（DCS）、数据采集与监控（SCADA）系统等。

我国工业软件产品收入增长加快，有力支撑制造业数字化转型升级。2022 年，我国工业软件产品实现收入 2 407 亿元，同比增长 14.3%，高出全行业整体水平 3.1 个百分点。总体上，工业软件弱，高端软件少。但在 DCS 领域，国内的某些企业开始占据优势。可以预见，今后若干年，将是我国自动化与仪表软件的蓬勃发展期。

图 1-2（见文末彩图）为某制药企业布洛芬钠盐结晶的 DCS 软件监控界面。

图 1-2 中，V309e 是布洛芬生产的钠盐降温过程的一个结晶罐。带结晶的钠盐溶液通过搅拌实现罐内温度均匀，初始降温时钠盐溶液温度高，使用冷水进行降温，钠盐溶液温度降到一定值后，通过阀门 TV501、TV502、TV503、TV504 的开关动作，切换成使用盐水降温。钠盐溶液降温过程中，为了防止降温速度过快，需要控制 V309e 罐的进出水温差 Δt 相对稳定，使用调节阀 TV508 调节进水流量，实现结晶罐进出水温差 Δt 的控制。V309f 工作原理亦是如此。

表 1-3 列举了国内外主要 DCS 和组态软件的生产开发企业，以便读者树立系统的观念，对主流的监控软件有初步但较为全面的了解。

表 1-3　常用的仪表生产厂家软件举例

序号	厂家名称	国别	软件名称
1	浙江中控	中国	JX-300XP、ECS-700 集散控制系统
2	北京和利时	中国	HOLLIAS MACS 集散控制系统
3	横河	日本	CENTUM CS3000 集散控制系统

序号	厂家名称	国别	软件名称
4	西门子	德国	S7-300/400/1500 PLC 可编程控制系统
5	霍尼韦尔	美国	TDC3000 集散控制系统
6	艾默生	美国	Deltav 集散控制系统
7	斯玛	美国	System 302 现场总线控制系统
8	紫金桥	中国	监控组态软件 V6.5
9	亚控科技	中国	KingView 组态软件

第五节　仪表的误差与基本技术性能指标

仪表的基本技术性能指标是评价仪表性能好坏、质量优劣的主要依据,是正常工作时必须满足的基本要求。具体应用时,应从仪表的测量误差、性价比、技术性能、使用环境、操作人员等多方面来权衡质量的优劣,以满足仪表测量稳定性、快速性和准确性的总体要求。

一、仪表的测量误差

误差是测量值和真实值之间的差异。任何仪表的测量都有误差。误差受测量仪器、环境、干扰、操作人员等各种因素的影响。误差只能减小,不能消除。

1. 绝对误差　绝对误差 Δ 是指仪表的测量值 X 和真实值 X_T 之间的差值。仪表的真实值是客观存在的理论值,无法通过测量得到。通常把精度高的标准表的测量值作为真实值,把精度比较低的仪表的读数作为测量值。绝对误差有量纲,单位与测量值相同。

$$\Delta = X - X_T \qquad\qquad 式(1-1)$$

2. 相对误差　相对误差 δ 为绝对误差和被测量真值之间的比值。通常用测量值代替真实值进行计算。

$$\delta = \frac{\Delta}{X_T} = \frac{X - X_T}{X_T} \times 100\% \qquad\qquad 式(1-2)$$

相对误差无量纲,一般用百分数表示。

3. 引用误差　引用误差 γ 是仪表中通用的误差表示方法。它是绝对误差与仪表的量程之比。X_{max} 为仪表量程的上限值,X_{min} 为仪表量程的下限值。

$$\gamma = \pm \frac{\Delta}{X_{max} - X_{min}} \times 100\% \qquad\qquad 式(1-3)$$

整个测量量程范围内的最大绝对误差与量程之比,称为最大引用误差。最大引用误差能比较准确地反映仪表的测量精度,又称为仪表的基本误差。

$$\gamma_{max} = \pm \frac{\Delta_{max}}{X_{max} - X_{min}} \times 100\% \qquad\qquad 式(1-4)$$

误差根据性质的不同可分为系统误差、随机误差和粗大误差。系统误差是仪器仪表本身的固有误差、测量原理或测量方法理论缺陷、操作人员心理生理因素制约产生的误差；随机误差也称偶然误差或不定误差，是由于在测定过程中一系列有关因素微小的随机波动而形成的具有相互抵偿性的误差；粗大误差，又称过失误差，即测量错误，这是测量过程中应尽力避免的。

二、仪表的技术性能指标

1. 量程 仪表的量程是指该仪表测量范围的大小。

量程＝测量的上限值－测量的下限值

$$\Delta X = X_{max} - X_{min} \qquad\qquad 式（1-5）$$

例如：某温度测量仪表，测量范围为－50～150℃，则该仪表的量程为200℃；若测量范围为200～800℃，则其量程为600℃。

2. 精度 也称精确度，是测量值对真实值的准确程度。仪表的精度等级通常用其允许的最大引用误差去掉%后的数字来衡量。工业过程测量和控制用检测仪表与显示仪表的精度等级有：0.01、0.02、(0.03)、0.05、0.1、0.2、(0.25)、(0.3)、(0.4)、0.5、1.0、1.5、(2.0)、2.5、4.0、5.0；共16个，其中括号里的5个不推荐引用。依据标准为《工业过程测量和控制用检测仪表和显示仪表精确度等级》(GBT 13283—2008)。等级级数越小，所代表的精度等级也就越高。

精度标注有三种，以1级为例，可以标注为1级、①、⚠1.0。一台压力表，若其测量的基本误差为±1.0%，则可认为该仪表的精度等级为1.0级；若另一块压力表测量的基本误差为±1.6%，可以认定该仪表的精度等级为2.0级。

测量结果的精度，不仅与仪表的精度等级有关，而且与它的量程也有关。因此，选择量程时应尽可能使读数占满刻度的2/3以上。选择仪表的精度应充分考虑实际工作需要。在满足工艺要求、产品质量指标的前提下，也要考虑仪表的经济性。一般来讲，精度越高，价格越贵，维护成本较高。故在能用、够用的前提下，不必过分追求仪表精度。

例 1-1 如图1-3所示，该仪表为双金属片温度测量仪表，型号为WSS-511，测量范围为0～200℃，精度等级为1.5级。求仪表的基本测量误差。

解：根据最大引用误差的定义式

图 1-3 双金属片温度测量仪表

$$\gamma_{max} = \frac{\Delta_{max}}{X_{max} - X_{min}} \times 100\%$$

则 $\qquad \Delta_{max} = \gamma_{max}\% \times (X_{max} - X_{min}) = 1.5\% \times 200℃ = 3℃$

3. 灵敏度和灵敏限 灵敏度是仪表对被测量微小变化的反应程度，是一个动态特性，用S表示。

$$灵敏度 = 输出变化量 / 输入变化量$$

$$S = \frac{\Delta Y}{\Delta X} \qquad \text{式(1-6)}$$

式中，ΔY 为仪表指示装置的直线位移或角位移；ΔX 为被测参数的变化量。

灵敏限，是仪表输出能响应和分辨的最小变化量，也叫分辨率。仪表的灵敏度越高，则分辨率也越高。分辨率高，不代表仪表的精度高。数字仪表能显示的位数越多，其分辨率也越高。

4. 回差　也称变差。如图 1-4 所示，当输入量上升（正行程）和下降（反行程）时，同一输入量，对应两个输出量之间的最大差值。回差越小，正反行程的测试曲线越趋于一致，说明仪表的重复性（复现性）越好。回差 δ_b 的计算公式，如式（1-7）所示。

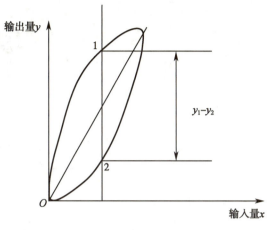

图 1-4　仪表的回差

$$\delta_b = \frac{\left| X_{正} - X_{反} \right|_{\max}}{X_{\max} - X_{\min}} \times 100\% \qquad \text{式(1-7)}$$

产生回差，有多方面的原因，例如仪表机械传动装置存在间隙，内部的弹性元件存在变形，运动部件之间的摩擦，铁磁性物质磁感应强度随磁场强度变化所产生的磁滞现象，仪表具有储能效应所带来的充放电延迟，元器件本身具有的死区效应等。仪表的回差，不能超过其允许的基本误差。

例 1-2　某金属管浮子流量计，测量范围为 0～200L/h，精度等级为 1.5 级。对该表进行校验。当标准表流量从 0 上升到 100L/h 时，被校验的浮子流量计读数为 102/h；当标准表流量从 200L/h 下降到 100L/h 时，被校验的浮子流量计读数为 97L/h。试问仪表在 100L/h 点处的回差是多少？仪表在该点处的回差是否符合精度要求？

解：根据式（1-7），仪表的回差为

$$\delta_b = \frac{\left| X_{正} - X_{反} \right|_{\max}}{X_{\max} - X_{\min}} \times 100\% = \frac{102 - 97}{200 - 0} \times 100\% = 2.5\%$$

该表的精度等级为 1.5%，即仪表允许的最大基本误差为 ±1.5%，该仪表在被校验点的回差为 2.5%，回差大于仪表允许的基本误差。故仪表的回差不符合要求。该仪表应重新调校或被降级使用。

5. 线性度　对仪表或自动化装置来讲，我们希望输入输出能保持理想的线性比例关系，也就是线性度要好。但事实上，每种仪表都有一定的线性工作范围，超出这个范围，输入输出就不成比例，实际输出就会有偏差，偏差值和理想值的比值，就是线性误差。通常来讲，线性误差越小，测量的精度就越高。

6. 仪表的复现性　复现性又称重复性，指在不同的测量条件下，不同的测量者，应用不同的方法，对同一被测量进行多次检测时，其测量结果的一致程度。一致程度越高，仪表的复现性越好。

　　除了上述列举的基本概念外,仪表的反应时间、稳定性、可靠性也成为现代工业自动化领域追求的重要指标。

ER1-5　第一章　目标测试

第二章　自动化与仪表基础知识

第一节　自动控制的基本概念

一、概念

　　自动控制是指借助一些自动化的仪表、设备、装置或系统，使生产过程中的工艺参数按预定的控制规律平稳运行，生产出合格的产品，当受到外界干扰，参数偏离正常的工作状态时，能够自动调节，使参数回到预设的工作范围内，超限能够启动联锁保护装置或预警。自动控制是相对于手动控制而言的。下面以锅炉的自动控制系统为例进行阐述。

　　锅炉是制药行业的常见设备，主要通过燃烧将化学能转换为热能，对载热体进行加热、热量交换，提供热水、蒸汽等。锅炉的汽包水位是需要控制的重要参数。水位过高，会使蒸汽带液，降低蒸汽的产量和质量；水位过低，容易引起气液失衡；干烧时则可能引起锅炉爆炸。因此必须对锅炉汽包水位进行严格的调控。图 2-1 为锅炉汽包水位控制系统，该锅炉为蒸汽锅炉。

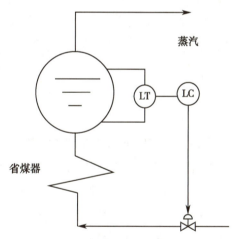

图 2-1　锅炉汽包水位控制系统图

　　图 2-1 中，LT（level transmitter）是测量变送部分，用来检测锅炉汽包的水位，并把它转化成标准的国际统一信号，传输至调节器，相当于人的眼睛。LC（level control）为控制器，内部有设定值，与来自 LT 的信号相比较，两者相减后得到一个偏差值，并按某种规律运算，将信号传输至执行器，相当于人的大脑。执行器通常为调节阀，接收从控制器传输来的信号，改变阀门开度，控制流入锅炉的进水量，相当于人的双手。水位过低时，加大进水量，使水位升高；水位过高时，减小进水量，使水位降低；从而使锅炉汽包的水位始终在设定值附近波动。

　　控制系统中，要求保持设定值不变或按预定规律变化、随某变量变化而变化的物理量，称为被控变量；把用来克服干扰对被控变量的影响，实现控制作用的变量，称为操纵变量。最常见的操纵变量是介质的流量。干扰是除了控制变量外，能对被控变量施加影响的所有变量。

　　对锅炉汽包控制系统来讲，控制对象为锅炉汽包；被控变量为锅炉汽包水位；操纵变量为锅炉给水量。系统存在的干扰或多或少对汽包水位产生影响。常见的干扰有水的压力、温度；周围环境的温度；燃料（煤炭、油、燃气）的燃烧值或供电锅炉的电压；蒸汽的压力、出口温度、出口流量等。

与手动操作相比，锅炉汽包水位能在无人干预的情况下在设定值附近上下波动，在误差范围内保持不变，构成了一个简单控制系统。

二、简单控制系统构成

通常，一个简单控制系统由四部分组成。

1. 被控对象　需要控制其工艺参数的生产过程、生产设备、机器等。如锅炉、换热器、发酵罐、精馏塔、化学反应器等。

2. 测量变送　把被控变量转换为测量值，把非电变量转换成电变量，并转化为一种特定的、统一的输出信号送往控制器。如变送器可将气压信号可转换为 20～100kPa，将电压信号转换为 1～5V，将电流信号转换为 4～20mA 等。

3. 控制器　也叫调节器，接收变送器发送的信号，与设定值比较，得到偏差信号，根据偏差的正负、大小及变化情况，按一定的控制规律（如 PID 调节、预测控制、模糊控制等）去控制执行器的动作。

4. 执行器　通过接收从控制器发送的信号，来控制阀门的开启度、动作大小、信号强弱。执行器有气动薄膜调节阀、电动调节阀、智能调节阀、开关阀等。

三、控制系统方框图

为了更清晰地表达控制系统各个组成部分的功能、彼此之间的联系、信号的流向，通常用方框图对自控系统加以描述。一个简单控制系统的方框图，表示方法如图 2-2 所示。每个环节用方框表示，各个环节之间的联系和信号传输用带箭头的有向线段表示。圆圈代表比较点，表示两个或两个以上的信号作加减运算，+ 表示信号相加，- 表示信号相减。其中，设定值为 x；测量值为 z；偏差为 e；输出为 p；操纵变量为 q；被控变量为 y；干扰为 f。这些值都是时间的函数，即随时间动态变化。

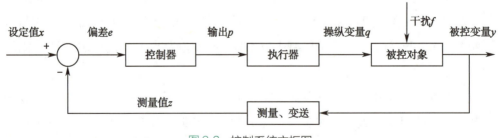

图 2-2　控制系统方框图

从图 2-2 可以看出，该框图是一个负反馈、闭环控制系统。偏差 = 测量值 - 设定值，$e = z - x$。信号的传输按照箭头方向运行，最后又回到起点，构成了闭环回路。开环则没有反馈通道,不构成闭合回路。负反馈的作用削弱了原始信号,使控制器能够根据偏差的大小和方向控制执行器的开度,达到最终消除或减小偏差的目的。正反馈则与之相反。方框图中,各个环节的连线和工业流程图中的物料流向意义不同,在工程实践中要注意区分。

第二节　常见的自动控制系统概述

一、定值控制系统

设定值恒定不变的系统,称为定值控制系统。设定值是一种预期值,是人们希望控制系统能实现的目标。设定值也称给定值,是工艺规定被控变量所要保持的最优数值或范围,被控变量的设定值是由工艺决定的,而不是自控系统设计的人员决定的。

由于干扰的存在,测量值和设定值总是存在偏差。控制系统的任务就是克服干扰的影响,使被控变量最大程度地接近设定值,减小偏差,获得良好的控制性能指标。除非特别说明,医药生产中的大部分系统都属于定值控制系统。

图2-3是为换热器温度定值控制系统。其工作原理是首先通过检测仪表测量物料的出口温度,和设定值比较,得到偏差值。当偏差不为零时,通过控制器调节蒸汽阀门的开度,改变加热蒸汽的流入量,从而达到控制物料出口温度的目的。出料量温度低于设定值,增加加热蒸汽的流入量;出料量温度高于设定值,减少加热蒸汽的流入量。

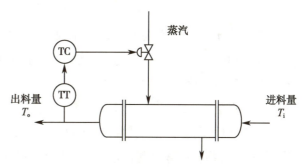

图2-3　换热器温度控制系统
TT:温度测量变送;TC:温度控制

二、随动控制系统

随动控制系统的设定值不是预先设定的,或者是预先不知道的,而是随实际情况不停变化的。控制系统的任务是使被控变量能及时跟踪设定值的变化,平滑设定值的变化,达到迅速、正确监测监控的目的。

以导弹跟踪无人机为例。当无人机的飞行姿态、航速、航向等发生变化时,卫星或定位装置获得实时信息,导弹的设定值,包括飞行姿态、航速、航向等也要及时调整,以跟踪、定位要锁定的飞行器,达到摧毁无人机的目的。

再如,医药生产过程中的比值控制系统,如图2-4所示。主物料为F_1,副物料为F_2。主物料和副物料必须按照一定的比例配比,才能合成原料药。

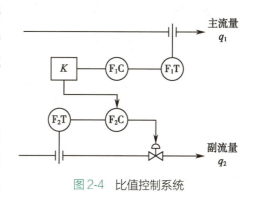

图2-4　比值控制系统

但主物料价格昂贵,流量不能被随便控制,这时就必须调节副物料的流量,满足 $K=F_2/F_1$ 的要求。首先检测 F_1 的流量,F_1 控制器将输出信号乘以系数 K,传输到 F_2 的控制器,作为 F_2 控制器的设定值。F_2 的测量值和设定值比较,通过改变调节阀的开度,改变 F_2 的流量,达到满足比例系数 K 的目的。

三、程序控制系统

根据事先编制好的程序,按时间的先后顺序依次执行的控制系统,称为程序控制系统。程序控制系统的设定值也是变化的,从本质上来讲,也是随动控制系统,只不过其设定值是预先确定的、有规律的,是时间的函数。智能电饭煲定时蒸煮米饭,即是一个程序控制系统的例子;音乐喷泉也是。

第三节　自动控制系统的过渡过程和品质指标

一、自动控制系统的静态特性和动态特性

控制系统的输入有两种:设定值和扰动值。当输入恒定不变时,系统的输出量也保持不变,各环节的输出信号变化率为零,整个控制系统处于相对平衡或静止状态,此时输出与输入之间的关系,称为静态特性。

稳定的控制系统,当其设定值改变,或受到干扰作用的影响时,系统的平衡就会受到破坏,被控变量和设定值之间就会存在偏差,各变量根据偏差进行自动调节,以克服扰动带来的影响,力图使系统恢复平衡状态。这种从静态开始,由于输入的变化,输出随时间变化的关系,称为动态特性。

在自动控制系统中,通常希望被控变量稳定,但干扰无时、无处不在。分析一个系统是否具有抗干扰能力,通常人为引入阶跃干扰,看系统能否承受,是否经得住考验。这种干扰比较突然、危险,形式简单,易于实现,对被控变量的影响最大。如果这种干扰控制系统都能够克服,说明控制系统的稳定性高,鲁棒性较好。通常,一个控制系统能够克服阶跃干扰,对其他形式的干扰和变化也能很好地适应。

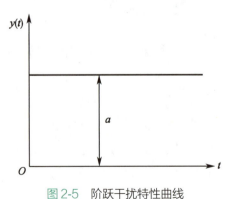

图 2-5　阶跃干扰特性曲线

阶跃干扰的特性曲线如图 2-5 所示,数学表达式见式(2-1)。

$$y(t)=\begin{cases}0, & t\leqslant 0\\ a, & t>0\end{cases} \qquad 式(2-1)$$

多数制药过程的特性可分为以下四种。

1. 有自衡的非振荡过程 如图 2-6 所示，设进水量为 q_1，出水量为 q_2。当 $q_1=q_2$ 时，系统处于动态平衡状态，液位保持恒定的高度。当 $q_1>q_2$ 时，动态平衡状态被打破，液位升高，出水阀的静压增加，出水量增加。液位的升高速度逐步下降，最终达到新的稳态值。这种装置无须加入额外的控制系统，不经振荡，就能够自发地达到新的平衡状态的固有特性，称为有自衡的非振荡过程。这类过程比较常见，比较容易控制。

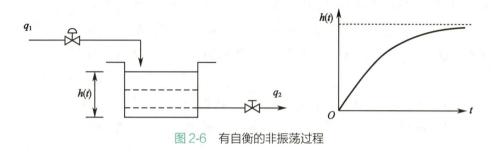

图 2-6　有自衡的非振荡过程

2. 无自衡的非振荡过程 如图 2-7 所示。当 $q_1=q_2$ 时，系统处于动态平衡状态。但当 $q_1>q_2$ 或 $q_1<q_2$ 时，进水量变化，泵的出水量始终不变，液位的变化有两种结果：要么为零，要么溢出。在阶跃作用下，被控变量不经过振荡，一直处于上升或下降状态，直至达到极限值的现象称为无自衡的非振荡过程。大多数被控过程为具有无自衡的非振荡过程，比有自衡的非振荡过程难控制。

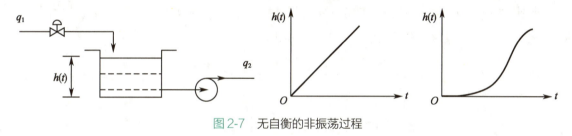

图 2-7　无自衡的非振荡过程

3. 有自衡的振荡过程 在阶跃作用下，被控变量出现衰减振荡过程，最后趋向新的稳态值，但响应周期较长（图 2-8）。这种过程不常见，也比较难以控制。

4. 具有反向特性的过程 如图 2-1 所示的锅炉汽包水位控制系统。假设在某一时刻，进入锅炉的冷水量突然增加，锅炉的沸腾程度减弱，水中气泡减少，水位下降。但由于蒸汽的产出量一定，汽包水位又会随着进水量的增加而增加，其水位变化曲线会如图 2-9 所示。在阶跃信号作用下，被控变量先降后升（或先升后降），是具有反向特性的过程。这类过程控制不当，容易发生事故。

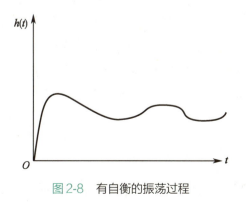

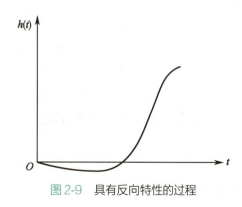

图 2-8　有自衡的振荡过程　　　　　图 2-9　具有反向特性的过程

除此以外，还有一些过程具有非线性、不稳定的特性，需要具体问题具体分析。

二、自动控制系统的过渡过程

系统从一个平衡状态到另一个平衡状态的变化过程，称为系统的过渡过程。在出现扰动后，过程能靠系统自身的能力达到新的平衡状态的性质称为自平衡特性。

一个稳定的定值控制系统，当施加阶跃干扰时，其过渡过程通常表现为以下几种过程。

（a）衰减振荡：被控变量上下波动，幅值随周期变化逐渐减小，最后稳定在某一终值附近。

（b）单调衰减：被控变量于坐标轴的单侧缓慢变化，其后稳定在某一终值附近。

（c）发散振荡：被控变量上下波动，一直振荡，幅值随周期变化逐渐加大，最后几乎处于失控状态。

（d）等幅振荡：被控变量以正弦波的形式来回变化，几乎稳定不下来。

图 2-10 中，（a）和（b）过程是衰减的，受到干扰后，经过一段时间，系统能达到新的动态平衡，这是控制系统希望得到的结果。这两种情况称为稳定过程。在控制方案中，是可取的。（c）为不稳定的过渡过程，被控变量离设定值的距离越来越远，系统参数有可能超出工艺许可的范围，严重时可能发生事故。在控制方案中，是要杜绝的。（d）介于稳定和不稳定之间，一般认为也是不稳定过程，生产过程应尽量避免采用。

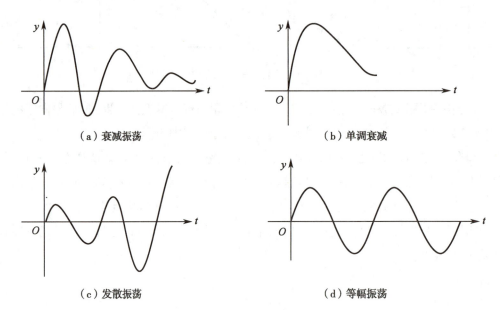

（a）衰减振荡 （b）单调衰减

（c）发散振荡 （d）等幅振荡

图 2-10　过渡过程的基本形式

三、自动控制系统的品质指标

在阶跃干扰作用下，系统发生衰减振荡时，人们总希望控制系统能快速、准确地稳定下来。为了合理地评价控制系统的质量，定义了如下几个品质指标，如图 2-11 所示。

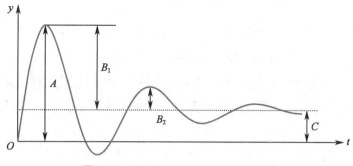

图 2-11　控制系统的品质指标示意图

（一）最大动态偏差

当控制系统从稳态加入阶跃干扰时，输出达到第一个峰值，其最大值为 A，最大动态偏差为 B_1；第二个峰值最大动态偏差为 B_2，经过一定的时间后，系统达到稳态，其稳态值为 C。从图中看出：

$$B_1 = A - C \qquad\qquad 式（2\text{-}2）$$

（二）衰减比

图 2-11 中曲线两个相邻同向波峰之间的比值称为衰减比。

$$n = \frac{B_1}{B_2} \qquad\qquad 式（2\text{-}3）$$

衰减比（n）表示振荡过程的衰减程度，是衡量过渡过程稳定性的重要指标。通常，希望 n 在（4:1）～（10:1）。控制系统在受到干扰后，经过若干个周期的振荡过程，趋于稳定，达到稳态值。值得注意的是，稳态值不一定回到干扰前的初始值，允许有一定的偏差。

（三）振荡周期

同方向两个波峰之间的时间间隔称为振荡周期（T）。衰减比越大，调节时间越短。通常希望振荡周期短一些。

（四）过渡过程时间

过渡过程时间（t_s）表示系统响应达到并保持在终值（稳态值）±5% 或 ±2% 误差内所需的最短时间。通常要求 t_s 越短越好。

（五）超调量

最大动态偏差与被控变量稳态值的百分比称为超调量（σ）。系统的超调量可从式（2-4）中求出。

$$\sigma\% = \frac{B_1}{C} \times 100\% \qquad\qquad 式（2\text{-}4）$$

（六）余差

余差是系统的最终稳态误差，等于过渡过程最终的新稳态值 C 和设定值 x 之差，用 $e(\infty)$ 表示。当系统的最大超调量与最大偏差相等时，其余差为零。式（2-5）中，$z(\infty)$ 为测量的最终值。

$$e(\infty) = x - z(\infty) = x - C \qquad\qquad 式（2\text{-}5）$$

最大动态偏差或超调量越大，过程参数瞬时偏离设定值越远，这时要考虑工艺的承受能力是否允许。

上述变量都是单项指标,各变量之间互相联系,过分强调同时满足多项指标,在工程上很难实现,故应该根据工艺要求和生产实际,分清主次,区别对待。

除单项指标外,还有一些综合控制指标,如对偏差的平方积分的 ISE 指标,对偏差的绝对值进行积分的 IAE 指标,时间乘以偏差的绝对值积分的 ITAE 指标等。因不常用,故不赘述。

例 某发酵工艺控制系统的过渡过程曲线如图 2-12 所示。已知工艺过程的设定值为 $x=40℃$,第一个波峰值为 45℃,第二个波峰值为 42℃,系统在阶跃干扰作用下,在 41℃时趋于稳定。试确定系统的最大偏差、余差、衰减比、振荡周期。22 分钟后,被控变量进入 ±2% 的新稳态值,过渡过程结束,确定其终值的变化范围、过渡时间。

解:由响应曲线可知

最大偏差:$B_1 = A - C = 45 - 41 = 4℃$

余差:$C = C(\infty) - x = 41 - 40 = 1℃$

衰减比:

第一个波峰值:$\qquad B_1 = 45 - 41 = 4℃$

第二个波峰值:$\qquad B_2 = 42 - 41 = 1℃$

$$n = \dfrac{B_1}{B_2} = 4:1$$

振荡周期:$T = 15 - 3 = 12$ 分钟

若被控变量进入 ±2%,过渡过程结束,则终值的变化范围为 41±(41×2%),即 (41±0.82)℃,在 40.18~41.82℃范围内变化。

过渡时间:$t_s = 22$ 分钟

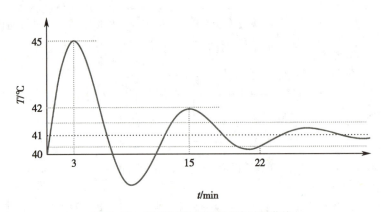

图 2-12 发酵控制系统的过渡过程曲线

第四节 被控对象特性的数学描述方法

用数学的方法分析对象输入量、输出量之间的关系,称为过程的数学描述。要分析一个系统的动态特性,必须建立合理的数学模型。系统的每一部分都需要建立数学模型。检测变送、控制器、执行器的特性研究得比较多，变化少，稳定性好。相比较而言，被控对象复杂，差异巨大，因此被控对象的建模往往成为研究的重点。建模通常分为机理建模和实验建模两种。

一、被控对象特性分析

对象的输入、输出量如图 2-13 所示。干扰变量和控制变量都是被控对象的输入，而被控对象的输出是被控变量。在被控对象的输入中，控制变量应该比干扰变量对被控变量的影响更大。对象的输入变量至输出变量的信号联系称为通道。控制通道是指控制变量至被控变量之间的信号联系；干扰通道是指干扰变量至被控变量之间的信号联系。

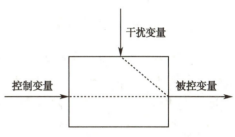

图 2-13　对象的输入输出量示意图

二、机理建模

机理建模是根据被控对象的内部机理，物理、化学性质确立数学模型。即根据生产工艺过程，列出物料平衡、能量平衡或化学反应平衡等的方程式，获得数学模型，对数学模型进行求解，阐述各参数的含义，分析当工艺过程参数发生变化时，对被控变量的影响，优化控制方案，对模型进行修正，使所设计的系统达到良好的控制效果。

（一）一阶对象

图 2-14 是一个贮槽，设其截面积为 C，液位为 h，h 为被控变量；q_1 为输入流量，其大小可以通过控制阀 R_1 的开度来改变，R_1 的开度变化是控制作用；q_2 为输出流量，其大小可以通过负载阀 R_2 的开度来改变，R_2 的开度变化是外部扰动。若阀门 R_2 的开度一定，当输入流量和输出流量相等时，液位 h 为定值，系统处于动态平衡状态。

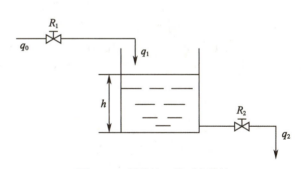

图 2-14　贮槽的一阶对象特性

即单位时间内，流入量、流出量之差，等于贮槽内液体储存量的变化率：

$$q_1 - q_2 = C \frac{\mathrm{d}h}{\mathrm{d}t} \qquad\qquad 式（2-6）$$

假设某一时刻输入变量 q_1 有一个阶跃干扰发生，式（2-6）可改写为增量形式：

$$\Delta q_1 - \Delta q_2 = C \frac{\mathrm{d}\Delta h}{\mathrm{d}t} \qquad\qquad 式（2-7）$$

根据流体力学原理可知，液体是层流，系统可以看成是线性的；液体是湍流，如果变量在较小的范围内变化，可以作线性化处理。液体在平衡位置作微小变化时，流体输出变化量 Δq_2

与液位变化量 Δh 成正比，和阀门 R_2 的阻力系数成反比，即

$$\Delta q_2 = \frac{\Delta h}{R_2} \qquad\qquad 式（2-8）$$

整理式（2-8）可得

$$R_2 C \frac{\mathrm{d}\Delta h}{\mathrm{d}t} + \Delta h = R_2 \Delta q_1 \qquad\qquad 式（2-9）$$

令 $T = R_2 C, K = R_2$，则式（2-9）可改写为

$$T \frac{\mathrm{d}\Delta h}{\mathrm{d}t} + \Delta h = K\Delta q_1 \qquad\qquad 式（2-10）$$

式（2-10）是一阶常系数微分方程式，其含义是当阀门 R_1 开度变化时，液位 h 是如何变化的。这就是水槽的对象特性。式（2-10）中，T 为被控过程的时间常数，用以描述被控变量随时间变化快慢的物理量；K 为被控对象的放大系数，用以描述被控变量在稳态时变化的大小。

上述各变量是时间的函数，可改写为

$$T \frac{\mathrm{d}h(t)}{\mathrm{d}t} + h(t) = Kq_1(t) \qquad\qquad 式（2-11）$$

表示了操纵变量 q_1 与被控变量 h 之间的关系。很明显，式（2-11）是一阶微分方程，又简称为一阶对象。解微分方程，可得

$$h(t) = Kq_1(t)(1 - \mathrm{e}^{t/T}) \qquad 式（2-12）$$

其一阶对象特性曲线如图 2-15 所示。

把 $\Delta h(t)$ 改写为 $y(t)$，$\Delta q_1(t)$ 改写为 $x(t)$，写成一般式：

$$T \frac{\mathrm{d}y(t)}{\mathrm{d}t} + y(t) = Kx(t) \qquad 式（2-13）$$

式（2-13）两端同时作拉普拉斯变换。拉普拉斯变换是工程数学中常用的一种积分变换，如微分项可变成 s，积分项可变成 $1/s$ 等。具体的变换方法可参考文献。

$$(Ts + 1)Y(s) = KX(s) \qquad 式（2-14）$$

$$G(s) = \frac{Y(s)}{X(s)} = \frac{K}{(Ts+1)} \qquad 式（2-15）$$

$G(s)$ 为传递函数，为输出和输入的函数之比。得到传递函数的表达式，可以用 MATLAB 软件进行仿真分析。

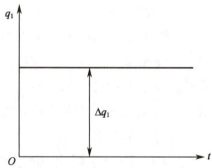

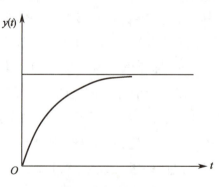

图 2-15　一阶对象特性曲线

（二）二阶对象

图 2-16 是一个二阶对象。下面研究输入流量变化量 Δq_1，与第二只贮槽液位的高度变化量 Δh_2 之间的关系。

ER2-3　MATLAB 一阶
对象特性单位阶跃响应

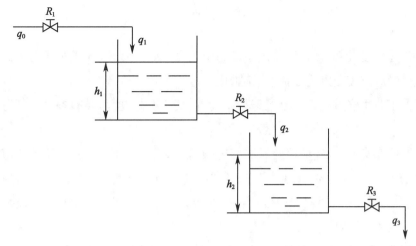

图2-16 贮槽二阶对象特性

写成增量公式,则

$$\Delta q_1 - \Delta q_2 = C_1 \frac{\mathrm{d}\Delta h_1}{\mathrm{d}t} \qquad 式(2-16)$$

$$\Delta q_2 - \Delta q_3 = C_2 \frac{\mathrm{d}\Delta h_2}{\mathrm{d}t} \qquad 式(2-17)$$

$$\Delta q_2 = \frac{\Delta h_1}{R_2} \qquad 式(2-18)$$

$$\Delta q_3 = \frac{\Delta h_2}{R_3} \qquad 式(2-19)$$

上述各式联立化简,两边同时求导可得

$$R_2 C_2 R_3 C_3 \frac{\mathrm{d}^2 \Delta h_2}{\mathrm{d}t^2} + (R_2 C_2 + R_3 C_3) \frac{\mathrm{d}\Delta h_2}{\mathrm{d}t} + \Delta h_2 = R_3 \Delta q_1 \qquad 式(2-20)$$

令 $T_2 = R_2 C_2$, $T_3 = R_3 C_3$, $K = R_3$, 则式(2-20)可改写为

$$T_2 T_3 \frac{\mathrm{d}^2 \Delta h_2}{\mathrm{d}t^2} + (T_2 + T_3) \frac{\mathrm{d}\Delta h_2}{\mathrm{d}t} + \Delta h_2 = K \Delta q_1 \qquad 式(2-21)$$

式(2-21)为两个贮槽串联下的二阶线性常系数微分方程式。

同理,式(2-21)可改写成

$$T_2 T_3 \frac{\mathrm{d}^2 y(t)}{\mathrm{d}t} + (T_2 + T_3) \frac{\mathrm{d}y(t)}{\mathrm{d}t} + y(t) = K x(t) \qquad 式(2-22)$$

$$G(s) = \frac{Y(s)}{X(s)} = \frac{K}{T_2 T_3 s^2 + (T_2 + T_3)s + 1} \qquad 式(2-23)$$

(三)被控对象的特性参数

1. 放大系数 K 当被控对象受到外界干扰时,往往从一个稳态变化到另外一个稳态。当系统稳定时,通常把输出变化量和输入变化量的比值,定义为放大系数 K。

(1)控制通道放大系数:对图2-14来说,被控变量为液位 h,操纵变量为进水量 q_1;假设某一时刻,输入流量中突然加入一个阶跃干扰,液位 h 会发生变化,但最终会稳定在某一终值附近。则有

ER2-4 MATLAB
二阶对象特性单位
阶跃响应

$$K = \frac{\Delta h}{\Delta q_1} \qquad\qquad 式（2-24）$$

式中，Δh 为液位的变化量，Δq_1 为输入流量的变化量。K 越大，输入量对输出量的影响越大，或者说操纵变量对被控变量的控制作用越明显。

在实际的工业生产过程中，应恰当选择 K。对某一工艺过程，若有多种控制方案供选择，可以选择 K 大一些的控制方案。当然 K 并不是越大越好。

（2）扰动通道放大系数：被控变量的变化量和扰动幅度的比值，称为扰动通道放大系数。对于扰动通道来说，放大系数 K 越大对控制越不利。因为当扰动频繁出现且幅度较大时，被控变量的波动也会很大，使得最大偏差增大；而放大系数 K 较小时，即使扰动较大，对被控变量仍然不会产生多大影响。

2. 时间常数 T　时间常数是衡量被控变量对操纵变量响应快慢的物理量。其定义是：当被控变量受到阶跃干扰，其输出达到新稳态值或终值的 63.2% 时，所需要的时间。

根据前面推导的式（2-12）作进一步讨论。

设 $q_1(t)$ 为一阶跃干扰，$t<0$ 时，$q_1=0$；$t>0$ 时，$q_1=A$，则

$$h(t)=KA(1-\mathrm{e}^{-t/T}) \qquad\qquad 式（2-25）$$

取 $t=0$、T、$2T$、$3T$、$4T$ 等特殊点计算，得到表 2-1。

表 2-1　特殊时间点液位终值变化表

时间	$t=0$	$t=T$	$t=2T$	$t=3T$	$t=4T$
$h(t)$	0	0.632KA	0.865KA	0.950KA	0.982KA

从表 2-1 可以看出，当输入变量经过时间常数 $3T$ 后，液位变化已经达到终值的 95%，可以认为动态过程基本结束。

不同的被控对象，时间常数是不同的。例如，两个同样高度的水槽，截面积大的与截面积小的相比较，当受到进口流量干扰时，达到新稳态的时间是不同的。截面积大的水槽，时间常数大，达到新稳态值所需的时间越长，响应也慢。时间常数 T 是表征被控对象动态特性的重要参数之一。一阶对象时间常数见图 2-17。

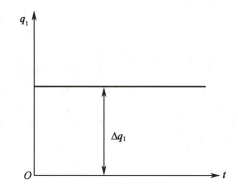

对于控制通道来说，T 大一些，被控变量比较平稳，容易控制，但变化缓慢；T 太小，则情况正好相反。对于干扰通道而言，T 大一些，干扰对系统的影响比较小，系统更容易控制。

图 2-18 显示，不同的时间常数 T_1 和 T_2，达到新稳态值或终值的 63.2% 时，所需的时间是不同的。

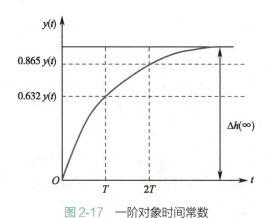

图 2-17　一阶对象时间常数

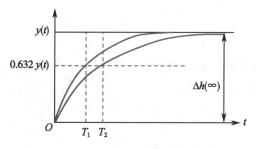

ER2-5 不同 K、T 下的二阶过程的 MATLAB 响应

图 2-18　不同被控对象时间常数的比较

时间常数越大,被控变量的变化越缓慢,达到新稳态值所需的时间也越长。图 2-19 为 MATLAB 下不同被控对象时间常数的响应曲线。从图中可以看出,$T_1<T_2<T_3<T_4$。T_4 的响应速度最慢,惯性最大。

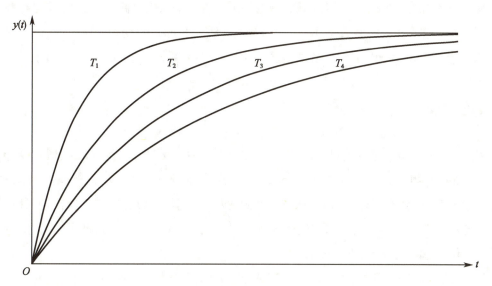

图 2-19　MATLAB 下不同被控对象时间常数的比较

3. 纯滞后 τ　调节对象的滞后有两种:纯滞后和容量滞后。系统的输出滞后于输入一段时间的现象,称为纯滞后,通常用符号 τ 表示。造成纯滞后的原因往往由测量环节、传输环节和其他环节的滞后引起的。纯滞后能够引起系统超调或振荡,增加了控制的难度,有时需要对控制系统作出补偿。

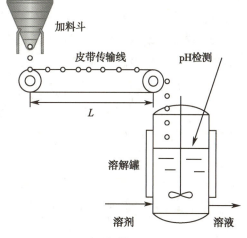

图 2-20　纯滞后原理示意图

（1）纯滞后:图 2-20 为纯滞后原理示意图。本质上是一个 pH 检测系统。溶质从加料斗经过皮带传输线到达溶解罐,和溶剂通过搅拌器均匀混合,形成溶液。

由于皮带传输线距离溶解罐有一定的距离 L,当输入变量（溶质）发生变化时,其输出变量（pH）不会立即变化,而是要经过一段纯滞后时间 τ。图 2-21 为纯滞后过程响应曲线。有纯滞后的一阶系统响应曲线和无纯滞后的一阶系统响应曲线,形状完全相同,只是右移了一段纯滞后时间 τ 而已。

纯滞后时间 τ、皮带传输机传送速度 v、传输距离 L 之间的关系如式(2-26)所示。

$$\tau = \frac{L}{v} \qquad \text{式(2-26)}$$

(2)容量滞后:容量滞后一般是由于物料或能量的传递需要通过一定阻力而引起的。通俗地说,就是对象受到一定的作用后,能量从不稳定到再次稳定的过程。

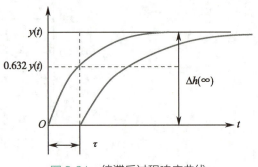

图 2-21　纯滞后过程响应曲线

大部分制药过程被控对象,如串联水槽、列管式换热器、热电偶、夹套式换热器等,都存在容量滞后。被控变量大多数是非振荡的,响应曲线为 S 形。当受到外界干扰时,一开始变化速度缓慢,经过一段时间后,变化速度达到最大值,之后又慢下来,达到新的平衡。

三、实验建模

实际的生产现场,过程复杂,基本为非线性化,各种参数互相影响,在模型的推导过程中,过于强调主要因素,忽略了次要因素,作了许多近似或假设,推导出来的模型和生产实际不符;甚至有些机制不容易搞清,很难求得准确的数学模型。因此,除数学建模外,往往通过实验的方法测得对象的特性。即把过程控制对象看成一个黑匣子,输入特定的信号,观察输出量的变化。总结或统计出控制规律。

1. 阶跃扰动法　用实验的方法,在输入端加阶跃干扰信号,观察输出量随时间变化的规律。

2. 矩形脉冲扰动法　用实验的方法,在输入端加矩形脉冲干扰信号,观察输出量随时间变化的规律。

3. 周期扰动法　用实验的方法,在输入端加诸如正弦波类似的周期干扰信号,观察输出量随时间变化的规律。

4. 统计相关法　运用统计学原理,不加入人为干扰,长时间观察正常状态下生产过程的运行规律,运用统计学原理,计算机控制算法,分析、归纳、总结,获取控制过程的数学模型、过程特性参数的方法。

第五节　仪表与自动控制系统的国家标准与图例

仪表的标注应符合国家行业标准 HG/T 20505—2014,该标准的全称为《过程测量与控制仪表的功能标志及图形符号》,由中华人民共和国工业和信息化部颁发。因标准内容较多,本节仅简要叙述之。

一、测量点

现场设备、管道和仪表连接处的交点称为测量点。图 2-22 中，展示了测量点 a 和测量点 b，图中的圆圈代表仪表，直径为 12mm 或 10mm。仪表的信号线用细实线表示。信号线还分为气动信号线、电子电气或二进制信号线、无线信号线、通信链路信号线等，表示方法各有不同。可以用箭头表示信号的传输方向。管道用粗实线表示。

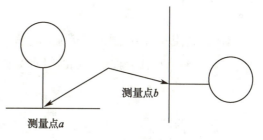

图 2-22　测量点表示方法

二、仪表设备与功能的图形符号

仪表设备与功能的图形符号如表 2-2 所示。总体上分为三类：现场安装、控制室安装、现场控制盘安装。后两种又细分为盘面安装和盘后安装。

表 2-2　仪表设备与功能的图形符号

| 序号 | 共享显示、共享控制[1] | | C 计算机系统及软件 | D 单台（单台仪表设备或功能） | 安装位置与可接近性[2] |
	A 首选或基本过程控制系统	B 备选或安全仪表系统			
1	⊙(圆在方)	◇(菱在方)	⬡(八边形)	○(圆)	• 位于现场 • 非仪表盘、柜、控制台安装 • 现场可视 • 可接近性：通常允许
2	⊖(带横线)	◈(带横线)	⬡(带横线)	⊖(带横线)	• 位于控制室 • 控制盘 / 台正面 • 在盘的正面或视频显示器上可视 • 可接近性：通常允许
3	⊘(带虚线)	◇(带虚线)	⬡(带虚线)	⊘(带虚线)	• 位于控制室 • 控制盘背面 • 位于盘后[3]的机柜内 • 在盘的正面或视频显示器上不可视 • 可接近性：通常不允许
4	⊖(带横线)	◈(带横线)	⬡(带横线)	⊖(带横线)	• 位于现场控制盘 / 台正面 • 在盘的正面或视频显示器上可视 • 可接近性：通常允许
5	⊘(带虚线)	◇(带虚线)	⬡(带虚线)	⊘(带虚线)	• 位于现场控制盘背面 • 位于现场机柜内 • 在盘的正面或视频显示器上不可视 • 可接近性：通常不允许

注：①共享显示、共享控制包括基本过程控制系统、安全仪表系统和其他具有共享显示、共享控制功能的系统和仪表设备。

②可接近性指通常是否允许包括观察、设定值调整、操作模式更改和其他任何需要对仪表进行操作的操作员行为。

③"盘后"广义上为操作员通常不允许接近的地方。例如仪表或控制盘的背面，封闭式仪表机架或机柜，或仪表机柜间内放置盘柜的区域。

三、字母代号

在控制流程图中,通常用英文字母表示仪表的类型、作用。首位字母代表被测变量或引发变量,后续字母代表仪表的功能,具体见表2-3。

表2-3　仪表功能标志字母

首位字母	后继字母			
第一列	第二列	第三列	第四列	第五列
被测变量或引发变量	修饰词	读出功能	输出功能	修饰词
A	分析		报警		
B	烧嘴、火焰		供选用	供选用	供选用
C	电导率			控制	关位
D	密度	差			偏差
E	电压(电动势)		检测元件、一次元件		
F	流量	比率			
G	可燃气体和毒性气体		视镜、观察		
H	手动				高
I	电流		指示		
J	功率		扫描		
K	时间、时间程序	变化速率		操作器	
L	物位		灯		低
M	水分或湿度				中、中间
N	供选用		供选用	供选用	供选用
O	供选用		孔板、限制		开位
P	压力、真空		连接或测试点		
Q	数量	积算、累积	积算、累积		
R	核辐射		记录		运行
S	速度、频率	安全		开关	停止
T	温度			传送(变送)	
U	多变量		多功能	多功能	
V	振动、机械监视			阀、风门、百叶窗	
W	重量、力		套管、取样器		
X	未分类	X轴	附属设备、未分类	未分类	未分类
Y	事件、状态	Y轴		辅助设备	
Z	位置、尺寸	Z轴		驱动器、执行元件、未分类的最终控制元件	

四、仪表的位号

仪表的位号由两部分组成:上半部分,字母代号,首位字母和后继字母的含义见表2-2;下半部分,回路编号。通常由3～4位数字表示。第一位数字通常为工段或工序序号,后续的两位或三位数字为仪表的序号。

以图2-23仪表的位号为例。P:压力;R:记录;C:控制、调节;I:指示。

其中,图 2-23(a)为就地安装的压力指示仪表,回路编号 101;1 通常为工段或工序序号;01 为仪表序号。图 2-23(b)为集中仪表盘面安装的流量指示控制仪表,回路编号 201。图 2-23(c)为集散控制系统的温度记录控制报警系统,回路编号 301。

当仪表圆圈外标有 H、L 时,表明仪表具有高低限报警功能。例如,FSL 为流量低报警,FSHL 为流量高低组合报警。

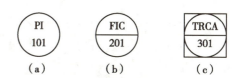

图 2-23　仪表的位号表示方法

ER2-6　自动控制装置与仪表举例(图片)

五、带控制点的工艺流程图

带控制点的工艺流程图,又称管道仪表流程图、P & ID 图(piping and instrument diagram)。通常包括两个部分:工艺部分和控制部分。工艺部分包括工艺设备、物料管道、阀门、设备附件等;控制部分包括测量点、控制点、控制系统、自动信号和联锁保护系统等。是自控设计的文字代号、图形符号在工艺流程图上描述生产过程控制的原理图。该图一般由工艺人员提出要求,自控人员确定控制方案,工艺人员和自控人员共同绘制而成。

如图 2-24 所示。容器 V-101,LG-1011 为安装在设备外或旁通管上的液位计。进料量来自上一道工序。出料量为 DCS 流量控制系统,FT-1031 为流量变送,FIC-1031 为流量指示调节,FY-1031(I/P)为电/气信号转换器,FV-1031 为流量执行元件;LT-1021 温度检测;LI-1021 为液位指示,LSL-1021 和 LSH-1021 为液位高低组合报警,I 为 interlock 的缩写,和菱形一起

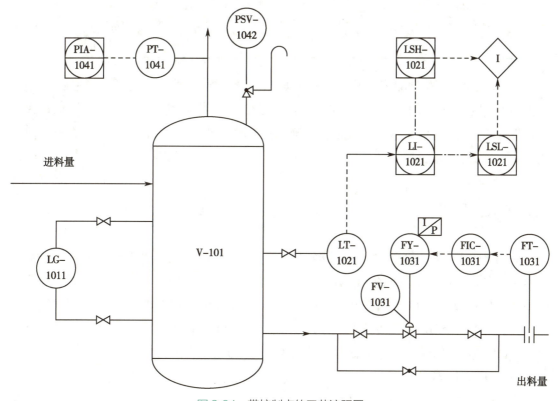

图 2-24　带控制点的工艺流程图

表示联锁逻辑系统；PT-1041 为压力变送，PIA-1041 为压力指示报警；PSV-1042 为安全阀，当压力过大时，安全阀开启放空。

第六节　仪表的防护、防爆、防腐

一、仪表的防护

仪表的防护等级（international protection，IP）是由国际电工委员会（International Electrotechnical Commission，IEC）组织起草和制定的。该组织根据仪表的防尘、防湿气进行等级划分。通常由两位数字组成，其含义如表 2-4 所示。第一位防止固体进入，由数字 0～6 组成；第二位防止液体进入，由数字 0～8 组成；0 表示没有防护。

表 2-4　IP 数字功能表

第一位防止固体进入	第二位防止液体进入
0，没有防护	0，没有防护
1，大于 50mm 的物体	1，垂直滴水
2，大于 12mm 的物体	2，斜向滴水 75°～90°
3，大于 2.5mm 的物体	3，淋水
4，大于 1.0mm 的物体	4，溅水
5，防止粉尘	5，喷水
6，尘密	6，猛烈喷水
	7，短时间浸水　1m/30min
	8，连续浸水　5m/72h

例如，某仪表铭牌处的防护等级标注为 IP54，第一位 5 表示防尘，完全防止外物入侵，且侵入的灰尘量不会影响仪表的工作；第二位 4 表示防止各方向飞溅的水浸入对仪器仪表造成损害。现场仪表的防尘，一般是给仪表加装防护罩或放在密封箱内。

ER2-7　仪表的防护等级举例（图片）

二、仪表的防爆

很多石油化工、制药企业都存在着爆炸的潜在因素。爆炸发生的条件有爆炸物资、氧气、点燃源（包括电火花、静电火花、高温、明火、机械磨损火花、剧烈的化学反应等）。当爆炸条件满足，爆炸产生时，往往会发生灾难性的后果。因此，仪表的防爆就显得十分必要。

新版防爆标准 GB/T 3836—2021 已经于 2022 年 5 月 1 日正式实施。在此仅引述部分内容，具体信息可以在全国标准信息公共服务平台网站查询。

（一）防爆标志
防爆标志格式为：Ex db ⅡB T4 Gb

1. Ex 是英语 Explosion-proof 的英文缩写,中文为防爆。

2. db 防爆保护型式。d 隔爆型,细分为 da、db 和 dc 三类。da 仅适用于便携式可燃气体探测器的催化式传感器,可以用在 0 区。爆炸性气体危险场所按其危险程度大小,划分为 0 区、1 区、2 区。爆炸性粉尘危险场所划分为 20 区、21 区、22 区。db 比较常见,是标准改版前的隔爆型 d。dc 适用于具有电气开关触点的电气设备和 Ex 元件。除隔爆型 d 外,还有增安型 e、本质安全型 i、浇封型 m 等。

3. ⅡB 爆炸性气体类别。表明适合于ⅡB 级气体环境。Ⅰ类为煤矿瓦斯气体;Ⅱ分为ⅡA、ⅡB、ⅡC 三种。如是ⅡC 类气体,其代表性气体是氢气、乙炔、水煤气、二硫化碳等。

4. T4 是温度组别。温度组别共分为 T1~ T6 六档。T4 代表设备的最高表面温度不得高于 135℃。

5. Gb 为适用的设备保护级别。Ma/Mb 是煤矿瓦斯气体环境用 Ex 设备保护级别;Ga/Gb/Gc 是除煤矿瓦斯气体环境之外的其他爆炸性气体环境用 Ex 设备保护级别。同等条件下,Ga>Gb>Gc,Ma>Mb。

(二)防爆标志举例

举例,一台粉尘防爆型三相异步电动机,防爆合格证上的防爆标志为: Ex tb ⅢC T130℃ Db

1. Ex 是英语 Explosion-proof 的英文缩写,中文为防爆。

2. tb 防粉尘引燃机壳。

3. ⅢC 适合于导电性粉尘环境,防护等级ⅢC>ⅢB>ⅢA,因此也可以用于ⅢA 类可燃性飘絮和ⅢB 类非导电性粉尘。

4. T130℃表示工作中设备表面最高温度不能超过 130℃。

5. Db 为机器设备保护级别,适合于 21 区、22 区。Db 适用的设备保护级别是 Gb/Mb。

表 2-5 列举了部分自动化仪表的防爆标志及含义。

表 2-5 防爆标志及含义

防爆保护型式	爆炸性气体类别	温度组别	适用的设备保护级别
隔爆型 d	Ⅰ类:煤矿瓦斯气体	T,设备表面最高温度	Ma/Mb 是煤矿瓦斯气体环境用 Ex 设备保护级别。
增安型 e	ⅡA、ⅡB 和ⅡC 类:除煤矿瓦斯气体环境之外的其他爆炸性气体	T1,450℃	
本安型 i		T2,300℃	Ga/Gb/Gc 是除煤矿瓦斯气体环境之外的其他爆炸性气
浇封型 m	ⅡA,乙烷、丙烷等	T3,200℃	体环境用 Ex 设备保护级别
n 型	ⅡB,焦炉煤气、乙烯等	T4,135℃	
液浸型 o	ⅡC,氢气、乙炔等	T5,100℃	
正压型 p	ⅢA,可燃性飞絮	T6,85℃	
充砂型 q	ⅢB,非导电性粉尘		
	ⅢC,导电性粉尘		

通常,采用隔离型安全栅将危险区的现场回路信号和安全区回路信号有效隔离(图 2-25)。

工业现场安全火花型仪表通过安全栅和控制室连接,构成了安全火花型防爆系统。

ER2-8 仪表的防爆举例(图片)

图 2-25　安全栅工作原理示意图

三、仪表的防腐

制药生产过程中,仪表的使用寿命往往受所测量的腐蚀介质、周围环境因素的影响,这是在仪表选型中不可忽视的问题。

(一)仪表的腐蚀分类

仪表的腐蚀主要包括物理腐蚀、化学腐蚀、电化学腐蚀等。

1. 物理腐蚀　仪表金属材料或非金属材料受到外力的破坏、物理溶解等。

2. 化学腐蚀　组成仪表的材料与周围环境、测量介质发生化学反应。

3. 电化学腐蚀　组成仪表的金属材料与强酸、强碱、电解质发生反应。

(二)仪表的防腐措施

通常,做好仪表的防腐蚀,延长其使用寿命,可采取以下措施。

1. 选择抗腐蚀能力强的材料　仪表的材料选择,必须具有针对性;同时也要考虑经济性。

2. 增加保护层　增加金属保护层、非金属保护层、非金属保护膜等。

3. 采用隔离液　隔离液常用于腐蚀性介质的压力、流量、液位测量。隔离液和被测介质互不相溶,不发生化学反应,也不会对仪表的测量部件产生腐蚀。

此外,膜片隔离、吹气法也是防腐经常采用的方法。

ER2-9　第二章　目标测试

第三章 温度检测及仪表

温度是表征物体冷热程度的物理量，是工业生产和科学实验中最普遍且重要的操作参数。温度不合适，就生产不出合格的产品，还容易引发安全事故。因此必须对温度实现精准控制。

在制药生产中，各种反应对温度的要求是不同的，有的需要高温，有的需要低温，有的需要温度在一个狭小的范围内波动。控制过程往往伴随着物质的物理性质、化学性质的改变，能量的交换和转化，其中以热量交换最为常见。各种工艺过程都是在一定温度下进行的，例如中药生产的提取、蒸发流程中，提取罐和蒸发器的温度的控制，干燥过程对热空气的温度控制等。温度的测量和控制是保证制药生产正常进行，实现稳产、高产、安全、优质、低耗的重要环节。

第一节　温度检测概述

温度不能直接测量，只能借助于冷热不同物体之间的热交换，以及物体的某些物理性质随冷热程度不同而变化的特性来加以间接测量。

任意两个冷热程度不同的物体相接触，必然要发生热交换现象。热量将从温度高的物体传到温度低的物体，直到两个物体的温度相等。利用这一原理，就可以选择某一热容量小的物质作为测温元件与被测介质接触，进行热交换。当两者达到热平衡时，测温元件与被测介质温度相等。由于测温元件热容量小，对被测介质温度几乎没有什么改变，于是可以通过测量测温元件的某一物理量的变化（如液体的体积、导体的电阻值等）来确定被测物体的温度。这就是接触测温的原理。

温度测量范围较广，需要各种不同的测温方法和测温仪表。若按测量范围，通常把测量600℃以上的测温仪表称为高温计；把测量600℃以下的测温仪表称为温度计。若按用途，可分为标准仪表、实用仪表。若按工作原理，则分为膨胀式温度计、压力式温度计、热电偶温度计、热电阻温度计和辐射高温计等。若按测量方式，又可分为接触式与非接触式两大类。

接触式测温即通过测量体与被测介质的接触来测量物体的温度，简单、可靠、测量精度较高，但由于要达到热平衡，故会产生滞后，而且可能与被测介质产生化学反应，不能应用于很高温度的测量。

非接触式测温通过接收被测物体发出的辐射热来判断温度。其测温范围很广，测温上限原则上不受限制,测温速度比较快,可以对运动体进行测量,但一般测温误差较大。常用的测温仪表及其特点见表3-1。接下来先简单介绍几种温度计。

表3-1 常用温度计的种类及优缺点

测温方式	温度计种类		测温范围/℃	优点	缺点
接触式测温仪表	膨胀式	玻璃液体	−50～600	结构简单,使用方便,测量准确,价格低廉	测量上限和精度受玻璃质量的限制,易碎,不能记录远传
		双金属	−80～600	结构紧凑,牢固可靠	精度低,量程和使用范围有限
	压力式	液体 气体 蒸汽	−30～600 −20～350 0～250	结构简单,耐震,防爆,能记录、报警,价格低廉	精度低,测温距离短,滞后大
	热电偶	铂铑−铂 镍铬−镍硅 镍铬−考铜	0～1 600 −50～1 000 −50～600	测温范围广,精度高,便于远距离、多点、集中测量和自动控制	需冷端温度补偿,在低温段测量精度较低
	热电阻	铂 铜	−200～600 −50～150	测量精度高,便于远距离、多点、集中测量和自动控制	不能测高温,需注意环境温度的影响
非接触式测温仪表	辐射式	辐射式 光学式 比色式	400～2 000 700～3 200 900～1 700	测温时,不破坏被测温度场	低温段测量不准,环境条件会影响测温准确度
	红外线	光电探测 热电探测	0～3 500 200～2 000	测温范围大,适于测温度分布,不破坏被测温度场,响应快	易受外界干扰,标定困难

一、膨胀式温度计

膨胀式温度计是基于物体受热时体积膨胀的性质而制成的。玻璃管温度计属于液体膨胀式温度计,双金属温度计属于固体膨胀式温度计。

双金属温度计中的感温元件是用两片线膨胀系数不同的金属片叠焊在一起而制成的金属片,受热后,由于两金属片的膨胀长度不同而产生弯曲,如图3-1所示。温度越高,线膨胀长度差就越大,因而引起弯曲的角度就越大,双金属温度计就是依据这一原理制成的。它用双金属片制成螺旋形感温元件,放入金属保护套管内,当温度变化时,螺旋的自由端便围绕着中心轴旋转一定角度,同时带动指针

图3-1 双金属片

在刻度盘上指示出相应的温度数值。如图 3-2 所示。

二、压力式温度计

应用压力随温度的变化来测温的仪表称为压力式温度计。它是根据在封闭系统中的液体、气体或低沸点液体的饱和蒸气受热后体积膨胀或压力变化这一原理而制成的，并用压力表来测量这种变化，从而测得温度。

压力式温度计的构造由温包、毛细管和弹簧管（或盘簧管）组成，如图 3-3 所示。在温包、毛细管和盘簧管组成的封闭系统中充以工作物质，温包直接与被测介质接触以感受温度的变化，封闭系统中的压力随被测介质温度变化而变化，压力的大小由弹簧管测出。

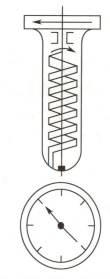

图 3-2　螺旋管状双金属片温度计

温包中的工作媒质有三种：气体、蒸气和液体。气体温度计如用氮气作媒质，最高可测到 500～550℃；用氢气作媒质，最低可测到 -120℃。蒸气媒质温度计常用某些低沸点的液体如氯乙烷、氯甲烷、乙醚作媒质，温包的一部分容积中放这种液体，其余部分中充满它们的饱和蒸气。液体媒质一般用水银，此类温度计适用于工业上测量精度要求不高的温度测量。

温包是直接与被测介质相接触来感受温度变化的元件，因此要求它具有高的强度、小的膨胀系数、高的热导率以及抗腐蚀等性能，根据所填充工作物质和被测介质的不同，温包可用铜合金、钢或不锈钢来制造。

毛细管是用铜或钢等材料冷拉成的无缝圆管，用来传递压力的变化。直径越细，长度越长，则传递压力的滞后现象就越严重，温度计对被测温度的反应就越迟钝。在同样的长度下毛细管越细，仪表的精度就越高，毛细管也容易被折断。

图 3-3 中的弹簧管（或盘簧管）是一般压力表用的弹性元件。

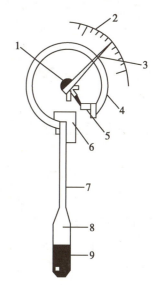

1. 传动机构；2. 刻度盘；3. 指针；4. 弹簧管；5. 连杆；6. 接头；7. 毛细管；8. 温包；9. 工作物质。

图 3-3　压力式温度计结构原理图

三、辐射式温度计

热的传递有传导、对流和辐射三种形式。热辐射是高温物体以电磁波的形式辐射出能量，其辐射出的热能与温度有关，温度越高，辐射出的热能越大。辐射式高温计就是基于物体热辐射作用来测量温度的仪表，现在，已被广泛地用来测量高于 800℃ 的温度。

在制药生产中，多数情况下采用热电偶和热电阻这两种感温元件来测量温度。故热电偶和热电阻也是接下来要介绍的重点内容。

第二节 热电偶

热电偶温度计是以热电效应为基础的测温仪表。它的测量范围很广,结构简单,使用方便,测温准确可靠,便于信号的远传、自动记录和集中控制,因而在制药生产中应用极为普遍。

热电偶温度计由三部分组成:热电偶(感温元件)、测量仪表(毫伏计或电位差计)、连接热电偶和测量仪表的导线(补偿导线及铜导线)。图3-4是热电偶温度计测温系统的示意图。

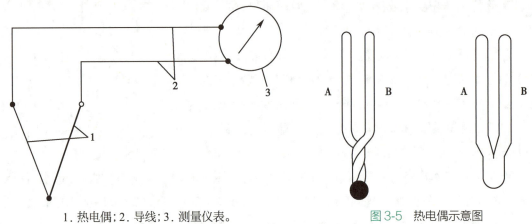

1.热电偶;2.导线;3.测量仪表。

图3-4 热电偶温度计测温系统示意图

图3-5 热电偶示意图

热电偶的测温元件(感温元件)由两种不同材料的导体 A 和 B 焊接而成,如图 3-5 所示,焊接的一端插入被测介质中,称为热电偶的工作端或热端,另一端与导线连接,称为冷端或自由端,导体 A、B 称为热电极。

一、热电效应及测温原理

取两根不同材料的金属导线 A 和 B,将其两端焊在一起,这样就组成了一个闭合回路。如将其一端加热,接点 1 处的温度高于接点 2 处的温度,那么在此闭合回路中就有热电势产生,如图 3-6(a)所示。如果在此回路中串接一只直流毫伏计,可见到毫伏计中有电势指示,如图 3-6(b)、图 3-6(c)所示,这种现象称为热电效应。

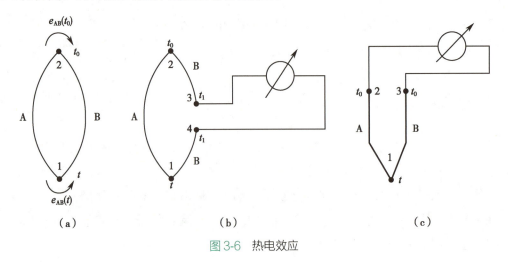

（a）　　　　　　　（b）　　　　　　　（c）

图3-6 热电效应

为什么会有热电效应呢?从物理学可知,当两种自由电子密度不同的金属A和金属B密切接触时,按经典电子理论,金属中的自由电子如容器中的气体分子一样,将在金属中进行扩散,若金属A的自由电子密度大于金属B($n_A > n_B$),则从金属A扩散到金属B的自由电子将多于从金属B扩散到金属A的自由电子,如图3-7所示,结果金属A失去了电子而带正电,金属B得到了电子而带负电,在金属的接触面形成偶电层,电场的方向由金属A指向金属B,因而阻止自由电子的扩散。开始的时候,扩散运动占优势,随着扩散的进行,静电场的作用就加强,反而使电子沿反方向运动。结果当扩散进行到一定程度时,由于自由电子密度差引起的扩散作用与静电场的作用相互抵消,电子迁移达到动态平衡。

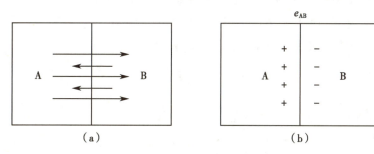

图 3-7　接触电势差形成的过程

图3-7(a)表示两金属接触面上将发生方向相反、大小不等的电子流,使金属B中逐渐地积聚过剩电子,并形成逐渐增大的由A指向B的静电场及电势差e_{AB},图3-7(b)表示电子流达到动态平衡时的情况。这时的接触电势差,仅与两金属的材料及接触点的温度有关,温度越高,金属中的自由电子就越活跃,由A迁移到B的自由电子就越多,接触面处所产生的电场强度也越大,接触电势差也越高。在热电偶材料确定后,电势差大小仅与温度有关,故称为热电势,记作$e_{AB}(t)$,注脚A表示正极金属,注脚B表示负极金属,如果下标次序改为BA,则前面的符号应相应地改变,即$e_{AB}(t) = -e_{BA}(t)$。

若把导体的另一端也闭合,形成闭合回路,则在两接点处就形成了两个方向相反的热电势,如图3-8所示。

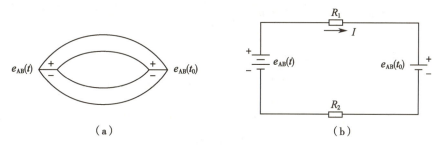

图 3-8　热电偶原理及电路图

图3-8(a)表示两金属的接点温度不同,设$t > t_0$,由于两金属的接点温度不同,就产生了两个大小不等、方向相反的热电势$e_{AB}(t)$和$e_{AB}(t_0)$。同时,在一金属内部,由于其两端温度不同,自由电子具有的动能不同,也会产生一个相应的电动势,这个电动势称为温差电势。由于温差电势远小于接触热电势,常把它忽略不计。这样,就可以用图3-8(b)作为图3-8(a)的等效电

路,图中R_1、R_2为热偶丝的等效电阻,在此闭合回路中总的热电势$E(t,t_0)$应为

$$E(t,t_0)=e_{AB}(t)-e_{AB}(t_0)$$
$$E(t,t_0)=e_{AB}(t)+e_{BA}(t_0)$$

式(3-1)

也就是说,热电势$E(t,t_0)$等于热电偶两接点热电势的代数和。当A、B材料固定后,热电势是接点温度t和t_0的函数。如果一端温度t_0保持不变,即$e_{AB}(t_0)$为常数,则热电势$E(t,t_0)$就成为温度t的单值函数了,该值与热电偶的长短及直径无关。这样,只要测出热电势的大小,就能判断测温点温度的高低,这是热电偶的测温原理。

如果组成热电偶回路的两种导体材料相同,则无论两接点温度如何,闭合回路的总热电势为零;如果热电偶两接点温度相同,尽管两导体材料不同,闭合回路的总热电势也为零;热电偶产生的热电势除了与两接点处的温度有关外,还与热电极的材料有关。也就是说不同热电极材料制成的热电偶在相同温度下产生的热电势是不同的。

利用热电偶测量温度时,必须用配套的仪表来测量热电势的数值,见图3-9。

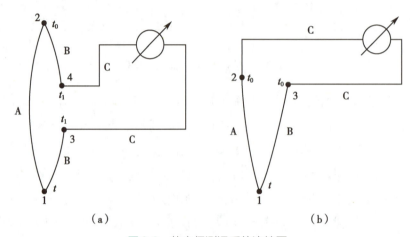

图3-9 热电偶测温系统连接图

测量仪表通常远离测温点,就需要接入连接导线C,这样就在所组成的热电偶回路中加入了第三种导线,而第三种导线的接入又构成了新的接点,如图3-9(a)中的点3和点4,图3-9(b)中的点2和点3。这些接触点同样产生热电势,对热电偶回路总的电势会不会有影响?

先来分析图3-9(a)电路,图中的3、4接点温度相同且等于t_1,电路的总热电势为

$$E_t=e_{AB}(t)+e_{BC}(t_1)+e_{CB}(t_1)+e_{BA}(t_0)$$

式(3-2)

因为

$$e_{BC}(t_1)=-e_{CB}(t_1)$$

式(3-3)

$$e_{BA}(t_0)=-e_{AB}(t_0)$$

式(3-4)

将式(3-3)、式(3-4)代入式(3-2),得

$$E_t=e_{AB}(t)-e_{AB}(t_0)$$

式(3-5)

与式(3-1)相同,可见总的热电势和没有接入第三种导线时是一样的。

再来分析图3-9(b)电路,图中的2、3接点温度相同且等于t_0,电路的总热电势为

$$E_t=e_{AB}(t)+e_{BC}(t_0)+e_{CA}(t_0)$$

式(3-6)

根据能量守恒原理可知，多种金属组成的闭合回路内，尽管它们材料不同，只要各接点温度相等，则此闭合回路内的总电势等于零，若将 A、B、C 三种金属丝组成一个闭合回路，各接点温度相同(都等于 t_0)，则回路内的总热电势等于零，即

$$e_{AB}(t_0) + e_{BC}(t_0) + e_{CA}(t_0) = 0 \qquad \text{式}(3\text{-}7)$$

$$-e_{AB}(t_0) = e_{BC}(t_0) + e_{CA}(t_0) \qquad \text{式}(3\text{-}8)$$

将式(3-8)代入式(3-6)中得

$$E_t = e_{AB}(t) - e_{AB}(t_0) \qquad \text{式}(3\text{-}9)$$

结果也和式(3-1)相同，可见总的热电势也和没有接入第三种导线时一样。这就说明在热电偶回路中接入第三种金属导线，对原热电偶所产生的热电势数值并无影响，不过必须保证引入线两端的温度相同；同理，如果回路中引入更多种导线，只要引入线两端温度相同，是不影响热电偶所产生的热电势数值的。

二、热电偶的分类

理论上，任意两种金属材料都可以组成热电偶，但实际情况并非如此，还必须进行严格的选择。工业上具有实用价值的金属材料需满足以下要求。

（1）温度每增加 1℃时所能产生的热电势要大，最好热电势与温度呈线性关系，物理性质稳定，这样在其测温范围内热电性质不随时间变化以保证测温的准确性。

（2）高温条件下不易被氧化和腐蚀。

（3）材料组织要均匀、有韧性，便于加工成丝。

（4）复现性好，同种成分材料制成的热电偶，其热电特性应相同，这样便于成批生产，而且在应用上可保证良好的互换性。

工业上常用的已标准化的热电偶有如下几种。

1. 铂铑 30- 铂铑 6 热电偶　也称双热电偶，分度号为 B。铂铑 30 为正极，铂铑 6 为负极，测量范围为 300～1 600℃，短期可测 1 800℃。其热电性在高温下更为稳定，适于在氧化性和中性介质中使用，但它产生的热电势小，价格贵，在低温时，其热电势比铂更小，不宜使用。

2. 铂铑 10- 铂热电偶　分度号为 S。铂铑 10 为正极，纯铂丝为负极，测量范围为 -20～1 300℃，在良好的使用环境下可短期测量 1 600℃，适于在氧化性和中性介质中使用。其优点是耐高温，不易氧化，具有良好的化学稳定性；具有较高的测量精度，可用于精密温度测量和作基准热电偶。

3. 镍铬 - 镍硅热电偶　分度号为 K，镍铬为正极，镍硅为负极。测温范围为 -50～1 000℃，短期可测 1 200℃，在氧化性和中性介质中使用；在 500℃以下，也可用于还原介质的温度测量。此热电偶的热电势大，线性好，测温范围较大，造价低，因而在工业中应用最为广泛。

4. 镍铬 - 铜镍热电偶　分度号为 E。镍铬为正极，铜镍为负极，测量范围为 -40～800℃，

短期可测 900℃。热电势大，灵敏度高，价格便宜，中低温稳定性好，适用于氧化性和弱还原介质中。

5. 镍铬 - 考铜热电偶 分度号为 XK，镍铬为正极，考铜为负极，测量范围为 −50～600℃，短期可测 800℃，适用于还原性和中性介质。这种热电偶的热电势大，比镍铬 - 镍硅热电偶高 1 倍左右，价格便宜。它的缺点是测温上限不高，在许多地方不适用。另外，考铜合金易氧化变质，材料的质地坚硬，加工成均匀的金属丝很困难，故国内常用镍铬 - 铜镍热电偶取代它。

除以上列举的热电偶，还有多种特殊用途的热电偶，如红外线接收热电偶；用于 2 000℃高温测量的钨铼热电偶；用于超低温测量的镍铬 - 金铁热电偶；非金属热电偶等。

热电偶的热电势与温度的对应关系制成的标准数据表，称为热电偶的分度表，表中指的温度是热端温度，对应的冷端温度保持在 0℃。分度号可参见附录 A、附录 B。

三、热电偶的结构

热电偶广泛用于温度测量，因用途和安装位置不同，外形也不尽相同，但其基本结构通常由热电极、绝缘管、保护套管和接线盒等四部分组成，如图 3-10 所示。

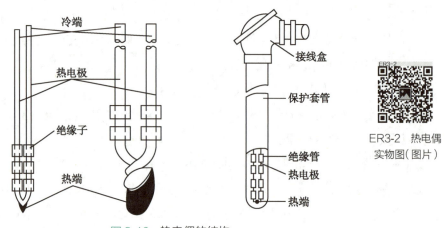

ER3-2 热电偶
实物图（图片）

图 3-10　热电偶的结构

1. 热电极 两根热电偶丝组成热电偶，不同的热电偶正负热电极的材料不同。热电极的直径由材料的价格、机械强度、导电率以及热电偶的用途和测量范围等决定。贵金属的热电极大多数采用直径为 0.3～0.65mm 的细丝，普通金属丝的直径一般为 0.5～3.2mm，长度为 350～2 000mm。

2. 绝缘管 又称绝缘子，用于防止两根热电极短路。材料的选择由使用的温度范围决定。常用的绝缘材料如表 3-2 所示，它的结构形式通常有单孔管、双孔管和四孔管等。

3. 保护套管 套在热电极、绝缘子的外部，其作用是保护热电极不受化学腐蚀和机械损伤。其结构一般有螺纹式和法兰式两种。对保护套管材料的要求是耐高温、耐腐蚀，能承受温度的剧变，有良好的气密性和大的导热系数。常用保护套管的材料，如表 3-3 所示。

表3-2 常用绝缘材料

材料	工作温度 /℃
橡皮、绝缘漆	80
珐琅	150
玻璃管	500
石英管	1 200
瓷管	1 400
纯氧化铝管	1 700

表3-3 常用保护套管材料

材料	工作温度 /℃
无缝钢管	600
不锈钢管	1 000
石英管	1 200
瓷管	1 400
氧化铝陶瓷管	1 900 以上

4. 接线盒 供热电极和补偿导线连接用的,它通常用铝合金制成,一般分为普通式和密封式两种。为了防止灰尘和有害气体进入热电偶保护套管内,接线盒的出线孔和盖子均用垫片和垫圈加以密封。接线盒内用于连接热电极和补偿导线的螺丝必须固紧,以防止产生较大的接触电阻而影响测量的准确性。

除了带有保护套管的结构形式外,还有薄膜式热电偶、套管式(或称铠装)热电偶、快速型热电偶等。

铠装热电偶由金属套管、绝缘材料(氧化镁粉)、热电偶丝经过复合拉伸成型,将端部偶丝焊接成光滑球状结构。工作端有露头型、接壳型、绝缘型三种。具有反应速度快、使用方便、可弯曲、气密性好、不怕振、耐高压等优点,是目前使用较多并正在推广的一种结构。

薄膜式热电偶利用真空镀膜法将两电极材料镀在绝缘基底上,专门用来测量物体的表面温度。其特点是反应速度极快、热惯性极小。

快速型热电偶专门用来测量高温熔融物体,整个热电偶元件的尺寸很小,也称为消耗式热电偶。此外,高可靠性柔性多点热电偶也开始得到应用。

热电偶的结构形式可根据它的用途和安装位置来确定。热电偶选型时,一般要考虑热电极的材料,保护套管的结构、材料和耐压强度,保护套管的插入深度等。

四、补偿导线的选用

由热电偶测温原理可知,只有当热电偶冷端温度保持不变时,热电势才是被测温度的单值函数。但在实际应用中,由于热电偶的工作端(热端)和冷端离得近,而且冷端又暴露在外部空间,冷端温度易受工作端和环境温度的影响,温度难以保持恒定。为了使热电偶的冷端温度保持恒定,可以把热电偶做得很长,使冷端远离工作端,但是这样做要消耗许多贵重的金属材料,是不经济的。解决这个问题,一般是采用一种价格比较低廉的专用导线,将热电偶的冷端延伸到温度恒定的地方,这样既能保证热电偶冷端温度保持不变,在经济上又可行。如图3-11所示。

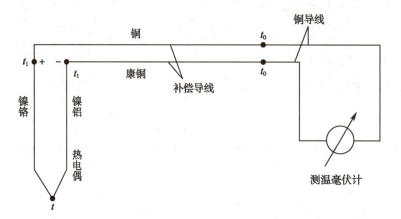

图3-11 补偿导线接线图

图中的专用导线称为"补偿导线",它也是由两种不同性质的金属材料制成,在一定温度范围内(0~100℃)与所连接的热电偶具有相同的热电特性,其材料又是廉价金属。不同热电偶所用的补偿导线也不同,对于考铜等用廉价金属制成的热电偶,则可用其本身的材料作补偿导线。

在使用热电偶补偿导线时,要注意型号相配,各种型号热电偶所配用的补偿导线的材料见表3-4。热电偶的正、负极分别与补偿导线的正、负极相接,极性不能接错,热电偶与补偿导线连接端所处的温度不应超过100℃。

表3-4 常用热电偶的补偿导线

补偿导线型号	配用热电偶		补偿导线				工作端为100℃、冷端为0℃时的标准热电势 /mV
	名称	分度号	正极		负极		
			材料	颜色	材料	颜色	
SC	铂铑10- 铂	S	铜	红	铜镍	绿	0.645±0.037
KC	镍铬 - 镍硅	K	铜	红	铜镍	蓝	4.095±0.105
EX	镍铬 - 铜镍	E	镍铬	红	铜镍	棕	6.317±0.170
TX	铜 - 铜镍	T	铜	红	铜镍	白	4.277±0.047

五、冷端温度的补偿

采用补偿导线后,把热电偶的冷端从温度较高和不稳定的地方,延伸到温度较低和比较稳定的操作室内,但冷端温度还不是0℃,而工业上常用的各种热电偶的分度表(温度 - 热电势关系曲线)是在冷端温度保持为0℃的情况下得到的。由于操作室的温度往往高于0℃,这时热电偶所产生的电势必然偏小,且测量值也随着冷端温度的变化而变化,因而测量时会产生误差。

要使显示仪表温度标尺或温度变送器的输出信号与热电偶分度表相吻合,就必须采取一定的措施,以使被测温度能真实地反映在显示仪表上。这种做法称为热电偶的冷端温度补偿,一般采用下述五种方法。

1. 冷端温度保持为 0℃ 的方法　如图 3-12 所示,把热电偶的两个冷端分别插入盛有绝缘油的试管中,试管然后放入装有冰水混合物的容器中,这种方法多用在实验室中。

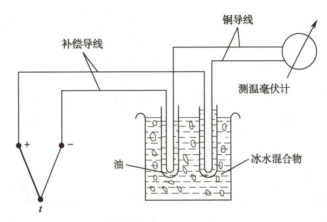

图 3-12　热电偶冷端温度保持 0℃ 的方法

2. 冷端温度修正方法　在实际生产中,冷端温度往往不是 0℃,而是某一温度 t_1,这就引起测量误差。因此,必须对冷端温度进行修正。

例如,某一设备的实际温度为 t,其冷端温度为 t_1,这时测得的热电势为 $E(t,t_1)$。为求得实际 t 的温度,可利用下式进行修正,即

$$E(t,0)=E(t,t_1)+E(t_1,0)$$

由此可知,冷端温度的修正方法是将测得的热电势 $E(t,t_1)$,与热端为室温 t_1、冷端为 0℃ 时的热电偶的热电势 $E(t_1,0)$ 相加,总和是实际温度下的热电势 $E(t,0)$。

例　用镍铬 - 铜镍热电偶测量某加热炉的温度。测得的热电势,$E(t,t_1)=27\,022\mu V$ 工作时热电偶的冷端的温度 $t_1=25℃$,求被测的实际温度。

解:由 K 型热电偶分度表可以查得

$$E(25,0)=1\,000\mu V$$

$$E(t,0)=E(t,25)+E(25,0)=27\,022+1\,000=28\,022\mu V$$

再查 K 型热电偶分度表,可以得到 $28\,022\mu V$ 对应的温度为 674℃。

上述方法只适用于实验室或临时测温,在连续测量中显然是不实用的。

3. 校正仪表零点法　如果用补偿导线将冷端一直延伸到仪表的输入端,则仪表安装室的室温就是该热电偶的冷端温度。采用热电偶测温时,要使指示值不偏低,可预先将仪表指针调整到相当于室温的数值上。此法简单,故在工业上经常应用。但这种方法也只是一种近似,如在测温过程中室温变化也会再引起误差。所以此方法只在测温要求不高的场合适用。

4. 补偿电桥法　补偿电桥法则是利用不平衡电桥产生的电势,来补偿热电偶因冷端温度变化而引起的热电势的变化值。其电路如图 3-13 所示。

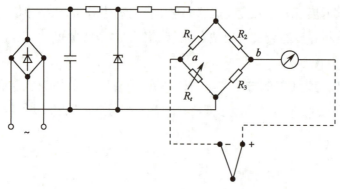

图 3-13　具有补偿电桥的热电偶测温线路

R_1、R_2、R_3(锰铜丝绕制)、R_t(铜线绕制)是电桥的四个桥臂。R_1、R_2、R_3 的阻值不随温度变化，R_t 的阻值随温度而变化，电桥由稳压电源供电。为了使电阻 R_t 与热电偶的冷端感受同一温度，必须把 R_t 与热电偶的冷端放在一起。电桥通常在 20℃时处于平衡，此时 $R_1 = R_2 = R_3 = R$，对角线 a、b 两点电位相等，即 $U_{ab} = 0$，电桥的输出对仪表的读数无影响。当环境温度高于 20℃时，热电偶因冷端温度升高而使热电势减少，同时电桥中的铜电阻 R_t 阻值随温度升高而增加，电桥不再平衡，使 a 点电势高于 b 点电势，即 $U_{ab} > 0$，它与热电偶的热电势相叠加一起送入显示仪表。如电桥桥臂电阻和电流选择适当，可以使电桥产生的不平衡电压 U_{ab} 正好补偿由于冷端温度变化而引起的热电势减少的值，因而仪表的指示值依然正确。

由于电桥是在 20℃时平衡的，所以采用这种补偿电桥时须把仪表的机械零位预先调到 20℃处。如果补偿电桥是在 0℃时平衡设计的，则仪表零位应调在 0℃处。

5. 补偿热电偶法　在实际生产中，为了节省补偿导线和投资费用，一台测温仪表可配用多支热电偶，其接线如图 3-14 所示。转换开关用来选择测量点。CD 是补偿热电偶，它的热电极材料可以与测量热电偶相同，也可以是测量热电偶的补偿导线。设置补偿热电偶是为了使多支测量热电偶冷端温度保持恒定。为此将补偿热电偶的工作端插入地下 2～3m，或放在其他恒温器中使其温度恒为 t_0。而冷端和多支测量热电偶的冷端都接在温度为 t_1 的同一个接线盒中。这时测温仪表的指示值为 $E(t, t_0)$，不受接线盒处温度 t_1 的影响。

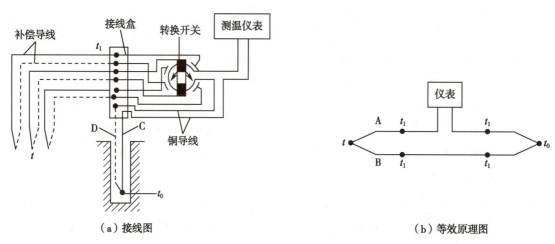

（a）接线图　　　　　　　　　　　　　　　　（b）等效原理图

图 3-14　补偿热电偶的连接线路

第三节　热电阻

热电偶一般用于测量 500℃以上的较高温度。对于 500℃以下的中、低温,热电偶输出的热电势很小。热电势小对电位差计的放大器和抗干扰措施要求都很高,否则就测不准,仪表维修也困难。另外,在较低的温度区域,冷端温度和环境温度的变化引起的相对误差比较大,不易得到全补偿。所以,在中、低温区,一般使用热电阻温度计来进行温度的测量。

热电阻温度计是由热电阻(感温元件)、显示仪表以及连接导线组成,如图 3-15 所示。由于连接导线的电阻值易受环境温度的影响而产生误差,所以连接导线采用三线制接法。

ER3-3　热电阻温度计(组图)

图 3-15　热电阻温度计

一、热电阻的工作原理

热电阻温度计是利用金属导体的电阻值随温度变化而变化的特性来进行温度测量的,这种特性也称为电阻温度效应。对于呈线性特性的电阻来说,其电阻值与温度关系如式(3-10)和式(3-11)所示。

$$R_t = R_{t_0}[1 + \alpha(t - t_0)] \qquad \text{式(3-10)}$$

$$\Delta R_t = R_t - R_{t_0} = \alpha R_{t_0} \times \Delta t \qquad \text{式(3-11)}$$

式中,R_t 为温度为 t℃时的电阻值;R_{t_0} 为温度为 t_0(通常为 0℃)时的电阻值;α 为电阻温度系数;Δt 为温度的变化值;ΔR_t 为电阻值的变化量。

可见,温度的变化导致了金属导体电阻的变化,这样只要设法测出电阻值的变化,就可以达到温度测量的目的。

热电阻与热电偶的测量原理是不相同的。前者是把温度的变化转换为电阻值的变化;后者将温度的变化转化为热电势的变化。

热电阻温度计适用于测量 −200～+500℃范围内液体、气体、蒸气及固体表面的温度,它与热电偶温度计一样,也有远传自动记录和实现多点测量等优点。此外,热电阻的输出信号大,测量准确。

二、热电阻的分类

作为热电阻的材料一般要求是:电阻温度系数、电阻率要大;热容量要小;在整个测温范围内具有稳定的物理、化学性质和良好的复现性;电阻值随温度的变化最好呈线性。

要完全符合上述要求实际上是有困难的,根据具体情况,目前应用最广泛的热电阻材料是铂和铜。

1. 铂电阻 铂电阻的特点是精度高,稳定性好,性能可靠。在氧化性介质中,甚至高温下其物理、化学性质都非常稳定。但在还原性介质中,特别是在高温下很容易被从氧化物中还原出来的蒸气所玷污,使铂丝变脆,并改变其电阻与温度间的关系。因此,要特别注意保护。

在0~650℃范围内,铂电阻与温度的关系为

$$R_t = R_0(1 + At + Bt^2 + Ct^3)$$ 式(3-12)

式中,A、B、C是实验常数,由实验求得。其中:

$$A = 3.950 \times 10^{-3}/℃, B = -5.850 \times 10^{-7}/(℃)^2, C = -4.22 \times 10^{-22}/(℃)^3$$

要确定$R_t \sim t$的关系,首先要确定R_0的大小,不同的R_0对应的$R_t \sim t$的关系也不同,这种$R_t \sim t$的关系称为分度表,具体热电阻用分度号来表示。

工业上常用的铂电阻有两种,一种是$R_0 = 10\Omega$,对应分度号为Pt10;另一种是$R_0 = 100\Omega$,对应分度号为Pt100。

2. 铜电阻 除铂电阻外,铜电阻的使用也很普遍。铂是贵金属。在一些测量精度要求不是很高且温度较低的场合,尽可能使用铜电阻。金属铜易于加工提纯,价格便宜;它的电阻温度系数很大,且电阻与温度呈线性关系;在$-50 \sim +150℃$范围内,具有很好的稳定性。其缺点是温度超过150℃后易被氧化,氧化后失去良好的线性特性,因此它只能在低温及没有腐蚀性的介质中工作。另外,由于铜的电阻率小,为了要绕得一定的电阻值,铜电阻丝必须较细,长度要较长,这样电阻体就较大,机械强度也随之降低。

在$-50 \sim +150℃$的范围内,铜电阻与温度的关系是线性的。即

$$R_t = R_0[1 + \alpha(t - t_0)]$$ 式(3-13)

式中,α为铜的电阻温度系数,$\alpha = 4.25 \times 10^{-3}/℃$。

工业上常用的铜电阻有两种,一种是$R_0 = 50\Omega$,对应的分度号为Cu50。另一种是$R_0 = 100\Omega$,对应的分度号为Cu100。

三、热电阻的结构

热电阻的结构形式有普通型热电阻、铠装热电阻和薄膜热电阻三种。

1. 普通型热电阻 主要由电阻体、保护套管和接线盒等部件组成。其中保护套管和接线盒与热电偶的基本相同。

将电阻丝采用双线无感绕法,绕制在具有一定形状的支架上,就制成了电阻体。要求电阻体做得体积小,而且受热膨胀时,电阻丝不产生附加应力。目前,用来绕制电阻丝的支架一般有三种构造形式,即平板形、圆柱形和螺旋形,如图3-16所示。通常,平板形支架作为铂电

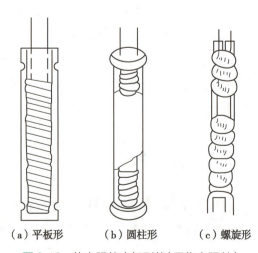

(a)平板形　　　(b)圆柱形　　　(c)螺旋形

图3-16 热电阻的支架形状(已绕电阻丝)

阻体的支架,圆柱形支架作为铜电阻体的支架,而螺旋形支架是作为标准或实验室用的铂电阻体的支架。

2. 铠装热电阻 将电阻体预先拉制成型并与绝缘材料和保护套管连成一体。这种热电阻体积小,抗震性强,可弯曲,热惯性小,使用寿命长。

3. 薄膜热电阻 它是将热电阻材料通过真空镀膜法直接蒸镀到绝缘基底上。这种热电阻的体积很小,热惯性也小,灵敏度高。

第四节　温度变送器

温度变送器是单元组合仪表的重要组成部分,其作用是将热电偶、热电阻输出的电势值或电阻值转换成统一的标准信号,再送给单元组合仪表的显示单元、控制单元,以实现对温度的显示、记录或自动控制。

温度变送器的种类很多,常用的有电动温度变送器、一体化温度变送器和智能型温度变送器等。

一、电动温度变送器

电动温度变送器经历了 DDZ-Ⅰ型、DDZ-Ⅱ型和 DDZ-Ⅲ型等三代发展,可与各种类型的热电偶和热电阻配套使用,将温度或温度差转换成标准统一的 0～10mA 或 4～20mA 直流电流信号。同时它又是一个直流毫伏转换器,即可与具有毫伏信号输出的各种变送器配合,使其转换成 0～10mA 统一标准电流信号输出。

DDZ-Ⅲ型的温度变送器与 DDZ-Ⅱ型相比较,主要有以下特点:线路上采用了安全火花型防爆措施;采用了线性化结构;使用了集成电路,具有良好的可靠性和稳定性。

电动温度变送器是安装在控制室内的一种架装式仪表,它有三种类型,即热电偶温度变送器、热电阻温度变送器和直流毫伏变送器。在制药生产中,使用最多的是前两种。

(一)热电偶温度变送器

该变送器与热电偶配合使用,将温度转换成 4～20mA 或 1～5V 的统一标准信号,再送给显示仪表或控制仪表,实现对温度的显示或控制。

热电偶温度变送器的结构大体上可分为三大部分:输入电桥、放大电路及反馈电路,如图 3-17 所示。

ER3-4　温度变送器(图片)

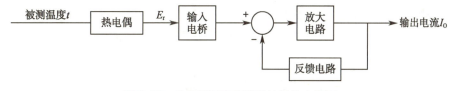

图 3-17　热电偶温度变送器的结构方框图

输入电桥是热电偶温度变送器的输入回路,在形式上很像电桥,故称为输入电桥。它的作用是冷端温度补偿和调整零点。

在 DD-Ⅲ型的温度变送器中,为了使变送器的输出信号与被测温度呈线性关系,便于显示,便于计算机的测量和控制,通常在温度变送器的反馈电路中加入线性化电路,对热电偶的非线性给予修正。热电偶产生的热电势太小,不宜在输入电桥中修正,故采取非线性反馈电路进行修正,如图 3-18 所示。

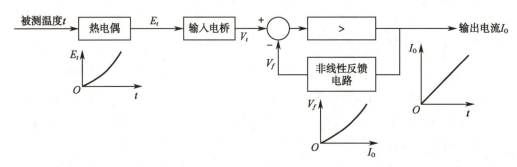

图 3-18 热电偶温度变送器的线性化方法方框图

在温度较高时,即热电偶灵敏度偏高的区域,使负反馈作用强一些,这样以反馈电路的非线性补偿热电偶的非线性,最终获得的输出电流与温度呈线性关系。值得注意的是,这种具有线性化结构的温度变送器在进行量程变换时,其反馈的非线性特性必须作相应的调整。

热电偶产生的热电势很小,一般只有十几或几十毫伏,因此需经过多级放大后才能变换为高电平输出。近年来由于集成运算放大器的出现,温度变送器采用了特殊的低漂移、高增益集成运算放大器。测量元件和传输线路上经常会受到各种干扰,故温度变送器中的放大器必须具有较强的抗干扰措施。集成运算放大器输出电压信号,功率放大器的作用是把运算放大器输出的电压信号转换成具有一定负载能力的电流输出信号。同时,通过电流互感器可实现输入回路和输出回路的隔离。

(二)热电阻温度变送器

热电阻温度变送器与热电阻配套使用,将温度转换成 4~20mA 和 1~5V 的统一标准信号,然后与显示仪表或控制仪表配合,实现对温度的显示或控制。

热电阻温度变送器的结构大体上也可分为三大部分:输入电桥、放大电路及反馈电路,如图 3-19 所示。和热电偶温度变送器比较,放大电路是通用的,只是输入电桥和反馈电路不同。

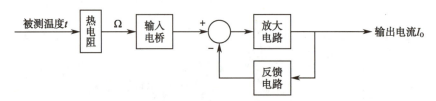

图 3-19 热电阻温度变送器的结构方框图

热电阻温度变送器的输入电桥实质上是一个不平衡电桥,热电阻被接入其中一个桥臂,当温度变化引起热电阻阻值发生改变后,电桥就输出一个平衡电压信号,此电压信号通过放大电路和反馈电路,便可以得到一个与输入信号呈线性函数关系的输出电流。

热电偶温度变送器采用非线性反馈实现线性化,而热电阻温度变送器大多数采用正反馈来实现线性化,以保证输出电流与温度呈线性关系。

二、一体化温度变送器

一体化温度变送器结构如图 3-20 所示,该变送器模块安装在测温元件接线盒或专用接线盒内。变送器模块和测温元件形成一个整体,可以直接安装在被测工艺设备上,十分简捷地把温度信号转换为标准电信号,传输给显示器、调节器、记录仪、DCS 等,实现对温度的精确测量和控制。这种变送器具有体积小、质量轻、现场安装方便等优点,因而在工业生产中得到广泛应用。

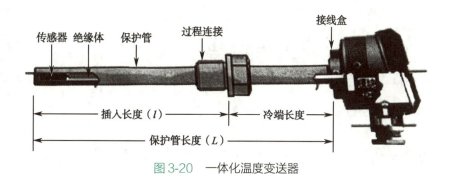

图 3-20 一体化温度变送器

一体化温度变送器可直接安装在现场。一般情况下,变送器模块内部集成电路的正常工作温度为 −20 ～ + 80℃,超出这一范围,电子器件的性能会发生变化,变送器将不能正常工作,因此在使用中应特别注意变送器模块所处的环境温度。

三、智能式温度变送器

智能式温度变送器可采用 HART(Highway Addressable Romote Transducer)协议、现场总线等多种通信方式。下面以 TT302 温度变送器为例加以介绍。

TT302 温度变送器是一种符合 FF 通信协议的现场总线智能仪表。它可以与各种热电偶、热电阻配合使用测量温度,具有量程范围宽、精度高、环境温度和振动影响小、抗干扰能力强、质量轻、安装维护方便等优点。

TT302 温度变送器主要由硬件和软件两部分构成。其原理框图如图 3-21 所示。主要由输入板、主电路板、液晶显示器等组成。

TT302 温度变送器的软件分为系统程序和功能模块两大部分。系统程序使变送器各硬件电路正常工作并实现所规定的功能,同时完成各组成部分之间的管理。功能模块提供了各种可选功能,用户可以根据需要加以选择。

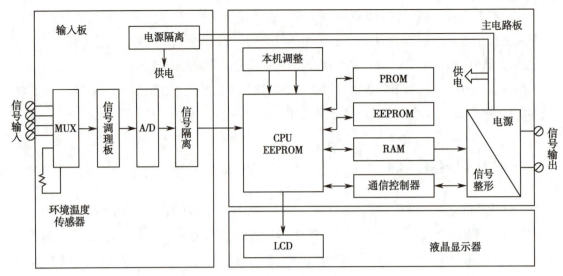

图 3-21　TT302 温度变送器的硬件构成原理框图

第五节　测温元件的选用与安装

ER3-5　温度测量系统（视频）

一、测温元件的选用

热电偶和热电阻都是工业上常用的测温元件,选用时,应分析被测对象的温度变化范围及变化的快慢程度。一般情况下,如果测量的温度高,或者被测温度变化较快,测量点温、表面温度时,选用热电偶比较合适;当温度在 500℃以下,特别是 300℃以下时,多数考虑热电阻。

除考虑上述因素外,还要考虑仪表的精度、稳定性、变差及灵敏性,介质的性质及测量周围的环境,输出信号是否远传,测温元件的体积大小及互换性;仪表防震、防冲击、抗干扰能力等。如一般工业用温度计,选用 1.5 级或 1 级精度;精密测量用温度计选用 0.5 级或 0.25 级精度。要根据温度测量范围选用相应分度号的热电偶、热电阻,最高测量值不大于仪表测量范围上限值的 90%,正常测量值在仪表测量范围上限值的 1/2 左右。铠装热电偶适用于一般场合,铠装热电阻适用于无振动场合,热敏性热电阻适用于测量反应速度快的场合。含坚硬固体颗粒介质的测量,选用耐磨热电偶等。

二、测温元件的安装

在正确选择测温元件和二次仪表之后,如不注意测温元件的正确安装,测量精度仍得不到保证。工业上,一般是按下列要求进行安装的。

在测量管道温度时,应保证测温元件与流体充分接触,以减少测量误差。因此,要求安装时测温元件应迎着被测介质流向插入,如图 3-22(a)所示;至少须与被测介质正交,如图 3-22(b)所示;切勿与被测介质形成顺流,如图 3-22(c)所示。

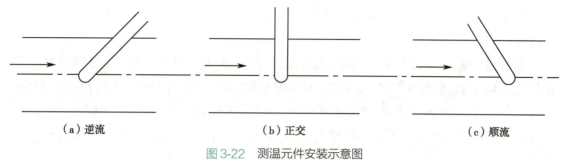

| （a）逆流 | （b）正交 | （c）顺流 |

图 3-22　测温元件安装示意图

测温元件的感温点应处于管道中流速最大处。要有足够的插入深度，应尽量避免测温元件外露部分的热损失引起测量误差。

安装热电偶，如果管道公称直径小于 50mm，以及安装热电阻温度计，管道公称直径小于 80mm，应将温度计安装在加装的扩大管上，如图 3-23 所示。

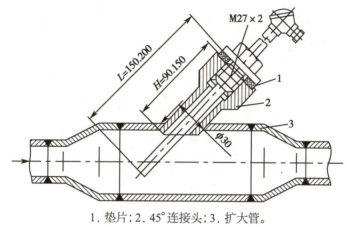

1. 垫片；2. 45°连接头；3. 扩大管。

图 3-23　热电偶在扩大管上的安装

热电偶和热电阻的接线盒应向下，以避免雨水或其他液体、脏物渗入接线盒中影响测量，如图 3-24 所示。

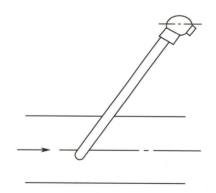

图 3-24　热电偶或热电阻安装示意图

热电偶处不得有强磁场；热电偶测量炉温时，应避免测温元件与火焰直接接触。

为减少测温的滞后，可在保护外套管与保护套管之间加装传热良好的填充物，如变压器油（<150℃）或铜屑、石英砂（>150℃）。

测温元件安装在负压管道或设备中时,必须保证安装孔密封,以免外界冷空气进入,使读数降低。

热电偶测温时,一定要注意冷端温度补偿,正确地选择补偿导线,正、负极不能接反;热电偶的分度号应与配套使用的变送仪表、显示仪表分度号一致。在与采用电桥补偿法进行冷端温度补偿的仪表配套使用时,热电偶的冷端一定要与补偿电阻感受相同的温度。

热电阻测温时,为了消除因连接导线阻值变化而产生的误差,要求固定每根导线的阻值,并采用三线制接法。此外,热电阻的分度号要与配接的仪表分度号一致。

ER3-6　第三章　目标测试

第四章　压力检测及仪表

压力是制药工业生产过程中重要的操作参数之一。在化学反应中，压力既影响物料平衡，又影响反应速度。如果压力不符合工艺要求，不仅生产不出合格的产品，还有可能造成严重的生产事故。此外，物位、流量等参数的测量，也往往是通过测量压力或压差，并借助转换电路来实现的。因此，压力的检测和控制是保证工业生产过程经济性和安全性的重要环节。

第一节　压力检测概述

一、压力的定义及单位

压力是指垂直而均匀地作用于单位面积上的力，其数学表达式为

$$p = \frac{F}{S} \qquad \text{式（4-1）}$$

式中，p 为压力；F 为垂直作用力；S 为受力面积。

压力的国际标准单位为帕斯卡（简称帕，用符号 Pa 表示，$1Pa = 1N/m^2$），我国也采用帕斯卡作为法定计量单位。由于帕所表示的压力较小，工程上更多的是使用千帕（kPa）或兆帕（MPa）。帕与千帕、兆帕之间的关系为

$$1kPa = 1 \times 10^3 Pa$$

$$1MPa = 1 \times 10^6 Pa$$

除了国际标准单位外，工程上有时也使用一些非标准的压力单位，如工程大气压（kgf/cm^2）、标准大气压（atm）、毫米汞柱（mmHg）、毫米水柱（mmH_2O）、巴（bar）等。表 4-1 给出了几种压力单位之间的换算关系。

表 4-1　压力单位换算

压力单位	帕/Pa	兆帕/MPa	工程大气压/（kgf/cm^2）	标准大气压/atm	毫米汞柱/mmHg	毫米水柱/mmH_2O	巴/bar	磅/英寸²/（lb/in^2）
帕/Pa	1	1×10^{-6}	$1.019\,7 \times 10^{-5}$	$9.869\,2 \times 10^{-6}$	$7.500\,6 \times 10^{-3}$	$0.102\,0$	1×10^{-5}	$1.450\,4 \times 10^{-4}$
兆帕/MPa	1×10^6	1	$10.197\,2$	$9.869\,2$	$7.500\,6 \times 10^3$	$1.019\,7 \times 10^5$	10	$1.450\,4 \times 10^2$
工程大气压/（kgf/cm^2）	$9.806\,7 \times 10^4$	$9.806\,7 \times 10^{-2}$	1	$0.967\,8$	$735.559\,2$	1×10^4	$0.980\,7$	$14.223\,3$

压力单位	帕/Pa	兆帕/MPa	工程大气压/(kgf/cm²)	标准大气压/atm	毫米汞柱/mmHg	毫米水柱/mmH$_2$O	巴/bar	磅/英寸²/(lb/in²)
标准大气压/atm	$1.013\ 3 \times 10^5$	$0.101\ 3$	$1.033\ 2$	1	760	$1.033\ 2 \times 10^4$	$1.013\ 3$	$14.695\ 9$
毫米汞柱/mmHg	$133.322\ 4$	$1.333\ 2 \times 10^{-4}$	$1.359\ 5 \times 10^{-3}$	$1.315\ 8 \times 10^{-3}$	1	$13.595\ 1$	$1.333\ 2 \times 10^{-3}$	$1.933\ 7 \times 10^{-2}$
毫米水柱/mmH$_2$O	$9.806\ 6$	$9.806\ 6 \times 10^{-6}$	1×10^{-4}	$9.678\ 4 \times 10^{-5}$	$7.355\ 6 \times 10^{-2}$	1	$9.806\ 6 \times 10^{-5}$	$1.422\ 3 \times 10^{-3}$
巴/bar	1×10^5	0.1	$1.019\ 7$	$0.986\ 9$	$750.061\ 7$	$1.019\ 7 \times 10^4$	1	$14.503\ 8$
磅/英寸²/(lb/in²)	$6.894\ 8 \times 10^3$	$6.894\ 8 \times 10^{-3}$	$7.030\ 7 \times 10^{-4}$	$6.804\ 6 \times 10^{-2}$	$51.714\ 9$	$703.072\ 2$	$6.894\ 8 \times 10^{-2}$	1

二、压力的几种表示方式

压力的表示方式有三种：绝对压力、表压力、真空度（负压），其关系如图 4-1 所示。

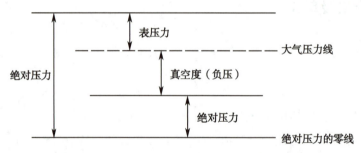

图 4-1　绝对压力、表压力、真空度（负压）的关系

绝对压力是指物体所承受的实际压力。物理学中真正的零压力状态为真空，以完全真空作为"零"标准压力，将被测压力与真空的差值称为绝对压力。

表压力和真空度是以大气压力为基准，当被测压力高于大气压力时，将其绝对压力与大气压力之差称为表压力；当被测压力低于大气压力时，将大气压力与其绝对压力之差称为真空度（负压）。即

$$p_{表压力} = p_{绝对压力} - p_{大气压力} \qquad 式（4-2）$$

$$p_{真空度} = p_{大气压力} - p_{绝对压力} \qquad 式（4-3）$$

在压力测量过程中，各种工艺设备和检测仪表通常是处于大气之中的，本身就承受着大气压力。因此，工程上经常使用表压力或真空度来表示压力的大小。以后所提及的压力，若无特殊说明，均指表压力或真空度。

三、常用的压力测量仪表

测量压力的仪表有很多，按照其转换原理的不同，将常用的测压仪表分为以下四类。

1. 液柱式压力计 　根据液体静力学原理,将被测压力转换成液柱高度进行测量。按其结构形式的不同,有U形管压力计、单管压力计、斜管压力计等。这类仪表结构简单,使用方便,但测量范围较窄,一般用来测量较低压力、真空度或压力差。

ER4-2　U形管
压力计(图片)

2. 弹性式压力计 　根据弹性元件受压变形的原理,将被测压力转换成弹性元件的位移进行测量。按其弹性元件的不同,有弹簧管压力计、膜式压力计、波纹管压力计等。这类仪表测量范围较宽,使用可靠,价格低廉,在工业上应用最为广泛。

3. 电气式压力计 　通过机械和电气元件,将被测压力转换成电量(如电压、电流、频率等)进行测量。如应变式压力传感器、电容式压力传感器、压电式压力传感器等。这类仪表的输出信号能够远距离传送,在工业生产过程中可以与控制器联用,实现压力的自动控制。

4. 活塞式压力计 　根据液压机液体传送压力的原理,将被测压力转换成活塞上所加平衡砝码的质量进行测量。这类仪表测量精度很高,允许误差范围很小(0.05%～0.02%),但结构较复杂,价格较贵,通常作为标准仪器对其他类型的压力仪表进行校验。

ER4-3　活塞式
压力计(图片)

表4-2给出了常见压力测量仪表及特性。

表4-2　常见压力测量仪表及特性

仪表名称		测量原理	测量范围 /kPa	主要应用场合	特点
液柱式压力计		液体静力学原理	$0\sim10^2$	适用于低压、真空度及压差的测量	结构简单,使用方便,显示直观,价格便宜,但测量范围较窄,玻璃管易损
弹性式压力计	弹簧管式	弹性元件受压后产生弹性形变	$0\sim10^6$	适用于高、中、低压的测量	结构简单、牢固,读数清晰,价格低廉,准确度较高,测量范围广,便于安装和维修,不宜用于测量动态压力
	薄膜式		$0\sim10^4$	适用于中、低压的测量,以及腐蚀性、高黏度等介质的测量	
	波纹管式		$0\sim10^3$	适用于低压与微压的测量	
电气式压力计(压力传感器)	应变式	电阻应变效应	$0\sim10^5$	适用于一般要求的动态压力的测量	尺寸小,质量轻,精度高,测量范围较广,动态性能好,但易受温度影响,测量时需加以补偿和修正
	电容式	变电容测量原理	$0\sim10^4$	适用于压力、压差的测量,可以非接触测量	测量精度和灵敏度高,机械损失小,过载能力强,但寄生电容影响较大
	压电式	电介质的压电效应	$0\sim10^4$	适用于脉冲力、冲击力等动态力的测量	体积小,质量轻,灵敏度和响应频率高,不宜用于测量静态压力
	霍尔式	半导体的霍尔效应	$0\sim10^4$	霍尔元件与弹性元件组合使用,测量压力	结构简单,灵敏度较高,动态性能好,使用寿命长,对温度变化较敏感,需采取温度补偿
	电感式	电磁感应原理	$0\sim10^4$	适用于静态或变化缓慢压力的测量	结构简单,测量精度和灵敏度高,输出功率较大,抗干扰能力强,不宜用于高频动态测量

除了上述仪表外，近年来随着压力检测技术的发展，出现了一些新型测压仪表，如谐振式压力传感器、光纤式压力传感器、超声波压力传感器等。同时，压力检测仪表的构造也朝着更加数字化、智能化方向发展。

第二节　弹性式压力计

弹性式压力计是利用各种形式的弹性元件，在被测压力的作用下，使弹性元件受压后产生弹性变形的原理而制成的测压仪表。这类仪表结构简单，使用方便，测压范围从几百帕到数千兆帕，精度良好，并且价格低廉，在工业上应用最为广泛。将弹性式压力计与记录机构、电气变换装置、控制元件等连接，还可以实现压力的记录、远传、信号报警、自动控制等。

一、弹性元件

当物体受到外力作用时，其形状和尺寸发生变化，去除外力后，物体又恢复至原有的形状和尺寸，该过程称为弹性形变。弹性元件是压力测量中常用的一类敏感元件，具有弹性形变特性，能够直接感受被测压力的变化，相应地产生形变和位移，从而将压力大小转换成位移量进行测量。

常用的弹性元件有弹簧管式、薄膜式、波纹管式等，它们的结构如图 4-2 所示。不同结构的弹性元件，其测压范围也不同。

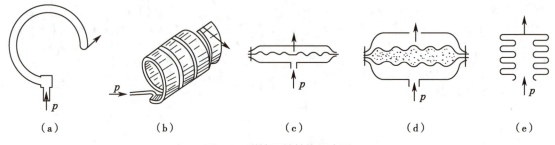

图 4-2　弹性元件结构示意图

（a）单圈弹簧管；（b）多圈弹簧管；（c）波纹膜片；（d）膜盒；（e）波纹管。

1. 弹簧管式弹性元件　分为单圈和多圈两种类型。单圈弹簧管[图 4-2（a）]是弯成圆弧形的空心金属管，其横截面呈扁圆或椭圆形（即非圆形）。当一端通入被测压力时，由于弹簧管的非圆横截面，使其有变成圆形并伴随伸直的趋势，从而使另一端产生向外的位移，其位移量与压力的大小成正比。单圈弹簧管产生的位移较小，为了增加受压变形时的位移量，可以制成多圈弹簧管[图 4-2（b）]，其工作原理与单圈弹簧管相同。弹簧管式弹性元件的测压范围较宽，可以测量高达 1 000MPa 的压力。

2. 薄膜式弹性元件　分为膜片和膜盒两种类型。膜片是由金属或非金属材料制成的具有弹性的一种圆形薄板或薄膜，周边固定在壳体或基座上，有平板膜片与波纹膜片[图 4-2（c）]

两种形式。当膜片受到压力作用时,就会发生形变,其圆心处产生直线位移,当位移很小时,压力与位移之间具有良好的线性关系。将两张膜片沿着周边对焊密封,就构成了膜盒[图4-2(d)],使盒内充满液体(如硅油),这样不仅可以传递压力,而且对膜片过载起保护作用。薄膜式弹性元件的测压范围比弹簧管式弹性元件要窄。

3. 波纹管式弹性元件 波纹管是一种具有同轴环状波纹的薄壁金属筒体[图4-2(e)]。当筒内被测压力发生变化时,能够沿轴向产生伸长或收缩位移。由于波纹管受压时位移较大,所以其灵敏度较高,适用于微压与低压的测量(一般不超过1MPa),但产生的滞后较大,压力-位移曲线的线性度不佳。

弹性元件受压后产生的位移,可以通过传动机构转换为可直接观察的机械量输出,指示被测压力的大小;也可以施加给特定元件或结构,引起其电学属性的改变,进一步转换为电信号输出,实现远程传送、调控等功能。本小节主要以弹簧管压力表为例来说明机械转换的原理。

二、弹簧管压力表

弹簧管压力表是最常用的一类就地指示型压力表,测压范围较广,品种规格繁多。按照其使用的弹性元件不同,分为单圈弹簧管压力表和多圈弹簧管压力表;按照被测介质的不同,分为普通压力表、氨用压力表、氧气压力表、耐酸压力表等,它们的外形和结构基本相同,只是制作材质有所不同。

ER4-4 弹簧管
压力表(图片)

弹簧管压力表的结构如图4-3所示。单圈弹簧管是一根弯成270°圆弧的空心金属管,其横截面一般呈扁圆或椭圆形。管子的一端开口,作为固定端,固定在接头上,被测压力由此进入管内;另一端封闭,作为自由端B,可以自由移动。当被测压力从弹簧管的固定端输入时,扁圆或椭圆形截面在压力的作用下将趋向圆形,整个管子有被"拉直"的趋势,即圆弧的曲率减小,半径增大,从而使自由端B产生向外的位移。输入的压力越大,自由端的位移也就越大,两者之间成正比关系。因此只要测得位移量,就能反映压力的大小。但弹簧管自由端的位移量一般很小,不易直接进行指示,必须通过机械传动将位移量放大后,才能用于指示被测压力。

当弹簧管的自由端B产生位移时,通过拉杆使扇形齿轮作逆时针偏转,带动与其啮合的中心齿轮作顺时针偏转,从而使同轴指针也作顺时针偏转,最终在面板的刻度标尺上显示出被测压力的数值。由于自由端的位移与被测压力之间呈线性关系,因此面板的刻度标尺是均匀的。游丝用来克服扇形齿轮和中心齿轮

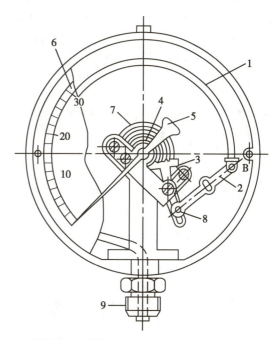

1. 弹簧管;2. 拉杆;3. 扇形齿轮;4. 中心齿轮;
5. 指针;6. 面板;7. 游丝;8. 调整螺钉;9. 接头。

图4-3 弹簧管压力表

的间隙所产生的仪表变差。改变调整螺钉的位置（即改变机械传动的放大系数），可以实现压力表量程的调整。

弹簧管常用的材质有锡青铜、磷青铜、合金钢、不锈钢等，适用于不同的测压范围和被测介质。对于普通介质，当被测压力小于 20MPa 时，一般采用磷青铜；当被测压力大于 20MPa 时，则采用合金钢或不锈钢。在使用压力表时，必须了解被测介质的理化性质。例如，在测量氨介质的压力时，必须采用不锈钢弹簧管，而不能采用易被腐蚀的铜质材料；在测量氧气压力时，则严禁沾有油脂，以确保安全使用。

三、电接点信号压力表

在制药生产过程中，常需要把压力控制在一定的范围内，即当压力低于或高于给定范围时，就会破坏正常工艺条件，甚至可能发生危险，因此应采用带有报警或控制触点的压力表。当压力偏离给定范围时，能及时发出信号，以提醒操作人员注意或通过中间继电器实现压力的自动控制。

将普通弹簧管压力表稍加改进，便可成为电接点信号压力表，其结构如图 4-4 所示。表盘上有三个指针，分别为一个指示指针和两个可调节指针。指示指针用于指示被测压力的变化，上面有动触点；两个可调节指针可以根据生产工艺需求移动位置，用于设置压力范围的下限和上限，上面分别有静触点 1 和 4。当压力低于下限给定值（由静触点 1 的指针位置确定）时，2 和 1 接触，电路被接通，绿色信号灯亮起；当压力超过上限给定值（由静触点 4 的指针位置确定）时，2 和 4 接触，电路被接通，红色信号灯亮起。

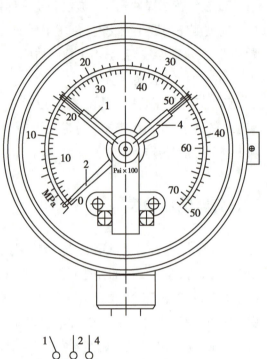

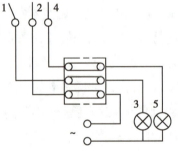

1，4.静触点；2.动触点；3.绿灯；5.红灯。

图 4-4　电接点信号压力表

ER4-5　电接点信号压力表（图片）

第三节　应变式压力传感器

应变式压力传感器是利用应变片的电阻应变效应，将弹性元件受压产生的形变传递给应变片，引起其电阻值发生变化，从而将压力转换成电信号进行测量的测压仪表。这类仪表尺寸小、质量轻,具有精度高、测量范围较广、动态响应特性较好、可定制性强等优点。

一、应变效应和压阻效应的原理

（一）金属材料的应变效应

当金属材料在外力作用下产生机械形变(伸长或收缩)时,其电阻值也发生相应的变化,这种现象称为应变效应。

设有一根长度为 L、横截面积为 A、电阻率为 ρ 的金属丝,其电阻 R 可以表示为

$$R = \rho \frac{L}{A} \qquad 式（4-4）$$

当金属丝受到外力而产生形变时,其长度伸长了 dL,横截面积缩小了 dA,电阻率的变化为 $d\rho$,对电阻公式两边求导,可得电阻的相对变化量为

$$\frac{dR}{R} = \frac{d\rho}{\rho} + \frac{dL}{L} - \frac{dA}{A} \qquad 式（4-5）$$

式中,$d\rho/\rho$ 为电阻率的相对变化;dL/L 为金属丝长度的相对变化,即轴向应变;dA/A 为横截面积的相对变化。若金属丝的横截面为圆形($A = \pi r^2$),则

$$\frac{dA}{A} = 2\frac{dr}{r} \qquad 式（4-6）$$

式中,dr/r 为金属丝半径的相对变化,即径向应变。

根据材料力学可知,在弹性范围内金属丝沿长度方向伸长时,其径向(横向)尺寸缩小,反之亦然。即轴向应变与径向应变有如下关系:

$$\frac{dr}{r} = -\mu\frac{dL}{L} \qquad 式（4-7）$$

式中,μ 为金属材料的泊松系数。

金属材料电阻率的相对变化与其体积的相对变化之间有如下关系:

$$\frac{d\rho}{\rho} = C\frac{dV}{V} \qquad 式（4-8）$$

式中,C 为金属材料的某一常数,由其材料及加工方式决定。

金属材料体积的相对变化与轴向应变、径向应变之间有如下关系:

$$V = LA \qquad 式（4-9）$$

$$\frac{dV}{V} = \frac{dL}{L} + \frac{dA}{A} = \frac{dL}{L} + 2\frac{dr}{r} = \frac{dL}{L} - 2\mu\frac{dL}{L} = (1-2\mu)\frac{dL}{L} \qquad 式（4-10）$$

将上述各关系式一并代入,则金属丝电阻的相对变化量为

$$\frac{dR}{R} = C(1-2\mu)\frac{dL}{L} + \frac{dL}{L} + 2\mu\frac{dL}{L} = \left[C(1-2\mu) + (1+2\mu)\right]\frac{dL}{L} = K_s\frac{dL}{L} \qquad 式（4-11）$$

式中,K_s 为金属材料的应变灵敏系数,取值一般在 $1.8\sim3.6$。K_s 对于一种金属材料在一定应变范围内为一常数,即金属丝电阻的相对变化与金属丝的伸长或缩短之间存在比例关系。

(二）半导体材料的压阻效应

当半导体材料沿某一方向受到外力作用时,其电阻率发生明显变化,这种现象称为压阻效应。

对于半导体材料,其电阻同样如式(4-4)所示。

当受到外力作用时,其电阻的相对变化量同样为

$$\frac{\mathrm{d}R}{R} = \frac{\mathrm{d}\rho}{\rho} + \frac{\mathrm{d}L}{L} - \frac{\mathrm{d}A}{A} = \frac{\mathrm{d}\rho}{\rho} + (1+2\mu)\frac{\mathrm{d}L}{L} \qquad \text{式(4-12)}$$

对于半导体单晶当沿轴向受力时,其电阻率的相对变化为

$$\frac{\mathrm{d}\rho}{\rho} = \pi\sigma = \pi E \frac{\mathrm{d}L}{L} \qquad \text{式(4-13)}$$

式中,π 为半导体材料的压阻系数;σ 为纵向应力;E 为半导体材料的弹性模量;$\mathrm{d}L/L$ 为轴向应变。

则有:

$$\frac{\mathrm{d}R}{R} = \pi E \frac{\mathrm{d}L}{L} + (1+2\mu)\frac{\mathrm{d}L}{L} = (\pi E + 1 + 2\mu)\frac{\mathrm{d}L}{L} \qquad \text{式(4-14)}$$

由于 πE 一般都比($1+2\mu$)大几十倍甚至上百倍,因此引起半导体电阻相对变化的主要因素是电阻率,其几何尺寸对电阻变化的影响很小,所以式(4-14)可以近似写为

$$\frac{\mathrm{d}R}{R} \approx \pi E \frac{\mathrm{d}L}{L} = K \frac{\mathrm{d}L}{L} \qquad \text{式(4-15)}$$

式中,K 为半导体材料的应变 - 电阻率灵敏系数。K 取值一般为 60～200,比金属材料的应变灵敏系数大得多。但半导体电阻受环境温度的影响较大,并且应变 - 电阻率曲线的线性关系较差,因此使用时必须考虑补偿和修正。

二、金属应变片与应变式压力传感器

金属应变片是利用金属材料的应变效应而制成的,可以粘贴在弹性元件上,从而将弹性元件受压产生的形变转换为应变片的电阻变化进行测量。应变式压力传感器就是使用应变片作为传感单元的压力测量仪表。

金属应变片常见的基本结构有丝式、箔式和薄膜式等类型。金属丝式应变片由敏感栅、基底、盖片、黏合剂和引线等组成,如图4-5所示。敏感栅是丝式应变片实现应变 - 电阻转换的核心部件,一般采用直径为 0.015～0.05mm 的金属细丝绕成栅形。敏感栅在纵轴方向的长度称为栅长(图4-5中用 l 表示);与纵轴垂直的方向上,其外侧之间的距离称为栅宽(图4-5中用 b 表示)。栅长的大小关系到所测应变的准确度,根据不同的用途,栅长可为 0.2～200mm。基底用于保持敏感栅及引线的几何形状和相对位置,并将弹性元件的形变迅速、准确地传递给敏感栅,因此基底做得很薄,一般为

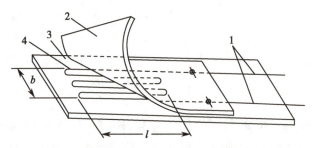

1. 引线;2. 盖片;3. 基底;4. 敏感栅。

图 4-5 丝式应变片结构示意图

0.02～0.04mm。盖片起到防潮、防腐、防损的作用，用于保护敏感栅。基底和盖片用专门的薄纸制成的称为纸基，用各种黏合剂和有机树脂薄膜制成的称为胶基，现多采用后者。黏合剂用于将敏感栅、基底以及盖片粘贴在一起，在使用应变片时也需用黏合剂将应变片与弹性元件粘贴。常用的黏合剂分为有机和无机两大类，有机黏合剂（如聚丙烯酸酯、酚醛树脂等）用于低温、常温和中温环境，而无机黏合剂（如磷酸盐、硅酸盐等）用于高温环境。引线是从敏感栅中引出的细金属线，常用直径为0.1～0.15mm的镀锡铜线或扁带形的其他金属材料制成。金属丝式应变片使用最早，具有制作简单、性能稳定、价格低廉等特点，但其应变横向效应较大。

金属箔式应变片的敏感栅是由很薄的金属箔片制成的，其厚度只有3～10μm，通过光刻、腐蚀等工艺制作。由于金属箔栅很薄，因而它所感受的应力状态与弹性元件表面的应力状态更为接近，能够更好地随同弹性元件变形。此外，箔栅的端部较宽，产生横向效应较小。与丝式应变片相比，箔式应变片具有表面积大、散热性能好、允许通过电流较大、灵敏度较高等优点，同时工艺性好，易于定制与批量生产，但其电阻值的分散性大，需要作阻值调整。目前，箔式应变片在常温使用环境中已逐渐取代丝式应变片。

薄膜式应变片与丝式、箔式两种传统的粘贴式应变片不同，它采用真空蒸发或真空沉积等工艺，在薄的绝缘基底上镀上一层金属薄膜，或者将金属薄膜直接镀制于弹性基片上，其厚度更小（一般在0.1μm以下）。与丝式、箔式应变片相比，薄膜式应变片的应变传递性能得到了极大的改善，几乎无蠕变，具有应变灵敏系数高、稳定性好、可靠性高、工作温度范围宽（-100～180℃）等优点。

应变式压力传感器主要由应变片、弹性元件和测量电路等组成。当弹性元件受压产生形变时，应变片也随之形变，使其电阻值发生变化，再通过桥式电路获得相应的毫伏级电势输出，并用毫伏计或其他记录仪表显示出被测压力。由于应变片电阻易受环境温度的影响，通常采用两个或四个静态性能完全相同的应变片，使它们处在同一电桥的不同桥臂上，以实现温度的补偿。

图4-6（a）所示为一种应变式压力传感器的示意图。应变筒的上端和外壳固定在一起，下端与不锈钢密封膜片紧密接触，两片应变片 R_1 和 R_2 用黏合剂粘贴在应变筒的外壁上。R_1 沿应变筒的轴向贴放，作为测量片；R_2 沿应变筒的径向贴放，作为温度补偿片。应变片与筒体之间黏合紧密而无相对滑动，并且保持电气绝缘。当被测压力作用于膜片而使应变筒轴向受压变形时，应变片 R_1 跟随筒体产生轴向压缩应变，其阻值减小；同时应变筒径向上产生拉伸变形，应变片 R_2 也随之产生拉伸应变，其阻值增大。由于拉伸应变比压缩应变要小，故实际上 R_1 的减少量比 R_2 的增大量要多。

图4-6（b）所示为测量应变片阻值变化的平衡电桥。应变片 R_1 和 R_2 与两个阻值相等的精密固定电阻 R_3 和 R_4 组成桥式电路。当受到压力作用时，R_1 和 R_2 阻值一减一增，使桥路失去平衡，从而产生不平衡电压输出。在桥路供给直流稳压电源最大为10V时，可得到最大电压为5mV的输出。当环境温度发生变化时，R_1 和 R_2 阻值同时增减，不影响电桥的平衡。

应变式压力传感器的测量范围较大，被测压力可达几百兆帕，并且传感器的固有频率在25kHz以上，具有较好的动态性能，适用于快速变化的压力测量。虽然测量电桥有一定的温度补偿作用，但仍有比较明显的温漂和时漂，因此应变式压力传感器较多地用于一般要求的动态压力检测。

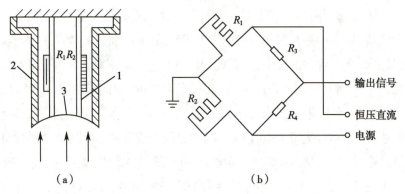

1. 应变筒；2. 外壳；3. 密封膜片。

图 4-6　应变式压力传感器示意图

（a）应变式压力传感器；（b）平衡电桥。

三、压阻元件与压阻式压力传感器

压阻元件是利用半导体材料的压阻效应而制成的。采用半导体膜片作为弹性元件，在膜片上利用集成电路的工艺，沿着特定的方向扩散一组等值电阻，当其受到压力作用时，扩散电阻的阻值由于电阻率的变化而发生改变。用作半导体膜片的材料主要有硅和锗，由于单晶硅材料纯、功耗小、滞后和蠕变极小、机械稳定性好，并且传感器制造工艺与硅集成电路工艺有很好的兼容性，所以单晶硅压阻元件得到了广泛的使用。

图 4-7（a）所示为压阻式压力传感器的示意图。它的核心部件是一块圆形的单晶硅膜片，在膜片上布置有四个阻值相等、两两相互对称于中心的扩散电阻，均接入平衡电桥，其中两个位于受压应力区，另外两个位于受拉应力区。膜片的两侧有两个压力腔，一侧是连接被测压力的高压腔，另一侧是低压腔（连接低压或直接通大气）。图 4-7（b）所示为采用波纹形式的单晶硅膜片，当被测压力作用于膜片上产生压差时，膜片产生形变（电阻 R_1、R_4 位置产生的应变方向与电阻 R_2、R_3 位置的应变方向相反，而变化量相同），使扩散电阻的阻值发生变化，因此电桥输出一个与膜片所承受压差成正比的不平衡电压信号。

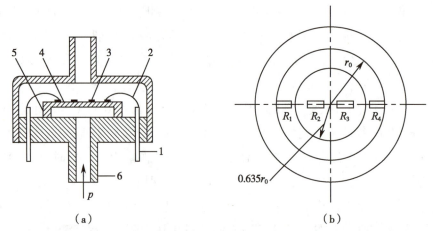

1. 引线端；2. 内部引线；3. 扩散电阻；4. 膜片；5. 硅杯；6. 压力接管。

图 4-7　压阻式压力传感器示意图

（a）压阻式压力传感器；（b）单晶硅膜片。

压阻式压力传感器的应变灵敏系数是金属应变片的几十到上百倍,其灵敏度高,能够测量出微小的压力变化,并且具有良好的动态响应,滞后小,可以用来测量几千赫兹乃至更高的脉动压力,制作易于小型化和微型化。但其电阻温度系数较大,在使用时需要进行温度补偿。

第四节　电容式压力传感器

电容式压力传感器是利用变电容测量原理,将弹性元件作为动电极,当其受压产生形变或位移时,使电容量发生变化,从而把被测压力转换成电容量进行测量的测压仪表。这类仪表具有测量精度和灵敏度高、机械损失小、环境适应性强等优点,可以非接触测量。

一、电容式压力传感器的工作原理

由两个平行金属板组成的平行板电容器,若不考虑边缘效应,其电容量为

$$C = \varepsilon \frac{A}{d} \qquad\qquad 式(4\text{-}16)$$

式中,ε 为两极板间介质的介电常数;A 为两极板相互覆盖的面积;d 为两极板间的距离。

由式(4-16)可知,改变 ε、A、d 中任意一个参数都可以使电容量发生变化。在实际测量中,大多采用保持其中两个参数不变,而仅改变另一个参数的方法,把该参数的变化转换为电容量的变化,这就是电容式传感器的基本原理。因此,一般电容式传感器可分为变极距型、变面积型、变介电常数型等。其中,改变极板间距 d 能够获得较高的灵敏度,可以测量微米级的位移;改变极板覆盖面积 A 适用于测量厘米级的位移;改变介电常数 ε 适用于测量容器中液面和固体的物位等。在实际使用中,电容式传感器常以改变极板间距来进行测量,这样获得的测量灵敏度较高。

变极距型电容式传感器的原理如图 4-8 所示。当动极板受到压力作用而移动时,两极板之间的距离发生改变,从而使电容量发生变化。

电容量 C 随极板间距 d 的变化为曲线关系,如图 4-9 所示。

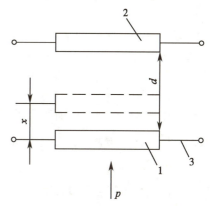

1. 动极板;2. 定极板;3. 弹性元件。
图 4-8　变极距型电容式传感器原理图

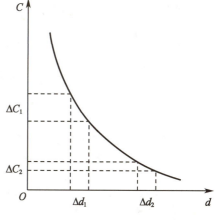

图 4-9　电容量与极板间距的关系

ER4-6　压力变送器(组图)

当 $p=0$ 时，动极板不移动，两极板间的距离为 d，初始电容量为 C_0，即

$$C_0 = \varepsilon \frac{A}{d}$$
式(4-17)

当 $p \neq 0$ 时，动极板产生位移 x，使极板间距 d 减小 x，此时电容量 C_x 为

$$C_x = \varepsilon \frac{A}{d-x} = \varepsilon \frac{A}{d\left(1-\frac{x}{d}\right)} = \frac{C_0}{1-\frac{x}{d}}$$
式(4-18)

则电容的变化量 ΔC 为

$$\Delta C = C_x - C_0 = \frac{C_0}{1-\frac{x}{d}} - C_0 = C_0 \frac{\frac{x}{d}}{1-\frac{x}{d}}$$
式(4-19)

当 $x \ll d$ 时，电容变化量 ΔC 可近似等于

$$\Delta C \approx C_0 \frac{x}{d}$$
式(4-20)

式(4-20)表明，在位移相对变化量 $x/d \ll 1$ 条件下，电容变化量 ΔC 与极板间距变化量（即动极板的位移）x 近似呈线性关系，一般 x/d 的取值范围为 $0.02 \sim 0.1$。产生的非线性误差与 x/d 的大小有关，其表达式为

$$\delta = \frac{\left|\left(\frac{x}{d}\right)^2\right|}{\left|\frac{x}{d}\right|} = \left|\frac{x}{d}\right| \times 100\%$$
式(4-21)

若 $x/d = 0.1$，则 $\delta = 10\%$，由此可见变极距型电容式传感器的非线性误差较大，仅适用于微小位移的测量。当极板间距 d 越小时，同样位移 x 变化所引起的电容变化量 ΔC 越大，这将使传感器的灵敏度提高，但减小 d 会使非线性误差增大。

二、电容式差压传感器

变极距型电容式传感器有着较高的灵敏度，它利用弹性元件的形变或位移改变电容器的极距，使其电容量发生相应的变化。但如上所述，电容量与极距之间采用了近似线性化处理，会不可避免地产生非线性误差。为了提高测量精度和灵敏度，常采用差动式结构的电容式传感器，其原理如图4-10所示。

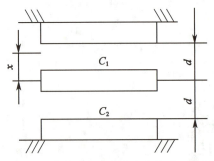

图4-10　差动式变极距型电容式传感器原理图

ER4-7　差压变送器（组图）

设中间的动极板上移 x，则 C_1 增大，C_2 减小，若 C_1 和 C_2 初始电容量用 C_0 表示，则有

$$C_1 = \varepsilon \frac{A}{d-x} = \varepsilon \frac{A}{d\left(1-\dfrac{x}{d}\right)} = \frac{C_0}{1-\dfrac{x}{d}} \qquad \text{式（4-22）}$$

$$C_2 = \varepsilon \frac{A}{d+x} = \varepsilon \frac{A}{d\left(1+\dfrac{x}{d}\right)} = \frac{C_0}{1+\dfrac{x}{d}} \qquad \text{式（4-23）}$$

当 $x \ll d$ 时，输出总电容的变化量 ΔC 可近似为

$$\Delta C = C_1 - C_2 \approx 2C_0 \frac{x}{d} \qquad \text{式（4-24）}$$

其非线性误差为

$$\delta = \frac{\left| \left(\dfrac{x}{d}\right)^3 \right|}{\left| \dfrac{x}{d} \right|} = \left(\frac{x}{d}\right)^2 \times 100\% \qquad \text{式（4-25）}$$

由此可见，采用差动式结构的电容式传感器，不仅其灵敏度提高 1 倍，而且非线性误差可以减小 1 个数量级。目前工业生产上应用最多的电容式差压传感器即基于以上原理。

图 4-11 所示为电容式差压传感器的示意图。将左右对称的不锈钢基座 2 和 3 的外侧加工成环状波纹沟槽，并焊上波纹隔离膜片 1 和 4；基座内侧为玻璃层，基座和玻璃层中央有孔道连通；玻璃层内表面磨成凹球面，球面上镀一层金属膜，金属膜连接导线通往外部，构成电容器的左、右固定极板；两极板之间是用弹性材料制成的测量膜片，作为电容器的中央动极板；在测量膜片分隔的左、右空腔内充满硅油，构成两个测量室，称为正、负压室（即高、低压室）。当两侧的隔离膜片 1 和 4 分别承受高压和低压时，通过硅油将差压传递到测量膜片上，使其向压力小的一侧弯曲变形，即与两侧固定极板间的距离发生变化。因此，两侧电极的电容量不再相等，而是一个增大，另一个减小，总电容的变化量通过导线传至测量电路，通过测量电路的检测和放大后进行输出。该结构可以有效地保护测量膜片，当差压过大并超过允许测量范围时，测量膜片将平滑地贴靠在玻璃凹球面上，不易被损坏，过载后的恢复特性很好，大大提高了过载承受能力。

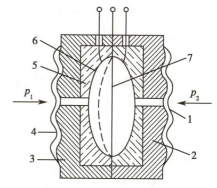

1，4. 膜片；2，3. 基座；5. 玻璃层；6. 金属膜（固定极板）；7. 测量膜片（动极板）。

图 4-11　电容式差压传感器示意图

三、电容式压力传感器的等效电路

在测量过程中，通常需要对电容式传感器进行灵敏度和非线性的分析。在一定情况下可以将电容式传感器看作纯电容，忽略电容器的损耗和工作频率低时的电感效应。但是，当电容器的损耗和电感效应不能被忽略时，就要重新考虑电容式传感器的等效电路。

1. **一般情况下的等效电路** 如图 4-12(a)所示,L 为包括引线电缆电感和电容式传感器本身的电感;r 由引线电阻、极板电阻和金属支架电阻组成;C 为传感器本身的电容;C_0 为引线电缆、所接测量电路及极板与外界所形成的总寄生电容;R_g 为极间等效漏电阻,包含极板间的漏电损耗和介质损耗、极板与外界间的漏电损耗和介质损耗。

2. **低频等效电路** 如图 4-12(b)所示,传感器电容的阻抗非常大,L 和 r 的影响可忽略。此时,等效电容 $C_e = C + C_0$,等效电阻 $R_e \approx R_g$。

3. **高频等效电路** 如图 4-12(c)所示,传感器电容的阻抗变小,L 和 r 的影响不可忽略,漏电的影响可忽略。此时,等效电容 $C_e = C + C_0$,等效电阻 $r_e \approx r$。高频情况下的等效电容值可表示为

$$C = \frac{C_e}{1 - \omega^2 L C_e} \qquad \text{式(4-26)}$$

可见,在高频情况下电容变化与激励信号频率 ω、信号传输线等效电感 L、极板间的分布电容 C_e 均有关。因此,使用高频信号作为电容测量的激励信号时,不要随意改变信号频率或更换传输导线,必要时需重新标定测量系统。

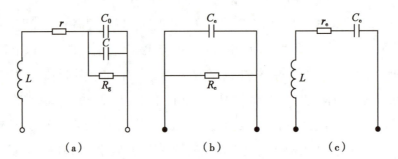

图 4-12 电容式传感器的等效电路
(a)一般情况下的等效电路;(b)低频等效电路;(c)高频等效电路。

四、电容式压力传感器的测量电路

电容式传感器的电容值和变化量一般都十分微小,必须借助于测量电路转换为相应的电压、电流或频率信号后,才能实现显示、记录及传输。对电容信号的处理有多种方式,下面简单介绍一些较典型的转换方法。

1. **调频测量电路** 调频测量电路将电容式传感器作为振荡器谐振回路的一部分,当被测量导致电容量发生变化时,振荡器的振荡频率就发生变化。调频测量电路的原理框图如图 4-13 所示。

图 4-13 调频测量电路的原理框图

振荡器的振荡频率为

$$f = \frac{1}{2\pi\sqrt{LC}} \qquad \text{式(4-27)}$$

式中，L 为振荡回路的电感；C 为振荡回路的总电容，$C = C_1 + C_i + C_0 \pm \Delta C$；$C_1$ 为振荡回路固有电容；C_i 为传感器引线分布电容；$C_0 \pm \Delta C$ 为传感器的电容。

当被测信号为零时，$\Delta C = 0$，振荡器存在固有振荡频率 f_0

$$f_0 = \frac{1}{2\pi\sqrt{L(C_1 + C_i + C_0)}} \qquad 式（4-28）$$

$$f = \frac{1}{2\pi\sqrt{L(C_1 + C_i + C_0 \pm \Delta C)}} = f_0 \pm \Delta f \qquad 式（4-29）$$

可见调频信号的频率变化与电容变化成一定的函数关系。虽然频率可作为测量系统的输出，但由于系统是非线性的，不易校正，所以上述电路中使用了鉴频器，其作用是将频率的变化转换为振幅的变化，经过放大就容易用仪表指示或记录下来。与调频测量电路配合的电容式传感器具有灵敏度高、可测至 $0.001\mu m$ 级位移变化量、抗干扰能力强、易于用数字仪器测量以及与计算机通信等优点。

2. 交流电桥 变压器式交流电桥使用元件最少，桥路内阻最小，因此目前在测量电路中较多采用。变压器式交流电桥示意图如图 4-14 所示。

由于电桥的输出电压与电源电压成比例，故要求电源电压波动极小，需采用稳幅、稳频等措施。在要求精度很高的场合，可采用自动平衡电桥，传感器必须工作在平衡位置附近，否则电桥非线性增大；接有电容式传感器的交流电桥输出阻抗很高，输出电压幅值又小，所以必须后接高输入阻抗放大器，将信号放大后才能测量。

3. 运算放大器式电路 运算放大器的放大倍数 K 非常大，而且输入阻抗 Z 很高，可以使其作为电容式传感器比较理想的测量电路。

运算放大器式电路原理图如图 4-15 所示。C_x 为电容式传感器，C 为固定电容，U 为交流电源电压，U_0 是输出信号电压。由运算放大器工作原理可知

$$U_O = -\frac{\frac{1}{j\omega C_x}}{\frac{1}{j\omega C}}U = -\frac{C}{C_x}U = -\frac{UC}{\varepsilon A}d \qquad 式（4-30）$$

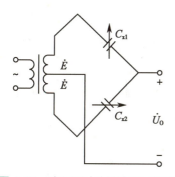

图 4-14 变压器式交流电桥示意图

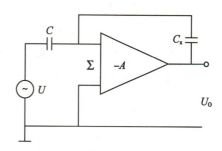

图 4-15 运算放大器式电路原理图

可见运算放大器的输出电压与动极板的板间距离成正比。式中负号代表输出电压与输入电压反相。运算放大器解决了变极距型电容式传感器的非线性问题，从原理上保证了变极距型电容式传感器的线性。式（4-30）是在运算放大器的放大倍数和输入阻抗无穷大的条件

下得出的,因此在实际使用时仍然存在一定的非线性误差。但是,目前集成运算放大器的放大倍数和输入阻抗已足够大,达到 $10^5 \sim 10^6$ 数量级,其非线性误差可以忽略。

第五节　压电式压力传感器

压电式压力传感器是利用某些电介质的压电效应,在被测压力的作用下,使电介质的表面产生电荷,从而将压力转换成电信号进行测量的测压仪表。这类仪表体积小、质量轻、灵敏度和响应频率高,主要用于脉冲力、冲击力、振动加速度等动态力的测量,不适合测量静态压力。

一、压电效应与压电材料

当某些电介质沿着特定方向受到外力作用而发生机械变形时,其内部产生极化现象,使其两个相对表面上分别聚集等量的正、负电荷,去除外力后,电介质又恢复到不带电的状态,这种现象称为压电效应。电介质受力所产生的电荷量与外力的大小成正比,电荷的极性与施力方向有关。压电效应是可逆的,若在电介质的极化方向上施加电场,它也会发生机械变形,当去除电场后其变形随之消失,称为逆压电效应。

具有压电特性的电介质称为压电材料,使用压电材料制成的传感器称为压电传感器。压电材料主要有压电晶体、压电陶瓷、高分子压电材料和压电复合材料等。

二、压电式压力传感器的等效电路

压电材料一般制成片状或薄膜状,在其产生电荷的两个表面上进行金属蒸镀,形成两个金属膜电极,这样就构成了一个压电元件,如图 4-16 所示。

当压电元件受外力作用时,在两个电极板上分别聚集等量的正、负电荷,其本身就相当于一个以压电材料为电介质的平行板电容器。因此,压电元件可以等效为一个与电容并联的电荷源[图 4-17(a)]。其电容量的大小为

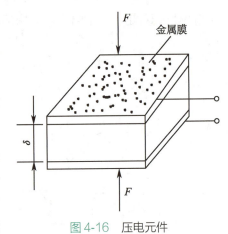

图 4-16　压电元件

$$C_a = \varepsilon_r \varepsilon_0 \frac{A}{d} \qquad\qquad 式(4\text{-}31)$$

式中, A 为极板面积; ε_r 为压电材料的相对介电常数; ε_0 为真空介电常数; d 为压电元件的厚度。

当两极板聚积异性电荷时,板间就呈现出一定的电压,其大小为 $U_a = q/C_a$。因此,压电元件还可以等效为一个与电容串联的电压源[图 4-17(b)]。在实际使用中,压电传感器要与测

量仪器或测量电路相连接，还需考虑连接电缆的等效电容 C_c、放大器的输入电阻 R_i、输入电容 C_i 以及传感器的泄漏电阻 R_a 等因素的影响。

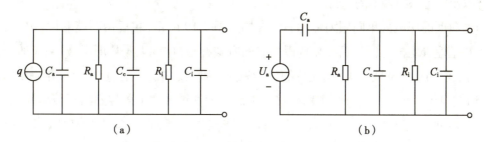

图 4-17　压电传感器的实际等效电路
（a）与电容并联的电荷源；（b）与电容串联的电压源。

压电元件极板上聚积的电荷只有在无泄漏时才能保存，即需要测量回路具有无限大的输入阻抗，但实际输入阻抗不可能无穷大，压电元件本身也存在漏电阻，故极板上的电荷因放电而无法保持不变，从而造成测量误差。在测量动态信号时，交变电荷变化快，漏电量相对较小，因此压电传感器适合作动态测量，不宜用于测量静态信号。

三、压电式压力传感器的结构

单个压电元件产生的电荷量甚微，为了提高压电传感器的输出灵敏度，在实际应用中通常将两片（或两片以上）同型号的压电元件串联或并联连接。当两片压电元件采用并联连接时[图 4-18（a）]，负电荷集中在中间电极，正电荷集中在两侧电极，其输出电荷量 q' 为单片电荷量 q 的两倍，输出电容 C' 为单片电容 C 的两倍，输出电压 U' 等于单片电压 U，即

$$q' = 2q;\ C' = 2C;\ U' = U \qquad\qquad 式（4-32）$$

当两片压电元件采用串联连接时[图 4-18（b）]，正电荷集中在上侧极板，负电荷集中在下侧极板，中间极板上正负电荷相互抵消，其输出电荷量 q' 等于单片电荷量 q，输出电容 C' 为单片电容 C 的一半，输出电压 U' 为单片电压 U 的两倍，即

$$q' = q;\ \ C' = \frac{1}{2}C;\ \ U' = 2U \qquad\qquad 式（4-33）$$

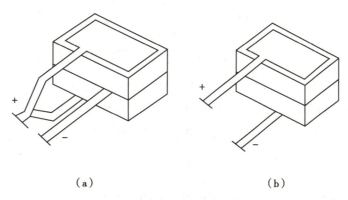

图 4-18　叠层式压电元件的连接方式
（a）并联连接；（b）串联连接。

上述两种连接方式,并联连接法输出电荷量增多、时间常数变大,适用于测量缓变信号以及以电荷为输出的场合;串联连接法输出电压增大、本身电容减小、响应变快,适用于测量高频信号以及以电压为输出的场合。

一种典型的压电式单向压力传感器的结构如图 4-19 所示,主要由石英晶片、电极、传力上盖以及基座等组成。两片石英晶片以并联的方式叠起,中间为一片形电极,用于收集负电荷;传力上盖和基座形成正极,两晶片的外侧表面分别与之相连;正、负极之间用绝缘材料隔离,并通过电极引出插头与外部电路相接。被测压力通过传力上盖传递给石英晶片,石英晶片受力后表面分别产生正、负电荷,负电荷由片形电极引出,正电荷则由传力上盖和基座引出。这种传感器体积小、质量轻(仅 10g)、固有频率高,适用于检测较大范围的动态力。

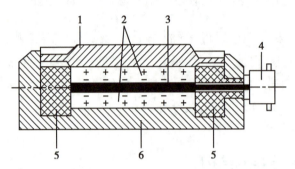

1. 传力上盖;2. 压电片;3. 电极;4. 电极引出插头;5. 绝缘材料;6. 底座。

图 4-19　压电式单向压力传感器示意图

四、压电式压力传感器的测量电路

由于压电传感器的内阻抗很高、输出电信号很弱,因此通常把传感器信号先输入到高输入阻抗的前置放大器中,经过阻抗变换、信号放大后,再进行后续处理。按照压电传感器的输出信号类型,其前置放大器有电荷放大器和电压放大器两种形式。

电荷放大器是一个具有深度电容负反馈的高增益放大器,压电传感器与电荷放大器连接的等效电路如图 4-20 所示。图中 A 是放大器的开环增益,负号表示放大器的输出与输入反相。反馈电容 C_f 折合到放大器输入端的有效电容为 $(1+K)C_f$。压电传感器的输出电荷 q 不仅对反馈电容充电,同时也对其他电容充电(忽略 R_i 和 R_a)。因此,放大器的输出电压 U_O 为

$$U_O = \frac{-Aq}{C_a + C_c + C_i + (1+A)C_f} \qquad 式(4-34)$$

当放大器的开环增益足够高,即 $(1+A)C_f \gg (C_a + C_c + C_i)$ 时,其他电容可忽略不计。由于放大器的输入级采用输入阻抗极高的场效应晶体管,因此放大器的输入端几乎没有分流,电荷 q 只对反馈电容 C_f 充电,充电电压 U_{cf} 接近于放大器的输出电压 U_O。

$$U_O \approx U_{cf} = -\frac{q}{C_f} \qquad 式(4-35)$$

由此可见,电荷放大器的输出电压只与电荷量和反馈电容有关,而与放大器的放大系数的变化或电缆电容等无关。因此,只要保持反馈电容的数值不变,就可以得到与电荷量变化

呈线性关系的输出电压。这就是使用电荷放大器突出的优点,检测信号方便,因此工程中常采用电荷放大器作为前置放大器。

电压放大器又称为阻抗变换器,其输出电压与输入电压(即传感器的输出电压)成正比,采用电阻反馈,其电路比较简单,价格便宜,但是电缆长度对测量精度的影响较大,在一定场合中应用受限。

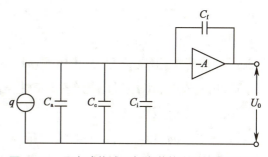

图 4-20　压电式传感器与电荷放大器连接的等效电路

第六节　压力仪表的选用与安装

为了保证测量结果的准确可靠,使仪表在生产过程中发挥应有的作用,压力仪表必须要正确地选用与安装。

一、压力仪表的选用

应根据工艺生产过程中对压力测量的要求,结合被测介质的性质、现场环境条件等情况,在选用压力仪表时加以全面的考虑和具体的分析,对仪表的类型、量程、精度等级等方面进行选择。

(一)仪表类型的选择

仪表类型的选择应考虑被测介质的性质(如腐蚀性、温度高低、黏度大小、脏污程度、易燃易爆性等)对测量仪表是否有特殊要求,是否需要信号远传变送、自动记录或报警,现场使用的环境条件(如温度、湿度、磁场强度、振动以及安装条件等)等因素必须能够满足生产工艺的要求。

普通压力表的弹簧管大多采用铜合金材质,测量高压时采用合金钢或不锈钢。对特殊介质的测量要选择专用压力表。例如,对炔、烯、氨以及含氨介质的测量,应选择氨用压力表,要求仪表的材料不允许采用铜或铜合金,否则容易被腐蚀损坏;对氧气的测量,应选择氧气压力表,其与普通压力表的结构与材质完全相同,但要严格禁油,否则极易引起爆炸;对腐蚀性介质的测量,应选择耐腐(耐酸、耐硫等)材料制造的压力表;对黏性介质的测量,应选择膜片压力表或隔膜压力表,其膜片或隔膜的材质,需根据被测介质的性质选择。

如果只需就地观察压力变化,一般选择弹簧管压力表等直接指示型仪表;若需将压力信号传送至控制器等装置,则应选用压力传感器或变送器。对于易燃易爆的危险场所,应选择防爆型压力仪表;对于温度特别高或特别低的工作环境,宜选择温度系数小的敏感元件或变换元件。

根据《医药工艺用水系统设计规范》(GB 50913—2013),工艺用水检测仪表中压力仪表的选用应符合下列要求:①就地压力仪表选用卫生级隔膜压力表,刻度盘直径一般选用

100mm；②当采用标准信号传输时，应选用卫生级隔膜型压力变送器；③卫生级隔膜压力表或隔膜型压力变送器结构和材料应符合卫生要求，表面光洁度高，无死角，易清洗、维护，安装、拆卸方便；④卫生级隔膜压力表或隔膜型压力变送器能耐高温蒸汽进行清洗消毒；⑤卫生级隔膜压力表或隔膜型压力变送器稳定性好，测量精度和可靠性高。

（二）仪表量程的选择

仪表量程的选择必须根据被测压力的大小和压力变化的范围，同时应留有足够的余地，才能保证敏感元件能在其安全范围内可靠地工作。因此，压力表的上限值应该高于工艺生产中可能出现的最大压力值。根据《石油化工自动化仪表造型设计规范》，在测量稳定压力时，最大工作压力不应超过测量上限值的2/3；测量脉动压力时，最大工作压力不应超过测量上限值的1/2。

为了保证测量的准确性，被测压力范围不能太靠近仪表的下限，即仪表的量程不能选得太大，一般最小工作压力不应低于满量程的1/3。当被测压力变化范围较大，最大和最小工作压力不能同时符合上述要求时，对仪表量程进行选择应首先满足最大工作压力条件。

根据被测压力的最大值和最小值计算出仪表的上、下限后，还不能以此数值直接作为仪表的量程。仪表标尺的极限值是由国家主管部门用规程或标准规定的，在选择压力仪表的量程时，只能采用相应规程或者标准中的数值。

（三）仪表精度等级的选择

根据工艺生产中所允许的最大绝对误差和选定的仪表量程，计算相对百分误差，在国家规定的精确度等级中选择仪表的精度。国家标准 GB/T 27504—2011《压力表误差表》中，规定了仪表的精确度等级分为 0.1 级、0.16 级、0.25 级、0.4 级、1.0 级、1.6 级、2.5 级、4.0 级。在选择仪表的精度时，仪表的允许误差应该小于（最多等于）工艺所允许的相对百分误差。在满足测量要求的情况下，尽可能选择精度较低、价廉耐用的仪表，以免造成投资浪费。

例 某一台压力容器在正常工作时压力范围为 0.4～0.6MPa，要求使用弹簧管压力表进行检测，并使测量误差不大于被测压力的 3%，试确定该表的量程和精度等级。

解：由题意可知，被测对象的压力比较稳定，设弹簧管压力表的量程为 A，则根据最大工作压力、最小工作压力有

$$A > 0.6 \div \frac{2}{3} = 0.9\text{MPa}$$

$$A < 0.4 \div \frac{1}{3} = 1.2\text{MPa}$$

根据仪表的量程系列，可选用量程范围为 0～1.0MPa 的弹簧管压力表。

根据题意，被测压力所允许的最大绝对误差为

$$\Delta_{\max} = 0.4 \times 3\% = 0.012\text{MPa}$$

这就要求所选仪表的相对百分误差为

$$\delta_{\max} = \frac{0.012}{1.0 - 0} \times 100\% = 1.2\%$$

按照仪表的精度等级，可选择 1.0 级的压力表。

二、压力仪表的安装

压力仪表的安装正确与否，直接影响到测量结果的准确性和仪表的使用寿命。

（一）测压点的选择

测压点要具有代表性，应能真实地反映被测压力的大小。测压点的选择要注意以下几个方面。

1. 要选在被测介质直线流动的管段部分，不要选在管路拐弯、分叉、死角或其他易形成漩涡的地方。

2. 测压点的上游侧不应有凸出管路或设备的阻力件（如温度计套管、阀门、挡板等），否则应保证一定的直管段要求。

3. 取压口的位置应使压力信号走向合理，避免发生气塞、水塞或流入污物。当测量液体压力时，取压口应开在容器下方（但不是最底部），以避免气体进入导压管；当测量气体压力时，取压口应开在容器上方，以避免气体凝结产生的液滴进入导压管。

4. 当测量差压时，两个取压口应在同一个水平面上，以避免产生固定的系统误差。

（二）导压管的安装

导压管的安装要注意以下几个方面。

1. 导压管粗细要合适，一般直径为 7～38mm，长度应尽可能短，最长不得超过 60m，以减少压力测量的迟缓。表 4-3 列出了导压管长度、直径与被测流体的关系。

表 4-3 被测流体在不同导压管长度下的导管直径　　　单位：mm

被测流体	管路长度 /m		
	<16	16～45	45～90
水、蒸汽、干气体	7～9	10	13
湿气体	13	13	13
低、中黏度的油品	13	19	25
脏液体、脏气体	25	25	38

2. 导压管口最好应与设备连接处的内壁保持平齐，若一定要插入对象内部，则管口平面应严格与流体流动方向平行。此外，导压管口端部要光滑，不应有凸出物或毛刺。

3. 取压口与压力表之间应装有切断阀，以备检修压力表时使用。切断阀安装在靠近取压口处。

4. 导压管水平安装时应保证有（1:20）～（1:10）的倾斜度，以利于积存于其中之液体（气体）的排出。

5. 测量液体时，在导压管系统的最高处应安装集气瓶；测量气体时，在导压管的最低处应安装水分离器；当被测介质有可能产生沉淀物析出时，应安装沉淀器；测量差压时，两根导压管要平行放置，并尽量靠近以使两根导压管内的介质温度相等。

6. 若被测介质易冷凝或冻结，则必须加设保温伴热措施。

（三）压力仪表的安装

压力仪表的安装要注意以下几个方面。

ER4-8　压力测量控制（视频）

1. 压力仪表应安装在易观察和易检修处, 力求避免振动和高温影响。

2. 针对被测介质的不同性质(高温、低温、结晶、沉淀、黏稠等)采取相应的防护措施。测量蒸汽压力时, 应加装冷凝管或冷凝器, 以防止高温蒸汽直接与测压元件接触[图4-21(a)]; 对于腐蚀性介质的测量, 应加装充有中性介质的隔离罐[图4-21(b)]。

3. 压力仪表的连接处, 应根据被测压力的高低和被测介质的性质, 选择适当的材料作为密封垫片, 以防泄漏。

4. 当被测压力较小, 而压力表与取压点不在同一高度时, 由高度差引起的测量误差应进行修正[图4-21(c)]。

5. 为安全起见, 测量高压的压力表除选用有通气孔的外, 安装时表壳应向墙壁或无人通过之处, 以防发生意外。

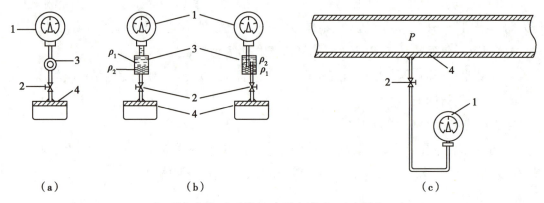

（a）测量蒸汽时；（b）   （c）

1. 压力表; 2. 切断阀; 3. 隔离罐; 4. 生产设备。

图 4-21 压力表安装示意图

（a）测量蒸汽时；（b）测量腐蚀性介质时；（c）压力表与取压点不在同一高度时。

ER4-9 第四章 目标测试

第五章　流量检测及仪表

第一节　流量检测概述

流量介质的存在形式为液体、气体和蒸气等。在制药生产过程中，流量的检测至关重要。为什么进行流量检测呢？主要是生产和控制的需要。通过流量测量，准确判断原料的配比、产品的产出，实现优化控制，为工段、车间、厂区、集团公司和不同企业、不同用户间的经济核算提供依据。

流量的基本概念包括瞬时流量、体积流量、质量流量、累积流量等。①瞬时流量：单位时间内流过管道某一截面的流体的数量。②体积流量（Q）：单位时间里通过过流断面的流体体积。③质量流量（M）：单位时间里流体通过封闭管道或敞开槽有效截面的流体质量，单位为kg/s。④瞬时流量在某一段时间内流过管道的流体流量的总和，称为累积流量或总量。

流体的流量受温度、压力、黏度、振动与冲击等环境因素的影响较大，有时用标准状态下的体积流量和工作状态下的体积流量加以区分。

设 ρ 为流体的密度，则质量流量 M、体积流量 Q 之间的关系是

$$M = Q\rho \ \text{或} \ Q = \frac{M}{\rho} \qquad\qquad 式（5-1）$$

如以 t 表示时间，则累积流量 $Q_总$、体积流量 $M_总$ 与 M、Q 之间的关系是

$$Q_总 = \int_0^t Q\mathrm{d}t, \qquad M_总 = \int_0^t M\mathrm{d}t \qquad\qquad 式（5-2）$$

测量流体总量的仪表常称为计量表，其他流量测量仪表通称为流量计。事实上，很多流量计依然可以读出总量，仪表出现了功能与信息融合的现象。

测量流量的方法有很多，测量原理和所用的仪表结构形式各不相同。现介绍如下。

1. **速度式流量计**　此类流量计把流体在管道内的流速作为测量依据，通过计算得到所求的流量。典型仪表有差压式流量计、转子流量计、电磁流量计、涡街流量计、涡轮流量计、超声波流量计等。

2. **容积式流量计**　此类流量计以单位时间内所排出流体的固定容积的数量作为测量依据，来计算得到所求的流量。典型仪表有椭圆齿轮流量计、腰轮流量计、活塞式流量计等。

3. **质量流量计**　此类流量计以测量流体流过的质量作为依据，分直接式和间接式两种测量方法。直接式质量流量计可直接测量质量流量，间接式质量流量计是用密度和容积流量经过运算求得质量流量。质量流量计的测量精度不受流体的温度、压力、黏度等变化的影响，是一种发展中的流量测量仪表。

本章重点讲述差压式流量计、转子流量计、电磁流量计、涡街流量计、涡轮流量计，兼顾其他类型的流量计。

第二节　差压式流量计

差压式流量计是基于流体流动的节流原理而设计的，也称为节流式流量计，为生产过程中测量流量最常用的方法之一，通常由将流量转换成压差信号的节流装置、差压计、显示仪表组成。

一、节流现象与流量基本方程式

（一）节流现象

流体在管道中流动，存在静压能和动能两种能量，这两种能量在一定的情况下可以相互转换，但能量是守恒的。流体在有节流装置的管道中流动时，在节流装置前后，流速发生变化，流体的静压力产生差异的现象称为节流现象。

节流装置包括节流件和取压装置。节流件人为放置在管道中，目的是使正常流动的流体，流经节流件时，产生局部收缩。常用的节流件包括孔板、喷嘴和文丘里管，以上三种为标准节流件。实际使用过程中，还包括圆缺孔板、1/4 圆喷嘴、双重孔板、V 锥、楔形流量计等非标准件。非标准件必须经过实际流量标定后，才能和标准件一样使用。下面以最常用的孔板为例说明具体节流原理。

流体流经孔板时，在孔板前后速度和压力的分布情况，如图 5-1 所示。

1. 在管道截面 I 前，流体的流速为 v_1，静压力为 p_1。

2. 通过节流装置时，由于节流装置的阻挡，部分动能转换为静压能，流体静压力升高。近管壁处的流体受节流装置的阻挡作用最大，其静压力比管道中心处的静压力要大，使近管壁处的流体质点的流向向管道中心轴倾斜，形成了流束的收缩运动。

3. 由于惯性作用，流束经过孔板后继续收缩，至截面 II 处达到最小，这时流速 v_2 最大。随后流束又逐渐扩大，流速进一步降低。故流束的收缩，其最小截面不在孔板的开孔处。

4. 至截面 III 处后完全复原，流速便降到原来的数值，即 $v_3 = v_1$。

通过以上论述可知，安装节流装置→流束局部收缩→流体的流速发生变化→动能发生变化→表征流体静压能的静压力变化。截面 I 处，流体的静压力为 p_1；截面 II 处，流速增加到最大值，静压力降到最小值 p_2；而后逐渐增大。值得注意的是，这里面有两个能量损失：①在孔板端面处，由于流通截面突然缩小与扩大，使流体形成局部涡流要消耗一部分能量；②流体经孔板时，需要克服摩擦力，也要消耗一部分能量。所以流体的静压力恢复不到原来的数值 p_1，截面 I 和截面 III 处就会产生一个压力差。这个压差的大小就等于流体流经节流装置的能量损失。

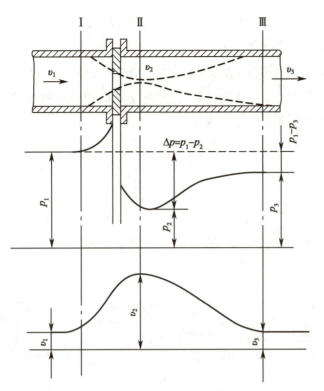

图 5-1　孔板装置及压力、流速分布图　　　　ER5-2　孔板流
量计（图片）

节流装置前后压差的大小与流量有关，管道中流动的流体流量越大，在节流装置前后产生的压差也越大，只要测出孔板前后两侧压差的大小，即可表示出流量的大小，这是节流装置测量流量的基本原理。

由于产生最低静压力 p_2 的截面 II 的位置，会随着流速的不同发生变化，故要准确测量出截面 I、II 处的压力并不容易。工程实践中，是在孔板前后的管壁上选择两个固定的取压点，来测量流体在节流装置前后的压力变化。所以测压点、测压方式的选择对差压式流量计的测量精度有较大的影响。

（二）节流基本方程

根据流体力学中的伯努利方程、流体连续性方程式，可推导出流量与压差 Δp 之间定量关系的节流基本方程，即

$$Q = \alpha \varepsilon F_0 \sqrt{\frac{2}{\rho_1} \Delta p}　\qquad 式（5\text{-}3）$$

$$M = \alpha \varepsilon F_0 \sqrt{2 \rho_1 \Delta p}　\qquad 式（5\text{-}4）$$

式中，α 为流量系数，它与节流装置的结构形式、取压方式、孔口截面积与管道截面积之比、雷诺数、孔口边缘锐度、管壁粗糙度等因素有关；ε 为膨胀校正系数，它与孔口截面积与管道截面积之比等因素有关，应用时可查阅有关手册，但对不可压缩的液体来说，常取 $\varepsilon = 1$；F_0 为节流装置的开孔截面积，m^2；Δp 为节流装置前后实际测得的压力差，Pa；ρ_1 为节流装置前的流体密度，kg/m^3。

从式（5-3）、式（5-4）可以看出，要得到流量与压差的确切关系，关键在于得到 α 的值。对

于标准节流装置,其值可从在有关手册中查出;对于非标准节装置,其值可由实验方法确定。

流量与压力差 Δp 的平方根成正比,非线性关系,测量时,流量标尺的刻度是不均匀的,起始部分的刻度很密,后来逐渐变疏,当被测流量值接近仪表下限值时,误差较大。为了避免这种现象的发生,通常在差压变送器测流量时加开方器,进行线性化处理,其他流量计或测量仪表无此特殊情况,则不需要作开方运算。

二、标准节流装置

差压式流量计,鉴于使用历史悠久,已经积累了丰富的实践经验,拥有完整的实验资料。因此,国内外把最常用的节流装置如孔板、喷嘴、文丘里管等已标准化,并称为"标准节流装置",如图 5-2 所示。

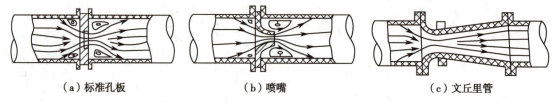

（a）标准孔板　　　　（b）喷嘴　　　　（c）文丘里管

图 5-2　标准节流装置

孔板容易加工制造和安装,价格便宜,有一定的测量精度,但压力损失大,刻度为非线性,一般场合下可以用它测量普通介质的流量。

文丘里管制造工艺复杂,造价昂贵,但压力损失小,测量精度高,特别适用于测量高黏度、有腐蚀性、有沉淀的流体的流量。

ER5-3　文丘里管
（图片）

喷嘴性能介于孔板和义丘里管之间。

标准化的具体内容包括节流装置的结构、尺寸、加工要求、取压方式、使用条件等。

例如,图 5-3 所示是孔板断面示意图,标准孔板的结构、尺寸和公差、粗糙度等都有详细规定。

其中 d/D 应为 $0.2\sim0.8$,最小孔径应不小于 12.5mm,直孔部分的厚度 $h=(0.005\sim0.02)D$;总厚度 $H<0.05D$;锥面的斜角 $\alpha=30°\sim45°$ 等,需要时可参阅设计手册。

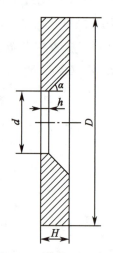

图 5-3　孔板断面示意图

标准的取压方式有角接取压、法兰取压、径距取压三种。

1. 角接取压　分为环室取压和单独钻孔取压两种,如图 5-4 所示。单独钻孔取压上下游侧取压时,孔中心至孔板前后端面的间距各等于取压孔径的一半;环室取压时,则等于环隙宽度的一半。环室取压法测量精度高,但是加工制造和安装要求严格,因此考虑加工、安装因素,有时不用环室而用单独钻孔取压,特别是对大口径管道而言。

2. 法兰取压　一般大口径管道会采用法兰取压方式,拆检时也方便。上下游取压孔中心至孔板前后端面的间距均为(25.4±0.8)mm 或叫作"1 英寸法兰取压法"。法兰取压结构如

图5-5 所示,法兰是专用孔板法兰。法兰取压结构较简单,使用方便,但精度稍差,是实际生产中广泛采用的一种取压方式。

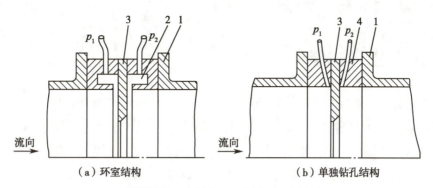

（a）环室结构　　　　　　　　　（b）单独钻孔结构

1. 管道法兰；2. 环室；3. 孔板；4. 夹紧环。

图5-4　角接取压结构示意图

3. 径距取压　　上游取压孔中心至孔板前端面的间距为 D,下游取压孔中心至孔板前端面间距为 $D/2$。径距取压的原理如图5-6所示。一般情况,为避免现场安装误差,径距取压是由节流装置成套带直管段。

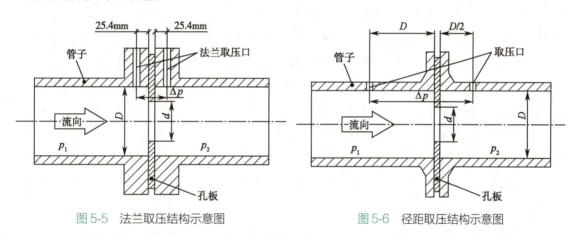

图5-5　法兰取压结构示意图　　　　　图5-6　径距取压结构示意图

通常,可以从测量精度、允许的压力损失、被测介质的性质、使用条件、经济性等多方面综合考虑,来选择节流装置。孔板加工制造简单,安装便捷,造价较低;喷嘴次之;文丘里管最复杂。孔板的使用率更高一些。如果允许的压力损失较小,可采用喷嘴、文丘里管。测量易使节流装置腐蚀、沾污、磨损、变形的介质流量时,采用喷嘴优于孔板。在流量值与压差值都相同的条件下,使用喷嘴有较高的测量精度。测量高温、高压介质,可选用孔板和喷嘴。文丘里管只适用于测量低压的流体介质。

标准节流装置仅适用于测量管道直径大于 50mm、雷诺数在 $10^4 \sim 10^5$ 以上的流体。安装节流装置时,要求管道内的被测介质状态清洁、连续、稳定,充满整个管道,且不能发生相变。故在节流装置的上、下游必须配置一定长度的直管,而且直管内壁上不应有凸出物和明显的粗糙或不平现象。不同节流装置所需的前后直管长度也不一样,喷嘴要求较短。节流装置的开孔和管道的轴线要保证同心,并使节流装置端面与管道的轴线垂直。

如前所述,当得到节流装置的差压信号后,此差压信号可由导压管引出,并传递到相应的差压计,如 U 形管压差计、双波纹管压差计、膜盒式压差计等,以便就地显示出流量的数值。若信号需要远传,多采用差压变送器,将差压信号转换为统一的标准信号,与其他控制设备配合,以实现流量的集中显示、记录或控制。

三、差压式流量计的安装使用

差压式流量计应用范围较广。但使用不当,容易带来较大的测量误差,多时误差可高达 10%～20%,这实际上是测量错误。造成误差的原因很多,要减少误差,不仅要进行合理的选型、准确的设计计算和加工制造,更要注意正确地安装、维护和使用等,多管齐下,才能保证其有足够的实际测量精度。具体来讲,使用中要注意以下几个方面。

1. 被测流体工作状态的变动 被测流体的工作状态参数值,与设计计算时相比,发生变动,会造成理论流量值与实际流量值之间有较大的误差。这些物理量包括温度、压力、湿度、密度、黏度、雷诺数等。为了消除这种误差,必须按新的工艺条件重新进行设计计算,或者根据所测的实际数值加以必要的修正。

2. 节流装置的安装 安装节流装置时,特别要注意节流装置的安装方向,一般地说节流装置露出部分所标注的“+”一侧,应当是流体的入口方向。当用孔板作为节流装置时,应使流体从孔板 90° 锐口一侧流入。另外,除按相应的规程正确安装外,在使用中要保持节流装置的清洁,若在节流装置处有沉淀、结焦、堵塞等现象产生,会引起较大的测量误差,必须及时清洗。

3. 孔板入口边缘的磨损 节流装置使用日久,由于机械磨损或化学腐蚀,会造成节流装置的几何形状和尺寸发生变化。对于使用广泛的孔板来说,它的入口边缘的尖锐度会由于冲击、磨损和腐蚀而变钝,在相等数量的流体经过时所产生的压差 Δp 将变小,从而引起仪表指示值偏低,故应注意及时检查维修,必要时更换新的孔板。

4. 导压管安装 为防止堵塞或渗漏,避免引起较大的测量误差,导压管应正确安装。不同的被测介质,对于导压管的安装有不同的要求,下面分类讨论之。

（1）测量液体流量时:两根导压管内都应充满同样的液体,无气泡,以保证导压管内的液体密度相等。为了使导压管内没有气泡,取压点应位于节流装置的下半部,如果从底部引出,液体中夹带的固体杂质会沉积在导压管内,引起堵塞,所以导压管与水平线夹角 α 以 0～45° 为宜,如图 5-7 所示。

条件许可时,导压管最好垂直向下;条件不许可,导压管亦应下倾一定坡度,至少（1:20）～（1:10）,使气泡易于排出。在导压管的管路中,应安装放空阀便于排气。当差压变送器放在节流装置之上时,要装贮气罐,如图 5-8 所示。

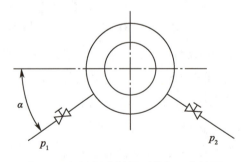

图 5-7 测量液体流量时的取压点位置

（2）测量气体流量时:为使两根导压管内的流体密度相等,必须防止管内集聚液体,因此,取压点应在节流装置的上半部,导压管最好垂直向上,至少亦应向上倾斜一定的坡度。若差压计必须装在节流装置之下,则需额外加装贮液罐和排放阀,如图 5-9 所示。

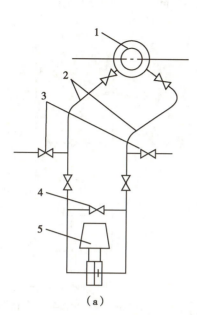
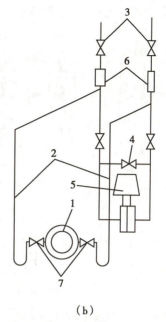

（a）　　　　　　　　　　　　　　（b）

1. 节流装置；2. 导压管；3. 放空阀；4. 平衡阀；5. 差压变送器；6. 贮气罐；7. 切断阀。

图5-8　测量液体流量时的连接图

（a）无贮气罐；（b）有贮气罐。

（3）测量蒸汽的流量时：取压点从节流装置的水平位置接出，并分别安装凝液罐。这样做的目的是使导压管内充满蒸汽冷凝液，并使蒸汽冷凝液等液位，以消除冷凝液液位的高低对测量精度的影响。其他安装与测量液体流量时相同，如图5-10所示。

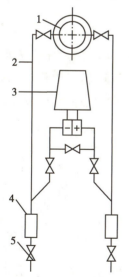

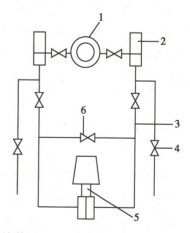

1. 节流装置；2. 导压管；3. 差压变送器；4. 贮液罐；
5. 排放阀。

图5-9　测量气体流量时的连接图

1. 节流装置；2. 凝液罐；3. 导压管；4. 排放阀；
5. 差压变送器；6. 平衡阀。

图5-10　测量蒸汽流量的连接图

（4）测量腐蚀性介质时：必须采取隔离措施。通常在节流装置与差压变送器之间加装隔离罐，罐内放置隔离液来传递压力，隔离液不与被测介质互溶且不起化学反应，常用的隔离液有四氯化碳、乙醇、乙二醇、甲基硅油等。隔离罐的两种形式,如图5-11所示。

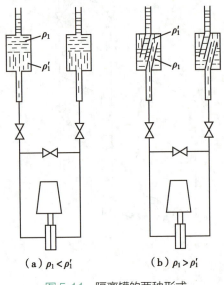

（a）$\rho_1 < \rho_1'$ （b）$\rho_1 > \rho_1'$

图5-11　隔离罐的两种形式

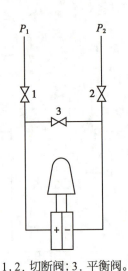

1,2.切断阀；3.平衡阀。

图5-12　差压计阀组安装示意图

5. 正确安装和使用差压变送器　由导压管接至差压变送器前,须安装切断阀和平衡阀,如图5-12所示。启用前,先打开平衡阀,使正、负压室连通,以免损坏变送器或造成测量误差;接下来打开两个切断阀,再关上平衡阀,变送器即可投入运行。若差压计停止使用时,与之相反,应先打开平衡阀,再关闭两个切断阀。

第三节　转子流量计

转子流量计是工业生产和实验室中经常使用的一种流量计,适用于小流量、低速流体的测量,有较高的灵敏度和测量精度。与差压式流量计不同,转子流量计适合测量管径$D < 150$mm 管道中的介质,测量的流量可以小到每小时几升。转子流量计具有灵敏度高、结构简单、直观、压力损失小、测量范围大、价格便宜等优点。

一、工作原理

转子流量计由锥形管和转子两部分组成。锥形管上大下小,转子放在锥形管中,可随测量介质自由运动。转子流量计从材质上可分为金属、玻璃、塑料三大类,其中金属转子的材料由不锈钢、铝、青铜等组成。其原理如图5-13所示。

转子流量计也是一种速度式流量计。当它工作时,被测流体由锥形管的下端流入,上端流出,转子与锥形管间的环隙,称为流通面积。当流体流过锥形管时,转子受到两个

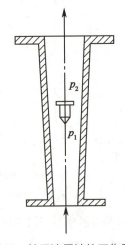

图5-13　转子流量计的工作原理图

力的作用：向上的浮力和向下的重力。当 $F_重 = F_浮$ 时，转子上的两个力达到平衡，此时转子就悬浮在一稳定的高度。

当被测流体的流量变化时，转子向上的浮力，即流体对转子向上的托力，也会发生变化。转子在流体中的向下方向的重力是不变的。假设流量变大，$F_浮$ 也变大，转子就会上升。当升到一定高度后，转子与锥形管间的环隙增大，流过环隙的流体流速变慢，流体对转子向上的托力也会变小。当浮力和重力平衡时，转子又相对稳定地悬浮在一个新的高度。

转子位置的高低与流量的大小一一对应，这样，通过读取刻度线、刻度盘的数值，就可以获取流量的大小。

转子流量计中，转子的平衡方程式可表示为

$$V(\rho_t - \rho_f)g = (p_1 - p_2)A \qquad 式（5-5）$$

式中，V 为转子的体积，单位 m^3；ρ_t、ρ_f 分别为转子材料、被测液体的密度，单位 kg/m^3；p_1、p_2 分别为转子前、后流体的压力，单位 Pa；A 为转子的最大横截面积，单位 m^2；g 为重力加速度，单位 m/s^2。

整理式（5-5）可得

$$\Delta p = p_1 - p_2 = \frac{V(\rho_t - \rho_f)g}{A} \qquad 式（5-6）$$

由于在测量过程中 V、ρ_t、ρ_f、A、g 均为常数，由式（5-6）可知，$p_1 - p_2$ 也为常数，即流体的压降是一个定值。压降不变，节流面积实时发生变化，进而反映流量的大小。节流面积与转子的平衡位置高度是一一对应的，根据转子浮起的高度就可以判断被测介质的流量大小。

在 Δp 一定的情况下，转子流量计所测流体流量的大小可用以下两式表示。

$$M = \phi h \sqrt{2\rho_f \Delta p} \qquad 式（5-7）$$

$$Q = \phi h \sqrt{\frac{2}{\rho_f} \times \Delta p} \qquad 式（5-8）$$

式中，ϕ 为仪表常数，h 为转子浮起的高度。

将式（5-6）代入式（5-7）、式（5-8），分别得到质量流量和体积流量的公式

$$M = \phi h \sqrt{\frac{2gV(\rho_t - \rho_f)\rho_f}{A}} \qquad 式（5-9）$$

$$Q = \phi h \sqrt{\frac{2gV(\rho_t - \rho_f)}{\rho_f A}} \qquad 式（5-10）$$

二、电远传式转子流量计

根据设计和监控需求，转子流量计可以就地指示，也可以通过信号线远距离传送出去，在控制室集中显示和控制。LZD 系列为电远传式转子流量计。其实，就是在现场指示的仪表中，增加了流量变送及电动显示两部分功能。可输出 0～10mA 和 4～20mA 的标准模拟信号，能对多种流向的气体和液体进行测量；采用 24V 直流供电，可显示瞬时流量和累积流量，具

有上下限报警功能、防爆功能，有些信号可以进行现场组态，能使用手操器或上位计算机进行仪表参数的调整。

1. 流量变送部分 如图 5-14 所示，其主要构造为差动变压器，包括铁芯、线圈、骨架等组成部分。骨架分成长度相等的两段，初级线圈包含两个同相串联的线圈；次级线圈包含两个反相串联的线圈。

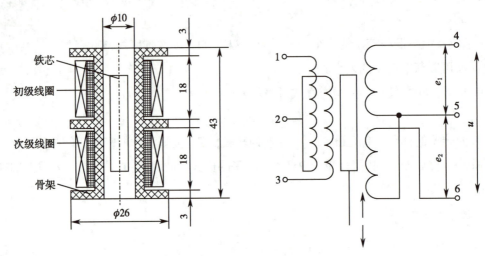

图 5-14 差动变压器结构

当铁芯处在差动变压器两段线圈的中间位置时，既不偏上也不偏下，此时两个次级线圈产生的感应电势 e_1 和 e_2 相等，由于两个线圈反相串联，e_1 和 e_2 互相抵消，因而输出端 4、6 之间总电势为零，即 $u = e_1 - e_2 = 0$。

当铁芯向上移动时，加强了上段初、次级线圈的耦合，减弱了下段初、次级线圈的耦合。上段次级线圈产生的感应电势 e_1 大于下段次级线圈产生的感应电势 e_2，于是 4、6 两端输出总电势 $u = e_1 - e_2 > 0$。当铁芯向下移动时，情况正好相反，此时的输出总电势 $u = e_1 - e_2 < 0$。总之，输出电势 u 的大小和正负由铁芯偏离线圈中心位置的大小和方向而定，因而称为不平衡电势。

流量计的转子与差动变压器的铁芯是相连的，即当转子随流量的变化移动时，也带动铁芯一起上、下运动，从而将流量的大小转换成输出电势 u 的大小，该电势驱动显示机构进行显示。

2. 电动显示部分 显示部分如图 5-15 所示。当被测介质流量发生变化时，转子在锥形管中的位置也随之改变，如流量增加转子上移，转子通过连杆带动差动变压器 T_1 中的铁芯向上移动，变压器 T_1 的副线圈输出一个不平衡电势，送入电子放大器，信号经放大后通过可逆电机带动显示机构动作，进行显示。同时，放大后的信号又通过凸轮带动反馈用的差动变压器 T_2 中的铁芯向上移动，使副线圈也产生一个不平衡电势。由于 T_1 和 T_2 的副线圈是反向串联的，T_1、T_2 产生的不平衡电势相抵消。当两者完全相等，和为零时，放大器的输入为零，T_2 中的铁芯便停留在一个固定的位置上，这时显示机构的指示值就表示被测流量的大小。

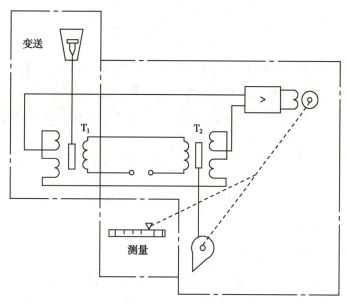

图 5-15　LTD 系列电远传转子流量计

ER5-5　金属转子流量计（图片）

三、转子流量计的指示值修正

仪表的刻度和现场的实时工况密切相关,现场工况包括被测介质的属性、温度、压力、密度、黏度等。转子流量计是一种非标准化仪表,照理在进行刻度标定时,应标明实时工况。但仪表厂为了规模化生产,降低成本,一般是在工业基准状态（20℃,0.101 33MPa）下用水或者空气进行标定的。所以,在实际使用时,要根据具体情况进行修正。

（一）液体流量测量时的修正

假设测量液体的转子流量计,出厂时是在常温（20℃）下用水标定的,根据式（5-10）可写成

$$Q_0 = \phi h \sqrt{\frac{2gV(\rho_t - \rho_w)}{\rho_w A}} \qquad \text{式（5-11）}$$

式中,Q_0 为转子流量计用水标定的刻度流量,ρ_w 为 20℃时水的密度,$\rho_w = 1\,000 \text{kg/m}^3$。

如果转子流量计使用时被测介质不是水,且被测介质与水的密度不同时,必须对流量刻度进行修正或重新标定。对于一般液体介质来说,当温度和压力改变时,对密度影响不大。如果被测介质的黏度与水的黏度相差不大,可近似认为 ϕ 是常数,则由式（5-10）可得

$$Q_f = \phi h \sqrt{\frac{2gV(\rho_t - \rho_f)}{\rho_f A}} \qquad \text{式（5-12）}$$

式中,Q_f 是密度为 ρ_f 的介质的实际流量。

将式（5-12）与式（5-11）相除,整理后得

$$Q_f = \sqrt{\frac{(\rho_t - \rho_f)\rho_w}{(\rho_t - \rho_w)\rho_f}} Q_0 \qquad \text{式（5-13）}$$

同理可导,质量流量的修正公式为

$$M_f = \sqrt{\frac{(\rho_t - \rho_f)\rho_f\rho_w}{\rho_t - \rho_w}}Q_0 \qquad 式（5-14）$$

例 5-1　现用一支以水标定的转子流量计来测量苯的流量，已知转子材料为不锈钢，$\rho_t = 7.9\text{g/cm}^3$，苯的密度为 $\rho_f = 0.83\text{g/cm}^3$。试问流量计读数为 3.6L/s 时，苯的实际流量是多少？

解：查表得 20℃水的密度为 $\rho_w = 1\,000\text{kg/m}^3 = 1\text{g/cm}^3$，将此值代入式（5-13）中

$$Q_f = \sqrt{\frac{(\rho_t - \rho_f)\rho_w}{(\rho_t - \rho_w)\rho_f}}Q_0 = \sqrt{\frac{(7.9 - 0.83)\times 1}{(7.9 - 1)\times 0.83}}\times 3.6$$

得
$$Q_f = \frac{1}{0.9}\times 3.6 = 4\text{L/s}$$

即苯的实际流量为 4L/s。

（二）气体流量测定时的修正

转子流量计用来测量气体时，是在工业基准状态（20℃即 293K，0.101 33MPa）下用空气进行标定的。对于非空气介质，在不同于上述工业基准状态时，需要进行校正。由于气体的温度、压力对密度的影响较大，所以对于气体，被测介质的密度、工作压力和温度均需进行修正。

已知仪表显示刻度 Q_0，要计算实际的工作介质流量时，可按式（5-15）修正。

$$Q_1 = \sqrt{\frac{\rho_0}{\rho_1}}\times\sqrt{\frac{p_1}{p_0}}\times\sqrt{\frac{T_0}{T_1}}\times Q_0 \qquad 式（5-15）$$

式中，Q_1、T_1、p_1 分别是被测介质的流量（单位为 $\text{m}^3\text{/h}$）、绝对温度和绝对压力；T_0、p_0 分别是工业基准状态的绝对温度和绝对压力；ρ_1、ρ_0 分别是被测介质和空气在标准状态下的密度；Q_0 为流量计上刻度显示的流量值。

式（5-15）计算得到的 Q_1，是被测介质在单位时间（小时）内流过转子流量计的标准状态下的容积数（标准立方米），而不是被测介质在实际工作状态下的容积流量。

例 5-2　某厂用转子流量计来测量温度为 27℃，表压为 0.16MPa 的空气流量，问转子流量计读数为 38$\text{m}^3\text{/h}$ 时，空气的实际流量是多少？

解：已知 $Q_0 = 38\text{m}^3\text{/h}$，$p_1 = 0.16 + 0.101\,33 = 0.261\,33\text{MPa}$，$T_0 = 293\text{K}$，$T_1 = 27 + 273 = 300\text{K}$，$p_0 = 0.101\,33\text{MPa}$，$\rho_1 = \rho_0 = 1.293\text{kg/m}^3$。

将上列数据代入式（5-15），便可得

$$Q_1 = \sqrt{\frac{1.293}{1.293}}\times\sqrt{\frac{0.261\,33}{0.101\,33}}\times\sqrt{\frac{293}{300}}\times 38 \approx 60.3\text{m}^3\text{/h}$$

即空气的实际流量为 60.3$\text{m}^3\text{/h}$。

（三）蒸汽流量测量时的换算

转子流量计用来测量水蒸气流量时，若将蒸汽流量换算为水流量，可按式（5-14）计算。若转子材料为不锈钢，$\rho_t = 7.9\text{g/cm}^3$，且当 $\rho_f \ll \rho_t$ 时，由式（5-14）可算得

$$Q_0 = 29.56\sqrt{\frac{1}{\rho_f}}\times M_f \qquad 式（5-16）$$

式中，Q_0 为水流量，L/h；ρ_f 为蒸汽密度，kg/m^3；M_f 为蒸汽流量，kg/h。

由式（5-16）可以看出，若已知某饱和蒸汽（温度不超过 200℃）流量值时，可从式（5-16）换算成相应的水流量值，然后按转子流量计规格选择合适口径的仪表。

第四节　电磁流量计

在流量测量中，当被测介质是具有导电性的液体介质时，可以用电磁感应的方法来测量流量。此时，可选用电磁流量计。当导电液体在磁场中作垂直于磁场方向的流动时，导体切割磁力线产生感生电动势 E，感生电动势的大小与流速成正比，这是电磁流量计的工作原理。原理如图 5-16 所示。

在一段用非导磁材料制成的管道外面，安装一块磁铁，其磁力线垂直于管道轴线方向（即液体流动方向），当导电液体流过此段管道时，导电流体作切割磁力线运动而产生感生电动势 E，此感生电动势由与磁力线呈垂直方向的两个电极引出。当磁感应强度不变、管道直径一定时，感生电动势的大小仅与流体的流速有关。将这个感应电势经过放大、转换，传送给显示仪表，就能在显示仪表上直接读出流量。

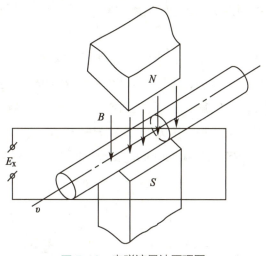

图 5-16　电磁流量计原理图

ER5-6　电磁流量计

感应电势的方向由右手定则判断，其大小为

$$E_X = K'BDv \qquad\qquad 式（5-17）$$

式中，K' 为比例系数；B 为感应强度，单位 T；D 为管道直径，单位 m；v 为垂直于磁力线方向的液体流速，单位 m/s。

体积流量 Q 与流速的关系为

$$Q = \frac{1}{4}\pi D^2 v \qquad\qquad 式（5-18）$$

将式（5-18）代入式（5-17）中，可得到：

$$E_X = \frac{4K'BQ}{\pi D} = KQ \qquad\qquad 式（5-19）$$

式中，$K = \dfrac{4K'B}{\pi D}$。K称为仪表常数，磁感应强度B、管道直径D确定后，K的大小就是一个常数。

电磁流量计的测量导管内，无可动部件或凸出于管内的部件，因而压力损失很小。如在管道内使用防腐衬里，可测量有腐蚀性液体的流量，也可用来测量含有颗粒悬浮物的液体流量。该流量计输出信号与流量之间的关系，不受液体温度、压力、黏度等物理性质变化和流动状态的影响，对流量变化反应速度快，可用来测量脉动流量。

电磁流量计只能用来测量导电液体的流量，且要求导电率不小于水的导电率，故不能测量气体、蒸汽及石油制品等的流量。当流体切割磁力线时，产生的感生电动势很小，需要将其转换成标准电信号，对直流放大器的放大倍数要求较高。测量系统复杂、价格贵，易受外界电磁场干扰。因此，使用中要注意维护，防止电极与管道间绝缘的破坏，安装时要远离一切磁源，不能有振动。

第五节　涡街流量计

涡街流量计，又称旋涡流量计，它是应用流体力学中的卡门涡街原理，即用有规则的漩涡剥离现象来测出流量的。

把一个漩涡发生体垂直插在管道中，该发生体为圆柱体或三角柱等非流线型对称物体。流体在管道内流动，当雷诺数达到一定的数值时，会在漩涡发生体的后方左右两侧交替产生漩涡，形成漩涡列。这两列漩涡相互呈平行状，且左右交替出现，旋转方向相反。因为这些漩涡有如街道旁的路灯，故有"涡街"之称，又因此现象首先被卡曼（Karman）发现，也称作"卡曼涡街"，如图5-17所示。

ER5-7　涡街流量计（组图）

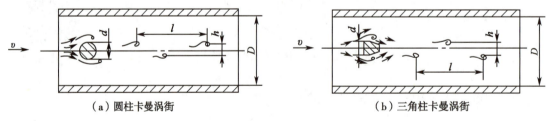

（a）圆柱卡曼涡街　　　　　　　　　（b）三角柱卡曼涡街

图5-17　卡曼涡街

由圆柱体形成的卡曼漩涡，其单侧漩涡产生的频率为

$$f = S_t \times \dfrac{v}{d} \qquad\qquad 式（5-20）$$

式中，f为单侧漩涡产生的频率，单位Hz；v为流体平均流速，单位m/s；d为圆柱体直径，单位m；S_t为施特鲁哈尔数（Strouhal number），当雷诺数$R_e = 5 \times 10^2 \sim 15 \times 10^4$时，$S_t = 0.2$。

由式（5-20）可知，当S_t近似为常数时，漩涡产生的频率f与流体的平均流速成正比，测得f即可求得体积流量Q。

漩涡频率的检测方法有许多种,例如热敏检测法、电容检测法、应力检测法、超声检测法等,这些方法无非就是利用漩涡的局部压力、密度、流速等的变化作用于敏感元件,产生周期性电信号,再经放大整形,得到方波脉冲。图5-18所示的是一种热敏检测法。它采用铂电阻丝作为漩涡频率的转换元件。

漩涡频率检测器设置在圆柱形漩涡发生体内,圆柱体表面有导压孔与圆柱体内部的空腔相通,空腔被隔墙分成两部分,在隔墙中央有一小孔,小孔上装有一根可被加热的细铂丝。在产生漩涡的一侧,流速降低,静压升高,于是在有漩涡的一侧和无漩涡的一侧之间产生静压差,介质从空腔上的导压孔流入,由未产生漩涡的一侧流出。流体在空腔内流动时,带走铂丝上的热量,铂丝温度下降,导致其电阻值减小。由于漩涡是交替出现在柱状物的两侧,热电阻丝阻值的变化也是交替的,且阻值变化的频率与漩涡产生的频率相对应,所以可通过测量铂丝阻值变化的频率来推算流量的值。

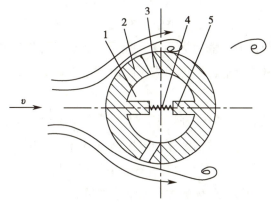

1. 空腔;2. 圆柱棒;3. 导压孔;4. 铂丝;5. 隔墙。
图5-18　圆柱检出器原理图

采用一个不平衡电桥,对铂丝阻值的变化频率进行转换、放大和整形,再变换成0～10mA或4～20mA的直流电流信号输出,供显示、累积或自动控制。涡街流量计的输出信号与流体的温度、压力、密度、成分、黏度等参数无关。

涡街流量计结构简单,没有运动部件,无机械磨损,精度高,测量范围宽,维护方便,压力损失小,节能效果明显,因而应用广泛。该流量计可以用来测量各种管道中的液体、气体和蒸气的流量,是目前工业控制、能源计量及节能管理中常用的新型流量仪表。但其缺点也很明显,如对流态要求稳定,管道条件要求严格,必须在漩涡发生体前后安装有一定长度的直管段,价格比较高等。

第六节　涡轮流量计

涡轮流量计也是一种速度式流量仪表,主要由涡轮变送器和显示仪表两部分组成。其中,涡轮变送器包括外壳、涡轮、导流器、磁电感应转换器和前置放大器等部分,如图5-19所示。

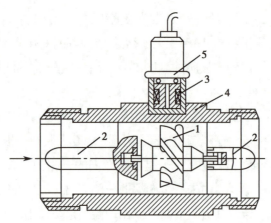

1. 涡轮；2. 导流器；3. 磁电感应转换器；4. 外壳；5. 前置放大器。

图 5-19　涡轮流量变送器结构图

当被测流体冲击涡轮叶片时，涡轮旋转，切割磁力线改变通过线圈的磁通量，使线圈感应出脉冲信号。经电磁感应转换装置将涡轮的转速转换成相应频率的电脉冲，通过前置放大器放大后送入显示仪表进行计数和显示，根据单位时间内的脉冲数和累计脉冲数即可求出瞬时流量和累积流量。涡轮的转速与流量的大小成正比。

ER5-8　涡轮流量计（图片）

涡轮流量计测量精度高、重复性好，适于总量测量，与计算机互联容易；结构紧凑轻巧，流通能力大；可用于高压、大口径测量；压力损失小、价格低，能在不断流情况下取出叶轮，方便安装维修；反应快，可测脉动流量；输出信号为电频率信号，便于远传，不受干扰。一般用来测量封闭管道中低黏度液体或气体的体积流量或总量。

涡轮流量计有可动部件，轴承易磨损，对被测介质的清洁度要求较高，必须在其上游安装过滤器，过滤掉所有的杂质，保证叶轮不被损坏。安装时，在涡轮流量计的上、下游必须有足够长的直管段，以防接头等管件引起的流体扰动对测量精度产生影响。除特殊设计外，涡轮流量变送器应水平安装。由于在管道的低点容易沉降固体杂质和冷凝液，所以安装时应避免这种情况。此外，还要注意流量计的方向，方向错误，会影响仪表的测量精度和复现性，叶轮也容易损坏。

第七节　质量流量计

前面介绍的均为测量体积流量的仪表，但是有时人们更关心的是流体的质量流量。这是因为物料平衡以及贮存、经济核算等都需要知道介质的质量。所以，在测量工作中，需要将已测出的体积流量乘以介质的密度，换算成质量流量。由于介质密度受温度、压力等许多因素的影响，尤其是气体，这些因素往往会给测量结果带来较大的误差。质量流量计能够直接得到质量流量，其最后的输出信号只与介质的质量流量 M 成比例，这就能从根本上提高流量测量的精度，省去了烦琐的换算和修正。

质量流量计可分为两大类：一类是直接式，直接测量单位时间内流过的介质的质量，即质

量流量 M；另一类是间接式或推导式，这类流量计是通过体积流量计和密度计的组合来测量质量流量。

直接式质量流量计有量热式、角动量式、差压式以及科氏力式等。下面介绍其中的一种，科里奥利质量流量计，简称科氏力流量计。该流量计以科里奥利效应作为测量基础，结构如图 5-20 所示。主要由流量传感管、电磁振荡器和电磁感应器组成。

流量传感管有直管、弯管、单管、双管等多种形式，以双管应用为最多。双弯管流量传感管由两根 U 形管组成，其中一根为流量测量管，另一根为平衡管。

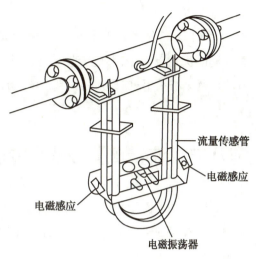

图 5-20　科里奥利质量流量计结构图

电磁振荡器驱动流量传感管以固有的频率振动。双管型流量传感管的两根 U 形管振动方向相反。电磁感应器分别安装在 U 形管的左右两侧的中心附近，用来检测 U 形管的扭转角。

当流体流经传感管时，如果在振动的半周期，管子向上运动，流入传感管的流体向下压，流出传感管的流体向上推，两个作用方向相反的力合成的力矩能使传感管产生扭曲，称为科里奥利效应，如图 5-21 所示。在振动的另外半周期，管子向下运动，扭曲方向相反。传感管转角的大小与流体的质量流量成正比。在 U 形管两侧中心平面处安装的两个电磁传感器测出 U 形管扭转角度大小，就可以得到所测的质量流量 M。

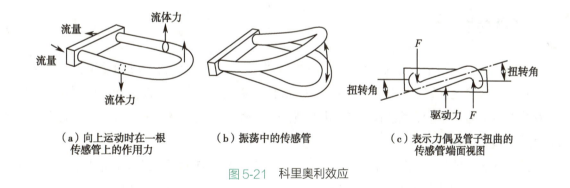

（a）向上运动时在一根　　　（b）振荡中的传感管　　　（c）表示力偶及管子扭曲的
　　传感管上的作用力　　　　　　　　　　　　　　　　　传感管端面视图

图 5-21　科里奥利效应

科里奥利质量流量计能够直接测量质量流量，不受温度、压力、密度、黏度、流速分布和电导性变化的影响，无可动部件，测量精度高，测量范围宽，测量值不受管道内流场影响，没有上、下游直管段长度的要求；可测各种非牛顿流体以及黏滞和含微粒的浆液。缺点是阻力损失较大，零点不稳定，管路振动会影响测量精度。

由于测量管形状及结构设计的差异，同一口径、相近流量范围、不同型号传感器的重量和尺寸差别很大，安装要求亦千差万别。例如有些型号的流量传感器可直接连接到管道，有些型号却要求设置支撑架或基础。为隔离管道振动对仪表的影响，传感器与管道之间有时需用柔性管连接。

除了以上介绍的几种流量计外，还有许多其他类型的流量计，例如容积式流量计，典型代表为椭圆齿轮流量计、腰轮流量计等。随着工业生产自动化水平的提高，许多新的流量测量方法也逐渐被采用，典型代表为超声流量计。限于篇幅，不再一一赘述。

第八节　流量测量仪表的选用与安装

不同类型的流量仪表性能和特点各异。选型时首先是要深刻地了解各种流量计的结构原理和流体特性等方面的知识，还要根据现场的安装条件、环境条件和经济因素等进行综合考虑。

一、流量计的性能要求

流量计的性能方面主要考虑流量计的准确度、重复性、线性度、流量范围和范围度、压力损失；输出信号特性和流量计的响应时间；流量计是用来测量流量（瞬时流量）还是总量（累积流量）。

流量测量包括两种，即瞬时流量和累积流量，要根据现场计量的需要进行选择。有些流量计比如容积式流量计、涡轮流量计等，其测量原理是以机械计数或脉冲频率输出直接得到总量，其准确度较高，适用于计量总量。电磁流量计、超声流量计等是以测量流体流速推导出流量，响应快，适用于过程控制，如果配以积算功能后也可以获得总量。

二、流体特性

在流量测量中由于各种流量计总会受到流体物性中某一种或几种参量的影响，所以流体的物性很大程度上会影响流量计的选型。因此，所选择的测量方法和流量计不仅要适应被测流体的性质，还要考虑测量过程中流体物性某一参量变化对另一参量的影响，比如温度变化对液体黏度的影响。

黏度对各类流量计的影响程度不一样。比如，对于电磁流量计、超声流量计和科里奥利质量流量计的流量值是在很宽黏度范围内，可以认为不受液体黏度的影响；容积式流量计的误差特性和黏度有关，可能会略受影响；而浮子流量计、涡轮流量计和涡街流量计，当黏度超过某值时则影响较大以致不能使用。

黏度对不同类型的流量计范围度的影响趋势各异，一般容积式流量计黏度增加，范围度扩大。而涡轮流量计和涡街流量计则相反，黏度增加，范围度缩小。因此，在评估流量计的适应性时，应该要掌握液体的温度 - 黏度特性。

某些非牛顿流体性质的液体，它们的流动状态复杂，不易判断其属性，当选择流量计时必须谨慎。

三、流量计的安装

流量计的安装对不同原理的流量计要求是不一样的。对有些流量计,如差压式流量计、速度流量计,按规程规定在流量计的上、下游需配备一定长度的或较长的直管段,以保证流量计进口端前流体流动达到充分发展。而另一些流量计,如容积式流量计、转子流量计等,则对直管段长度就没有要求或要求较低。

还有的流量计因受安装的影响而产生一定的误差。例如,科里奥利质量流量计由于安装应力的影响会给使用带来很大的误差。流量计在使用中出现问题,可能未必都是因为流量计本身的问题,很多状况是由于安装不善所致。一般常见的问题有:①把差压式流量计孔板的进口面反装;②流量传感器安装在流速分布剖面不良的场所;③连接到差压装置的引压管中存在不希望存在的相;④流量计安装在有害的环境或不易接近的地方;⑤流量计流动方向安装错误;⑥流量计或电信号传输线置于强电磁场下;⑦将易受振动干扰的流量计安装在有振动的管道上;⑧缺少必要的防护性配件。

流量计在使用中应注意安装条件的适应性和要求,主要从下面几方面考虑,如流量计的安装方向、流体的流动方向、上下游管道的配置、阀门位置、防护性配件、脉动流影响、振动、电气干扰和流量计的维护等。

由于流量计的安装方向一般分为垂直安装方式和水平安装方式,对于这两种安装方式在流量测量性能上是有差别的。比如,流体垂直向下流动会使流量计传感器带来额外力而影响流量计的性能,使流量计的线性度、重复性下降。流量计的安装方向还取决于流体的物性,如水平管道可能沉淀固体颗粒,因此测量具有这种状态的流量计最好安装于垂直管道。

四、环境条件要求

在选择流量计的过程中不应忽略周围条件因素及有关变化,如环境温度、湿度、安全性和电气干扰等。

环境温度变化会影响流量计的电子部分和流量传感器部分。当环境温度影响到显示仪表电子元件时,将改变元件参数。应该将流量传感器和二次显示仪表安装在不同的场所,像二次显示仪表应安装在控制室内,以保证电子元件免受温度的影响。

环境中大气湿度也是影响流量计使用的问题之一。例如湿度高会加速大气腐蚀和电解腐蚀并降低电气绝缘,低湿度会产生静电。环境温度或介质温度急剧变化会引起湿度方面的问题,如表面结露现象。

电力电缆、电机和电气开关都会产生电磁干扰,如不采取有关措施,就会成为流量测量产生误差的原因。

五、经济方面的考虑

购置流量计时应比较不同类型流量计对整个测量系统经济的影响。例如范围度小的流量计比范围度大的流量计在相同测量范围下，需要多台流量计并联和多条管线才能覆盖，因此除流量计以外尚需增加许多辅助设备，像阀门、管线附件等。虽然表面上看流量计费用少了，但是其他的费用增加了，计算起来并不合算。例如安装孔板流量计加上差压计的费用相对便宜，但组成测量回路包括孔板的固定附件等其费用可能超过基本件费用很多。

在购置流量计时，不仅要考虑流量计的购置费，还需考虑其他费用，如附件购置费、安装调试费、维护和定期检测费、运行费和备用件费。

常用流量测量仪表与被测介质的特性关系如表5-1所示。

表5-1　流量计流体特性和工艺过程条件选型一览表

仪表种类		介质											
		清洁液体	脏污液体	蒸汽或气体	黏性液体	腐蚀性液体	腐蚀性浆液	含纤维浆液	高温介质	低温介质	低流速液体	部分充满管道	非流动液体
差压式	孔板	○	●	○	●	◎	×	×	○	●	×	×	●
	文丘里管	○	●	○	●	●	×	×	●	●	●	×	×
	喷嘴	○	●	○	●	●	×	×	●	●	●	×	×
转子流量计		○	●	●	◎	◎	×	×	◎	×	◎	×	×
电磁流量计		○	○	×	×	○	○	○	×	×	◎	×	◎
涡街流量计		○	●	◎	●	●	×	×	◎	◎	●	×	×
涡轮流量计		○	●	○	◎	●	×	×	×	◎	●	×	×
科里奥利质量流量计		○	○	●	○	×	×	●	●	●	×	×	×
容积式流量计		○	×	○	●	●	×	×	◎	◎	◎	×	×
超声流量计		○	●	×	●	●	×	×	●	●	●	×	×

注：○表示适用；◎表示可以用；●表示在一定条件下可以用；×表示不适用。

ER5-9　第五章　目标测试

第六章 物位检测及仪表

第一节 物位检测概述

在制药生产过程中，经常通过物位的测量来确定容器里的原料、半成品或产品的量（体积），以保证生产过程各环节物料平衡，为进行经济核算提供依据；也可以通过物位测量，控制各介质的高度在规定的波动范围内，维持正常生产，以保证产品的产量、质量和生产安全。因此，物位测量在制药生产过程中有着重要而深远的意义。

物位根据检测的介质分为三类：液位、料位和界位。设备或容器中液体介质的高低称为液位；块状、粉末状、固体颗粒等介质的堆积高度称为料位；互不相容的液-液介质、固-液介质分界面的位置称为界位。在现代工业生产中，物位测量几乎遍及生产过程的各个环节。在众多生产领域，要求测量仪表具备远距离传送能力，适合在密闭压力容器内使用，对物位测量精度要求高，需要测量仪表能够很好地适应工业现场的特殊环境。这些特殊环境包括高温、高压、强腐蚀性、强放射性等。

自20世纪80年代开始，得益于计算机、光纤、超声波等高科技的迅猛发展，物位检测领域出现了种类繁多的测量仪表。目前，依据使用方法和所采用的测量技术可以将物位检测仪表分为直读式、差压式、浮体式、声波式、电容式、核辐射式、微波式、激光式、雷达式等。根据测量敏感元件是否与被测介质接触，物位检测仪表还可以分为接触式和非接触式两类。

一、接触式物位检测仪表

接触式物位检测仪表主要有直读式、浮体式、磁致伸缩、磁翻板、伺服式、静压式等多种形式。它们的共同点是测量的敏感元件与被测液体接触，因此不可避免会存在污染、磨损或腐蚀等相关问题。

1. **直读式物位计** 主要有玻璃管物位计、玻璃板物位计等。这类仪表最简单也最常见，但只能就地指示，可用于直接观察物位的高低，普遍不能耐高压。如图6-1所示。

2. **浮体式物位计** 根据浮力原理进行工作，浸没于液体中的浮子随物位高度的变化而变化，主要有浮筒式物位计、浮子式物位计等。如图6-2所示。浮子式物位计采用金属浮子作为物位测量元件，浮子受浮力而浮在介质表面，通过变速齿轮带动有刻度的钢带读出物位值，

图 6-1 玻璃管物位计

物位上升或下降打破力平衡后,浮子也跟随上升或下降,使得导轨运行,驱动编码器等显示装置来显示物位的高低。浮体式物位计一般应用于密度大、温度高的液体,但由于是机械式测量,量程有限。

3. 磁致伸缩物位计　利用磁性浮子随物位浮动进行工作。传感器产生沿波导线传播的电流脉冲(起始脉冲),其产生的磁场与磁环形成的磁场相叠加,靠磁致伸缩效应产生瞬时扭力,使波导线扭动并产生张力脉冲,该脉冲以固定的速度沿波导线传回(终止脉冲),通过测量起始脉冲与终止脉冲之间的时间差可确定被测液体的物位。其工作原理如图 6-3 所示。

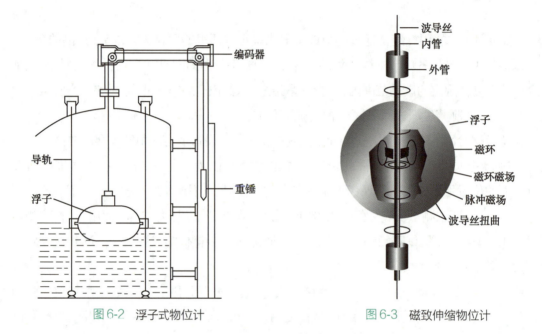

图 6-2　浮子式物位计　　　　　　　　图 6-3　磁致伸缩物位计

4. 磁翻板物位计　以磁性浮子为测量元件,浮子在测量管内随物位变化而上下浮动,通过磁耦合作用,驱动指示器内红、蓝指示管翻转 180°。物位上升时,指示管由蓝色转为红色;下降时,由红色转为蓝色,从而实现物位的双色显示。

ER6-2　磁翻板物位计

二、非接触式物位检测仪表

非接触式物位测量仪表主要包括雷达液位计、激光物位计、超声物位计、核辐射物位计等。这类物位测量仪表的共同特点是测量的敏感元件与被测液体不接触,因此不受被测介质影响,也不影响被测介质,可广泛用于各种液体和固体物料高度的测量。

1. 雷达液位计　雷达传感器的天线以波束的形式发射电磁波信号,发射波在被测物料表面产生反射,反射回来的回波信号仍由天线接收。电磁波从发射到接收的时间与到液面的距离成正比,从而计算出物位的值。电磁波在同一介电常数的介质中传播速度相对稳定,因此雷达液位计不容易受到介质温度、密度及蒸气的影响,可以在复杂环境下稳定、准确地测量物位。如图 6-4 所示。

2. 激光物位计 由半导体激光器发射连续或高速脉冲激光束,激光束遇到被测物体表面被反射回来,又被物位计接收,并精确记录激光自发射到接收之间的时间,进而计算出物位。激光的波长很短,因此可以达到很高的测量精度,但是激光物位计的光学镜头容易受到污染,需要经常清洗,不适合应用在有蒸气和微粒的场合。

3. 超声物位计 是非接触式物位计中发展最快的一种,由微处理器控制构成数字式物位测量仪表。如图 6-5 所示。脉冲超声波由传感器(换能器)发出,声波经物体表面反射后被同一传感器接收,转换成电信号,根据声波的发射、接收之间的时间间隔来计算传感器到被测物体的距离。超声物位计的优点是测量精度较高,在一般环境下可以稳定地工作。但是超声波的传播速度容易受到温度、烟尘等因素影响,不适合在污染度较高的环境下进行物位测量,也不适用于真空以及含气泡和含固体颗粒的液体中。

图 6-4 雷达液位计

近年来由于微电子技术的发展,使得物位检测仪表不断朝着小型化、数字化、智能化方向发展,特别是一些小型现场物位开关发展极快。例如振动式物位开关,由于没有可动部件,所以可靠性高,不仅可现场显示,还可以发出控制信号。在物位传感器的应用和设计中,尽量实现不接触式或不渗透式测量,以提高探头对恶劣的条件的抵抗能力。随着计算机应用的普及,直接输出数字信号的数字化物位传感器已成为这一领域的最新发展趋势。随着纳米技术、生物工程技术的发展,新材料和新工艺在物位测量中的应用也将日益增多。

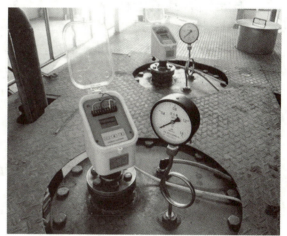

图 6-5 超声物位计

第二节 差压变送器测量物位

一、工作原理

将一个空间用敏感元件(如膜盒)分割为两个压室,即正压室和负压室;分别向两个压室中引入压力,传感器在正压和负压的共同作用下,会产生一定的位移或者具有位移变化的趋势。该位移(位移趋势)与两个压室的压力差成正比,通过内部转换电路将位移量转换为反映差压大小的标准信号进行输出,进而得到压力的大小。

如图 6-6 所示,设被测介质的密度为 ρ_1,密闭容器顶部为气相介质,其压力为 p_A,正压室的压力为 p_1,负压室的压力为 p_2,根据静力学原理可知:

$$p_1 = p_A + \rho_1 gH \qquad\qquad 式(6-1)$$

$$p_2 = p_A \qquad\qquad 式(6-2)$$

因此,正负压室的压力差为

$$\Delta p = p_1 - p_2 = \rho_1 gH \qquad\qquad 式(6-3)$$

式中 H 就是物位高度。

可见,差压变送器测得的差压与物位高度成正比。当被测介质的密度已知时,就可以把物位测量问题转化为差压测量问题了。对于 DDZ-Ⅲ型差压变送器来说,当 $H=0$ 时,差压信号 $\Delta p = 0$,变送器输出为 4mA;当 $H=$ 最大值时,差压信号 Δp 为最大,变送器输出为 20mA。

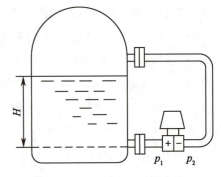

图 6-6　差压变送器测量原理

二、差压变送器的迁移

应用差压变送器测量物位时,如果差压变送器的正、负压室与容器的取压点处在同一水平面上,就不需要迁移。而在实际应用中,出于对设备安装位置和便于维护等方面的考虑,测量仪表不一定都能与取压点在同一水平面上;又如被测介质是强腐蚀性或重黏度的液体,不能直接把介质引入测压仪表,必须安装隔离液罐,用隔离液来传递压力信号,以防测压仪表被腐蚀。这时就要考虑介质和隔离液的液柱对测压仪表读数的影响。实际工作中根据差压变送器安装位置或测量容器的不同,有正迁移和负迁移两种情况。在未加迁移时,测量起始点为零;当测量的起始点由零变为某一正值时,称为正迁移;反之,当测量的起始点由零变为某一负值时,称为负迁移。两种迁移的实质是调节差压变送器的上下限值,但量程的大小不变。

(一)正迁移

很多时候变送器都安装在取压点的下方,使得导压管中充满待测介质。由于水柱静压力的影响,变送器的输出电流中包含了水柱的静压力。取压点与变送器的垂直距离越大,造成的误差也越大。

要解决以上问题,就要使用正迁移,把变送器的输出值调至零(4mA),这样就等于减去液柱静压力值。正迁移后变送器的输出值就是实际的工作压力值。安装时正压室连接容器接口,负压室与大气或者低压侧相通。假设容器为敞口容器,大气压为 P_0,差压变送器的位置比最低物位低 h 距离,容器内液体密度为 ρ_1,容器内液位高度为 H,ΔP 为变送器所受正负压室的压力差,则有:

$$p_+ = p_0 + \rho_1 g(H+h) \qquad\qquad 式(6-4)$$

$$p_- = p_0 \qquad\qquad 式(6-5)$$

$$\Delta p = p_+ - p_- = \rho_1 g(H+h) \qquad\qquad 式(6-6)$$

当 $H=0$ 时，$\Delta p=\rho_1 gh$，差压变送器正压室存在一个静压力，压力大小为 $\rho_1 gh$，使其输出电流信号大于 4mA；当 $H=H_{\max}$ 时，$\Delta p=\rho_1 g(H_{\max}+h)$，变送器输出大于 20mA。所以必须把静压力 $\rho_1 gh$ 消除掉，才能保证测量的物位高度为零时变送器的输出为 4mA（最小），物位高度最大时变送器的输出为 20mA（最大），所以要对变送器进行调校，即正迁移，迁移量为 $\rho_1 gh$。差压变送器正迁移原理如图 6-7 所示。

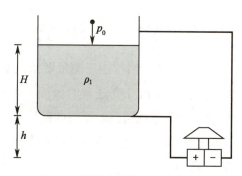

图 6-7　差压变送器正迁移原理图

（二）负迁移

对于密闭的容器而言，在测量物位的同时又要保证内部的介质不能泄漏，这时就要采取负迁移的措施来实现物位的测量。为了防止密闭容器内的液体或气体进入差压变送器的取压室，造成引压管线的堵塞或腐蚀，通常在差压变送器的正、负压室与取压点之间分别装有隔离液罐，并充以隔离液，设其密度为 ρ_2。假设变送器正负压室取压管处于同一水平面，罐内液体的密度为 ρ_1，正负取压点距离为 H（即所测物位），变送器所受静压力为 Δp（正负压室压力差）。

$$p_+ = p_0 + \rho_1 gH + \rho_2 gh_1 \qquad\qquad 式（6-7）$$

式中，$\rho_1 gH$ 代表罐内液体压力，$\rho_2 gh_1$ 代表隔离液压力。

$$p_- = p_0 + \rho_2 gh_2 \qquad\qquad 式（6-8）$$
$$\Delta p = p_+ - p_- = \rho_1 gH - \rho_2 g(h_2 - h_1) \qquad\qquad 式（6-9）$$

当 $H=0$ 时，$\Delta p = -\rho_2 g(h_2 - h_1)$，在差压变送器的负压室存在一个静压力 $\rho_2 g(h_2 - h_1)$，差压变送器的输入小于 0，使其输出必然小于 4mA；当 $H=H_{\max}$ 时，$\Delta p = \rho_1 gH_{\max} - \rho_2 g(h_2 - h_1)$，差压变送器的输入小于实际液面高度所对应的最大输入，其输出必然小于 20mA，因此破坏了变送器输出与物位之间的线性关系。为了使仪表的输出能正确反映出液位的数值，也就是使液位的零值与满量程能与变送器输出的上、下限值相对应，必须设法抵消固定压差 $\rho_2 g(h_2 - h_1)$ 的作用，使得当 $H=0$ 时，变送器的输出仍然回到 4mA，而当 $H=H_{\max}$ 时，变送器的输出为 20mA。采用零点迁移的办法就能够达到此目的，即调节仪表上的迁移弹簧，对差压变送器进行负迁移，迁移量为 $\rho_2 g(h_2 - h_1)$。差压变送器负迁移原理如图 6-8 所示。

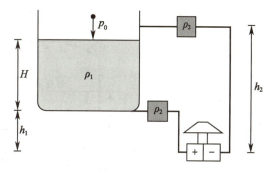

图 6-8　差压变送器负迁移原理图

变送器正负迁移的实现：一是在产品出厂前由厂家计算好迁移量后在标定量程时完成迁移；二是用手操器完成迁移；三是现场实际测量后在零点的位置给变送器迁移。总之，生产现场中，由于测量参数及设备千变万化，对测量的要求各不相同，这就要求变送器具有迁移功能，并能方便用户在现场根据实际进行迁移，以适应生产上不同的测量需要。

ER6-3　差压变送器测液位（图片）

三、差压变送器的量程调整

在实际使用中，由于测量要求或测量条件的变化，需要改变变送器的量程，为此可以对变送器进行量程调整。量程调整的目的是使变送器输出信号的上、下限与测量范围的上、下限对应。

图 6-9 为变送器量程调整前、后的输入/输出特性，量程调整相当于改变变送器输入/输出特性的斜率，由特性 1 到特性 2 的调整为量程增大；由特性 1 到特性 3 的调整为量程减小。

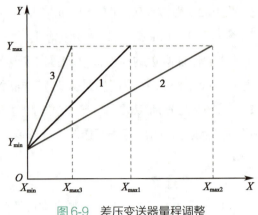

图 6-9　差压变送器量程调整

四、法兰式差压变送器

当测量具有腐蚀性、含有结晶颗粒、黏度大、易凝固等液体的液位时，容易导致引压管线被腐蚀、被堵塞的现象发生。解决办法为在导压管入口处加隔离膜盒的法兰式差压变送器，如图 6-10 所示。作为敏感元件的测量头（金属膜盒），经毛细管与变送器的测量室相通。在膜盒、毛细管和测量室所组成的封闭系统内充有硅油，作为传压介质，确保被测介质不进入毛细管与变送器，以免发生堵塞。

法兰式差压变送器按结构形式可分为单法兰式、双法兰式两种。容器与变送器间只需一个法兰将管路接通的称为单法兰差压变送器。对于上端和大气隔绝的闭口容器，因上部空间与大气压一般不相等，必须采用两个法兰分别将液相和气相压力送往差压变送器，这时要用到双法兰式差压变送器，如图 6-10 所示。双法兰式差压变送器的迁移量仅与取压位置和介质密度、最低液位有关，与变送器安装位置无关，使用时要注意最高液位不能高于上取压口。

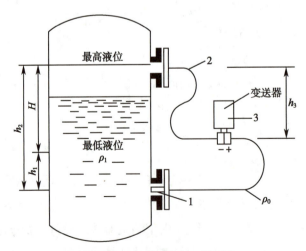

1. 测量头；2. 毛细管；3. 变送器。

图 6-10　法兰式差压变送器测量液位示意图

第三节　雷达液位计

雷达液位计（guided wave radar，GWR）属于非接触式物位计，根据所发射的电磁波类型可以分为两类：一类为脉冲波式（也叫导波式，pulse）雷达液位计，其发射的是固定频率的电磁脉冲波，通过测量脉冲波从发射源到液面的行程时间，可以得到物位到发射源的距离，进而求出液面的高度；另一类是调频连续波式（frequency modulation continuous wave，FMCW）雷达液位计，通过发射等幅调频波，该调频波信号频率会在传输过程中随着时间呈线性增加的趋势，通过检测发射波和反射波的频率差，即可根据计算公式得到液面高度。雷达液位计因为与被测液体不接触，不受其物理或化学特性的影响，测量精度高，安装简单，几乎没有测量盲区，可靠性好，所以得到了广泛应用。

一、雷达液位计的工作原理

（一）导波雷达液位计工作原理

导波雷达液位计是依据时域反射（time domain reflection，TDR）原理为基础来工作的液位计。雷达液位计的电磁脉冲波以光速沿着波导体（探头）向下传送，当遇到被测介质表面时，部分脉冲波被反射形成回波并沿相反路径返回到脉冲发射装置，用超高速计时电路（电子表头）可精确地测量出脉冲波的传导时间。因发射装置与被测介质表面的距离同传导时间成正比，经计算就可得到物位高度。如图 6-11 所示，L 为储罐内待测液体的高度，在储罐上方安装了雷达液位计，安装时需要测量雷达天线平面至储罐底部的距离 H，这样测得雷达平面至液面的距离 D 后就可以得出物位高度 L。

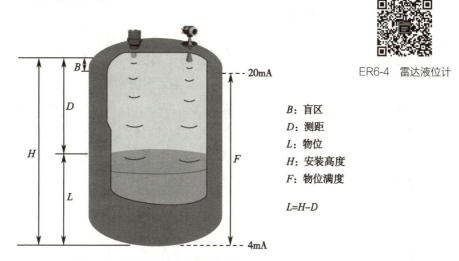

ER6-4　雷达液位计

B：盲区
D：测距
L：物位
H：安装高度
F：物位满度

L=H−D

图 6-11　雷达液位计测量储罐物位示意图

脉冲信号传播速度为 v，当脉冲信号传输到液面位置时发生反射，经单片机测量得到发射信号和反射信号之间的时间差 t，则信号传播的距离 D 可由式（6-10）求得。

$$D = \frac{vt}{2}$$

式（6-10）

设 H 为存储容器总高度，则可以得到所测液体的物位高度 L 为

$$L=H-D \qquad\qquad 式（6-11）$$

（二）调频连续波式雷达液位计工作原理

调频连续波式雷达液位计测量原理见图6-12。调频连续波式雷达工作时，扫频驱动电压驱动压控振荡器产生频率变化的电磁波，其输出在时间上按调制电压规律变化，回波信号和发射机直接耦合过来的信号在接收机混频器内混频后得到中频信号，在无线电波传播到目标并返回天线的这段时间内（Δt），发射机频率较之回波频率已经有了变化，所以发射信号与回波信号在进入混频器后产生了差频频率（f_0），进而可根据以下关系式计算出雷达发射点到反射物体表面的距离（D）。

$$D=\frac{C_0|\Delta t|}{2}=\frac{C_0|f_0|}{2\left(\mathrm{d}f\middle/\mathrm{d}t\right)} \qquad\qquad 式（6-12）$$

式中，C_0 为光速（$3\times10^8\mathrm{m/s}$）；Δt 为时间延迟；f_0 为测量的差频频率；$\mathrm{d}f/\mathrm{d}t$ 为单位时间的频移。

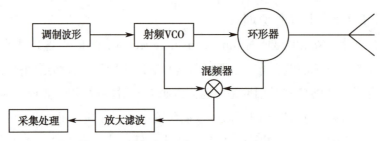

图 6-12　调频连续波式雷达液位计测量原理

二、雷达液位计的应用特点

雷达液位计是一种基于微波技术的非接触式测量仪器。电磁波与可见光物理性质相似，传播不需要介质，可穿透蒸汽、粉尘等干扰源，遇到障碍物易于被反射。被测介质的导电性越好或介电常数越大，回波信号效果就越好。雷达液位计主要由发射和接收装置、信号处理器、天线、显示等几部分组成。导波雷达液位计发射的高频电磁波到达物料表面形成回波后，信号会减弱，信号强度与物料的介电常数以及导电性成正比，介电常数越大、导电性越好，回波信号越强。回波信号是影响导波雷达液位计测量准确性的一个重要因素。

雷达液位计的应用特点如下：

（1）属于非接触式测量，不受被测介质物理化学性质的影响，可用于液体、乳状体、熔融体的物位测量。

（2）电磁波传播时不需要介质，不需要考虑温度、压力、粉尘和被测介质的挥发性对测量的影响。

（3）无机械传动部件，安装使用简单，可靠性好，使用寿命长。

（4）适用于介电常数大于1.5的介质，几乎能用于所有液体的物位测量。

（5）无测量盲区，测量范围大且测量精度高。

三、雷达液位计的选型

1. 天线的选择 雷达液位计微波的聚焦和灵敏度都是由天线的外形决定的,物位计可适应温度和压力的范围与所应用天线的材料和密封结构有关,因此雷达液位计选型时天线的选择最为重要。雷达液位计的天线型式主要有喇叭口型、抛物面型、法兰下置型、杆式等。不同类型的天线在不同工况和使用中各有侧重。

2. 探头的选择 导波雷达液位计探头的配置决定了测量仪表的基本性能,不同的探头适用于不同的测量对象,因此选型时探头的选择十分重要。根据探头结构的不同可将导波雷达分为三种类型:同轴杆式、双杆式和单杆式探头。

第四节　超声物位计

一、超声物位计概述

（一）超声波的基本概念

超声波属于机械振动,在弹性介质中以一种能量的形式进行传播。通常人类能够听得到的声波频率为20～20 000Hz。频率低于20Hz的声波称为次声波,频率高于20 000Hz的声波称为超声波。声波频率界限如图6-13所示。超声波可以在液体、气体和固体等介质中传播。和一般的声波相比,超声波具有频率高、波长短、能量集中以及方向性好等特点。超声波穿透能力强,能在气体、液体、固体、固熔体等介质中有效传播,且可传播足够远的距离,在物位测量中得到广泛应用。

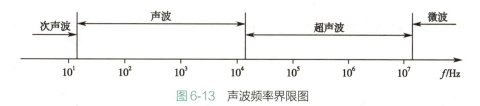

图 6-13　声波频率界限图

（二）超声波的传播速度

超声波的主要参数包括频率、波长和速度。单位时间内超声波在介质中传输的距离称为超声波的传播速度。超声波在介质中的传播类型可分为纵波、横波和表面波,其中 v_L 表示纵波传播速度,v_s 表示横波传播速度,v_R 表示表面波传播速度。其传播速度关系式如下

$$v_L = \sqrt{\frac{E \times (1-\sigma)}{\rho(1+\sigma)(1-2\sigma)}} \qquad 式（6-13）$$

$$v_s = \sqrt{\frac{E}{2\rho(1+\sigma)} \times \frac{G}{\rho}} \qquad 式（6-14）$$

$$v_R = \frac{0.87 + 1.12\sigma}{1+\sigma} \times \sqrt{\frac{E}{\rho}} \times \sqrt{\frac{1}{2(1+\sigma)}} \qquad 式（6-15）$$

式中，E 为杨氏弹性模量；σ 为泊松比；G 为剪切弹性模量；ρ 为介质密度。

超声波在空气中的传播速度会受到湿度、大气压力和温度等因素的影响。其中，温度对传播速度的影响最大。超声波在空气中传播速度与环境温度的关系可以近似地表示为

$$v = 331.5 \times \sqrt{1 + \frac{T}{273}} \approx 331.5 + 0.607 \times T \, (\text{m/s})$$
式（6-16）

其中，T 表示环境温度（℃），不同温度对应的声速如表 6-1 所示。

表 6-1　不同温度对应的声速

温度值/℃	−20	−10	0	10	20	30	40
声速/(m/s)	319.36	325.43	331.5	337.57	343.64	349.71	355.78

（三）超声波衰减

超声波在传输过程中，随着传输距离的增加，其能量会不断减小。正是由于超声波在传播过程中的衰减特性，造成远距离回波信号很弱，使得超声波测量受距离的限制非常大。一般来说，超声波衰减主要包括散射衰减、扩散衰减和吸收衰减等。

1. 散射衰减　超声波在传播过程中，当遇到声阻抗不同的界面时会产生散乱反射现象，这种现象引起的超声波能量的衰减称为散射衰减。

2. 扩散衰减　超声波在传播过程中，由于波束的扩散作用，使得超声波的能量随着距离的增加而逐渐减小，这种衰减被称为扩散衰减。

3. 吸收衰减　超声波在某一介质中传播时，由于介质中质点之间的摩擦和热传导而引起超声波信号能量的衰减，称为吸收衰减。

二、超声物位计的工作原理

目前，超声波测量物位的方法有很多，如声波阻断法、脉冲回波法、共振法、频差法等。下面以脉冲回波法为例加以阐述。

脉冲回波法，又称时差法。声波在不同密度的介质分界面处会产生反射，可根据声波从发射到接收的时间间隔来计算物位。基于声波传播时差的脉冲回波法是目前工业生产中应用最广泛的连续物位测量方法之一。实际应用中，根据超声波探头的安装位置不同，此方法又可分为液介式、气介式、固介式三种。气介式单探头脉冲回波法测量物位的工作原理，如图 6-14 所示。

物位计测量的关键，是准确测出从探头发出脉冲至接收到回波两个时刻之间的时间间隔 t。设探头至液位底部的距离为 L，被测物位高度 h，可以由声速 c 和 t 计算出物位的值，计算公式为

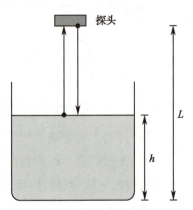

图 6-14　脉冲回波法测量原理图

ER6-5　超声波物位计（图片）

$$h = L - ct/2 \qquad \text{式（6-17）}$$

超声波物位测量系统一般由三部分组成：超声波换能器、信号发射系统、信号接收系统。由单片机产生的脉冲信号经功率放大后，激发超声波换能器产生高频超声波。超声波经媒介传到液面，部分超声波被反射回换能器。超声波换能器是整个系统中最关键的部件，又称为超声波探头，它的作用是完成电能与声能的相互转换。发射换能器将其他形式的能量转换成超声能量，接收换能器将超声能量转换成其他易于检测的能量。超声波探头使用最多的是由压电晶片或压电陶瓷制成的换能器。

三、超声物位计的测量特点

（一）优点

与接触式物位计相比，超声物位计具有以下优点。

1. 属于非接触式物位测量仪表，不与被测介质接触，因而可测量有毒、有腐蚀、高黏度的介质物位。

2. 通用性好，安装拆卸方便，适应性强，使用范围广，不受介质密度、介电常数、导电性等影响。

3. 几乎没有机械可动部件，无磨损，使用寿命长，重量轻，稳定性好。

由于超声物位计具有上述突出的优点，故越来越被广泛地应用于化工生产中的各类物位测量。在测量腐蚀性强、黏度大及含固量高的反应槽、缓冲槽、贮罐等设备的液位时，更显示出无可比拟的优越性。此外，超声物位计还可以用来测量固体及粉状物料贮仓的料位。

（二）局限性

超声物位计也有其自身的局限性，主要包括：

1. 超声波换能器是实现距离测量的基础所在，它的灵敏度和发射角度范围直接影响测量结果的正确性。

2. 由于超声波在空气中的衰减幅度大，通过加大发射功率和提高回波接收信号的放大倍数可以提高测距量程，但是伴随着而来的是回波接收信号中噪声的增加，使得信噪比较差。

3. 由于换能器存在余震，使得超声波信号停止发射后还会有一定时长的拖尾，这个拖尾时间长短直接影响盲区的大小。此外，在近距离测量时，由于超声波信号反复在被测物和超声波换能器之间传播，造成回波信号不止一个，这个时候必须采用合适的算法来实现对第一个回波信号的精确判断。

4. 被测物表面不平整和超声波换能器与被测物存在一定角度，会造成回波信号与超声波换能器存在一定的角度，无法真实反映超声波换能器和被测物之间的真实距离。

5. 超声波在介质中的传播速度对测距的影响。介质中气压、湿度和温度对于超声波的传播速度都会产生一定的影响，需要通过后续的修正、放大，实现超声波传播速度的补偿。相对来说，温度对于超声波传播的影响较大，直接影响测距结果。所以应在整个系统中加入温度补偿，以提高超声波测距的精确度。

（三）不适合选用

下列情况不宜选用超声物位计。

1. 当槽（罐）内上方有大量水蒸气等密度大的气体逸出时，若选用则测量精度和稳定性会大受影响。

2. 当测量装有粉状介质的料仓料位，料仓上方空气中形成粉雾时，不能选用。

3. 当槽（罐）为密闭容器，压力超过 0.2MPa 时，不宜选用，因为压力过高对超声波声速的抑制作用增强，影响测量精度，甚至无法测量料位。

4. 有些介质对声波的吸收能力很强，也不宜选用。

第五节　电容物位计

一、电容物位计的工作原理

电容物位计通常用于测量各种导电、非导电介质的液位或固体料位。可实现远距离连续指示、记录、控制和调节。由于结构简单，没有可动部分，其应用范围较广。

电容物位计是基于圆筒电容器的物理性质而工作的，主要由电容式物位传感器和检测电容的线路组成。电容式物位传感器把物位转换为电容量的变化，通过测量电容量的变化值进而求得物位数值。设由两个同轴圆柱极板组成的电容器，极板长度为 L，内、外电极的直径分别为 d 和 D，当两极板之间填充介电常数为 ε_1 的介质时，两极板间产生的电容为

$$C_1 = 2\pi\varepsilon_1 L/(\ln D/d) \qquad\qquad 式（6-18）$$

当电极的一部分被介电常数为 ε_2 的非导电性液体浸没时，则会有电容量的变化 ΔC，此时两极间的电容量 $C = C_1 + \Delta C$。假如电极被浸没长度为 H，则电容增量为

$$\Delta C = 2\pi(\varepsilon_2 - \varepsilon_1)H/(\ln D/d) \qquad\qquad 式（6-19）$$

当被测介质为导电性液体时，电极要用绝缘物（如聚乙烯）覆盖作为中间介质，而液体和外圆筒一起作为外电极。假设中间介质的介电常数为 ε_3，电极被浸没长度为 H，则此时电容器所具有的电容量为

$$C = 2\pi\varepsilon_3 H/(\ln D/d) \qquad\qquad 式（6-20）$$

如果被测介质为固体，因为固体摩擦较大，容易"滞留"，所以一般不用双层式电极。对于非导电固体料位，可把电极棒和容器壁作为两个电极，以被测物料作为电介质的电容器来测量。如果容器为圆筒形，则电容的变化量为

$$\Delta C = 2\pi(\varepsilon_2 - \varepsilon_1)H/(\ln D/d) \qquad\qquad 式（6-21）$$

无论被测介质是否导电，当 ε_2、ε_1、D、d 不变时，电容增量 ΔC 与电极浸没的长度，即料位高度 H 成正比。因此，只要测量出电容的变化量就可以测得物位的高度，这就是电容物位计的测量原理（图 6-15）。

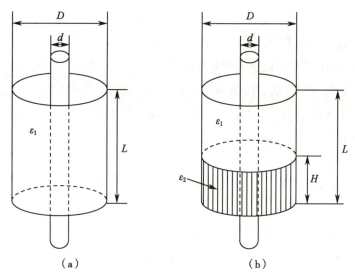

图 6-15　电容物位计测量原理
（a）没浸入液体；（b）浸入液体。

电容物位计可以用于固体料位的测量，要求介质的介电常数保持稳定。但在实际使用过程中，当环境温度、被测物质的浓度或组分发生变化时，介电常数也会发生变化，此时应及时对仪表进行校对才能达到预期的测量精度。尽管电容物位计在连续测量时易受介电常数变化的影响，但因应用范围广、安装维修方便，故得到优先选用。尤其是从低温到高温，从真空到高压以及对强腐蚀性和卫生要求高的场合，只要适当改变其探头材质、结构即可满足要求。

二、电容物位计的选型与安装

（一）选型

由于被测介质的不同，电容式物位传感器有三种不同的形式。

1. 测量导电液体的电容物位传感器　规则容器和液体作为电容器的一个电极，插入的金属电极作为另一电极，绝缘套管作为中间介质，三者组成圆筒形电容器。当容器为非导电体时，需另加一个接地电极，其下端浸至被测容器底部，上端与安装法兰有可靠的导电连接，以使两个电极中有一个与大地及仪表地线相连，保证仪表正常测量。

2. 测量非导电液体的电容物位传感器　对于较稀的非导电液体（如轻油等），可采用一金属电极外部同轴套上一金属管，相互绝缘固定，以被测介质为中间绝缘物质构成同轴套筒形电容器。

3. 测量粉状非导电固体料位和黏滞性非导电液体液位　可采用金属电极直接插入圆筒型容器的中央，将仪表地线与容器相连，以容器作为外电极，料或液体作为绝缘介质构成圆筒型电容器。

电容物位计存在两个严重缺点：一是易挂料；二是探头到电路单元之间的连接电缆电容易变化。电容物位计合理的选型是实现准确测量的前提。所以应根据被测介质的性质（导电特性、黏滞性）、容器类型（规则／非规则金属罐、规则／非规则非金属罐）等情况具体分析，选择合适的电容物位计。

（二）安装

安装电容物位计时，应根据现场实际情况选取合适的安装点。要避开下料口及其他料位剧烈波动或变化迟缓的地方，保证信号线接地，防止干扰。安装前，应当按照设计文件仔细核对其位号、型号、规格、材质和附件，外观应完好无损；在安装过程中，物位检测仪表要轻拿轻放，避免碰撞；接线盒出线锁紧头要拧紧，或在物位计的上方加装防护罩以免水蒸气、灰尘、杂质进入接线盒中，以延长仪表的使用寿命。

三、射频导纳技术

当待测液体是具有黏附性的导体物料时，物料会黏附在传感电极的外套绝缘罩上形成挂料，造成虚假物位（由 H 变为 H'），产生较大的测量误差，这是传统电容式物位测量计的最大问题（图 6-16）。

射频导纳技术是一种新型物位测量方法，它能减小或消除由被测导电介质电极挂料引起的测量误差，提高测量准确度。根据射频导纳原理，挂料部分复阻抗的实部和虚部数值上相等。由于挂料部分的横截面积要远远小于物料部分的横截面积，挂料部分的电阻要远远大于物料部分的电阻，故只要获得被测液体复阻抗的实部和虚部，就可以准确得出物位电容，从而消除挂料电容

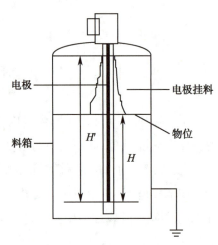

图 6-16　电容物位计挂料问题

的影响。通常使用变压器测量电路达到上述目的。电路的输出是由真实物位和挂料分别引起的信号的叠加。研究表明，在特定时刻（即比信号源落后 $\pi/4$），变压器测量电路的瞬时输出电压幅值仅仅与待测介质的真实物位电容有关，与挂料电容无关，如图 6-17 所示。因此，对这些时刻的点进行测量得到的值，反映了真实的物位信号，从而解决了导电介质挂料对物位测量的影响。

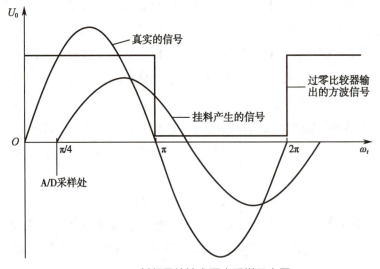

图 6-17　射频导纳技术同步采样示意图

射频导纳物位计的组成结构如图 6-18 所示。由高频波形发生器产生频率为 1 000kHz 的正弦波激励信号，由于其中含有其他频率的干扰成分，须经过带通滤波电路将干扰成分滤掉，获得信噪比较高的 100kHz 的射频信号，电容驱动电路用于提高物位的测量范围。100kHz 的正弦波信号送入变压器电桥电路的原线圈。两个副线圈，一组用于测量桥路，另一组产生的信号作为同步信号，它与原线圈同频率、同相位，作为 A/D 转换器的驱动信号。测量桥路的输出信号经过量程调整电路后成为 0~5V 的正弦电路信号，被送到高速 A/D 转换器中进行模数转换，将结果送入单片机系统进行分析、处理、显示，并送到 D/A 转换器和 U/I 变换模块变换成 4~20mA 的信号输出。

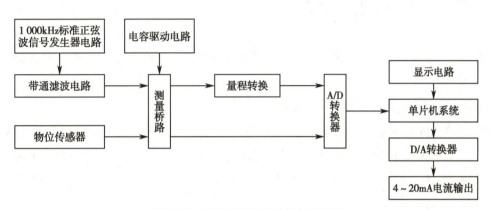

图 6-18　射频导纳物位计的组成框图

目前射频导纳物位计以适用范围广、测量精度高等优点已广泛应用于液体、浆体、颗粒固体和粉状固体等介质的测量，不受挂料影响的特点使其在粉状固体的测量上更显现出独特的优势。

第六节　核辐射物位计

放射性同位素产生强度为 I_0 的射线进入一定厚度的介质时，部分粒子因克服阻力与碰撞动能消耗被吸收，另一部分粒子则透过介质，接收器检测透过介质后的射线强度为 I，射线的透射强度随着通过介质层厚度的增加而呈指数规律衰减，此过程如图 6-19 所示，I 与 I_0 的关系为

$$I = I_0 e^{-\mu H} \qquad 式（6-22）$$

式中，μ 为介质对放射线的吸收系数，H 为介质层的厚度（料位高度），I_0 为辐射源射出射线的初始强度，I 为穿过介质后的射线强度。

不同介质吸收射线的能力是不一样的。当放射源已经选定，被测的介质不变时，则 I_0 与 μ 都是常数，根据式（6-22），只要测定通过介质后的射线强度 I，就能计算出料

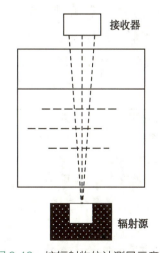

图 6-19　核辐射物位计测量示意图

位高度 H，再配以显示仪表就可以指示物位的高低。

核辐射物位计属于非接触式测量仪表，由于核辐射线的突出特点，能够透过钢板等各种物质，因而可以完全不接触被测物质，不受温度、湿度、压力、电磁场等影响，不仅可以检测一般的液位、料位，还可以检测一些用常规仪表难以检测的物位，适用于高温、高压、强腐蚀、剧毒、有爆炸性、黏滞性、易结晶或沸腾状态的介质的物位测量，也可以用来测量高温融熔金属的液位。放射源通常采用 ^{137}Cs 或 ^{60}Co，但由于放射线对人体有害，所以要严格控制使用剂量。

第七节　物位检测仪表的选用

在各种物位检测仪表中，有的仪表仅适用于液位检测，有的仪表既适用于液位检测，又可用于料位检测。

物位检测仪表的选型原则，总结如下：

1. **液位或界面的测量**　应首先选用差压式、浮筒式和浮子式液位计。当不满足要求时可选用电容式、射频导纳式、超声波式、磁致伸缩式等仪表。料位测量应根据物料的粒度、安息角、导电性、料仓结构形式及测量要求进行选择，其中安息角指的是松散物料堆放时与水平面的夹角。

2. **仪表的结构形式及材质**　应根据被测介质的特性来选择。主要的考虑因素为压力、温度、腐蚀性、导电性；是否存在聚合、黏稠、沉淀、结晶、结膜、汽化、起泡等现象；密度和密度变化；液体中含悬浮物的多少；液面扰动的程度以及固体物料的粒度。

3. **仪表的显示方式和功能**　应根据工艺操作及系统组成的要求确定。当要求信号远传时，可选择具有模拟信号输出功能或数字信号输出功能的仪表。

4. **仪表量程**　应根据工艺对象实际需要显示的范围或实际变化范围确定。除供容积计量用的物位仪表外，一般应使正常物位处于仪表量程的 50% 左右，物位变化的范围在仪表量程的 1/3 到 2/3 之间。

5. **仪表精确度**　应根据工艺要求来选择。

总之，物位测量仪表应根据环境条件，被测物质的导电性、腐蚀性、易燃易爆性，以及测量要求等进行选择。用于爆炸危险物质的检测仪表应选择合适的防爆形式；用于腐蚀性或有毒有害物质检测的仪表，应选择合适的防护形式。常用物位检测仪表的特性如表 6-2 所示。

表 6-2　常用物位检测仪表的特性

仪表名称	测量范围 /m	主要应用场合	说明
玻璃管液位计	<2	直接指示密闭或开口容器中的液位	就地指示
玻璃板液位计	<6.5		
浮球液位计	<10	开放或压力容器液位测量	可就地指示，也可以远传输出 4～20mA 标准信号及实现越位报警功能
浮筒液位计	<6	用于常压或高压容器液位或相界面的检测与越位报警	
磁翻板液位计	0.2～15	用于各种储罐的液位指示报警，特别是危险介质的液位测量	

仪表名称	测量范围 /m	主要应用场合	说明
差压液位计	20	各种液体的液位测量	零点迁移或量程调整
电容物位计	10	液体液位、粉末料位的连续测量与报警	易挂料形成虚假液位,因此不适合测量高黏度液体;测量结果受介电常数变化的影响
超声物位计	液体 10~34 固体 5~60 盲区 0.3~1	被测介质可以是腐蚀性液体或粉末状的固体物料	属于非接触式物位计,但测量存在盲区,测量结果受温度影响,不适宜测量含气泡和悬浮物的介质液位
核辐射物位计	0~2	适用于高温、高压、强腐蚀性、剧毒的固体、液体介质的料位测量	属于非接触式物位计,因放射线对人体有害而使用受限
雷达液位计	2~20	液位测量与控制	属于非接触式物位计,不受压力与温度影响
激光液位计	—	不透明液体粉末的测量	属于非接触式物位计,不受高温、真空、蒸汽等影响

ER6-6　第六章　目标测试

第七章 成分检测及仪表

第一节 成分检测概述

　　成分是指在含有多种物质的混合物中某一种物质所占的比例。成分是在生产过程中最直接的质量控制指标。化学反应过程需要高产高效，而分离过程则需要获得高纯度的合格品。所以，不仅必须监测、控制和调节温度、压强、液位、流速、流量等变量，使工艺条件更加稳定，还必须进行取样分析、检测成分。

　　药品成分检测是指准确测定药品有效成分或指标性成分的含量，以确定药品的含量是否符合质量标准的规定。

第二节 含氧量检测

　　制药含氧量根据需求可使用不同原理的氧分析仪进行破坏或无损的检测。不同原理的氧分析仪各自具有不同的特点。

一、电化学氧分析仪

ER7-2 含氧量
检测（图片）

　　氧气具有电化学活性，可以在电极上进行电化学氧化和还原反应。电化学氧传感器利用被测气体的电化学活性辨别成分和检测浓度。其工作原理是当有气体通过时，传感器产生与气体浓度成比例的电流。

　　电化学氧传感器通常由传感电极和对电极两部分组成。被测气体从一个毛细口传感器进入，通过疏水膜扩散到感应电极进行氧化／还原反应，电极通过电阻连接，阴阳两极之间就会产生与氧的浓度成正比的电流，该电流值可转换为浓度值在屏幕上显示。其结构如图7-1所示。

　　电化学氧分析仪操作简单，通用性好，设备成本相对较低，测量精度和准确性高，但是需要通过采

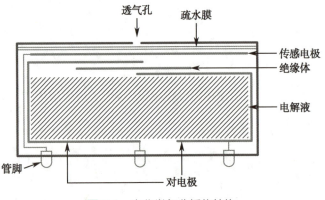

图 7-1　电化学氧分析仪结构

样分析。另外,由于化学原理有消耗性,与腐蚀性气体接触会对传感器造成一定程度破坏,所以寿命较短。

二、氧化锆氧分析仪

(一)氧化锆的导电机制

电解质溶液通过离子导电。固体电解质是一种具有离子导电性的离子晶体结构。纯氧化锆(ZrO_2)没有导电性,加入一定比例低价金属化合物,如氧化钙(CaO)或氧化镁(MgO)等作为稳定剂,并在高温下煅烧成氧化锆固体电解质。在加入 CaO 的氧化锆混合物结晶时,二价的钙离子进入氧化锆立方晶体中,置换四价的锆离子。一个 Ca^{2+} 将一个 O^{2-} 带入晶体,置换出来的锆离子将两个 O^{2-} 带出,留下一个 O^{2-} 空穴。氧化锆是通过空穴使离子运动导电的固体电解质。氧化锆的导电机制如图 7-2 所示。

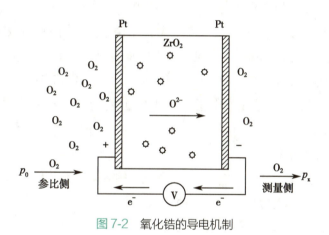

图 7-2 氧化锆的导电机制

在氧化锆固体电解质两侧分别烧结一个多孔铂电极,在电极上焊上铂丝作为导线连接形成电路构成原电池。空气作为参比气体从电池一侧通入,其氧含量 20.6% 为常数,氧分压记为 p_0;待测气体从电池另一侧通入,其氧分压记为 p_x。设 $p_0 > p_x$,在 650~850℃ 的高温下,氧以离子形式从分压高的一侧通过氧化锆向分压低的一侧迁移。导致氧分压高的一侧铂电极失去电子显正电,氧分压低的一侧铂电极获得电子显负电。两个铂电极之间氧离子浓度不同,形成了氧浓差,在电极之间产生了氧浓差电势。

(二)氧化锆氧传感器的工作原理

氧化锆氧传感器测量电池是如图 7-3(a)所示的三层结构,中间部分为管状的氧化锆电解质,其内外两侧各涂有多孔性铂层作为电极。氧气浓度恒定的参比空气经传导通道进入测量电池,另一侧为被测气体。氧化锆固体电解质两侧气体的氧浓度不同,产生氧浓差电势。由于已知参比空气的氧气含量,就可以用氧浓差电势表示被测端气体的氧含量。它服从能斯特(Nernst)方程:

$$E = 0.021\ 5T_k \ln \frac{0.209}{p_x} \qquad\qquad 式(7\text{-}1)$$

式中,E 为氧传感器输出的氧电势,T_k 为被测气体的绝对温度,p_x 为被测气体侧的氧分压。

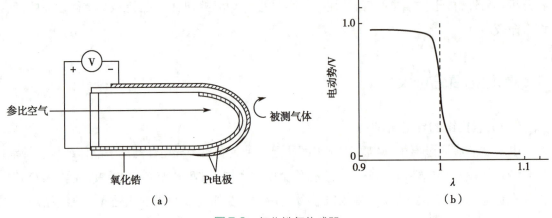

图 7-3　氧化锆氧传感器
(a)工作原理;(b)典型响应曲线。

氧化锆固体电解质两侧的氧浓差越大,产生的电势信号就越大。当被测气体中氧浓度相对较高时,内外电极之间的氧浓差小,电势差就小;当被测气体中氧浓度相对较低时,内外电极之间的氧浓差就大,电势差就大。在氧化锆氧传感器用于燃烧气氛测量中,定义过量空气系数 λ 为实际供给燃料燃烧的空气量与理论空气量的比值,由图 7-3(b)所示的氧传感器典型响应曲线可以发现,氧传感器产生的电压在 $\lambda=1$ 附近变化显著;$\lambda>1$ 时,电压信号接近 0V;$\lambda<1$ 时,电压接近 1V。

(三)氧化锆氧分析仪的特点

耐高温,使用温度可达 600～1 200℃,被测气体的温度对氧化锆氧分析仪的使用不产生影响,经常应用在温度相对较高的条件下;响应快,可在 0.1～0.2 秒内得到结果;测量范围宽,从百万分含量到百分含量;结构简单,安装方便,运行可靠。

但是,如果被测气体里的杂质含量多,可能会把采样管堵塞,其中的腐蚀性气体可能破坏铂电极,造成测量结果失效;电炉丝加热器寿命较短。

三、磁氧分析仪

(一)磁化现象

物质在外界磁场的作用下被磁化而呈现磁性。被磁化的物质会产生附加磁场,如果附加磁场与外磁场方向相同,则为顺磁性物质;如果附加磁场与外磁场方向相反,则为逆磁性物质。物质的体积磁化率 κ 用来表示物质被磁化的难易程度,指的是在单位磁场强度作用下,单位体积物质的磁化强度。用公式表示为

$$\kappa = M/H \tag{7-2}$$

式中,M 表示磁化强度,H 表示外加磁场强度。如果 $\kappa>0$ 则为顺磁性物质,在外磁场中被吸引,κ 越大,则受到的吸引力就越大;如果 $\kappa<0$ 则为逆磁性物质,在外磁场中被排斥,κ 越小,则受到的排斥力就越大。κ 的绝对值越大,表明物质越容易被磁化。

磁场中的气体也会被磁化,不同的气体也分别具有顺磁性或逆磁性,氧气是顺磁性气体,

其体积磁化率比其他气体的体积磁化率大得多,约为 NO 的 2.755 倍,空气的 4.74 倍,NO_2 的 16.22 倍。所以,混合气体的体积磁化率 κ 主要由氧气决定,测出体积磁化率就可以得到其中氧气的占比。

(二)磁力机械式氧分析仪的工作原理

磁力机械式氧分析仪利用氧的顺磁性测量混合气体中的氧气含量。检测部分由测量池和信号转换电路等部分组成。在密闭气室中,装有两对磁场强度梯度相反的不均匀磁场的磁极,在两对磁极的磁场中分别放置一个空心球,球体内充以弱逆磁性气体,如高纯度的氮气或氩气。球体通过弹性金属带在壳体上固定,球体以金属带为轴进行偏转。在球体与金属带的交接处安装一个平面反射镜。被测气体从入口进入气室后,它就充满了气室。两个空心球体被样气所包围,被测气体不同的氧含量决定它们具有不同的体积磁化率,球体就会受到不同大小的作用力。在球体体积和体积磁化率分别相等的条件下,两个球的受力大小相等但方向相反,金属带在力偶的作用下使两个球体以金属带为轴心向相反的方向偏转,带动反射镜偏转一定角度,为了平衡这个转动力矩,金属带产生抵抗球体偏转的复位力矩。被测气体中的氧含量不同,旋转力矩和复位力矩的平衡位置就不同,球体的偏转角度也不同,所以,球体的偏转角度就能反映出被测气体中的氧含量。其测量部件如图 7-4(a)所示。

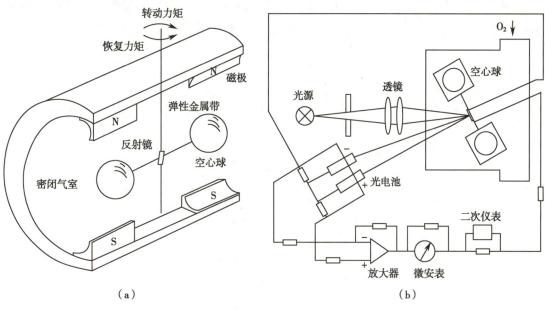

（a）　　　　　　　　　　　（b）

图 7-4　磁力机械式氧分析仪测量部件和光电系统示意图
（a）测量部件;（b）光电系统。

通常采用图 7-4(b)所示的光电系统测量球体的偏转角度。光源发出的光束通过平面反射镜反射到光电元件上,如果被测气体不含氧,则两个球体处于磁场中间,光源发出的光被平面反射镜均匀地反射到两个光电元件上,两个光电元件接收到相等的光能,光电组件的输出为零,仪器检测到的输出也为零。

如果被测气体中含有氧,则氧分子受到磁场吸引,就会沿着磁场强度梯度方向形成氧分压差,驱动球体偏转,进而带动平面反射镜偏转,反射出的光束也发生一定程度的偏移,导致两个光电元件接收到不同的光能,光电组件输出毫伏电压信号,反馈放大器放大该信号并输出。被测气体中含有越多的氧,光电组件就输出越大的信号。

此外,在球体上围绕金属线圈用于接收输出电流的反馈,给球体附加复位力矩,以减小球体的偏转角度,改善仪器的输出特性。

(三)磁力机械式氧分析仪特点

可以直接测量氧的顺磁性,灵敏度高,测量精度高,误差低,常量氧和微量氧含量都可以测量。

但是,被测气体中含有的其他强磁性和具有较强逆磁性气体会严重干扰磁化率的测量结果;环境以及被测气体压力、温度的改变都会影响测量的结果甚至造成误差;磁性材料的磁场强度对振动敏感,需要防振并避开振源。

四、荧光法氧分析仪

荧光检测的原理是氧分子接触荧光物质后会减弱荧光物质发射的荧光信号,氧含量与信号的衰减程度成正比。荧光法氧分析仪能够精准测量液体中的溶解氧浓度或者氧分压。

荧光法氧分析仪的结构如图 7-5 所示。它的主要部分是检测传感器,它由光路系统、荧光敏感膜和光学检测系统三部分组成,其中,光路系统包括调制光源和光路传导系统;荧光敏感膜包括荧光分子和荧光分子载体;光学检测系统实现滤光,光电流检测、放大及运算。

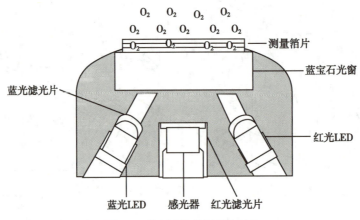

图 7-5　荧光法氧分析仪的结构

在检测传感器的头部覆盖有一层荧光物质,工作时,传感器中的光源发出的蓝光照射荧光物质,就会激发荧光物质发射红光。光学检测系统可以检测到这个红光,同时记录荧光物质从由蓝光激发发射红光到恢复原态的时间。氧气接触到荧光物质后,荧光物质产生红光的强度就会降低,时间也会缩短。荧光强度和时间与氧浓度相关:液体中溶解的氧气的浓度越高,激发的红光强度越低,产生的时间就越短。荧光法氧分析仪检测的是红光从激发产生到消失之间所花费的时间,这一时间称为荧光的释放时间,记为 τ。荧光法溶解氧检测传感器还有一个红光 LED 光源,在蓝光发射的同时发射红光作为参考光,与激发产生的红色荧光作比对。图 7-6(a)为蓝光的脉冲输出,(b)是液体中没有溶解氧时激发红光的波形,此时荧光的释放时间记为 τ_1,(c)是液体中有溶解氧时激发红光的波形,此时荧光的释放时间记为 τ_2。可见，$\tau_1 > \tau_2$，说明氧气接触荧光物质后，会减弱激发产生的红光并缩短红光产生的时间。比对 τ_1 和 τ_2，求出溶解氧量与荧光的释放时间 τ 之间的比例关系，计算出液体中的氧分子浓度，通过线性化和温度补偿，输出液体中的氧浓度值。

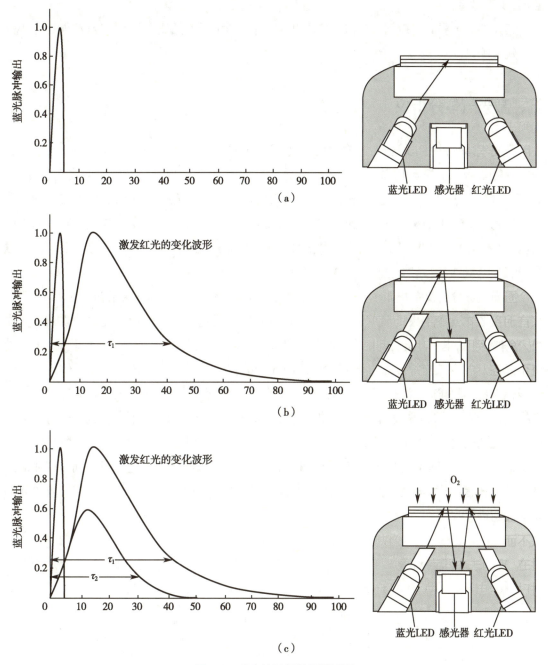

图 7-6　荧光法溶氧仪测量原理

荧光法溶氧仪的优点：

1. **结果稳定**　荧光法溶氧测量过程中不消耗物质和溶氧，对流速没有要求，也不需要搅动，其测量结果比其他方法更稳定。

2. **使用成本低，维护工作量小**　为了使氧气顺利透过，膜式溶氧仪在使用过程中需要经常更换膜和电解液以及清洗探头，而荧光法溶氧仪不需更换探头，对探头的清洁要求也不高，不需要频繁清洗,在仪器使用中降低了成本,基本免维护。

3. 抗干扰能力强　不受溶液的 pH、硫化物、重金属、氯离子、二氧化碳等化学物质的干扰。

4. 响应速度快　工作中,荧光法溶氧检测时,在与液体接触的瞬间就能够响应,时间非常短,测量效率高。

荧光法经扩展后可以同时检测顶空氧和溶解氧,适用于安瓿瓶、西林瓶、预注射等微小顶空的残氧测试。

五、激光气体分析仪

激光气体分析仪是基于半导体激光吸收光谱(diode laser absorption spectroscopy, DLAS)技术的测氧仪器。它利用激光能量被气体分子"选频"吸收形成高分辨率吸收光谱的原理,即多数气体只吸收某种特定波长的光。被测气体被半导体激光器发射出的特定波长的激光束穿过,如果被测气体分子的跃迁频率与激光的频率一致,激光的能量会被气体吸收而强度减弱,被测气体中的成分含量与激光强度的衰减成正比。利用探测器接收到吸收后的激光强度,得到气体的吸收光谱,通过分析光谱检测气体的浓度。

激光气体分析仪结构如图 7-7 所示,它由三个独立单元构成:带有吹扫的发射单元、带有吹扫的接收单元和中央处理单元。发射单元包括带有温度稳定二极管激光器的激光发射模块、校准模块和电子单元,接收单元包括聚焦透镜、光电探测器和电子单元。检测时,中央处理单元控制改变工作温度和电流精确调制激光器的输出波长。首先选定待测气体的一条吸收线,将激光器的输出波长固定在选定的气体吸收线附近,然后使激光频率扫描过整条吸收谱线,由发射单元的激光发射模块发出一定频率的激光束穿过被测气体,安装在相对方向上接收单元的光电探测器接收穿过待测气体后的激光信号并转换为光电信号,得到气体吸收的二次谐波,中央处理单元的分析控制模块利用二次谐波及该气体的展宽信息得到该气体的浓度。这个过程中,为避免污物污染视窗影响激光透光率,吹扫单元对发射单元和接收单元的光学视窗进行吹扫。

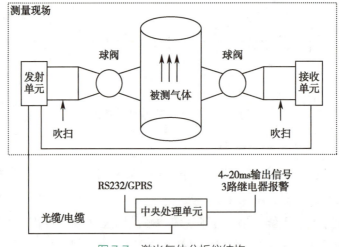

图 7-7　激光气体分析仪结构

激光法是一种无损氧测定方法，能够用于测量各种环境下的气体浓度，特别是在温度高、压力大、高粉尘、腐蚀性强的恶劣环境下，具有较高的准确性、较高的可靠性和较快的响应速度，还具有运行费用低的特点。

第三节　pH 检测

pH 表示水溶液中氢离子的活度，定义为水溶液中氢离子活度（αH^+）的负对数，即 $pH = -\lg \alpha H^+$。表征溶液酸性强弱的指标是 pH。制药行业对 pH 的测量要求严格。正确控制 pH 对药品质量、生产成本、环境都有重要意义。

ER7-3　pH 检测仪（图片）

一、pH 检测仪的结构和工作原理

pH 检测仪由以下核心部件构成。

（一）参比电极

参比电极内置沉浸在电解质溶液中的参比元件，其前端是液接界，内部电解质通过多孔性缝隙接触待测溶液。液接界可以有多种形态，如玻璃纤维形、小孔形、陶瓷形、套管形等，根据具体的用途选择不同形态。目前，pH 检测仪中最常用的参比电极是银 - 氯化银电极。

参比电极的基本功能是保持与待测溶液无关的恒定的电位，作为测量偏离电位的对照。参比电解质和参比元件决定了电极系统的电位。具有很高离子浓度的参比电解质才会保证较低的电阻。理想的情况是在一定的温度范围内，参比电解质与待测量的溶液不会产生化学反应。

（二）玻璃电极

玻璃电极内置缓冲液和电极，缓冲液的 pH 为 7，前端是一层玻璃薄膜，它是由特殊玻璃制成的，内部电极和待测液体之间通过玻璃薄膜绝缘。

玻璃电极对溶液内的氢离子敏感，如果所测溶液的氢离子活度发生变化，玻璃电极就产生一个电位差反映这种变化。把玻璃电极和参比电极放在同一溶液组成原电池，其电位是玻璃电极和参比电极电位的代数和，即

$$E_{电池} = E_{参比} + E_{玻璃} \qquad\qquad 式（7-3）$$

恒温下，如果被测溶液的 pH 发生改变则电池的电位也会随之改变。但是，由于这个电动势很小，同时电路的阻抗特别大，所以难以测量电池产生的电位。

（三）电流计

为便于测量，就必须放大电池产生的电位信号。电流计的放大电路可以把原电池极小的电位放大到原来的数倍，在电阻极大的电路中发生的极小的电位变化都能被放大电路识别并放大，然后把电流计的输出信号转换成 pH 读数在 pH 计显示出来。

普通 pH 检测仪的结构和原理如图 7-8 所示，整个 pH 的测量电路包括玻璃电极和参比电极各一个，两支电极同时插入待测溶液。两电极之间产生的电位差反映被测液体氢离子活性，通过 pH 转换器得到传输信号，测量出 pH。

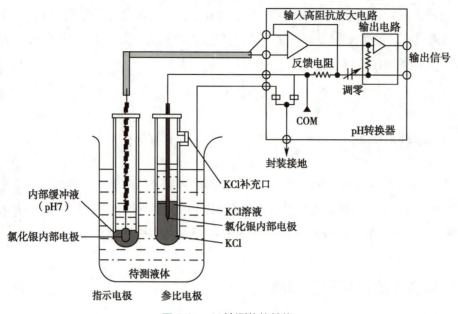

图7-8　pH检测仪的结构

（四）复合电极

把玻璃电极和参比电极组合在一起，参比电极包裹着玻璃电极就构成复合电极。由于pH测量的准确性受环境温度的影响很大，还需增加一个温度敏感元件进行补偿。这样，就由玻璃电极、参比电极和温度传感元件三部分构成了三合一电极。由于使用方便，实际上更多使用复合电极。

二、pH 测量系统

要测量得到满意的 pH 必须选择正确的测量系统，依据被测介质的化学组成、温度、pH 范围、压力和被测容器大小选择合适的 pH 电极和清洗剂。pH 电极是一种很敏感的装置，必须小心使用，及时清洗。针对工业过程对 pH 连续测量的要求，pH 电极必须要通过电极护套来加以保护。

由于在实验室和工业实际现场 pH 测量的要求不同，选用的测量系统及附件也不一样，详见表 7-1。

表 7-1　pH 测量系统在实验室和工业中的应用

实验室中使用	用途	工业中的使用	用途
合适的电极外套	用于定位并避免电极受到机械损伤	合适的电极外套	保护电极
温度计	温度控制	温度传感器	温度补偿
实验室 pH 计	电极标定，pH 数值显示	pH 转换器	pH 标定，过程监控
缓冲溶液	标定	缓冲液	标定
电解液	电极贮藏，维护	电解液	贮藏，补充
蒸馏水	电极清洗	蒸馏水	电极清洗
搅拌器	产生均一的测量溶液		
容器	测量、标定和清洗		

三、工业 pH 连续测量

pH 测量与控制对于产品质量监测非常重要。化工、医药过程中的 pH 测量,无论电极是安装在贮罐、反应器上,还是管路上,都要做到高可靠性和低维护性。

在柠檬酸生产过程中,需要控制 pH,初始需要把 pH 控制在糖化酶的适宜范围之内,一般要求为 4.0～4.6;到了产酸期则要求 pH 最少要降到 3.5 左右才能实现高的产酸率。再如,单克隆抗体的生产,也需要对小型生化反应器中哺乳动物细胞的营养液进行 pH 控制。下面以青霉素生产过程 pH 监控为例重点介绍。

在大型生化反应器中,丝状菌在液体中培养获得青霉素。青霉素的生产和菌体的生长都非常依赖发酵液的 pH,仅在较窄的 pH 范围内才能优化生长。发酵培养基中包括乳糖、葡萄糖、5% 玉米浆、豆油或其他氮源。在初始阶段,发酵液的最适宜 pH 为 6.0～6.8。发酵培养液接种后,进行搅拌和通气,菌丝繁殖生长,而后释放出青霉素。在发酵过程中必须连续地严格控制 pH,以维持最佳的生长和生产条件,如果 pH 有所降低,则需加入氨水来中和,如果 pH 有所升高,则通过加入酸来中和。一旦 pH 超过 8,则青霉素的生产就会停止。

在青霉素发酵过程中,底物的利用和产物的形成都会改变发酵液的 pH。此外,菌丝体的繁殖生长会造成测量介质黏度上升,甚至堵塞电极的接合处。发酵液中的蛋白质与测量溶液接触产生沉淀也会堵塞接合处,导致 pH 不稳定和产生不正确的测量信号,从而降低电极的响应时间。

为在青霉素生产过程中长期可靠地测量 pH,需要使用具有可伸缩保护套、能够进行压力补偿的电极,另外,通过使用特殊的专用电解质,可有效地避免蛋白质沉淀。测定含硫化物的溶液的 pH 时,在使用含银离子电极的参比系统的情况下,选用不含 AgCl 的电解液,以免产生难溶的硫化银。

第四节　浊度检测

浊度也称为澄清度,表示液体中的悬浮物和胶体物对光线透过时所产生的阻碍程度,表征液体的光学性质。液体的浊度可以指示液体中许多反应、变化过程进行的程度。药品澄清度由清到浊,级号为 0.5～4(表 7-2)。

表 7-2　澄清度分级

级号	0.5	1	2	3	4
浊度标准原液 /ml	2.50	5.0	10.0	30.0	50.0
水 /ml	97.50	95.0	90.0	70.0	50.0

下面介绍常用的测量浊度的方法。

一、目视比浊法

首先配制 0.5～4 共 5 个级号的标准浊度溶液,在一定光线下,将被测溶液与标准浊度溶液进行对比,确定被测溶液的澄清度。这种方法简单易行,适用于测定低浊度水,如饮用水、水源水等,最低检测浊度为1度。

缺点:①测试者的视力影响测试结果,有较高的主观性,对澄清度的判断不精准,不利于优化流程和控制质量;②每次测试需配制标准浊度溶液,耗时长,需避光保存,人工配置可能会产生较大误差;③每次测试需耗费样品。

二、分光光度法

分光光度法是基于被测物质在特定波长处或一定波长范围内对光的选择性吸收特性建立的一种光谱分析法。

(一)光的基本性质

描述光的波动性的主要参数:①波长 λ,相邻两波峰或波谷之间的距离,单位是纳米(nm)、微米(μm)等;②频率 γ,是光波每秒的振动次数,单位是赫兹(Hz);③光速 c,指光波在真空或介质中的传播速度。三者的关系是: $c = \lambda\gamma$。

(二)分子吸收光谱的产生

分子内部的运动有三种形式:原子的最外层电子对于原子核的运动是电子能级的运动;分子内原子在平衡位置附近的振动是振动能级的运动;分子围绕重心的转动是转动能级的运动。分子能量是这三个能级的能量之和。

用一定波长的光线照射待测样品时,其分子选择吸收了某些具有特定波长或频率的光子,由较低能级跃迁到较高能级,吸收光子的能量等于跃迁前后能级之差。吸收光谱是把分子吸收能量随波长变化的情况记录下来所得的图谱。利用物质的吸收光谱进行定性、定量及结构分析的方法称为吸收光谱法,简称光谱法。

(三)光的吸收定律

1. 透光率和吸收度　设入射光的强度为 I_0,吸收光的强度为 I_a,透射光的强度为 I_t,有:

$$I_0 = I_a + I_t \qquad \text{式}(7\text{-}4)$$

描述入射光透过溶液程度的透光度为

$$T = I_t / I_0 \qquad \text{式}(7\text{-}5)$$

透光率为

$$T\% = I_t / I_0 \times 100\% \qquad \text{式}(7\text{-}6)$$

描述溶液对光的吸收程度的吸光度为

$$A = -\lg T = \lg(I_0 / I_t) \qquad \text{式}(7\text{-}7)$$

T 越大,溶液对光的吸收越少; A 越大,溶液对光的吸收越多。

2. 朗伯 - 比尔(Lambert-Beer)定律　当一束平行的单色光通过均匀、无散射现象的溶液时,在光强度、溶液温度等各方面条件不变的情况下,吸光度与溶液的浓度及液层厚度的乘积成正比。

$$A = -\lg T = ECL \qquad \text{式}(7\text{-}8)$$

式中, A 表示吸光度; L 表示液层厚度,即光程长度,cm; C 表示溶液的浓度,mol/L; E 表示摩尔吸光系数,L/(mol•cm),与入射光波长、溶液的性质及温度有关,与浓度无关。

对于无色溶液、有色溶液及气体和固体的非散射均匀体系均适用朗伯-比尔定律。

（四）定量测定方法

标准曲线法的步骤:

1. 配制一组不同浓度的标准溶液(C_1、C_2……)。

2. 在一定波长下,分别测定其吸光度(A_1、A_2……)。

3. 以浓度 C 为横坐标,吸光度 A 为纵坐标,绘制 A-C 曲线,如果符合朗伯-比尔定律,这条线是一条过原点的直线,称为标准曲线。

4. 在相同的光强度和溶液温度条件下,用同样的方法和步骤测量待测溶液的吸光度,记为 A_x,在标准曲线上找到对应的浓度值,记为 C_x。

标准曲线法如图 7-9 所示。

（五）吸收光谱

吸收光谱也称吸收曲线,是在浓度一定的条件下,以波长 λ 为横坐标,以吸光度 A 为纵坐标绘制的曲线。如图 7-10 所示。

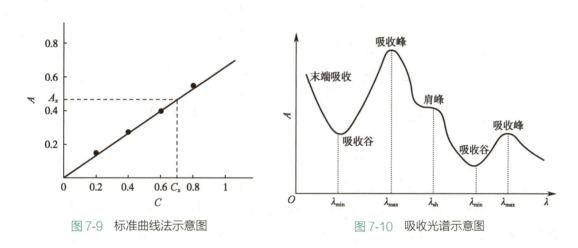

图 7-9　标准曲线法示意图　　　　　　　图 7-10　吸收光谱示意图

其中,吸收曲线上的峰称为吸收峰,对应的波长为最大吸收波长,用 λ_{max} 表示;吸收曲线上的谷称为吸收谷,对应的波长为最小吸收波长,用 λ_{min} 表示;吸收峰上的曲折处称为肩峰(shoulder peak),对应的波长用 λ_{sh} 表示;只呈现强吸收而不呈峰形的部分称为末端吸收。例如,苯的 λ_{max} 在 256nm 处,苯胺的 λ_{max} 在 280nm 处。物质的分子结构决定了 λ_{max}、λ_{min}、λ_{sh} 及吸收光谱的形状,可以作为定性分析的依据。同一物质的吸收光谱具有相同的 λ_{max}、λ_{min}、λ_{sh};同一物质在浓度相同时,吸收曲线互相重合。

（六）分光光度法的特点

1. **灵敏度和准确度高**　适用于分析微量或痕量组分,很多其他方法对微量或痕量组分不够准确,甚至无法测定。

2. **操作快速简便**　仪器设备比较简单,操作简便。

3. **重现性好**　在不同实验室由不同分析人员使用分光光度法测定结果之间的精密度高。

4. **应用范围广**　可直接或间接地用于测定几乎所有的无机离子和有机化合物。

三、浊度计测定法

液体中的微量不溶性物质能够对光线进行散射和吸收从而产生光学反应。利用光学效应测定浊度是常用方法。浊度测量方法按照光的接收方式有三种。

（一）透射光式浊度测量法

光束穿过被测液体时，液体中悬浮的微量不溶性微粒会对入射光进行吸收和散射，而导致透射光强度减弱。可以通过检测入射光的强度衰减量来确定待测液的浊度。光强度的衰减程度与被测液体浊度之间的关系表示为

$$I_t = I_0 e^{-\tau L} = I_0 e^{-KdL} \qquad\qquad 式（7-9）$$

式中，I_0 表示入射光强度，I_t 表示透射光强度，K 表示系数，d 表示液体浊度，L 表示透射光透过液体的深度，也称透射光程，τ 表示衰减系数，与发光强度无关，是浊度引起的系数。

透射光式浊度测量法原理如图 7-11 所示。光束从光源发出射入待测液体，光敏元件接收透过待测液体的光，转换成电信号，得出待测液体的混浊程度。

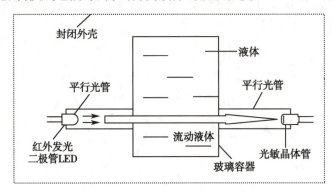

图 7-11　透射光式浊度测量法原理图

光源、透镜和光电元件等组成了光电传感器，光线通过被测液体时，与入射光平行的透射光作用于光电元件，产生随浊度改变的电信号并与基准信号一起送入信号处理器。信号处理器对信号进行放大、滤波、运算、补偿等处理，使它与被测液体的浊度呈线性关系。透射光浊度仪器工作原理如图 7-12 所示。

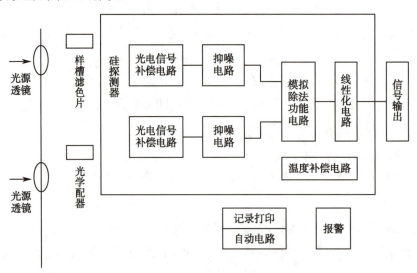

图 7-12　透射光浊度仪器工作原理图

（二）散射光式浊度测量法

由光源发出的平行光束通过溶液时,除了透过溶液的部分,另一部分被吸收和散射。入射光恒定的前提下,在一定的浊度范围内,散射光强度与溶液的浊度成正比。可以通过测量散射光的强度来测量溶液的浊度。

如果待测液体中悬浮颗粒的直径远小于入射光的波长,则散射光强度服从瑞利（Rayleigh）定律。散射光强度为

$$I_s = \frac{KNV^2}{\lambda} \times I_0 \qquad\qquad 式（7-10）$$

式中,I_0 表示入射光强度,I_s 表示散射光强度,N 表示单位溶液微粒数,V 表示微粒体积,λ 表示入射光波长,K 表示系数。

在入射光恒定的前提下,在一定浊度范围内,可假设入射光波长 λ 和微粒体积 V 为常数,则散射光强度与溶液的浊度成正比。上式可表示为

$$I_s = K'TI_0 \qquad\qquad 式（7-11）$$

式中,K' 为常数,T 表示浊度。

如果水中颗粒的直径与入射光波长相当,则散射光强度 I_s 服从米氏（Mie）定理,即与入射光的强度、微粒的截光面积和微粒的浓度成正比。

$$I_s = K_M \sigma N I_0 \qquad\qquad 式（7-12）$$

式中,K_M 表示米氏系数,σ 表示微粒的截光面积,N 表示单位溶液微粒数。

在药品溶液检测中,溶液颗粒粒度通常在 0.1~20μm,散射光强度服从瑞利定律和米氏定律。如果溶液中的微粒分布均匀,单位溶液微粒数 N 与浊度成正比。根据公式,液体的浊度可以通过测量散射光的强度来获得。

根据入射光与散射光角度的不同,散射法测量浊度分成前向散射、后向散射和垂直散射三类。在散射浊度仪中多应用垂直散射法:入射光与光电接收器成 90°,入射光射入待测液体发生散射,光探测器接收到散射光,转换后即可测出待测液体的浊度,垂直散射法散射光式浊度测量法原理如图 7-13 所示。

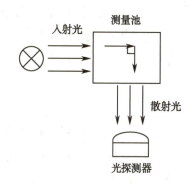

图7-13　散射光式浊度测量法原理图

散射光结构仪器工作原理如图 7-14 所示。光源、透镜和光电元件等组成了散射光式浊度计的光电传感器,密封的探头中集成了光源与光电接收器。光线通过被测液体时,与入射光成 90° 的散射光作用于光电元件,产生电信号,这个信号会随浊度改变并与基准信号一起送入信号处理器。信号处理器对信号进行放大、滤波、运算、补偿等处理,使它与被测液体的浊度呈线性关系。

（三）透射光 - 散射光比值测量法

入射光通过被测液体,既发生透射也发生散射,可以采用透射光、散射光相结合的方法来测量浊度。比值法测量原理是通过测量散射光与透射光强度的比值获取被测液体的浊度值。

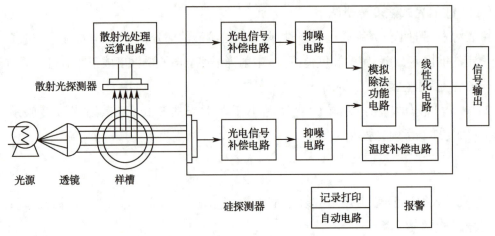

图 7-14 散射光结构仪器工作原理图

当光源发出的光通过被测液体时,液体里的悬浮固体和杂质具有吸收和散射作用,使穿过液体的透射光强度发生衰减,发光强度的衰减符合朗伯-比尔定律。

$$I_t = I_0 e^{-\tau L}$$ 式(7-13)

式中,I_t 表示透射光发光强度,I_0 表示入射光发光强度,τ 表示与发光强度无关的衰减系数,L 表示透射光透过液体深度,也称透射光程。

被测液体中的微粒与光相互作用时,产生的散射光发光强度及其在空间的分布与微粒的直径和折射率、入射光波长和发光强度等因素有关。利用瑞利散射原理和米氏散射原理,散射光与入射光的关系为

$$I_s = \alpha N I_0 e^{-\tau l}$$ 式(7-14)

式中,I_s 表示散射光发光强度,α 表示与散射函数有关的系数,N 表示液体中含有的颗粒数,与浊度成正比,l 表示散射光透过液体深度,也称散射光程。

同时分别检测射入液体光束的透射光和散射光强度,计算两者的比值测量液体的浊度值。

$$\frac{I_s}{I_t} = \frac{\alpha N I_0 e^{-\tau l}}{I_0 e^{-\tau L}} = \alpha N e^{\frac{l}{L}}$$ 式(7-15)

由上式可知,浊度只与 α 和散射、透射光程的比值有关,而 α 和 l/L 都是确定的,这就可以消除光源不稳定或者老化对浊度测量的影响,对测量准确度的提高起到关键作用。

透射光-散射光比值测量仪由光源、光电检测设备以及电子放大与计算机数据处理、控制系统等组成。光源发出的光射入被测液体,由光电检测设备接收透射光转化成电信号;同时,与入射光线成90°的另一光电检测器接收散射光并转化成电信号。两个信号由电子放大后输入计算机系统,计算机根据两个信号计算得到被测液体的浊度值在屏幕上显示。测量原理如图7-15所示。

（四）三种检测方法的比较

三种检测方法都有其各自的特点。透射法的浊度测量范围更大,校准仪器

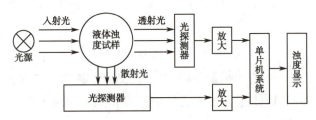

图 7-15 透射光-散射光比值测量法原理图

较为简便，适用于一般低浊度到超高浊度范围；散射法易于实现对光源和电路的稳定性要求，适合测量低浊度的液体；透射光-散射光比值测量法提高了测量的适应性和准确度，但是由于散射光和透射光之比只在一定的浊度范围内有近似线性的关系，对浊度的测量范围也有局限性。所以，在浊度测量仪的选用和设计时，须根据测量范围、精度等综合考虑。

第五节　氢分析仪

氢分析仪可以连续自动分析混合气体中的氢气含量。测量氢气浓度的分析仪器一般采用热导原理：不同气体具有不同的热导率，氢气的热导率最高，为空气、氮气、氧气、一氧化碳、氧化氮等的 7 倍左右，氩气、二氧化碳和二硫化碳的 10 倍以上。混合气体的热导率依组分含量而改变。由此特性，测量混合气体的热导率就可以得出混合气体中氢气的含量。在混合气体中的背景气体，如氮气或其他成分基本保持恒定时，氢气含量决定了混合气体的热导率，就可以根据混合气体的不同热导率，测出它的氢气含量。

热导式氢分析仪的工作原理如图 7-16 所示。气体热导率的检测是通过封装在传送器内部由铂丝组成的分析电桥实现的。电桥由测量臂和参比臂组成，参比臂室内充有标准气体，被测气体流过测量臂，恒定的电流通过电桥各桥臂使之加热至一定温度。

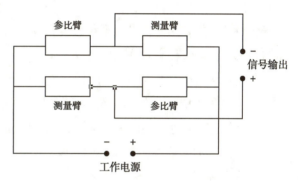

图 7-16　热导式氢分析仪的工作原理

确定了被测气体的组分后，其热导率只随气体浓度变化。当被测气体以恒定的流速流过测量臂时，测量臂铂丝的温度发生变化，电阻值也随之改变。而参比室内参比气体的热导率不变，因此参比臂的铂丝温度和电阻值不发生改变。这就使得电桥失衡，输出差动信号。被测气体的浓度决定该信号的大小。后续电路将信号放大、温度补偿、线性化，确定被测气体的浓度。

第六节　色谱分析仪

一、概述

ER7-4　氮中氧分析仪

色谱法是一种物理分离技术。在色谱分离过程中，固定不动的一相称为固定相；携带试样混合物沿着固定相移动的流体称为流动相。色谱法利用混合物中各个组分在固定相和流动相之间的吸附能力、分配系数或其他亲和作用性能的差异作为分离依据，当混合物各组分随流动相通过固定相时，在流动相与固定相之间进行反复多次分配，使有微小性能差异的物质在移动速度上产生较大差别，分离混合物。

色谱法按流动相状态分类如表7-3所示。

表7-3　色谱法分类表

色谱类型	流动相	主要分析对象
气相色谱法 （gas chromatography，GC）	气体	挥发性有机物
液相色谱法 （liquid chromatography，LC）	液体	可以溶于水或者有机溶剂的各种物质
超临界流体色谱法 （supercritical fluid chromatography，SFC）	超临界流体	各种有机化合物
电泳色谱法 （capillary electrophoresis chromatography，CEC）	缓冲溶液、电场	离子各种有机化合物

　　色谱分析技术是根据待测样品的性质，选择适当的流动相、固定相和操作条件，利用色谱仪的分离系统分离样本的各个组分，然后利用检测系统对各组分进行定性、定量分析的技术。色谱分析仪器主要用于复杂的多组分混合物的分离和分析，在制药行业具有广泛的应用。常见的为气相色谱仪和高效液相色谱仪。

　　使用色谱分析仪检测样品时，样品流经色谱柱和检测器，所得到的信号 - 时间曲线称为色谱图。如图 7-17 所示的色谱图中，不被固定相滞留的组分从进样到出峰最大值所需要的时间称为死时间，记为 t_0；组分从进样到出现最大值所需要的时间称为保留时间，记为 t_R；保留时间与死时间的差值称为调整保留时间；从峰最大值到峰底的距离称为峰高；峰与峰底之间的面积称为峰面积。不同的色谱峰对应不同的组分，可以得到相应组分的保留时间和峰面积信息。保留时间和顺序可用于对成分进行定性分析，峰高和峰面积大小可作为对成分进行定量分析的依据。

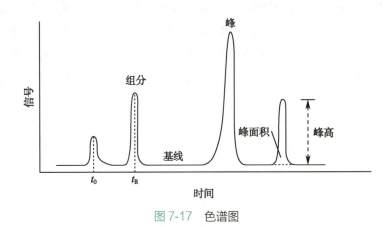

图 7-17　色谱图

二、气相色谱仪

　　气相色谱是利用气体作流动相的色谱分离分析方法。

　　气相色谱仪主要由载气系统、进样系统、分离系统（色谱柱）、检测系统、记录及数据处理系统等部分组成,如图 7-18 所示。载气是作为流动相的气体,自钢瓶经减压后输出,通过净化器、流量调节阀以及流量计后,连续不断地稳定流过气化室,如果被测物质是非挥发性的液体或固体则在气化室内经过高温裂解,瞬间气化,被测物质随载气通过色谱柱,试样中组分以不同的时间先后流出色谱柱,实现了组分的分离,在柱内形成分离的谱带,然后在载气携带下先后离开色谱柱进入检测器,转换成相应的输出信号,并记录成色谱图。

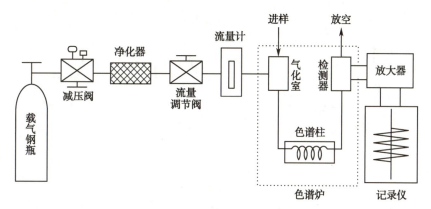

图 7-18　气相色谱仪示意图

气相色谱仪适用于具有挥发性的天然复杂样本,具有高效能、高灵敏度、高准确性和强选择性等优点,气相色谱仪操作简便、价格低廉。但是不适用于难挥发和热不稳定的物质。

三、高效液相色谱仪

高效液相色谱是基于高效液相色谱原理的分离分析技术,它结合了高压技术与传统的液相色谱方法,应用高效柱填充物和高灵敏检测器,用于分析一些有机化合物。

ER7-5　高效液相色谱仪(组图)

高效液相色谱仪的结构如图 7-19 所示,它以液体作为流动相,采用高压输液系统,将流动相按照一定流速泵入装有固定相的色谱柱,由于流动相中各组分性质不同,它们在色谱柱内的移动速度不同而逐渐分离。通过检测系统检测,得到组分的电信号并进行放大,数据处理系统以图形方式记录和分析这些信号。主要由以下系统组成。

1. 高压输液系统　包括溶剂贮存器、高压输液泵、梯度洗脱装置和压力表等,高压输液泵的功能是把溶剂贮存器中的流动相在高压下以稳定的流速和压力源源不断地送入液路系统。

2. 进样系统　包括进样口、注射器和进样阀等,把分析试样送入色谱柱进行分离。

3. 分离系统　包括色谱柱和柱管等部件。要求柱管材料耐压耐腐蚀,可以是玻璃、不锈钢、铝、铜等材料,也可以是内衬光滑聚合材料的其他金属,内部充满微粒固定相。

4. 检测系统　是液相色谱仪的关键部件,有两种类型:溶质性检测器和总体检测器。前者仅响应被分离组分的物理或物理化学特性,有紫外、荧光、电化学检测器等;后者响应试样和洗脱液总的物理和化学性质,如示差折光和介电常数检测器等。

5. 数据处理系统　液相色谱工作站采集检测器信号,智能化集成处理数据,形成色谱图;预先设定和自动控制色谱仪的操作参数;自行诊断、判断仪器故障。

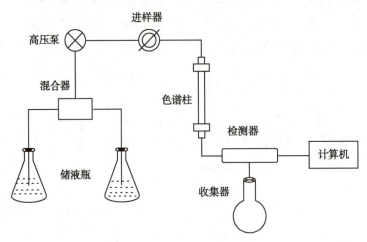

图 7-19　高效液相色谱仪结构

高效液相色谱仪的工作过程:首先要根据填料的特点以提高柱效为目标选择合适的色谱柱,根据溶剂的特点选择合适的流动相,开启送液装置,高压泵将贮液器中流动相经过进样器送入色谱柱,然后从控制器的出口流出。用微量注射器把被测样品注入进样口,流经进样器储液器的流动相把被测样品同时带入色谱柱分离,分离后的组分按照先后顺序依次流入检测器的流通池,检测器把组分浓度转变成电信号,经过放大输入计算机,经过工作站数据处理得到色谱图。色谱图是定性、定量分析的依据。

高效液相色谱仪在制药行业中的应用包括药物含量检测、药效检测、药物残留检测等。具有适用范围广、分离效率高、速度快、专一性强、灵敏度高等优点,对于干扰因素较多、高沸点、难挥发且相对分子量大的有机物都适用。

ER7-6　第七章　目标测试

第八章　显示仪表

在自动控制系统中，显示仪表用于各种检测变量、控制参数的显示、记录及报警。按仪表的工作原理，可以分为模拟式显示仪表、数字式显示仪表、新型显示仪表三大类。

第一节　模拟式显示仪表

以模拟信号来显示、变换、记录被测值的仪表称为模拟式显示仪表。常见的显示记录形式有标尺、指针、曲线、光柱等。模拟信号是指在时间和数值上连续变化的信号。这些模拟信号是借助物理量（如幅值、频率、相位等）表示的信息。模拟式显示仪表的优点是工作可靠，价格低廉，能满足一定的精确度要求；缺点是结构较复杂，读数不够直观，动态响应不够迅速。

模拟式显示仪表一般由信号变换和放大环节、磁电偏转机构（或伺服电机）及指示记录机构组成。第四章中的指针式压力表，信号变换和放大环节都是机械机构组成，指针式电压、电流表的信号变换和放大环节则是由电路组成的。本节重点介绍两种在工业中应用较多的标尺式显示仪表——电子电位差计和电子自动平衡电桥。

一、电子电位差计

电子电位差计基本工作原理与物理中所用到的电位差计基本相同，区别在于前者读数过程由相应放大电路及伺服电机自动完成，同时能自动记录相应参数值。后者则不具备上述功能。

由物理学可知，电位差计是用来测量电压信号的，所以电子电位差计测量可以显示的能将测量信号转换为直流电压信号的任意参量。将温度、压力、流量等参量测量后，经变送器转化为标准电压信号，接入电子电位差计就可显示其测量数值。在工业生产过程中，电子电位差计通常直接与热电偶配套使用，组成温度测量显示系统。

1. 工作原理　电子电位差计是根据"电压补偿原理"来工作的，即用被测电势与已知的标准电势相比较，当两者的差值为零时，被测电势就等于已知的标准电势。

此处已知电压由不平衡电桥提供。电压补偿原理如图 8-1 所示。

ER8-2　电子电位差计（图片）

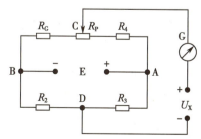

图 8-1　电子电位差计测量桥路原理图

在测量桥路中,当滑线电阻器 R_P 的滑动触点 C 处于最左侧时,电桥处于平衡状态,平衡条件见式(8-1)。此时 C、D 两个点电位相等,输出电压 $U_{CD}=0$。

$$\frac{R_G}{R_P+R_4}=\frac{R_2}{R_3}$$ 式(8-1)

当滑线电阻器 R_P 发热,滑动触点 C 向右移动时,电桥处于不平衡状态,C 点电位高于 D 点电位,电桥输出电压 U_{CD} 不为零,这就是补偿原理中的已知电压。

图 8-1 中,在 C、D 两点间串接一个检流计(微安表),再串接上待测电压 U_X(如热电偶输出电压)构成测量回路。值得注意的是,已知电压 U_{CD} 与被电压 U_X 的同极性端是连在一起的,两者相互抵消。随着被测电压 U_X 的变化,滑动触点 C 的位置也相应地向左或向右移动。当检流计 G 指示为零,即测量回路电流为零时,滑动触点 C 不再移动,测量回路呈现平衡状态,此时有 $U_{CD}=U_X$,测量值就是电桥输出电压的值 U_{CD}。这就是电压补偿法。图中 C 点的位置越往右,表示被测电压值越大。

电压补偿法测量完成时,测量回路电流为零,不存在测量仪表内阻对测量结果的影响,测量精确度比普通电压表更高。

2. 电子电位差计的组成 电子电位差计的组成电路原理,如图 8-2 所示。图中用电子放大器代替检流计,直流信号 U_{CE} 作为放大器的输入信号,经放大器放大后,输出电压驱动可逆电机正转或反转,再通过一套机械传动机构来带动滑动触点 C 及标尺指针移动,测量过程就能自动完成。图中的标尺刻度值为对应被测量的数值。画有曲线的纸是实现记录功能部件,其功能类似一台打印机。每隔一定时间,由同步电动带动纸向下走一步,同时在对应测量值的刻度值处打一点。这样就记录了一段时间内被测量的变化曲线。注意图中两个 C 点的不同含义。

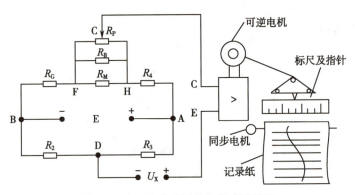

图 8-2 电子电位差计结构组成原理图

当测量回路处于平衡状态时,放大器的输入电压为

$$U_{CE}=U_{CB}-U_{DB}-U_X=0$$ 式(8-2)

当被测电压 $U_X+\Delta u_X$ 增加了,则 $U_{CE}<0$。设放大器为反相的,则输出电压为正,可驱动可逆电动机正转,同时带动滑动触点 C 及标尺指针右移,使测量回路重回平衡状态,$U_{CE}=0$,放大器输出为零,电动机停止转动,指针指到测量值对应刻度值上。反之亦然。

3. 实际测量电路及电阻的作用 在实际的工作电路中,电子电位差计测量桥路中,R_P 所

在的上支路电流 I 一般设计为 4mA，下支路电流 I 为 2mA。在电源不变时，上下支路总电阻值是不变的。

（1）起始电阻 R_G：由图 8-2 可知，测量回路平衡时 U_{CD} 的值为测量值。当 C 点滑到 R_P 最左端时，与图中 F 点重合，U_{CD} 达到最小值，因而 F 点电位值代表了 U_{CD} 最小值，也即仪表能测量的最小值，所以 R_G 称为起始电阻。特别注意的是，工业用仪表的下限值不一定为零。比如当 R_G 选的较大，F 点电位高于 D 点电位，即 $U_{FD}>0V$。当 C 在 F 处，也就是指针在最小测量值处，此时测量回路也是平衡的，有 $U_{CD}=U_X>0$，即能显示的最小测量值 U_X 是大于零的。

仪表的最小测量值（测量下限值）与起始电阻大小一致，测量下限值大 R_G 就大，测量下限值小 R_G 就小。

（2）量程电阻 R_M：当 C 点滑到 R_P 最右端时，与图中 H 点重合，意味着标尺指针也滑到最大值处。由此可见，滑线电阻 R_P 两端电压的大小代表了测量范围的大小。由于滑线电阻 R_P 制造成不同阻值而阻值又很小（几欧姆至几十欧姆），精度要求高，结构尺寸也要一样，工艺上实现较困难，这将大大提高仪表的制造成本。所以在制作不同量程的仪表时，通常选用一种规格的滑线电阻，再并联一个电阻 R_B，得到比较准确而又固定的电阻值。形成不同量程时，再并联一个电阻 R_M，得到对应不同量程的等效阻值。当 R_M 越大并联等效阻值越大，分得电压就越大，意味着量程就越大。因而将 R_M 称为量程电阻。

（3）限流电阻 R_3 与 R_4：图 8-2 中，由于其余电阻有各自特殊作用，大小及类型被优先选好，而上下支路电流又有限制，所以只能调节 R_3 与 R_4 两个电阻，来保证上支路电流规定值 4mA，下支路限流电流 2mA，所以称 R_3 与 R_4 为限流电阻。

（4）参比端温度补偿电阻 R_2：热电偶冷端温度补偿时，有一种方法是电桥补偿法。当此处检测元件是热电偶时，R_2 设计为一热电阻，在电桥中起冷端补偿作用。测量其他电压信号时，则这个电阻设计为固定值。

在配用热电偶时，热电阻 R_2 安装在仪表背面接线板上，与热电偶冷端感受相同的环境温度。在冷端温度为零度时，测量回路平衡公式为

$$U_{CE}=U_{CB}-U_{DB}-E(\theta)=0 \qquad \text{式（8-3）}$$

式中，$E(\theta)$ 为热电偶输出电势大小。

若冷端温度上升时，热电偶的冷端热电势上升 $E(\theta_0)$，其输出的热电势下降为 $E(\theta)-E(\theta_0)$；R_2 热电阻的阻值上升，使 U_{DB} 上升 ΔU_{DB}。则有式（8-4）所示的关系：

$$U_{CE}=U_{CB}-(U_{DB}+\Delta U_{DB})-[E(\theta)-E(\theta_0)]$$
$$=U_{CB}-U_{DB}-E(\theta)+(E(\theta_0)-\Delta U_{DB})=0 \qquad \text{式（8-4）}$$

只要选用的热电阻随着温度变化的特性与热电偶相同，则 $E(\theta_0)=\Delta U_{DB}$，两者相互抵消，式（8-4）仍与式（8-3）相同，即 R_2 的存在正好补偿由于参比温度变化引起的热电势的变化，测量桥路仍保持平衡，测量温度基本保持不变。

电子电位差计与热电偶配套使用时，要注意分度号的匹配问题。即热电偶的分度号一定要与电子电位差计所标注的分度号一致。

二、电子自动平衡电桥

电子自动平衡电桥通常与热电阻配套使用,也可用于能转换成电阻值变化的各种变量的显示记录场合。

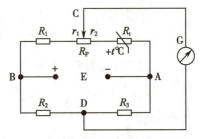

图 8-3 电子自动平衡电桥原理图

1. 电子自动平衡电桥测量原理 电子自动平衡电桥的测量桥路原理如图 8-3 所示。测量元件热电阻 R_t 接于电桥的上支路中,测量时电桥始终处于平衡状态。

当测量温度为零度,滑线电阻器 R_P 滑动触点 C 处于最左侧时(设最小测量值为零),热电阻的阻值 R_{t0} 使电桥处于平衡状态,检流计指针为零。各电阻值的平衡方程,如式(8-5)所示。

ER8-3 电子自动平衡电桥(图片)

$$\frac{R_1}{R_P + R_{t0}} = \frac{R_2}{R_3} \qquad 式(8\text{-}5)$$

$$即 \quad R_1 \times R_3 = R_2 \times (R_P + R_{t0}) \qquad 式(8\text{-}6)$$

当温度升高后,热电阻 R_t 增大 ΔR_{t0}。要使电桥平衡,滑线电阻器 R_P 的滑动触点 C 点必然右移阻值 r_1(注意此图电源负极在右侧,可作为零电位点)。电桥保持平衡的方程,如式(8-7)所示。

$$(R_1 + r_1) \times R_3 = R_2 \times (R_P - r_1 + R_{t0} + \Delta R_t) \qquad 式(8\text{-}7)$$

将式(8-7)与式(8-6)相减并整理可得

$$r_1 = \frac{R_2}{R_2 + R_3} \Delta R_t \qquad 式(8\text{-}8)$$

由式(8-8)知,r_1 与 ΔR_t 成正比,滑线电阻器 R_P 滑动触点 C 点的位置变化反映了热电阻的变化值,即反映了温度的变化。

2. 电子自动平衡电桥结构组成 与电子电位差计类似,如果将检流计换成电子放大器,放大器输出电压去驱动可逆电机,可逆电机带动标尺指针及滑动触点 C 移动,以达到新的电桥平衡,同样可以实现自动测量与显示。平衡电桥的结构组成如图 8-4 所示。图中 R_4 为初始值电阻,零电位点在右侧,R_1 为限流电阻,R_M 为量程电阻,电阻 R 为导线电阻及温度变化引起的导线阻值变化值之和。

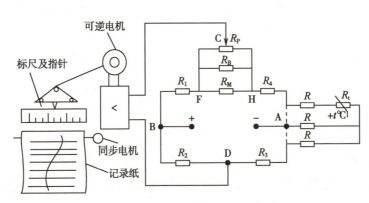

图 8-4 电子自动平衡电桥结构组成

当热电阻为金属热电阻时,由于金属热电阻阻值较小,如果按图8-3所示方法直接接入上支路中,且测量点与仪表较远时,导线电阻不可忽略;当环境温度变化时,导线电阻变化亦不可忽略。这两个电阻都将对测量结果造成误差。为减小误差,一般采用图8-4所示的三线制接法,即从平衡电桥热电阻处引出三根材料、粗细、长短相同的导线。其中一根与电源E负极A串联,它不影响桥路的平衡;另外两根分别与两个桥臂相连,当环境温度变化时,两根导线阻值的变化相互抵消,测量精度也相应得到了提高。

半导体热敏电阻的电阻值很大,一般为几千欧姆,导线电阻及温度变化引起的导线电阻的变化量总和不超十几欧姆,远小于热敏电阻的阻值。所以可以不用三线制接法接入热敏电阻。

三、电子电位差计与电子自动平衡电桥的比较

1. 不同点 主要有以下三个方面。

(1)原理不同:两者是完全不同的,电子电位差计测量桥路处于不平衡状态,其不平衡桥路输出电压要与被测电压相补偿后仪表才能达到平衡;电子自动平衡电桥的测量桥路则始终处于平衡状态。

(2)接入参量不同:电子电位差计测量能转为直流电压信号的物理量,一般配热电偶,要注意分度号的匹配问题;电子自动平衡电桥测量能转化为电阻变化的参量,一般配接热电阻,也要注意分度号的匹配问题。

(3)测温元件与测量桥路的连接方式不同:电子电位差计测量元件与放大器串联在一起;电子自动平衡电桥测量元件接在平衡电桥的一条支路中。

2. 相同点 两者的结构组成十分相似。都由测量桥路、放大器、可逆电机、同步电机等主要部分组成。除了感温元件和测量桥路不同外,其他组成部分几乎完全相同,甚至整个仪表的外壳、内部结构以及大部分零件都是通用的。

第二节 数字式显示仪表

数字式显示仪表一般是指含有数字电路,处理信号是数字信号的仪表。本节主要是指直接用阿拉伯数字显示或以阿拉伯数字形式记录、打印被测变量的仪表。数字式显示仪表显示直观,读数无人为视觉误差,抗振性好,响应速度远高于含有机械装置的相应仪表,测量精度更高,使用维护更加方便。

一、数字式显示仪表的基本组成

由于功能、用途不同,数字式显示仪表的结构组成也不同,但基本功能与构成还是相似的。通常包括信号变换、前置放大、非线性校正、模数(A/D)转换、标度变换、数字显示等组

成部分。除显示功能外,根据使用要求,还可加入电流输出、光柱显示功能等相应电路。数字显示仪表组成如图 8-5 所示。

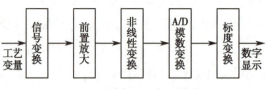

ER8-4 数字显示仪表(图片)

图 8-5 数字显示仪表组成

1. 显示元件 数字显示元件有多种,下面主要介绍最流行的三种。

(1)LED(light emitting diode)半导体数码管显示:如图 8-6 所示。其组成"8"字的七个光段,均是发光二极管。当不同二极管导通时,可显示 0~9 十个数字及 ABCDEF 六个字母。

(2)点阵数字显示:如图 8-7 所示。图中每一个圆点对应一个发光二极管,即一个像素点。这种形式可以显示任意的数字及图符。图 8-7 中由点阵屏显示的是一个心形图案。

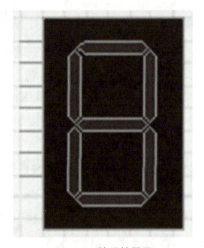

图 8-6 数码管显示

图 8-7 点阵数字显示

(3)LCD 液晶显示:液晶(liquid crystal)是一种高分材料,通电导通后,排列变得有秩序,光线容易通过,看上去是黑色的;不通电时排列混乱,阻止光线通过,看上去像是灰白色的幕布。液晶显示既可做成与数码管一样,只能显示 0~9 及所有字母的形式,也可做成与点阵一样可显示任意图形符号的形式。由于液晶本身是不发光的,所以在不配光源时,晚上是看不见的。

前两种方式白天显示更清晰、更易读。后一种显示方式耗电少,更节能。

2. 模数(A/D)转换电路 人们日常接触到的信号绝大多数为模拟信号,即在时间上连续的信号。这些信号数字电路是无法识别的。模数转换(analog-to-digital converter)电路最基本功能就是将模拟信号转换为数字电路能识别的信号。

模数转换器,通常包含前置放大、非线性校正、标度变换等功能。高度的集成化,使集成块外围电路更加简单,几乎没有引脚较长的分立电子元件,同时又因没有机械部件,两方面综合,其抗振性更好,应用方便。

3. 信号变换电路 就是将被测的工艺变量转换为电压或电流值。例如,热电偶可将温度转换为电势的变化,热电阻可将温度转换为阻值的变化。这两种信号,输入到数字显示仪表后,由软件选择不同的信号变换电路将其转换为电压或电流信号。

4. 前置放大电路　将测量信号放大后以方便显示。

5. 标度变换　将被测信号对应的电压、电流值转换为被测量的量纲值,如温度、液位等。

6. 其他功能　其他功能是数字显示仪表附加功能,如 V/I 转换是将电压信号转换为 $0\sim10\text{mA}$ 或 $4\sim20\text{mA}$ 的直流标准信号,以便数显仪表与计算机及其他电动仪表连接使用。控制电路使仪表本身具有控制器的功能,通常以微处理器为核心,具有控制器的诸多功能。

二、数字式显示仪表的分类

数字式显示仪表的品种规格齐全,分类方法较多。下面是常见的几种分类。

1. 按仪表功能划分,有显示型、显示报警型、显示控制型等。

2. 按输入信号形式划分,有电压型和频率型两类。大多数测量被转换为电压或电流,这类接收电压或电流作为输入信号的数字式显示仪表称为电压型。而像涡轮流量计输出的是频率信号,通常把接收信号是频率、脉冲或开关信号的仪表称为频率型。

3. 按输入信号的点数划分,有单点和多点两种。单点是指只能接收一路信号。多点是指可以同时输入多个测量点的多路信号,用于多路数据的显示。如果用屏幕显示则可以同时显示在屏幕上,如果用数码管则是顺次显示。

4. 按显示位数划分,可分为 3 位半和 4 位半等多种。所谓半位显示,是指最高位只能显示 1 或为 0,其余位可显示 $0\sim9$。因而 3 位半总共可显示 4 位数,显示范围为 $0\sim1\,999$。同理 4 位半显示范围为 $0\sim19\,999$。

三、数字式显示仪表的主要技术指标

1. 分辨率　数字显示器的最末位数字间隔所代表被测参数的变化量,表明仪表所能显示的被测参数的最小变化量。如某四位仪表的显示形式为□□□.□℃,其量程 $0\sim999.9$℃,分辨率则为 0.1℃。

不同量程的分辨率是不同的,相应于最低量程的分辨率称为仪表的最高分辨率,也称灵敏度。通常把最高分辨率作为数字电压表的分辨率指标。

2. 采样周期　指的是在周期性的采样系统中,当对某一模拟量进行采样时,两次采样之间的时间间隔。采样周期过长,将引起有用信号的严重丢失。假设采样对象是正弦波,如果采样周期大于正弦波周期,意味着一个正弦周期内最多只能被采样一次。这样测得的数据无法看出被测量的正弦性。

3. 精度等级　可达 0.5 级或 0.2 级。

4. 输入阻抗　输入阻抗是指仪表在工作状态下呈现在仪表两输入端之间的等效阻抗,一般在 $10\text{M}\Omega$ 以上。输入阻抗越大,意味着更容易接收输入信号。

第三节　新型显示仪表

一、智能显示仪表

　　智能显示仪表是一种以中央处理器（如单片机）为核心，将计算机技术和检测技术有机结合，运用计算机的强大运算功能实现数据的处理、显示、记录、通信等各种功能的新型显示记录仪表。智能显示仪表属于广义的数字式仪表。智能显示仪表与大多数字式仪表一样，完全摒弃了传统记录仪的机械传动、纸张和笔，结构更加紧凑，体积更小，功能更强大。

　　利用计算机的快速存取能力和运算能力，几乎是同一瞬间在屏幕上显示出逐个的或成组的被测量数据。根据不同需要，显示的形式可多种多样，可以是曲线，可以是光柱，可以是表格数组。屏幕上显示的信号可以根据需要在屏幕上放大或缩小，便于观察，并且可以将记录曲线或数据送往打印机进行打印，送往个人计算机加以保存和进一步处理。其基本结构组成和一台计算机相似，只不过多了外围的检测和 A/D 等接口电路。如图 8-8 所示。

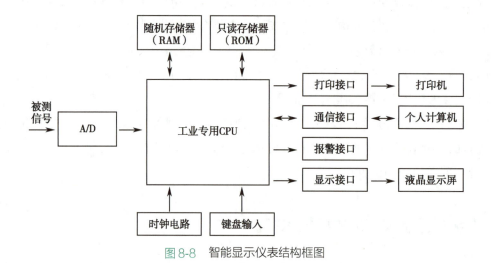

图 8-8　智能显示仪表结构框图

　　在工业生产中专用的无纸记录仪，基本上都具有上述功能，本身也可称为智能无纸记录仪，其精度高，价格与一般记录仪相仿，目前广泛应用在化工制药等行业中。图 8-9 为一种无纸记录仪的实物图。

　　相较于普通的数字式显示仪表，智能显示仪表具自身独有特点。

ER8-5　有纸记录仪（组图）

　　1. 操作自动化　仪表的整个测量过程，如键盘扫描，量程选择，开关启动与闭合，数据的采集、传输与处理，以及显示打印等功能都可通过微控制器来实现，从而实现整个测量过程的自动化。

　　2. 友好的人机对话能力　使用键盘或切换开关按钮，操作人员可以方便地通过键盘输入命令或按钮切换菜单选择不同的功能，与智能仪器实现人机互动。智能仪器通过显示屏将仪器的运行情况、工作状态以及对测量数据的处理结果以数据表格、曲线等形式及时告知操作人员，使仪器的操作更加方便直观。

图 8-9　无纸记录仪

3. 具有数据存储、处理功能　这是智能仪器的主要优点之一。智能显示仪表不仅能进行普通的测量与显示，而且还具有对测量结果进行诸如零点平移、取平均值、求极值、求平方根、统计分析等复杂的数据处理功能，也可将数据存入自身自带的存储单元或外部存储单元。

4. 完善的自诊断功能　具有自动调零、自动故障与状态检验、自动校准、自诊断及量程自动转换等能力。这种自测可以在仪器启动时运行，也可在仪器工作中运行，仪器的维护更加方便。

5. 通信功能强　一般智能显示仪表都配有 RS232C、RS485、USB 等标准的通信接口，可以很方便地与 PC 机和其他仪器一起组成用户所需要的多种功能的自动测量系统，来完成更复杂的测试任务。

二、虚拟显示仪表

传统意义上的仪表都有固定测量对象，本身带有输入输出的能力，仪表上有按钮、旋钮、标度尺、图形等功能。在仪器内部包含有数模、模数转换器，微处理器，存储器，总线等，针对不同功能的电路都是固定的。如无纸记录仪，就是应用于某特定场所的一种功能结构均固定的仪表。

虚拟显示仪表是利用功能和性能都很强大的个人计算机或工业控制计算机来代替实际的显示仪表。在屏幕中不仅显示波形、曲线或数字，还可以模拟出普通仪表的面盘、操作盘、接线端子等。用户可通过键盘、鼠标、触摸屏等输入设备进行各种操作；不仅可以模拟一种仪表，还可以模拟多种仪表。也就是说只要给它配上相应的检测装置，我们可以用一台电脑或工作站显示记录一个工厂中所有被测量的数据，如温度、流量、压力等。

虚拟显示仪表是以计算机为核心，充分利用计算机强大的显示、处理、存储能力来模拟物理仪表的处理过程，所以重点是软件的开发。通过不同软件平台，可模拟出各种功能显示仪表。

LabVIEW 是虚拟显示仪表通用的一种编程系统软件平台。该软件有一个能完成复杂编程任务的庞大函数库。有强大的数据处理功能，可以创造出功能更强的仪器。用户可以根据自己的需要定义和制造各种仪器。要了解更多的功能，读者可以参阅相关文献。

ER8-6　屏幕显示仪表（组图）

ER8-7　第八章　目标测试

第九章 控制规律与控制器

第一节 控制规律概述

在制药生产过程中，温度、压力、流量以及液位等参数需保持在一定数值或按照一定规律变化，以满足生产要求。人工控制时，生产过程中需要操作人员比较测量值与给定值得到偏差，根据偏差手工调整阀门的开度，从而保证参数在设定的数值上。在自动控制中，控制器将检测仪表传送来的测量值与给定值进行比较，得到偏差，然后根据偏差进行数学运算，控制器根据运算的结果对执行器发送命令，进而实现对被控变量的自动控制。根据第二章内容可知，自动控制系统由被控对象、控制器、执行器及检测变送器组成。第三章至第七章对检测和分析仪表已经进行了详细介绍，本章主要介绍控制器以及控制规律。

常用的控制器有以下四种。

1. 按照使用能源，分为气动控制器和电动控制器。

2. 按照结构形式，分为基地式控制器、单元组合控制器和组装式控制器。

3. 按照信号类型，分为模拟控制器和数字控制器。

4. 按照控制规律，包括位式控制器（其中以双位控制器比较常用）、比例控制器（P 控制器）、积分控制器（I 控制器）、微分控制器（D 控制器）及它们的组合形式，例如比例积分控制器（PI 控制器）、比例微分控制器（PD 控制器）、比例积分微分控制器（PID 控制器）。

第二节 PID 控制规律算法

控制器的控制规律是指控制器的输出信号和输入信号之间的关系。在自动控制系统中，控制器的输入信号是指给定值 x 与检测变送器送来的测量值 z 的差值 $e(e=z-x)$，输出信号是指控制器送往执行器的信号 p。

因此，控制器的控制规律就是指 p 与 e 之间的函数关系，即

$$p=f(e)=f(z-x) \tag{式(9-1)}$$

研究控制器的控制规律是把控制器和系统断开，即只在开环时单独研究控制器本身的特性。

控制规律的选择是由生产目的以及生产要求决定的。控制规律选择不当，轻则不起作用，重则会引起生产事故。选择控制规律前，应了解控制规律的特点与适用条件，结合过渡过

程品质指标要求,针对具体对象,作出准确的判断。

一、双位控制

双位控制的动作规律是当测量值大于给定值时,控制器的输出为最大(或最小);当测量值小于给定值时,则输出为最小(或最大);即控制器只有两个输出值,相应的控制机构只有开和关两个极限位置,因此又称为开关控制。

理想的双位控制器其输出 p 与输入偏差 e 之间的关系为

$$p = \begin{cases} p_{\max}, e > 0(\,或\,e < 0) \\ p_{\min}, e < 0(\,或\,e > 0) \end{cases}$$ 式(9-2)

理想的双位控制特性如图9-1所示。

图9-2是一个采用双位控制的液位控制系统,它利用电极式液位控制器来控制贮槽的液位。贮槽内安装了用于测量液位的电极装置,电极一端与继电器 M 的线圈相连,另一端处在液位给定值的位置。

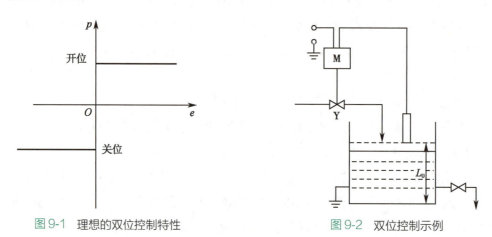

图9-1 理想的双位控制特性   图9-2 双位控制示例

具体的工作原理:导电流体通过管线进入贮槽,管线上安装有电磁阀 Y,经贮槽下端出料管流出。贮槽外壳接地,当液位低于给定值 L_0 时,流体与电极没有接触,继电器 M 断开,电磁阀 Y 全开,流体通过管线流入贮槽使液面上升,当液位上升至稍大于给定值时,液体与电极接触,于是继电器 M 接通,进而电磁阀 Y 全关,流体不再流入贮槽,但是液体仍然会通过槽下端管线往外排出,造成液位继续下降。当液位下降至低于给定值时,液体与电极没有接触,继电器 M 断开,电磁阀 Y 全开,如此反复循环,使液位维持在给定值可允许波动的一个很小的范围内变化。可见控制机构的动作非常频繁,这样会使系统中的运动部件(如继电器、电磁阀等)因操作频繁而损坏,因此实际使用的双位控制器有一个中间区域。

偏差在中间区域内时,控制机构不动作。当被控变量的测量值上升到给定值某一数值(即偏差大于某一数值)后,控制器的输出变为最大值 $p_{\max}$,控制机构处于开(或关)的位置;当被控变量的测量值降低到低于给定值某一数值(即偏差小于某一数值)后,控制器的输出变为最小值 $p_{\min}$,控制机构处于关(或开)的位置。所以,实际的双位控制的控制规律如图9-3所示。将图9-2中的继电器或测量装置加以改进,便可得到一个具有中间区域的双位控制器。

当偏差在增加的中间区域变化时,控制机构不操作,降低了控制器的开关次数,可以延长控制器的使用寿命。

具有中间区域的双位控制过程如图9-4所示。当液位下限值低于 y_L 时,电磁阀打开,流体流入贮槽,由于流入量大于流出量,液位上升。当液位上升至上限值 y_H 时,阀关闭,流体停止流入,此时流体只出不入,故液位下降。直到液位值下降至下限值 y_L 时,电磁阀重新开启,液位重新开始上升。图9-4中,$p\text{-}t$ 关系曲线表示控制机构阀位与时间的关系,$y\text{-}t$ 关系曲线是被控变量(液位)在中间区内随时间变化的曲线,是一个等幅振荡过程。

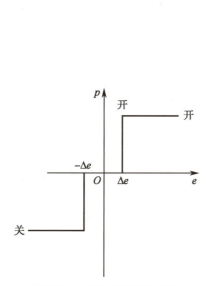

图9-3　实际的双位控制特性

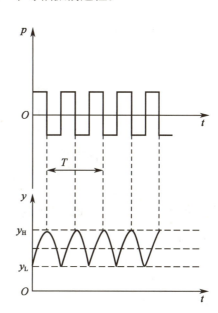

图9-4　具有中间区的双位控制过程

一般不采用连续控制作用下的衰减振荡过程的品质指标评价双位控制过程,采用振幅和周期作为品质指标评价双位控制过程,图9-4中,振幅为 $y_H\text{-}y_L$,周期为 T。

如果工艺生产允许被控变量在一个较宽的范围内波动,控制器的中间区就可以宽一些,这样振荡周期较长,能降低可动部件的动作频率,减少摩擦,减少维修工作量。因此,当被控变量波动的上、下限在允许范围内时,延长周期比较有利。

双位控制器结构简单,成本较低,易于实现,应用很普遍,如仪表用压缩空气罐的压力控制,恒温炉、管式炉的温度控制等。除了双位控制外,还有三位或更多位的,这一类统称为位式控制,它们的工作原理基本一致。

二、比例控制

在双位控制系统中,被控变量不可避免地产生持续的等幅振荡过程,这是由于双位控制器只有两个特定的输出值,相应的控制阀只有两个特定的极限位置,势必造成当控制阀在一个极限位置时,对象流入的物理量(能量)大于由对象流出的物理量(能量),因此被控变量上升;而在另一个极限位置时,情况正好相反,被控变量下降,如此反复,被控变量势必产生等幅振荡。为了避免这种情况,应该使控制阀的开度(即控制器的输出值)与被控变量的偏差成比例,根据偏差大小,调节控制阀开度,这样就有可能获得与对象负荷相适应的操作变量,从而使被控变量趋于稳定,达到平衡状态。如图 9-5 所示的液位控制系统,当液位高于给定值时,控制阀关小,液位越高,控制阀开度越小;当液位低于给定值,控制阀开大,液位越低,控制阀开度越大。上述控制相当于把位式控制的位数增加到无穷多位,于是变成了连续控制系统。图中浮球是测量元件,杠杆则是一个最简单的控制器。

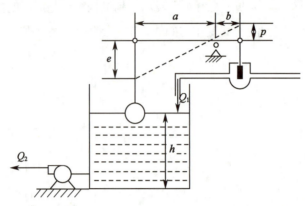

图 9-5　简单的比例控制系统示意图

图 9-5 中,若杠杆在液位改变前的位置用实线表示,改变后的位置用虚线表示,根据相似三角形原理,有:

$$\frac{b}{a}=\frac{p}{e}$$

即
$$p=\frac{b}{a}\times e \qquad\qquad 式(9\text{-}3)$$

式中,e 为杠杆左端的位移,即液位的变化量;p 为杠杆右端的位移,即阀杆的位移量;a、b 分别为杠杆支点与两端的距离。

由此可知,在该控制系统中,阀门开度的改变量与被控变量(液位)的偏差成比例,这就是比例控制规律。

具有比例控制规律的控制器,称为比例控制器。其输出信号的变化量 p 与输入信号的偏差 e 之间成比例关系,即

$$p=K_{p}e \qquad\qquad 式(9\text{-}4)$$

式中,K_{p} 是一个可调的放大倍数(比例增益)。由式(9-3)和图 9-5 可知,$K_{p}=\dfrac{b}{a}$,改变杠杆支点的位置,便可改变 K_{p} 的数值。

比例控制的放大倍数 K_{p} 是一个重要系数,它决定了比例控制作用的强弱。K_{p} 越大,控制作用越强,K_{p} 越小,控制作用越弱。在实际比例控制器中,常采用比例度 δ 而不用放大倍数 K_{p} 表示比例作用的强弱。

比例度是指控制器输入的变化相对值与相应的输出变化相对值之比的百分数,如式(9-5)所示

$$\delta=\left(\frac{e}{x_{\max}-x_{\min}}\Big/\frac{p}{p_{\max}-p_{\min}}\right)\times 100\% \qquad\qquad 式(9\text{-}5)$$

式中，e 为输入变化量，p 为相应的输出变化量，$x_{max}-x_{min}$ 为输入的最大变化量，即仪表的量程，$p_{max}-p_{min}$ 为输出的最大变化量，即控制器输出的工作范围。

通常，比例度 δ 的具体意义可理解为要使输出作全范围的变化，输入信号必须改变全量程的百分数。

例 一台比例作用的温度控制器，其温度的变化范围为 $400\sim800℃$，控制器的输出范围是 $4\sim20mA$。当温度从 $600℃$ 变化到 $700℃$ 时，控制器相应的输出从 $8mA$ 变为 $12mA$，其比例度的值为

$$\delta=\left(\frac{700-600}{800-400}\Big/\frac{12-8}{20-4}\right)\times100\%=100\%$$

这说明在这个比例度下，温度全范围变化（相当于 $400℃$）时，控制器的输出从最小变为最大，在此区间内，p 和 e 是呈一一对应比例关系。图 9-6 是比例度的示意图。当比例度为 50%、100% 和 200% 时，分别说明只要偏差 e 变化占仪表量程的 50%、100% 和 200% 时，控制器的输出就可以由最小 p_{min} 变为最大 p_{max}。

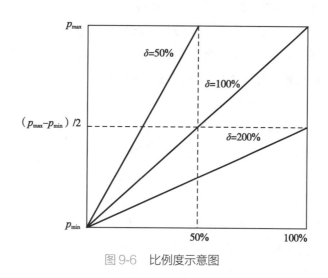

图 9-6   比例度示意图

将式（9-4）的关系式带入式（9-5），经整理后可得

$$\delta=\frac{1}{K_p}\times\frac{p_{max}-p_{min}}{x_{max}-x_{min}}\times100\%\qquad\qquad\text{式（9-6）}$$

对于一个具体的比例作用控制器，指示值的刻度范围 $x_{max}-x_{min}$ 及输出的工作范围 $p_{max}-p_{min}$ 是一定的。由式（9-6）可看出，比例度 δ 与 K_p 成反比。这就是说，控制器的比例度 δ 越小，它的放大倍数 K_p 就越大，它将偏差放大的能力越强；反之亦然。因此，比例度 δ 和放大倍数 K_p 都能表示比例控制器控制作用的强弱。K_p 越大，控制作用越强；δ 越大，控制作用越弱。

图 9-7 所示为液位比例控制系统（图 9-5）的过渡过程。在施加干扰作用之前，系统处于平衡状态，液位恒定在某个数值，在 $t=t_0$ 时，给系统施加一个干扰作用，即出水量 Q_2 有一阶跃增加[图 9-7（a）]，液位开始下降[图 9-7（b）]，浮球也跟着下降，通过杠杆使进水阀的阀杆上升，这就是作用在控制阀上的信号 p[图 9-7（c）]，于是进水量 Q_1 增加[图 9-7（d）]。Q_1 的增

加导致液位下降速度逐渐减慢,经过一段时间后,待进水量的增加量与出水量的增加量相等时,系统重新达到平衡,液位重新固定在一个新的数值上。但控制结束时,新液位的稳定值与原液位的稳定值不同,它们之间的差值叫作余差。如果定义偏差等于测量值减去给定值,那么 e 的变化曲线如图 9-7(e)所示。

余差是比例控制规律的必然结果。如图 9-5 所示,原来系统的进水量与出水量相等,使系统处在平衡状态,此时控制阀固定在一定的开度,假设处于杠杆的水平位置。当 $t=t_0$ 时,外界干扰作用促使出水量有一阶跃增大量,于是液位下降,引起进水量增加,待到进水量的增加量等于出水量的增加量时,系统重新达到一个新的平衡状态,液位重新维持恒定状态,不再变化。若要使进水量增加,控制阀必须开大,阀杆必须上移,而阀杆上移时浮球必然下移。因为杠杆是一种刚性结构,使得系统达到新的平衡时浮球位置必然下移,液位新的稳定态的数值比原来稳定态的数值小,两者的差值就是余差。存在余差是比例控制的缺点。

比例控制的优点是反应快,控制及时。有偏差信号输入时,输出立刻与该信号成比例地变化,偏差越大,输出的控制作用越强。

为了减小余差,就要增大 K_p(即减小比例度 δ),但这会使系统稳定性变差。比例度对控制过程的影响如图 9-8 所示。由图可见,比例度越大(即 K_p 越小),过渡过程曲线越平稳,但余差也越大。比例度越小,则过渡过程曲线越振荡。比例度过小时就可能出现发散振荡。

（1）当比例度大时即放大倍数 K_p 小,在干扰产生后,控制器的输出变化较小,控制阀开度改变较小。K_p 增大,在同样的偏差下,控制器输出较大,控制阀开度改变较大,被控变量变化也比较灵敏,开始有些振荡,余差不大(曲线 5、4)。

（2）比例度再减小,控制阀开度改变更大,大到有点过分时,被控变量也就跟着过分地变化,再拉回来时又拉过头,结果会出现激烈的振荡(曲线 3)。

（3）当比例度继续减小到某一数值时,系统出现等幅度振荡,这时的比例度称为临界比例度 δ_k(曲线 2)。

（4）一般除反应很快的流量及管道压力等系统外,这种情况大多数出现在 $\delta<20\%$ 时,当比例度小于 δ_k 时,在干扰产生后将出现发散振荡(曲线 1),控制系统很危险。

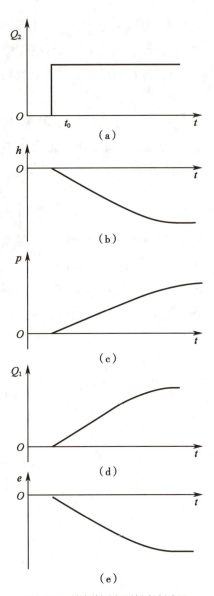

图 9-7　比例控制系统过渡过程

ER9-2　比例响应阶跃响应曲线(图片)

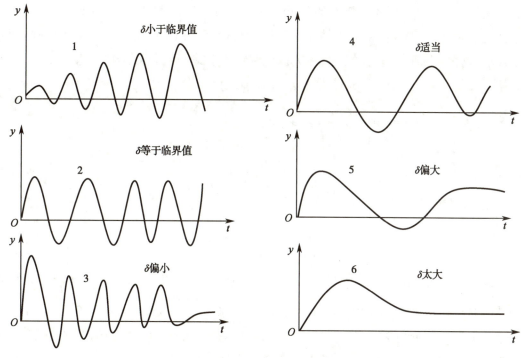

图 9-8　比例度对过渡过程的影响

　　工艺生产通常要求比较平稳且余差又不太大的控制过程,例如曲线 4,一般地说,若对象的滞后较小、时间常数较大以及放大倍数较小时,控制器的比例度可以选小些,以提高系统的灵敏度,使反应快些,从而过渡过程曲线的形状较好。反之,比例度就要选大些以保证稳定。

三、积分控制

　　当对控制质量有更高要求时,就需要在比例控制的基础上,再加上能消除余差的积分控制作用。积分控制作用的输出变化量 p 与输入偏差 e 的积分成正比,即

$$p = K_I \int e \mathrm{d}t$$
　　　　　　式(9-7)

式中,K_I 代表积分速度。当输入偏差是常数 A 时,式(9-7)可变为

$$p = K_I \int A \mathrm{d}t = K_I A t$$

即输出是一条直线(图 9-9)。由图 9-9 可见,当有偏差存在时,输出信号将随时间增加(或减小)。当偏差为零时,输出才停止变化而稳定在某一值上。因而用积分控制器组成控制系统可达到消除余差的目的。

四、比例积分控制器

　　输出信号的变化速度与偏差 e 及 K_I 成正比,由于

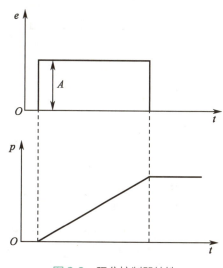

图 9-9　积分控制器特性

控制作用是随着时间积累才逐渐增强的,所以控制动作缓慢,会出现控制不及时的情况。当对象惯性较大时,被控变量将出现大的超调量,过渡时间也相应延长。因此常把比例与积分组合起来,这样控制既及时,又能消除余差。比例积分控制规律可用式(9-8)表示

$$p = K_P\left(e + K_I\int edt\right)\qquad\text{式}(9\text{-}8)$$

采用积分时间 T_I 来代替 K_I, $T_I = \dfrac{1}{K_I}$, 式(9-8)变为

$$p = K_P\left(e + \frac{1}{T_I}\int edt\right)\qquad\text{式}(9\text{-}9)$$

若偏差是幅值为 A 的阶跃干扰,代入可得

$$p = K_P A + \frac{K_P}{T_I}At\qquad\text{式}(9\text{-}10)$$

如图 9-10 所示,输出垂直上升部分 $K_P A$ 是比例作用造成的,缓慢上升部分 $\dfrac{K_P}{T_I}At$ 是积分作用造成的。当 $t = T_I$ 时,输出为 $2K_P A$。应用这个关系,可以实测 K_P 及 T_I 的值。对控制器输入一个幅值为 A 的阶跃变化,立即记下输出的跃变值并开动秒表计时,当输出达到跃变值的两倍时,此时间就是 T_I;跃变值 $K_P A$ 除以阶跃输入幅值 A 就是 K_P。

积分时间 T_I 越短,积分速度 K_I 越大,积分作用越强。反之,积分时间越长,积分作用越弱。若积分时间为无穷大,表示没有积分作用,控制器就成为纯比例控制器了。

图 9-11 表示在同样比例度下积分时间 T_I 对过渡过程的影响。T_I 过大,积分作用不明显,余差消除很慢(曲线 3);T_I 小,易于消除余差,但系统振荡加剧,曲线 2 适宜,曲线 1 就振荡太剧烈了。

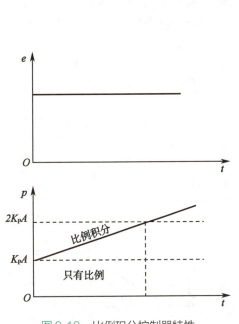

图 9-10　比例积分控制器特性

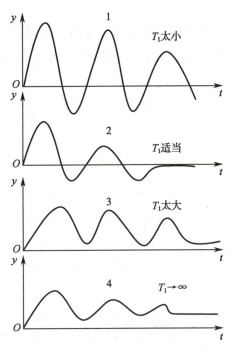

图 9-11　积分时间对过渡过程的影响

多数系统都可采用比例积分控制器。比例度和积分时间两个参数可随需要调整。当对象滞后很大时,可能控制时间较长,最大偏差也较大;若负荷变化过于剧烈,由于积分动作缓慢,控制作用不及时,可增加微分作用加以克服。

ER9-3 比例积分响应阶跃响应曲线（图片）

五、微分控制

对于惯性较大的对象,要求能根据被控变量变化的快慢来控制。在人工控制时,虽然偏差可能还小,但如果看到参数变化很快,估计很快就会有更大的偏差,此时会过分地改变阀门开度以克服干扰影响,这就是按偏差变化速度进行控制。在自动控制时,这就要求控制器具有微分控制规律,即控制器的输出信号与偏差信号的变化速度成正比,则有:

$$p = T_D \frac{\mathrm{d}e}{\mathrm{d}t} \qquad \text{式（9-11）}$$

式中,T_D 为微分时间,$\frac{\mathrm{d}e}{\mathrm{d}t}$ 为偏差信号变化速度。此式表示理想微分控制器的特性,若在 $t=t_0$ 时输入一个阶跃信号,此时控制器的输出将为无穷大,其余时间输出为零,如图 9-12 所示。这种控制器用在系统中,即使偏差很小,只要出现变化趋势,马上就进行控制,故有超前控制之称,这是它的优点。但它的输出不能反映偏差的大小,假如偏差固定,即使数值很大,微分作用也没有输出,因而控制结果不能消除偏差,所以不能单独使用这种控制器,它常与比例或比例积分组合构成 PD 或 PID 控制器。

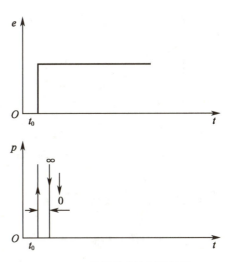

图 9-12 理想微分控制器特性

六、比例微分控制器

比例微分控制规律的表达式为

$$p = K_P \left(e + T_D \frac{\mathrm{d}e}{\mathrm{d}t} \right) \qquad \text{式（9-12）}$$

原理如图 9-13 所示。微分作用按偏差的变化速度进行控制,其作用比比例作用快,因而对惯性大的对象用比例微分可以改善控制质量,减小最大偏差,节省控制时间。微分作用力图阻止被控变量的变化,有抑制振荡的效果,但如果加得过大,由于控制作用过强,反而会引起被控变量大幅度的振荡,见图 9-14。微分作用的强弱用微分时间来衡量。T_D 越大,微分输出维持的时间就越长,微分作用越强;反之则越弱。当微分时间为 0 时,就没有微分控制作用了。微分时间的选取,根据控制过程的工艺需求来确定。

ER9-4 比例微分响应阶跃响应曲线（图片）

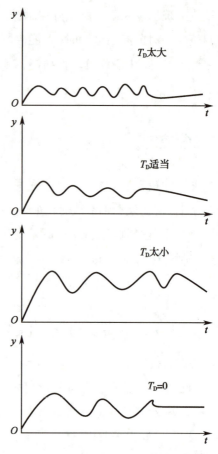

图 9-14　微分时间对过渡过程的影响

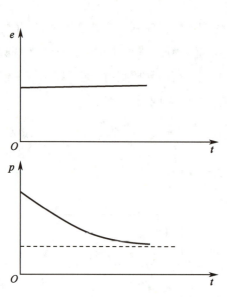

图 9-13　比例微分控制器特性

七、比例积分微分控制器

比例积分微分控制规律为

$$p = K_P\left(e + \frac{1}{T_I}\int e\,\mathrm{d}t + T_D\frac{\mathrm{d}e}{\mathrm{d}t}\right) \qquad 式（9-13）$$

当有阶跃信号输入时,输出为比例、积分和微分三部分之和,如图 9-15 所示。这种控制器既能快速进行控制,又能消除余差,具有较好的控制性能。

ER9-5　PID 控制时单位阶跃响应曲线（图片）

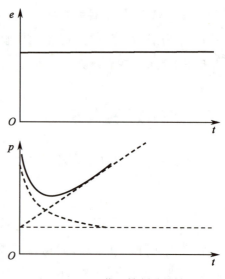

图 9-15　三作用控制器特性

第三节　模拟控制器

控制器的作用是将被控变量测量值与给定值进行比较,对比较后得到的偏差进行比例、积分、微分等运算,将运算结果以一定的信号形式送往执行器,以实现对被控变量的自动控制。

在模拟控制器中,所传送的信号形式为连续的模拟信号。目前和曾经应用的模拟控制器主要是电动控制器,其中以DDZ-Ⅲ型控制器的应用最为广泛。

DDZ-Ⅲ型控制器有全刻度指示和偏差指示两个基本品种。它们的电路结构和工作原理基本相同,仅指示电路有差异。接下来主要介绍全刻度指示控制器,其组成框图如图9-16所示。

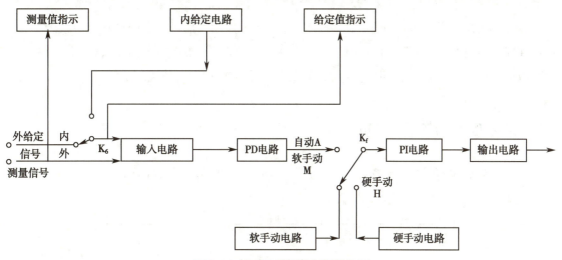

图9-16　DDZ-Ⅲ型控制器结构图

控制器接收变送器来的测量信号(4～20mA 或 1～5V DC),在输入电路中与给定信号进行比较,得出偏差信号。然后在 PD 电路与 PI 电路中进行 PID运算,最后由输出电路转换为4～20mA 直流电流输出。

控制器的给定值可由"内给定"或"外给定"两种方式获得,用切换开关 K_6 进行选择。当控制器工作于"内给定"方式时,给定电压由控制器内部的高精度稳压电源取得。当控制器需要由计算机或另外的控制器提供给定信号时,开关 K_6 切换到"外给定"位置上,由外来的4～20mA 电流流过 250Ω 精密电阻产生1～5V 的给定电压。

图9-17 所示为一种全刻度指示控制器 DTL-3110 的控制面板。在正面板上设有两个指示表头。双指针垂直指示器内的两个指针分别用于指示测量值和给定值,而输出指示器用于指示输出信号的大小。此外,正面板上设有一些切换开关、拨轮、操作杆等,用于操作方式的切换、内给定设定及手动操作等。

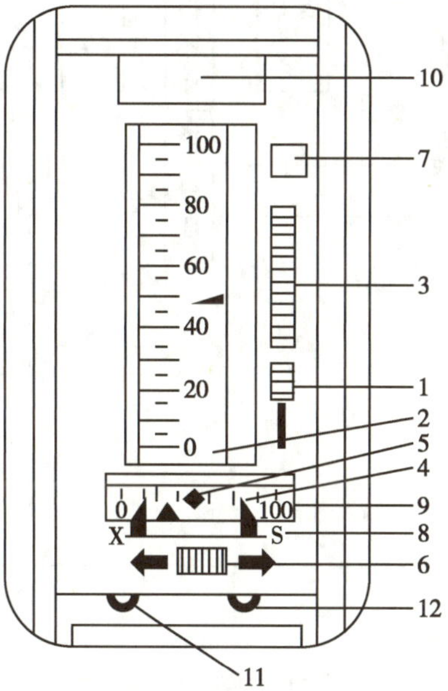

1. 自动-软手动-硬手动切换开关;2. 双针垂直指示器;3. 内给定设定轮;4. 输出指示器;5. 硬手动操作杆;6. 软手动操作板键;7. 外给定指示灯;8. 阀门指示器;9. 输出记录指示;10. 位牌号;11. 输入检测插孔;12. 手动输出插孔。

图9-17　DTL-3110 型调节器正面图

第四节　数字控制器

在模拟控制器的基础上,随着计算机和微电子技术的发展,数字控制器开始大量出现并在各行各业中被广泛应用。和模拟控制器相比,数字控制器具有开发周期短、性价比高、控制精度高、性能稳定、工作可靠等优点。

一、数字控制器的组成

相较于 DDZ-Ⅲ 模拟控制器,数字控制器在外观、体积和信号制上都与其相似或者一致。模拟控制器只由模拟元器件构成,它的功能完全由硬件形态决定。数字控制器采用数字技术,以微处理器为核心技术,由硬件和软件共同构成,软件决定它的控制功能优劣。

二、数字控制器的基本构成

1. 数字控制器的硬件电路　由主机电路、过程输入通道、过程输出通道、人/机联系部件以及通信接口电路等部分组成,其结构如图 9-18 所示。

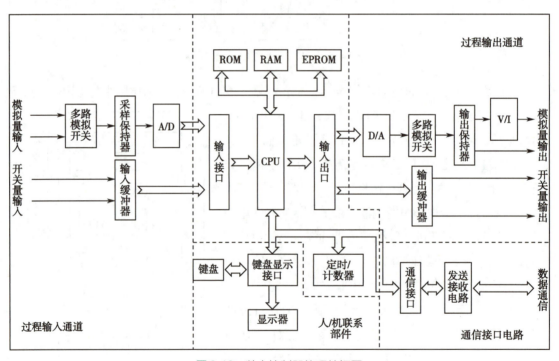

图 9-18　数字控制器的硬件框图

(1)主机电路:是数字控制器的核心,用于实现仪表数据运算处理及各组成部分之间的管理。主机电路由微处理器(CPU)、只读存储器(ROM、EPROM)、随机存储器(RAM)、定时/计数器(CTC)以及输入/输出接口(I/O接口)等组成。

(2)过程输入通道:包括模拟量输入通道和开关量输入通道,模拟量输入通道用于连接模拟量输入信号,开关量输入通道用于连接开关量输入信号。通常,数字控制器可以接收多个模拟量、开关量输入信号。

1)模拟量输入通道:将多个模拟输入量分别转化为 CPU 所接受的数字量。它包括多路模拟开关、采样/保持器和 A/D 转换器。多路模拟开关将多个模拟量输入信号逐个连接到采

样 / 保持器。采样 / 保持器暂时存储模拟输入信号,并把该值保持一段时间,以供 A/D 转换器转换。A/D 转换器的作用是将模拟信号转化为相应的数字量。常用的 A/D 转换器有逐位比较型、双积分型和 V/F 转换型三种。逐位比较型 A/D 转化器的转换速度最快,一般在 10^4 次 /s 以上,缺点是抗干扰能力差;其余两种 A/D 转换器的转换速度较慢,通常在 100 次 /s 以下,但抗干扰能力较强。

2)开关量输入通道:是指在控制系统中电接点的通和断,或者逻辑电平位"1"和"0"这类两种状态的信号。各种按钮开关、液(料)位开关、接近开关、继电器触点的接通与断开,以及逻辑部件输出的高电平与低电平等都属于开关量。开关量输入通道将多个开关输入信号转换成被计算机识别的数字信号。为了抑制来自现场的干扰,开关量输入通道通常采用光电耦合器件作为输入电路进行隔离传输。

(3)过程输出通道:包括模拟量输出通道和开关量输出通道。模拟量输出通道用于输出模拟量信号,开关量输出通道用于输出开关量信号。通常,数字控制器都可以有多个输出信号。

1)模拟量输出通道:将运算处理后的数字信号进行数 / 模转换,经多路模拟开关送入输出保持电路暂存,输出模拟电压(1～5V)或电流(4～20mA)信号。该通道包括 D/A 转换器、多路模拟开关、输出保持电路和 V/I 转换器。D/A 转换器起数 / 模转换作用,其转换芯片有 8 位、10 位、12 位等品种可供选择。V/I 转换器是将 1～5V 的模拟电压信号转换成 4～20mA 的电流信号,其作用与 DDZ-Ⅲ型调节器或运算器的输出电路类似。

2)开关量输出通道:输出数字、脉冲量等开关量信号,以便控制继电器触点和无触点开关的接通与释放,也可控制步进电机的运转。同开关量输入通道一样,开关量输出通道也常用光电耦合器作为输出电路的隔离传输器件。

(4)人 / 机联系部件:一般置于控制器的正面和侧面。正面板的布置类似于模拟控制器,有测量值和给定值显示器、输出电流显示器、运行状态(自动 / 串级 / 手动)切换按钮、给定值增 / 减按钮和手动操作按钮、状态显示灯等。侧面板有设置和指示各种参数的键盘、显示器。有些控制器附带后备手操器。当控制器发生故障时,可用手操器来改变输出电流,进行遥控操作。

(5)通信接口电路:通信部件包括通信接口芯片和发送、接收电路等。通信接口将欲发送的数据转换成标准通信格式的数字信号,经发送电路送至通信线路的数据通道上,同时通过接收电路接收来自通信线路的数字信号,将其转换成能被计算机接收的数据。数字控制器大多采用串行传送方式进行通信。

2. 数字控制器的软件 数字控制器的软件包括系统程序和用户程序两大部分。

(1)系统程序:是控制器软件的主体部分,通常由监控程序和功能模块两部分组成。

监控程序使控制器各硬件电路能正常工作并实现所规定的功能,同时完成各组成部分之间的管理。

功能模块提供了各种功能,用户可以选择所需要的功能模块以构成用户程序,使控制器实现用户所规定的功能。

(2)用户程序:是用户根据控制系统的要求,在系统程序中选择所需要的功能模块,并将它们按一定的规则连接起来,使控制器完成预订的控制与运算功能。使用者编制程序实际上是完成功能模块的连接,即组态工作。

用户程序的编程通常采用面向过程的POL(program oriented language),这是一种为了定义和解决某些问题而设计的专用程序语言,程序设计简单,操作简便,容易掌握和调试。通常有组态式和空栏式语言两种,组态式又有表格式和助记符式之分。控制器的编程工作是通过专用的编程器进行的,有"在线"和"离线"两种编程方法。

三、数字控制器的实例

(一)可编程序调节器

YS1700是可编程调节器,用户可以通过YSS1000编程工具将控制和运算功能相结合。每台YS1700可以同时运行2个PID控制运算,并输出相应的4~20mA信号。YS1700也可以用作不带编程功能的多功能控制器,相当于一台YS1500。YS1000系列继承了YS80/YS100系列的控制性能及高可靠性,同时具有高度兼容性,而新增的彩色LCD显示与增强的网络功能使新一代单回路控制器更加便于使用。

YS1700的面板如图9-19所示。

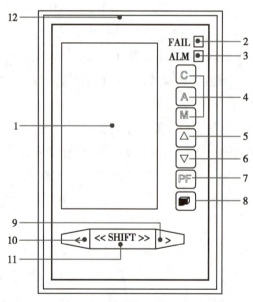

1. 彩色LCD显示:120×320点;2. 故障信号灯(LED. 红色);3. 报警信号灯(LED. 黄色);4. C模式键、A模式键、M模式键以及LED指示灯(C. 绿色,A. 绿色,M. 黄色);5. SV增大键;6. SV减小键;7. PF键以及LED指示灯;8. 翻页键;9. MV增大键;10. MV减小键;11. 快速切换键/SHIFT键;12. 工位号标签(建议在此处粘贴标签)。

图9-19　YS1700的面板

关于各个部件的具体功能,如图9-20(见文末彩图)和表9-1所示。

ER9-6　YS-1700
英文操作画面

表9-1　针对图9-20中的符号说明

在图中的号码	名称	说明
1	工位号	工位号由英文、数字及符号组成,每回路最多可显示12位工位号
2	画面标题	显示当前画面的标题
3	PV数值	显示用工程单位表示的5位有效数字的PV数值(包含符号和小数点为7位)
4	PV棒图	PV数值以棒图显示,由200个像素点构成,并以1点(0.5%)为单位增大或减小
5	PH、PL、HH和LL指针	PH值(PV的上限报警设定值)以及PL值(PV的下限报警设定值)是用三角形指针显示的,而HH值(PV的上上限报警设定值)以及LL值(PV的下下限报警设定值)是用两个重叠在一起的三角形指针指示的。如果PV数值低于0,则指针显示为0%;当PV数值大于100%,指针显示为100%
6	PV下溢和PV上溢	当PV数值低于0时候,则显示PV下溢;而当PV数值超过100%时候,则显示PV上溢
7	SV数值	显示用工程单位表示的5位有效数字的SV数值(包含符号和小数点为7位)
8	SV指针	SV值是用三角形的指针显示的。指针的显示以0.6%的分辨率为单位向上或者向下移动。如果SV值低于0,则指针显示为0%;当SV值大于100%时,指针显示为100%
9	MV数值	显示用%表示的4位有效数字的MV数值(包含符号和小数点6位,小数点以后固定位1位)
10	MV棒图、MV标尺	MV数值以棒图显示,由80个像素点构成,被分为20个显示块(5%)。色标的增加或者减小是以1个点(1.25%)为单位的。并显示10个分割(10%等分)的标尺
11	MH、ML指针	MH值(MV的上限设定值)以及ML值(MV的下限设定值)都用三角形的指针表示
12	MV下溢、MV上溢	当MV值低于0的时候,则显示MV下溢;而当MV值超过100%的时候,则显示MV上溢
13	MV阀门方向	MV阀门方向显示为[C](关闭)或者[O](打开)。阀门的方向可以进行设定
14	工程单位	工程单位(UNIT)最多可以显示为7位
15	PV标尺	PV的棒图标尺显示最多可以分割为10个等分(10%等分)
16	标尺0时的值、标尺100%时的值	标尺0时的值(SCL)以及标尺100%时的值(SCH)都显示成用工程单位表示的5位有效数字(包含符号和小数点位则为7位)
17	发生报警显示、控制状态显示	报警以及控制状态都是用缩写形式显示。这些显示根据功能选择模式的控制器模式的不同,或者根据可编程模式中控制模块的不同,而有所不同
18	P寄存器	该显示被激活时,P寄存器分别显示在第1回路以及第2回路画面上。该显示出现在可编程模式中

在图中的号码	名称	说明
19	运行状态显示	显示控制器的运行状态 {{TABLE19}}
20	级联设定输入值	在级联模式下使用该仪表时,级联设定输入数值显示为用工程单位表示的 5 位有效数字表现的数值(包括符号和小数点为 7 位)。在可编程模式下不显示任何数值
21	PF 键功能显示	显示 PF 的键功能。功能选择模式下的 PF 键功能的显示与可编程模式下的键功能的显示不同。①功能选择模式:使用 PF 键功能选择参数[PFKEY]来设定。当 STC 模式的选择为"NOTOFF"并且"PF 键已经被设定到 STC"时,功能显示变为[STC]。而在其他情况下,不会显示任何内容。②可编程模式:PF 键功能可以在用户程序中进行指定。在可编程模式中,功能显示变成[PF]
22	键锁定状态显示	显示键锁定状态 {{TABLE22}}

号码19 说明内的嵌套表格:

显示	说明	显示的优先顺序
[POWER DOWN]	断电检测中	(1)
[H.MAN]	硬手动切换开关为打开状态	(2)
(无显示)	仪表运行中	(3)
[STOP]	运行停止(比如工程画面功能设定时)	(3)
[TEST1]	试运行模式(仅在可编程模式中)	(3)
[TEST2]	试运行模式 2(仅在可编程模式中)	(3)
	正在执行模拟程序	(3)

号码22 说明内的嵌套表格:

显示	说明
[ALLK]	C、A 以及 M 键,SV 增大以及减小(△、▽)键,MV 增大以及减小(<、>)键,以及 PF 键都被锁定
[MDLK]	C、A 以及 M 键被锁定
[SVLK]	SV 增大以及减小(△、▽)键被锁定
[MVLK]	MV 增大以及减小(<、>)键被锁定

(二)可编程逻辑控制器

可编程逻辑控制器(programmable logic controller, PLC),它基于微计算机技术,用来解决工艺生产中大量的开关控制问题。它具有功能丰富、可靠性强等特点,可组成集中分散系统或纳入局部网络。

1. PLC 的分类　通常按容量、硬件结构、使用情况进行分类。

(1)按照容量分类:一般分为小型 PLC、中型 PLC、大型 PLC 三种类型。

1)小型 PLC:又称为低档 PLC。它的输入、输出点数一般为 20～128 点。用户程序存储器容量小于 2k 字节,具有逻辑运算、定时、计数、移位等功能;可以用来进行条件控制、定时计数控制。通常用来代替继电器、接触器进行控制,在单机或小规模生产过程中使用。

2)中型 PLC:输入输出一般在 128～512 点,用户存储器容量为 2k 到 8k 字节,兼有开关量和模拟量的控制功能。除了具备小型 PLC 的功能外,还具有数字计算、过程 PID 参数调节、模拟定标、查表等功能。辅助继电器的数量增多,定时计数范围扩大,使用在较为复杂的开关量控制场合,如大型注塑机控制、配料及称重等小型连续生产过程控制等。

3)大型 PLC:输入输出点数一般在 513 点以上。大型 PLC 除了具有中小型 PLC 的功能外,还具有 PID 运算及高速计算等功能。用于机床控制时,具有增加道具精确定位、机床速度调节和阀门控制等功能。配有显示器及常规的计算机键盘,与工业控制计算机相似。编程可采用梯形图、功能表图及高级语言等多种形式。

（2）按硬件结构分类:一般分为整体式 PLC、模块式 PLC、叠装式 PLC 三类。

（3）按照使用情况分类:通用型 PLC 和专用型 PLC 两大类。通用型 PLC 可供各专业控制系统使用,通过不同的配置和应用软件的编程可满足不同的需要,是用作标准工业控制装置的 PLC。专用型 PLC 是为某类控制系统专门设计的 PLC。

2. PLC 的特点　可靠性高,抗干扰能力强;编程简单,使用方便;控制程序可变,具有很好的柔性;功能完善;扩充方便,组合灵活;减少了控制系统设计及施工的工作量;体积小、重量轻,是"机电一体化"特有的产品。

3. PLC 的应用　微电子技术的发展促使 PLC 制造成本不断降低,功能不断增强。目前 PLC 成为先进工业国家中工业控制的标准设备,大量使用在石油、化工、电力等各行各业。

PLC 的应用主要体现在以下几个方面。

（1）逻辑控制:在 PLC 的应用类型中,逻辑控制是最基本和应用最广泛的。与传统的继电器和顺序控制器相比,PLC 能实现单机控制、多机控制和生产线的自动控制。

制药生产过程中,由于一些偶然的因素导致参数超过正常的变化范围,可能引起重大事故,造成人身伤亡和经济的重大损失。为保护人身和财产的安全,必须对关键参数设置必要的安全阈值,以实现装置的联锁保护。借助 PLC 逻辑控制功能,SIS 安全仪表系统可以实现设备的联锁保护。

（2）运动控制:在制药生产过程中,为有效控制设备的流量,可采用 PLC 和变频器相结合的方式,这种策略可降低能耗和经济运行成本。

（3）过程控制:通过选用 A/D、D/A 转换模块及智能 PID 模块实现对参数的控制。为保持温度、流量、液位和压力在设定值上,可采用过程控制对这些参数进行单回路或多回路闭环调节控制。

鉴于 PLC 应用的广泛性和复杂性,具体内容将在第十三章详细阐述。

ER9-7　第九章　目标测试

第十章　执行器

第一节　概述

在自动控制系统基本结构组成中,执行器处于控制器与被控过程之间,因而它的作用是接收控制器发出的控制信号,改变操纵变量,使生产过程按预定要求正常进行。在化工、制药等生产现场,执行器直接控制的工艺介质中以流量居多,执行器多是以控制阀门为主。本章以控制阀为例讲解执行器的工作原理、特性及选用。

执行器由执行机构和调节机构两部分组成。执行机构是指根据控制器发出的控制信号产生推力或位移,从而使调节机构产生相应变化的装置。调节机构是根据执行机构输出信号去改变能量或物料输送量的装置,最常见的是调节阀。

执行机构按其工作能源分为电动、液动、气动三大类。三类执行机构各有自己的特点,适用于不同场所。而调节机构则基本相同。

气动执行器的执行机构和调节机构是一个统一的整体,应用广泛;电动执行器的执行机构和调节机构是分开的,可与电子控制器直接连接;液动执行器的推力最大,但比较笨重,应用较少。

第二节　执行机构

一、气动执行机构

气动执行器,通常也称为气动控制阀,其执行机构是以被压缩的空气作为能源而产生推力或位移,从而操纵调节机构,有薄膜式和活塞式两种。在大口径、高静压、高压差场合适用行程长、推力大的活塞式控制阀;而薄膜式阀具有结构简单、动作行程小、输出推力较大、动作平稳可靠、易于维修、安全防爆系数高、价格低等特点,因而在化工、制药、炼油等工业生产中得到广泛的应用。气动执行器可以直接同气动仪表配套使用,也可以经过电 - 气转换器或者电 - 气阀门定位器将电信号转换为 $20\sim100kPa$ 的标准气压信号后,与电动仪表或计算机配套使用。如图 10-1（见文末彩图）为气动薄膜控制阀基本结构原理图。

图 10-1 中,当信号压力 P 通过波纹膜片的上方进入气室后,在波纹膜

ER10-2　气动
薄膜调节阀

片上产生向下的作用力,由托板带动推杆下移并压缩弹簧,当弹簧的反作用力与薄膜上的作用力相等时,推杆稳定在一个新的位置。信号压力增大,推杆的位移量增大,弹簧的反作用力也增大。这种执行机构的推杆输出位移(又称行程)与输入气压信号是成正比的,则有:

$$p \times A = K \times l \qquad \qquad 式(10\text{-}1)$$

得

$$l = \frac{A}{K} \times p \qquad \qquad 式(10\text{-}2)$$

式中,p 为输入压力,l 为推杆位移,K 为弹簧弹性系数,A 为膜片有效面积。

由图10-2知,气动薄膜执行机构有正作用和反作用两种形式。图10-2(a)中信号气压增加时,推杆向下移动,这种结构称为正作用式;图10-2(b)中信号气压增加时,推杆向上移动,这种结构称为反作用式。一般较大口径的控制阀都是采用正作用的执行机构。

气动薄膜执行机构形式有传统结构和改进结构两类。

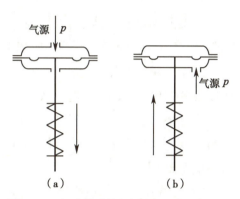

图 10-2 气动薄膜执行机构正反作用原理图
(a)正作用;(b)反作用。

1. 传统型 传统的气动薄膜执行机构如图 10-1 所示(见文末彩图)。

2. 侧装式气动执行机构 如图 10-3 所示。

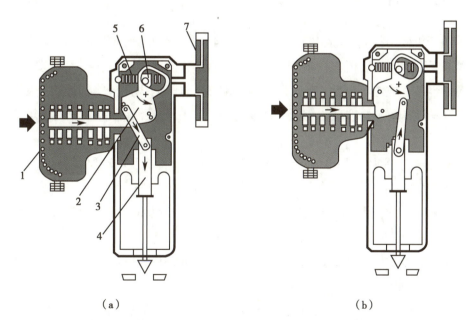

1. 推杆;2. 摇板;3. 连接板;4. 连杆;5. 丝杠;6. 滑块;7. 手轮。

图 10-3 侧装式气动薄膜执行机构正反作用原理图
(a)正作用;(b)反作用。

侧装式气动执行机构原理如图10-3(a)所示,气压信号作用于侧面膜片上,产生水平方向的推力,使推杆带动摇板逆时针方向转动,再通过连接板使连杆带动阀芯向下移动,构成正作用式；而图10-3（b）中，由于连接板连在摇板的右侧，当气压信号增大后，摇板逆时针方向转动，使连杆带动阀芯向上移动，构成反作用式。由原理图知，侧装式最大优点是将膜头装在支架的侧面，降低了高度；同时由于杠杆传动作用使执行机构的输出力增大。

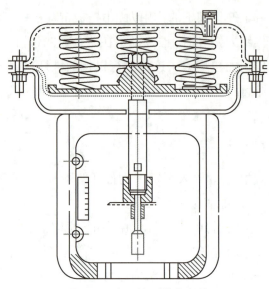

图10-4　轻型气动执行机构

3. 轻型气动执行机构　在结构上采用多根弹簧代替传统型的一根弹簧，如图10-4所示。图中采用三重弹簧结构，三个弹簧的总刚度等效为单根弹簧的刚度。从而使执行机构的高度降低很多。因而轻型气动执行机构具有重量轻、结构紧凑、高度降低、动作可靠、输出推力大等优点。

特别注意的是，气动执行机构工作需要有外部的气压动力系统。也就是说，气动执行机构中的气压是有自己的动力源的，且其压力大小，随接收到的控制器输出信号的大小而变化。

二、电动执行机构

电动执行机构由控制器输出的 0～10mA 或 4～20mA 的直流信号驱动，从而产生相应的角位移或直行程位移，再去操纵调节机构。电动执行机构结构复杂，容易发生故障；调节太频繁，容易造成电机过热，响应慢；最关键的是与气动执行机构相比，防火防爆性能较差，因而在防爆性能要求高的场所要谨慎选择。如在化工、炼油等易燃易爆场所中较少使用。

当然，由于信号采用的是电信号，便于远传，便于和计算机及电动仪表配合使用，其应用范围越来越广泛。

1. 分类　电动执行机构按运动形式分为直行程、角行程和回转型（多转式）三大类。其基本结构组成除减速器不一样外，其余部件大体相同。

（1）直行程电动执行机构：是指输出位移为大小不同的直线位移，比如单座、双座、套筒、三通等形式的控制阀的驱动。

（2）角行程电动执行机构：是指输出位移为角位移，转动角度范围小于360°，比如用来驱动球阀、蝶阀、偏心旋转阀等转角式控制阀。家用手动调节的球阀水龙头，就是一种角行程执行机构，最大转角为90°。

（3）多转式电动执行机构：该执行机构的轴输出大于360°有效圈数，这种阀的电机一般功率比较大，主要用于闸阀、截止阀的控制。

2. 基本结构原理　电动执行机构在电气原理上具有基本相同的结构。其机构组成如

图 10-5 所示。

电动执行机构主要由伺服放大器、伺服电动机、减速器、位置发送器等组成。位置发送器与电动执行机构的输出轴相连，反馈信号 I_f 代表了电动执行机构输出轴转角的位置。

图 10-5 中，当 $I_i = 0$ 时，无信号输入，执行机构处于初始位置，位置反馈信号 I_f 为零，放大器无输出，电机不转；当 $I_i \neq 0$ 时，输入信号 I_i 与反馈信号 I_f 比较产生偏差，经放大器放大后，驱动伺服电动机转动，经减速器减速后电动执行机构输出轴转动，直到反馈信号 I_f 与输入信号 I_i 相等为止。上述过程实现了输入电流信号与输出转角的转换。

位置发送器的作用是将执行机构输出轴转角变为标准信号 0～10mA 或 4～20mA 直流电流反馈信号。位置发送器的主要组成是差动变压器，其工作原理如图 10-6 所示。

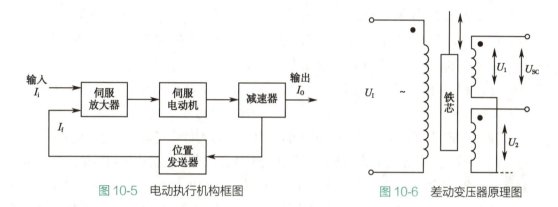

图 10-5 电动执行机构框图

图 10-6 差动变压器原理图

差动变压器由一个原边绕组和两个截面积相同、匝数相等、导线的粗细相同的副绕组构成。图中 U_I 为加在原边交流稳压电源，U_1、U_2 为两副边感应出的交流电压。在差动变压器的原、副边绕组中有黑点的为同名端，也叫同极性端，同名端在任何时刻极性相同。

感应电压 U_1、U_2 的大小取决于铁芯的位置。铁芯的位置是与执行机构输出轴的转角位置相对应的。当铁芯在中间位置时，因两绕组的磁路对称，故电压 U_1、U_2 相等。因两副边绕组是反相串联（同名端串接一起），所以输出电压 $U_{SC} = U_1 - U_2 = 0$。

当铁芯自中间位置向上移动时，下绕组磁路磁导率减小，电压 $U_1 > U_2$，$U_{SC} = U_1 - U_2 > 0$。U_{SC} 经整流、滤波可得标准直流电流信号，作为代表执行机构输出位置的反馈信号返回伺服放大器输入端。

ER10-3 电动调节阀（图片）

三、液动执行机构

液动执行器以液压为驱动，一般都是机电一体化的。由于液体的可压缩性比气体小得多，并且其推力大，运行起来非常平稳、响应快，所以液动执行机构能实现高精度的控制。其缺点是结构一般比较笨重庞大，故在制药、化工等场所现在使用不多，但可用于一些要求推力大的大型场所，如三峡的船闸、挖掘机等。特别注意的是，液动执行机构与气动执行机构一样，工作时需要外部的液压动力系统，否则这两种执行器将失去动力源。

第三节　调节阀

一、调节阀的结构

调节阀本质上是一个节流面积可以改变的节流元件,其结构如图10-7所示,主要由阀芯和阀座两部分组成。

阀芯在阀体内移动,改变了阀芯与阀座间的流通面积,从而改变操纵变量(被调节介质)的流量大小,从而达到控制工艺变量的目的。

调节阀的阀芯与阀杆间通过销钉连接。由图10-7(a)知,阀芯正装,当阀杆向下移动时阀

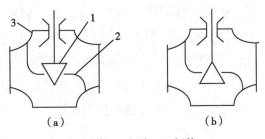

1. 阀芯;2. 阀座;3. 阀体。

图10-7　调节阀结构及作用方向

(a)正作用;(b)反作用。

门关闭,称为正作用形式;反之如图10-7(b)所示,阀芯倒装,则阀杆向下移动时阀门打开,称为反作用形式。

执行机构与调节阀组合在一起形成控制阀。从输入压力信号和其开度的变化关系,控制阀可分为气开式控制阀和气关式控制阀两种作用形式。由于执行机构和调节机构都有两种作用方式,因此就可以有四种组合方式组成气开式或气关式控制阀,见图10-8。输入信号气压越高时开度越大,失去输入信号气压时全关,则称为气开式(fail to closed,FC);输入气压越高时开度越小,在失气时则全开,则称为气关式(fail to open,FO)。

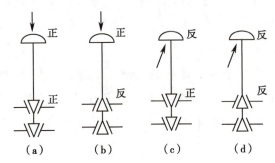

图10-8　气动控制阀气开气关组合形式图

(a)气关;(b)气开;(c)气开;(d)气关。

控制阀两种作用形式的选择是非常重要的一项工作,此处一定要记清楚其作用过程,尤其是失掉控制气压时的状态及英文的含义。值得注意的是,中文定义是从控制气压对开度的影响取名,而英文则是从失去控制气压对开度的影响取名。

二、调节阀的类型

调节阀有多种类型。场合不同,工艺与介质不同,使用要求也不同。下面介绍9种常用的调节阀。

1. 直通单座调节阀　如图10-9所示,直通单座调节阀阀体内只有一个阀芯和阀座。流

体从左侧流入，经阀芯从右侧流出。其特点是容易关闭，泄漏量小，但在高压差、大口径情况下，阀芯所受到流体作用的不平衡推力较大，这种不平衡推力会影响阀芯的移动。因而直通单座调节阀适用于小口径、压差较小、要求泄漏量较小的场合。

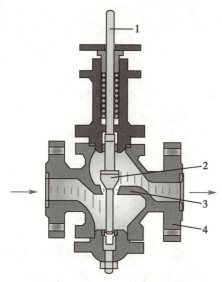

1. 阀杆；2. 阀芯；3. 阀座；4. 阀体。

图 10-9　直通单座调节阀

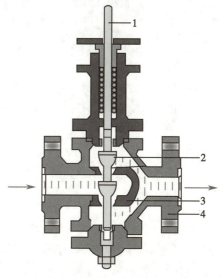

1. 阀杆；2. 阀芯；3. 阀座；4. 阀体。

图 10-10　直通双座调节阀

2. 直通双座调节阀　如图 10-10 所示，直通双座调节阀阀体内有两个阀芯和阀座，流体左侧流入右侧流出。它的流量系数比同口径的单座阀增大 20% 左右，但泄漏量大；作用在上、下两阀芯上的推力，方向相反大小近于相等，可以相互抵消，所以不平衡推力小，适用于阀两端压差较大、对泄漏量要求不高的场合。该阀不适用于高黏度和带有固体颗粒的液体，因为流路复杂，易阻塞。

ER10-4　直通单座调节阀工作原理（动画）

ER10-5　直通双座调节阀工作原理（动画）

3. 角型调节阀　如图 10-11 所示，角型调节阀的阀体出入口成直角关系。其流体流向一般都是底进侧出，故稳定性较好。但在高压差场合，改用侧进底出的流向，这样可以延长阀芯使用寿命。缺点是容易发生振荡。角型调节阀流路简单，阻力小，不易堵塞，适用于控制高压差、高黏度、含有悬浮物和颗粒物质流体的场合。

4. 隔膜调节阀　如图 10-12 所示，隔膜调节阀的阀芯、阀座组件由耐腐蚀衬里的阀体和耐腐蚀隔膜组成，通过隔膜位移控制阀的开度。隔膜调节阀结构简单，流路阻力小，流量系数比同口径的其他阀大。由于介质用隔膜与外界隔离，故阀的耐腐蚀性强，无泄漏量，适用于控制强酸、强碱等强腐蚀性介质。但受限于隔膜和衬里的特性，其耐压、耐温程度较低，一般只能应用在压力小于 1MPa、温度低于 150℃ 的生产过程中。鉴于其结构特点，选用隔膜调节阀时，应保证执行机构有足够的推力。

5. 三通调节阀　三通调节阀有三个流体出入口。图 10-13（a）中把一路流体分为两路，称为分流阀；图 10-13（b）中两路流体混合为一路，称为合流阀。三通调节阀总的流量不变。通过阀芯的移动，可控制两路流量的比例。阀门适用于配比调节与旁路调节。

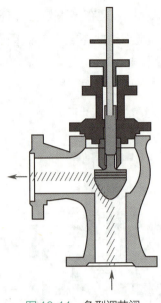

图 10-11　角型调节阀

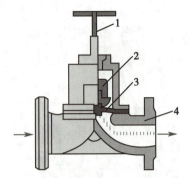

1. 阀杆；2. 阀芯；3. 柔性隔膜；4. 阀体。

图 10-12　隔膜调节阀结构图

例如，在换热器温度控制方案中，将工艺介质分路控制。工艺要求被加热物料的总量不能改变，但同时要求进入换热器与不进入换热器的两种流量比例不同，此时就可通过三通调节阀来实现。根据安装位置不同，可灵活选用分流阀或合流阀。如图 10-14 所示，在换热器进口处选用分流阀，若在出口处则选用合流阀。采用合流阀时，温差通常应小于 150℃，若温度相差过大，易造成较大的热应力从而损坏设备。

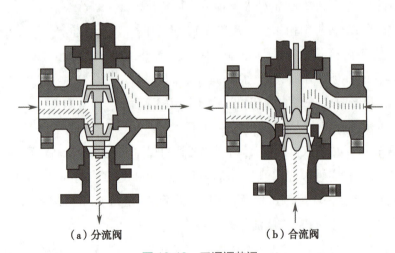

（a）分流阀　　　　　　　　　　　　（b）合流阀

图 10-13　三通调节阀

6. **蝶阀**　也称翻板阀，结构如图 10-15 所示。蝶阀的特点是结构简单，重量轻，价格便宜，流路阻力极小，但泄漏量大，适用于口径较大、大流量、低压差的场合。燃烧系统的风量控制一般采用此阀。

7. **球阀**　如图 10-16（a）所示，球阀的阀芯与阀体都呈球状。当转动阀芯使之与阀体相对位置不同时，流通面积就不同，从而起到调节和切断流量的作用。球阀

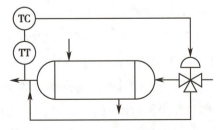

图 10-14　三通调节阀应用

阀芯开口形式有 V 形和 O 形两种,如图 10-16(b)所示。O 形球阀的节流元件是带圆孔通道的球形体,V 形球阀的节流元件是 V 形孔洞的球形体。

O 形球阀常用于双位式调节,V 形球阀适用于高黏度和污秽介质的调节。

8. 凸轮挠曲阀　通常也称偏心旋转阀。如图 10-17 所示,它的扇形球面状阀芯与挠曲臂及轴套一起铸成,固定在转动轴上。凸轮挠曲阀重量轻、体积小、安装方便,适用于高黏度或带有悬浮物介质的流量调节。

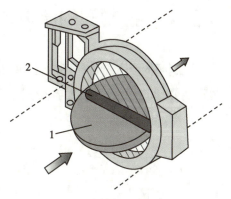

1. 圆板;2. 轴。
图 10-15　蝶阀

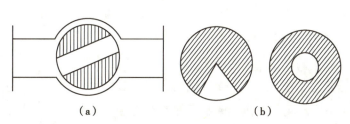

图 10-16　球阀结构原理图
（a）球阀原理图;（b）球阀阀芯类型。

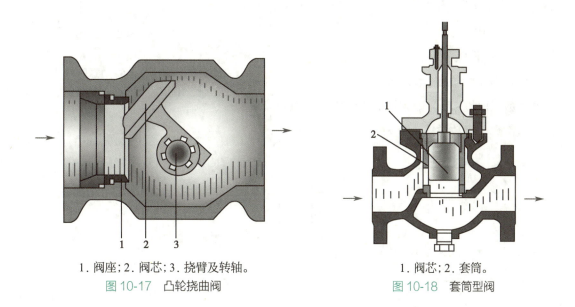

1. 阀座;2. 阀芯;3. 挠臂及转轴。
图 10-17　凸轮挠曲阀

1. 阀芯;2. 套筒。
图 10-18　套筒型阀

9. 套筒型阀　又称笼式调节阀。如图 10-18 所示,在单座阀体内有一个圆柱形套筒(笼子),套筒壁上有一个或几个不同形状的孔,当阀塞(芯)在套筒内上下移动时,改变了套筒的节流孔面积,从而实现了流量调节。

套筒阀结构简单,套筒互换性好,更换不同的套筒(窗口形状不同)即可得到不同的流量特性。同时有可调比大、振动小、噪声小、不平衡力小、稳定性很高等特性,特别适用于要求低噪声及压差较大的场合,但不适用于高温、高黏度及含有固体颗粒的流体。

第四节　控制阀的流量特性

控制阀的流量特性是指流过阀门的被调介质的相对流量与阀杆的相对行程(即阀门的相对开度)之间的关系。其数学表达式为

$$\frac{q}{q_{max}} = f\left(\frac{l}{l_{max}}\right)$$　　　　式(10-3)

式中，q/q_{max} 表示控制阀某一开度的流量与全开时的流量之比，称为相对流量；l/l_{max} 表示控制阀某一开度下阀杆行程与全开时的阀杆全行程之比，称为相对开度。

影响流量的因素有流通截面积、阀前后的压差等因素。根据阀在调节时两侧压力是否变化，通常将流量特性分为理想流量特性与工作流量特性两种形式。下面分别介绍。

一、控制阀的理想流量特性

控制阀前后压差保持不变化时得到的流量特性称为理想流量特性。由不同的阀芯形状形成不同的流量特性，主要有线性流量特性、等百分比(对数)流量特性、快开流量特性等几种。需要特别注意的是，生产厂家出厂时标注的特性都是理想流量特性。不同流量特性对应的阀芯形状，如图 10-19 所示。

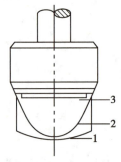

1. 等百分比；2. 直线；3. 快开。
图 10-19　不同流量特性的阀心形状

(一)线性流量特性

线性流量特性是指控制阀的相对流量与相对开度之比为常数(正比关系)，即阀杆的单位位移所引起流量的变化量是常数。用数学式表示为

$$\frac{d\left(\dfrac{q}{q_{max}}\right)}{d\left(\dfrac{l}{l_{max}}\right)} = K$$　　　　式(10-4)

式中，K 为常数，即控制阀的放大系数。

将式(10-4)积分可得

$$\frac{q}{q_{max}} = K\frac{l}{l_{max}} + C$$　　　　式(10-5)

式中，C 为积分常数。

从式(10-5)可知，其边界条件：$l = 0$ 时，$q = q_{min}$；$l = l_{max}$ 时，$q = q_{max}$。可分别得：$C = q_{min}/q_{max} = 1/R$，$K = 1 - C = 1 - (1/R)$。$R$ 为控制阀所能调节的最大流量 q_{max} 与最小流量 q_{min} 的比值，称为控制阀的可调比。它反映控制阀流量可调节范围大小，即阀的调节能力。

需要注意的是，q_{min} 为控制阀能控制的最小流量，并不等于控制阀全关时的泄漏量，一般

是 q_{max} 的 2% ～ 4%。国产直通单座、直通双座、角形控制阀理想可调比 R 为 30；隔离膜阀的可调比 R 为 10。

将 C 和 K 代入式（10-5），可得

$$q / q_{max} = (1 - 1/R)\frac{l}{l_{max}} + 1/R \qquad\qquad 式（10-6）$$

式（10-6）表明，q/q_{max} 和 l/l_{max} 之间呈线性关系，在直角坐标系中的特性曲线是图 10-20 中的直线 1。图 10-20 显示的是 $C = 0$ 时的一种理想条件下的特性曲线。

我们用流量变化的相对值说明其控制效能强弱。流量变化的相对值是指流量的变化量与原流量之比。由图 10-20 中直线知，只要阀杆作相同的位移量，如每次变化 10% 时（如图中横坐标变一格），则流量的变化量也总是相同的，即流量变化也总是 10%（如图中纵坐标也变一格）。但流量变化的相对值是不同的。

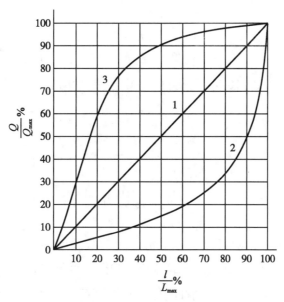

1. 线性；2. 等百分比；3. 快开。

图 10-20　理想流量特性曲线

以行程的 10%、40% 及 70% 三点为例，若位移变化量均为 10%，则

（1）在流量为 10% 处时，流量变化的相对值为

$$\frac{20 - 10}{10} \times 100\% = 100\%$$

（2）在流量为 40% 处时，流量变化的相对值为

$$\frac{50 - 40}{40} \times 100\% = 25\%$$

（3）在流量为 70% 处时，流量变化的相对值为

$$\frac{80 - 70}{70} \times 100\% = 14.3\%$$

可见，线性流量特性有如下特点：当阀门在小开度时，流量小，流量变化的相对值大，这时灵敏度过高，控制作用太强；在大开度时，流量大，流量变化的相对值小，此时控制作用太

弱。这与控制系统的控制作用是相违背的。在控制系统中，为了克服外界干扰的影响，人们总是希望当系统处于小流量时，控制阀动作不要引起流量变化量的相对值太大，以免产生超调，甚至发生振荡；而当系统处于大负荷时，又希望流量变化的相对值要大一些，从而使控制足够灵敏。所以有了等百分比流量特性。

（二）等百分比流量特性（对数流量特性）

等百分比流量特性是指单位相对开度所引起的相对流量变化，与此点的相对流量成正比，即控制阀的放大系数随相对流量的增加而增大。其数学式表示为

$$\frac{\mathrm{d}\left(\dfrac{q}{q_{max}}\right)}{\mathrm{d}\left(\dfrac{l}{l_{max}}\right)} = K \times \frac{q}{q_{max}} \qquad \text{式（10-7）}$$

将式（10-7）积分得

$$\ln\frac{q}{q_{max}} = K\frac{l}{l_{max}} + C \qquad \text{式（10-8）}$$

将前述边界条件代入式（10-8），可得：$C = \ln\left(\dfrac{1}{R}\right) = -\ln R$，$K = \ln R$。将 C 和 K 的值代入式（10-8）后得

$$\ln\frac{q}{q_{max}} = \left(\frac{l}{l_{max}} - 1\right)\ln R \qquad \text{式（10-9）}$$

$$\frac{q}{q_{max}} = R^{\left(\frac{l}{l_{max}} - 1\right)} \qquad \text{式（10-10）}$$

由式（10-9）知，由于相对开度与相对流量呈对数关系，所以称为对数流量特性。如图 10-20 中曲线 2 所示，曲线的切线斜率随行程的增大而增大，即单位行程引起的流量变化量是增大的。由式（10-10）计算知，在同样的行程变化值下，流量变化的相对值不变，即百分比不变，因而又称为等百分比特性。所以其控制特性具有以下特点：流量小时，流量的变化小，控制平稳缓和；流量大时，流量变化也大，控制灵敏有效。

（三）快开流量特性

如图 10-20 中曲线 3 所示，这种流量特性在开度较小时就有较大流量，随开度的增大，流量很快就能达到最大值，故称为快开特性。快开特性的阀芯形式是平板形的，一般用于能迅速启闭的切断阀或双位控制系统。

二、控制阀的工作流量特性

在实际生产中，控制阀前后压差总是随开度的变化而变化，这时的流量特性称为工作流量特性。

串联管道系统中压力关系如图 10-21 所示。Δp 为系统总压差，Δp_1 为管路系统（除控制阀以外的部分）的压差，Δp_2 为控制阀两端的压差，三者关系为 $\Delta p = \Delta p_1 + \Delta p_2$。三种压差变化关

系如图 10-22 所示。在系统总压差 Δp 不变时，随着流量的增大（阀门开度的增大），管路上阻力增大，则阀门两端压力减小，因而使得流量比相同开度时的理想特性流量也减小，呈现出工作流量特性明显与最理想特性不同，我们称为理想特性的畸变。

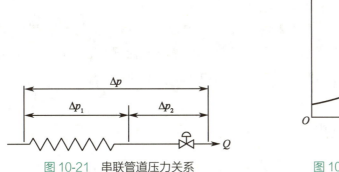

图 10-21　串联管道压力关系

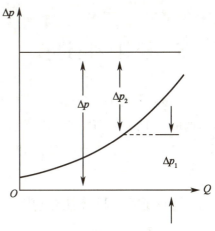

图 10-22　串联管道压力变化分布

为了描述理想流量特性与工作流量特性的关系，在此定义了阀阻比 S。S 为控制阀门全开时阀门两端压差与系统总压差之比，即 $S = \Delta p_2 / \Delta p$。当管道阻力 $\Delta p_1 = 0$ 时，此时阀门上的压差即为系统总压差，这时有 $S = 1$，此时得到的就是理想流量特性。当管道阻力 $\Delta p_1 \neq 0$ 时，S 值减小，相同开度时阀门两端压差越小，曲线畸变越严重。由图 10-23 可知，曲线畸变的趋势是线性流量特性渐渐趋近于快开特性，等百分比流量特性渐渐接近于线性流量特性。

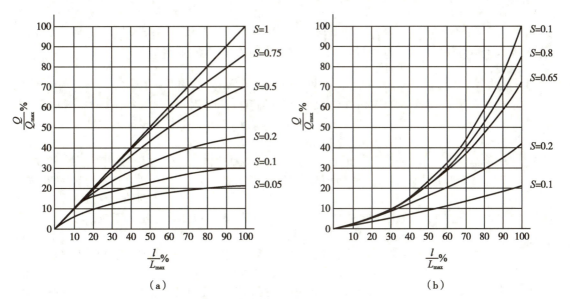

图 10-23　串联管道时控制阀工作流量特性
（a）理想特性为线性特性的畸变；（b）理想特性为对数特性的畸变。

在实际使用中，一般希望 S 值不低于 0.3。当 $S<0.3$ 时，由于 R 变得很小，不适合作控制阀用；当 $S>0.6$ 时，工作特性与理想特性非常接近，可以认为特性没有发生畸变。

什么情况下，S 值很低呢？一种情况是控制阀选得过大，一种情况是生产负荷过低时。在这两种情况下,为了使控制阀有一定开度,常采用把工艺阀门(手动调节的阀门)关小以增加管道阻力方法,降低控制阀大开度下的流量。此时 S 值下降,使流量特性畸变,控制质量恶化。这种情况要尽量避免。

第五节　控制阀的选择

要正确选择控制阀,首先应对控制对象及控制过程认真分析,了解被控介质的特点,系统对控制阀的工作特性、可靠性、安全性等的要求。阀的选择主要包括阀的结构形式及材质的选择、口径的选择、工作特性的选择、作用方向的选择等方面。下面逐一介绍。

一、控制阀的结构及材质选择

控制阀的结构及材质选择需要考虑工艺条件和介质特性,如温度,压力,介质的物理、化学特性(腐蚀性、黏度、稳定性)等。可根据工艺中压差与泄漏量的大小,决定用直通单座还是直通双座;强腐蚀介质可采用隔膜阀;在制药、日化工业中,要根据国家与国际标准,选用卫生阀(食品阀)等。各种阀门特点、适用场所详见表 10-1。

表 10-1　控制阀选用参考表

序号	名称	主要优点	应用注意事项
1	直通单座阀	泄漏量小	阀前后压差小
2	直通双座阀	流量系数及允许使用压差比同口径的单座阀大	耐压较低
3	波纹管密封阀	适用于介质不允许泄漏的场合,如氰氢酸、联苯醚等有毒物	耐压较低
4	隔膜阀	适用于强腐蚀、高黏度或含有悬浮颗粒以及纤维的流体,在允许压差范围内可作切断阀用	耐压、耐温较低,适用于对流量特性要求不严的场合,近似快开
5	小流量阀	适用于小流量和要求泄漏量小的场合	
6	角形阀	适用于高黏度或含悬浮物和颗粒状的物料	输入与输出管道成角形安装
7	高压阀(角形)	用于高静压、大压差、有气蚀、空化的场合	介质对阀芯的不平衡力较大,必须选配定位器
8	阀体分离阀	阀体可拆为上、下两部分,便于清洗。阀芯、阀体可采用耐腐蚀衬压件	加工、装配要求较高
9	三通阀	在两管道压差和温差不大的情况下能很好地代替两个二通阀,可用于简单配比控制	两流体的温差 $\Delta t < 150℃$
10	蝶阀	适用于大口径、大流量和浓稠浆液及悬浮颗粒的场合	流体对阀体的不平衡力矩大,一般蝶阀允许压差小
11	套筒阀(笼式阀)	适用阀前、阀后压差大和液体出现闪蒸或空化的场合,稳定性好,噪声低,可取代大部分直通单、双座阀	不适用于含颗粒介质的场合
12	低噪声阀	比一般阀可降低噪声 $10 \sim 30dB$,适用于液体产生闪蒸、空化和气体在缩流面处流速超过音速且预估噪声超过 95dB(A)的场合	流量系数为一般阀的 $\frac{1}{3} \sim \frac{1}{2}$,价格贵

序号	名称	主要优点	应用注意事项
13	超高压阀	公称压力为350MPa,是化工过程控制高压聚合釜反应的关键执行器	价格贵
14	偏心旋转阀(凸轮挠曲阀)	流路阻力小,流量系数较大,可调比大,适用大压差、严密封的场合和黏度大及颗粒介质的场合,可取代直通单、双座阀	一般只能用于耐压小于6.4MPa的场合
15	球阀(O形、V形)	流路阻力小,流量系数较大,密封好,可调范围大,适用于高黏度,含纤维、固体颗粒和污秽流体的场合	价格较贵,O形球阀一般作二位控制用,V形球阀作连续控制用
16	卫生阀(食品阀)	流路简单,无缝隙、死角积存物料,适用于啤酒、番茄酱及制药、日化工业	耐压低
17	二位式二(三)通切断阀	几乎无泄漏	仅作位式控制用
18	低压降比(低 S 值)阀	在低 S 值时有良好的控制性能	可调比 $R \approx 10$
19	塑料单座阀	阀体、阀芯为聚四氟乙烯,用于氯气、硫酸、强碱等介质	耐压低
20	全钛阀	阀体、阀芯、阀座、阀盖均为钛材,耐多种无机酸、有机酸	价格贵
21	锅炉给水阀	耐高压,为锅炉给水专用阀	

下面介绍一种特殊情况——闪蒸和空化现象。

阀芯阀座形成的阀孔相当于一个节流元件。由节流效应知,当液体流经阀孔后,在孔后静压力会急剧下降而流速会急剧增加;当远离阀孔后,静压力又会迅速上升,而流速会迅速下降。当节流孔后的压力达到或者低于该流体的饱和蒸气压时,部分液体就开始汽化,形成气液两相共存的闪蒸现象。产生闪蒸后,远离阀孔之后的静压力增加到大于饱和蒸气压时,气泡产生破裂并转化为液态,这个过程称为空化。不论是闪蒸时还是在空化阶段,都会产生极大的冲击力,对阀芯、阀体和阀座造成严重损坏,影响使用寿命,例如使阀芯、阀体和阀座表面磨损,形成粗糙的、渣孔样的表面等。

在高压差恶劣条件下的空化,破坏作用十分严重。选用阀门时可以从压差、结构、材质等方面考虑,选择合适的,从而避免或减小空化的发生,减小闪蒸或空化的损害。比如采用下列方法:

(1)选择压力恢复系数小、压差小的球阀、蝶阀等。

(2)选择阀芯上带有锥孔等特殊结构的阀,从而减少闪蒸现象的形成。

(3)选择更硬的材料,增强抵御空化作用的能力。

(4)在结构上,选择阀门的阀芯、阀座便于更换的类型。

二、控制阀的流量特性选择

出厂时控制阀所标注的流量特性都是理想流量特性,工作流量特性是考虑工艺配管情况后由理想流量特性畸变得到的。所以控制阀流量特性选择的步骤是:

（1）按控制过程的特性来选择阀需要的工作流量特性。

（2）考虑工艺配管情况，即根据阀阻比来推断出相应的理想流量特性。依据即工作流量特性是理想流量特性畸变后得到的。

在控制系统中使用比较多的是等百分比流量特性。选择可参考流量特性选择对应表，如表10-2所示。

表10-2　流量特性选择对应表

配管状态	$S=0.6\sim1$		$S=0.3\sim0.6$		$S<0.3$	
实际工作特性	线性	对数	线性	对数	线性	对数
所选理想特性	线性	对数	对数	对数	对数①	对数①

注：①需要静态非线性补偿，否则不适合作为控制阀使用。

三、控制阀的作用形式的选择

气动执行器有气开式（FC）和气关式（FO）两种作用形式。在设计任何一个控制系统时，除满足工艺要求外，还必须考虑生产过程在控制系统突然发生故障时的安全性。因此控制阀作用形式的选择原则，就是从确保工艺生产安全要求出发来选择，即在故障状态下，失去控制气压（控制信号）时，控制阀的状态能保证被控对象及人员的安全。

当失去控制气压时，阀门能自动打开，阀门处于全开位置时保证被控对象安全，则应选用气关式。反之，若阀门处于关闭时危害小，则应选用气开阀。

例如，间歇式化学反应器，在没有开始反应时要加热；在反应开始后，当温度高于一定值时又要冷却，以防温度过高炸了。所以当失去控制气压时冷却控制阀门应是全开的，可持续对反应器冷却，极端的结果是化学反应停止而不会有炸的危险，所以冷却控制阀选气关式。反之，加热控制阀门为气开式。

四、控制阀口径的选择

控制阀口径选择合适与否，直接影响到工艺操作能否正常运行，进而影响到控制质量的好坏。控制阀口径选择的主要依据是控制阀流量系数 K_v。

1. 控制阀流量系数 K_v 计算　控制阀的口径选择是由流量系数 K_v 决定的。流量系数 K_v 的定义：控制阀全开时，当阀门两端压差为100kPa，流体密度为1g/cm³ 时，每小时流经控制阀的流量值，单位为 m³/h。例如，若某一控制阀全开，阀门两端压差为100kPa 时，如果流经该阀的水流量为40m³/h，则该控制阀的流量系数 K_v 为40。因此，K_v 反映了流体通过控制阀的最大流通能力。

K_v 由控制阀的体积流量公式推得

$$q_v = \frac{40D_g^2}{\sqrt{\xi}}\sqrt{\frac{\Delta p}{\rho}} \qquad\qquad 式（10-11）$$

$$K_v = \frac{40D_g^2}{\sqrt{\xi}}$$ 式（10-12）

式中，q_v 为体积流量，单位为 m^3/h；D_g 为接管直径（公称通径），单位为 cm；Δp 为阀两端压力差，单位为 kPa；ρ 为流体密度，单位为 kg/cm^3；ξ 为阻力系数。

2. 控制阀口径的确定　结合式（10-11）和式（10-12），按下列步骤可以确定控制阀的口径。

（1）根据生产过程的工艺要求出最大流量 q_{vmax}。

（2）根据所选的流量特性、控制系统特点选定阀阻比 S 值，由 S 求出阀门全开时的压差 ΔP。

（3）根据体积流量公式，即式（10-11），求得最大流量时的 K_{vmax}。

（4）在所选用的产品型号的标准系列中选取 K_v 值大于并最接近的 K_{vmax} 的产品。

（5）验证控制阀开度和可调比，一般要求最大流量时阀门开度不超过 90%，最小流量时阀开度不小于 10%。

（6）根据 K_v，由式（10-12）确定控制阀的公称通径。

第六节　阀门定位器

阀门定位器按结构分为气动阀门定位器、电 - 气阀门定位器及智能阀门定位器，是调节阀的主要附件，与气动控制阀配套使用。电 - 气阀门定位器具有电 - 气转换和阀门定位两种基本功能。电 - 气阀门定位器其输入信号是电动控制器输出的直流电流信号（DC 0～10mA 或 DC 4～20mA），输出标准气压信号（20～100kPa）。其结构原理如图 10-24 所示。阀门定位器是按力矩平衡原理进行工作的。

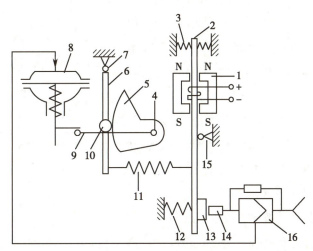

1. 电动马达；2. 主杠杆；3. 平衡弹簧；4. 反馈凸轮支点；5. 反馈凸轮；6. 副杠杆；7. 副杠杆支点；8. 薄膜执行机构；9. 反馈杆；10. 滚轮；11. 反馈弹簧；12. 调零弹簧；13. 挡板；14. 喷嘴；15. 主杠杆支点；16. 气动放大器。

图 10-24　电 - 气阀门定位器

一、电 - 气阀门定位器工作原理

1. 电 - 气转换的工作过程 从电动控制器来的电流信号输入到电动马达,即图中标正负号的线圈两端,马达对主杠杆产生一个电磁力矩,使主杠杆绕支点作逆时针转动,于是挡板靠近喷嘴,使喷嘴与挡板间的背压升高,在背压控制下,气压放大器的输出气压也随之升高,此气压去控制薄膜控制阀。由此可知,气压放大器的输出气压是随着控制器输出电流信号的大小而变化的。电气转换功能主要是由电动马达、主杠杆及气压放大器完成的。

2. 阀门定位功能 气压放大器的输出气压作用在气动执行机构上,推动阀杆向下移动,并使反馈杆带动反馈凸轮绕支点逆时针转动,经滚轮推动副杠杆绕支点顺时针转动,从而将反馈弹簧拉伸,对主杠杆产生顺时针转动的反馈力矩。当反馈力矩与马达产生的电磁力矩相平衡时,主杠杆静止,此时喷嘴与挡板稳定在某一位置,背压不再变,气压放大器的输出气压也不再变,阀杆就稳定在某一位置。

调零弹簧调节零位。分程控制时,通过零位调整和反馈弹簧反力的调整,改变定位器在零位时电动马达的输入信号值,达到分程控制的目的。

ER10-6 阀门定位器

二、智能阀门定位器

随着计算机及嵌入式系统的发展,智能阀门定位器成为新一代智能化气动执行机构不可缺少的配套产品。智能阀门定位器采用电平衡(数字平衡)原理代替传统的杠杆力矩平衡原理,基本结构框图如图 10-25 所示。

其工作原理为:控制阀阀杆位置反馈信号作为反馈变量,与控制器来的控制信号经 A/D 转换器转换为数字信号后,在 CPU 中作比较。根据这两个信号的偏差,CPU 输出不同占空比的脉冲,控制 I/P(电流 / 压力)转换单元输出相应的压力,从而驱动气动控制阀动作。

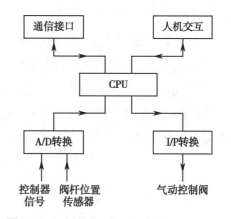

图 10-25 智能电 - 气阀门定位器结构框图

占空比指在一串理想的脉冲序列中(如方波),正脉冲的持续时间与脉冲总周期的比值。图 10-26 中的波形为方波脉冲,正脉冲宽度 1μs,信号周期 5μs 的脉冲序列占空比为 0.20。

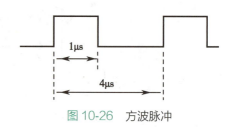

图 10-26 方波脉冲

通信接口可实现对外数据的交互,成为网络总线中的一个节点。通过上位机可实现定位器的参数调整。对没有通信功能的智能阀门定位器而言,只能通过其自带的人机交互功能(按键)实现参数的调整。

智能阀门定位器符合现代过程控制技术的功能要求,对所有控制参数,如死区、正反作用、报警上下限、行程零点、行程范围、执行机构类型选择可进行相应的调整,可实现分程控制功能,能实现线性、等百分比、快开等特性的自动修正,具有自校正、自诊断、故障报警及故障处理等多种功能。

三、阀门定位器对阀的影响

无论力矩式还是智能型阀门定位器的存在,都能极大地改善气动控制阀的功能。主要体现在:

1. 改善阀的静态特性 有阀门定位器后,只要控制器输出信号稍有变化,就可使通往控制阀的气压有较大的改变,有利于迅速克服阀杆的摩擦,消除控制阀不平衡力的影响,从而使阀芯动作更加灵活,克服了死区现象,能保证阀门位置按控制器发出的信号进行正确的定位。

2. 改善阀的动态特性 放大了控制器送来的信号功率,减小了原阀的一阶滞后特性,使时间常数减小。

3. 改变阀的流量特性 通过改变定位器反馈凸轮的形状,可使控制阀的线性、对数、快开流量特性互相转换。

4. 用于分程控制 定位器可以方便地改变阀杆零位(零开度)时的气压,从而更容易用于分程控制系统。

第七节　智能控制阀

智能控制阀是带有微处理器、能够实现智能化控制功能的阀门。控制阀的智能化通常包括两种形式:带智能阀门定位器的气动控制阀和智能电动控制阀。智能性主要体现在以下方面。

1. 控制智能 除了具有普通阀的基本功能外,还能够修改控制阀流量特性,实现 PID 控制运算及其他运算。可对正反作用、上下限报警、行程零点、行程范围、执行机构类型选择等参数进行调整。

2. 具有通信功能 能够方便地与上位机进行通信,实现数据交换和数据共享,也可以通过上位机对阀门进行远程检测、整定、参数或算法的修改。

3. 诊断智能 具有自我诊断功能,能够根据各传感器的数据,由 CPU 作出故障判断,并及时报警。

ER10-7　第十章　目标测试

第十一章　简单控制系统

ER11-1　第十一章简单控制系统（课件）

第一节　简单控制系统的组成

质量源于设计，关键在于控制。制药生产过程不会一直按照设计好的状态去运行，需要根据现场实际情况及时加以调整和优化。控制系统借助自动化的设备和仪表，部分或全部代替人的工作，克服各种干扰因素对工艺参数的影响，使它们保持在设定值附近或允许波动的范围内，从而保证生产维持在正常或最佳的状态。

简单控制系统是使用最普遍、结构最简单的一种自动控制系统，在大多数情况下，都能满足控制质量的要求。简单控制系统占控制系统总数的 80% 以上，也是其他复杂控制系统的基础。

由第二章可知，简单控制系统是由被控对象、测量变送器、控制器与执行器四个部分组成的。测量变送环节实时检测被控变量的大小，将测量值输送给控制器，控制器将测量值与设定值进行比较得出偏差，根据预先设置好的控制规律输出控制信号传递给执行器，使调节阀改变开度，即改变了操纵变量，使得被控变量重新回到工艺要求的数值上，通过稳定被控变量来使生产设备（被控对象）稳定高效地运行，从而得到产量稳定、质量合格的产品或中间体。

图 11-1 中，换热器用热蒸汽来预热某种原料，原料的出口温度反映了加热器的运行效果好坏，故出口温度应该作为被控变量，显然热蒸汽的流量应该作为操纵变量，温度测量变送器实时检测物料的出口温度并将检测信号传递给控制器。当出口温度突然降低时，测量值小于给定值，偏差增大，控制器根据偏差的大小输出控制信号，送往执行器，使得蒸汽入口阀门开大，提高热蒸汽的加入量，即增大换热量，使得物料出口温度升高，并逐渐回到给定值。这就是换热器出口温度简单控制系统的工作过程。

图 11-2 所示的液位控制系统也是一个典型的简单控制系统。贮槽是被控对象，液位是被控变量，选择流出贮槽的流量为操纵变量。控制器将液位检测

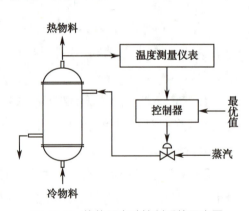

图 11-1　换热器自动控制系统示意图

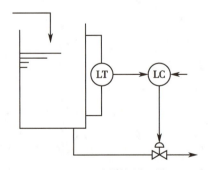

图 11-2　液位控制系统

变送器输出的测量信号与给定值进行比较得到偏差,按照一定的控制规律运算后,输出控制信号送往执行器,通过改变出口控制阀门的开度,将液位保持在给定值上。

由此可见,想要自控系统能够正常地运行,起到稳定被控变量的作用,就要求整个控制系统必须是闭环负反馈。即整个自控系统回路不能有一个位置是开环的,否则信号将无法顺畅地在各个环节间传递;整个回路的控制作用是使偏差越来越小,假如被控变量大于给定值,控制作用是使之减小,反之当被控变量小于给定值,控制作用是使之增大;只有整个控制系统是闭环负反馈才能起到应有的控制作用。

自动控制系统可以用方框图的形式来表示。方框图使各环节之间的作用关系、代数运算变得简单明确。方框代表组成自控系统的各个环节,两个方框间用一条带有单向箭头的连线表示两环节之间的信号传递,箭头指向方框表示信号输入这个环节,箭头离开方框表示信号从这个环节输出。加法器用于信号的相加或相减。当两信号相减时,又称比较器。图 11-3 所示为液位控制系统方框图。

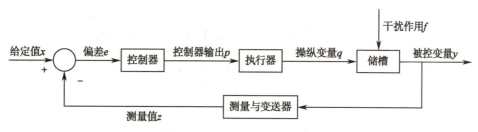

图 11-3　液位控制系统方框图

必须注意的是,加法器只是控制器的一个组成部分,不是一个独立的仪表,在方框图中单独画出来,为的是更清楚地说明其比较作用。方框与方框之间的连线,只是代表方框之间的信号联系,并不代表方框之间的物料联系。在分支点上,无论有几个信号输入和输出,各信号相同。

第二节　简单控制系统的设计

一、设计方法概述

简单控制系统设计的主要内容包括控制方案设计、相关工程内容设计、控制系统的投运与整定等。其中控制方案设计是整个设计工作的核心,也是关键的第一步,它包括被控变量与操纵变量的选择、测量与变送仪表的选型、调节阀的选型与正反作用确定、控制器正反作用的选择、控制器控制规律的选择及控制参数的整定等五个方面的工作。简单控制系统设计流程见图 11-4。

简单控制系统的设计步骤与思路如下。

1. 确定被控对象　被控对象是我们要控制的某台生产设备或某个操作单元。

2. 确定被控变量　将能反映设备运行效果或者产品质量的参数作为被控变量,将其控制起来,控制的目的是使其稳定在工艺最优值(也就是设定值)。

3. **选择合适的操纵变量** 在诸多影响被控变量的因素中选择一个对被控变量影响显著且可控性良好的参数作为操纵变量后,其他所有未被选中的输入则成为系统的干扰。

4. **选择合适的测量仪表** 根据被控变量的形式选择相应的检测仪表,确保仪表的材质、量程、测量精度等满足要求。

5. **选择合适的自动调节阀** 根据操纵变量的性质选择相应的调节阀,根据工艺生产的安全要求确定阀门的正反作用,确保阀门能够按照控制器的输出信号自动调节开度,改变操纵变量,从而起到控制被控变量的目的。

6. **设计控制器** 最后正确地选择控制器的正、反作用形式及控制规律,整定控制器的比例度、积分时间、微分时间等控制参数,直到被控变量的过渡过程曲线满足工艺控制要求。

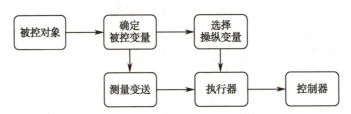

图 11-4 简单控制系统设计流程示意图

二、被控变量的选择

设计自动控制系统的目的是什么?首先是自动地克服各种干扰因素对关键生产参数的影响,使它们保持在工艺规定的数值,维持生产过程在正常或最佳的状态下进行。这些关键的生产参数就是被控变量。因此,在构成一个自控系统时,被控变量的选择十分重要,它关系到自动控制系统能否起到应有的作用。如果被控变量选择不当,就可能达不到预期的控制目标。

被控变量的选择与生产工艺密切相关,必须从工艺生产的角度选择被控变量,而不是从自动控制的角度进行选择。但是,影响生产过程的因素很多,并不是所有影响因素都必须加以控制,所以设计时必须深入分析工艺,找到影响生产的关键变量作为被控变量。

"关键"变量,就是对产品的质量、产量或者过程的安全性起决定性作用的生产参数,该参数能够反映设备的运行效果。图 11-1 中,物料流经换热器后的温度,反映了换热效果;图 11-2 中的贮槽液位,反映了贮槽存储量;这些参数都是被控变量。

生产过程中有些生产参数容易检测,而有些生产参数很难检测。如果被控变量是容易检测的工艺参数,如温度、压力、流量、液位等,则可以将这些参数直接作为被控变量,称为直接指标控制。如果工艺是按质量指标进行操作的,如反应器,反映其运行效果的直接指标是产物的产率、原料的转化率,若要知道这些指标就需对反应器内部物料进行取样检测分析,很难实现在线测量,或虽能检测但信号很微弱或滞后很大,因此不能直接采用这些质量指标作为被控变量。解决办法是选取与这些直接质量指标有单值对应关系而又容易在线检测的另一变量(如温度、压力等)作为间接控制指标。

下面以精馏过程为例进行说明,然后再进一步总结选择被控变量的一般原则。我们知道,精馏是利用被分离物各组分挥发度的不同而实现分离的,沸点低的组分受热不断沸腾气化上升,在塔顶富集,经塔顶冷凝器冷凝后采出,得到纯度较高的低沸点产品(轻组分),而沸点高的组分(重组分)则以液态的形式留在塔釜,从而实现均相混合物的分离。假定该精馏塔的操作是要使塔顶馏出物达到规定的纯度,那么塔顶馏出物的组成,也就是产品的质量分数应作为被控变量,但直接检测塔顶馏出物的组成比较困难,不容易实现在线监测,离线监测又导致滞后太大,因此不能直接以轻组分产品的质量分数作为被控变量而进行直接指标控制。

ER11-2 精馏塔
仿真控制系统
(图片)

因此,可以在与馏出物的组成有关的参数中找出一个合适的变量作为被控变量,进行间接指标控制。由化工原理的知识可知,当气液两相并存时,塔顶低沸点易挥发组分的纯度、塔顶温度和塔压三者中有两个是独立变量,即当压力恒定时,组成和温度之间存在单值对应关系;当温度恒定时,组成和压力之间也存在着单值对应关系。即在组成、温度、压力三个变量中,只要固定温度或压力中的一个,另一个变量就可以代替产品的纯度作为被控变量。在温度和压力中,究竟选哪一个参数作为被控变量呢? 从工艺合理性考虑,常常选择温度作为被控变量。这是因为:①在精馏塔操作中,压力往往需要固定。只有将塔的压力维持在规定的值,才易于保证产品的分离纯度,保证塔的效率和经济性。②在压力固定的情况下,各层塔板上的温度与组成具有一一对应的关系。③在选择被控变量时,还必须使所选变量有足够的灵敏度。当塔顶产品纯度变化时,温度的变化比较灵敏,容易被测量元件所感知。④简单控制系统被控变量间的独立性较好。

由此可见,固定压力选择温度作为被控变量是可行的、合理的。

在精馏操作中,若塔顶和塔釜的产品纯度都需要控制在规定的数值,根据以上分析,可在固定塔压的情况下,塔顶与塔釜分别设置温度控制系统。但这样一来,由于精馏塔各塔板上物料温度相互之间有一定联系,塔釜温度升高会导致上升蒸气温度升高,塔顶温度相应也会升高;同样,塔顶温度提高,回流液温度也会升高,会使塔釜温度也相应提高。也就是说,塔顶与塔釜的温度之间存在紧密的关联。因此,以两个简单控制系统分别控制塔顶温度与塔釜温度,势必造成相互干扰,严重的时候会使两个系统都不能正常工作。

由上可知,采用简单控制系统时,通常只能保证塔顶或塔釜一端的产品质量。若工艺要求保证塔顶产品质量,则选塔顶温度为被控变量;若工艺要求保证塔釜产品质量,则选塔釜温度为被控变量;如果工艺要求塔顶和塔釜产品纯度都要保证,则通常需要组成复杂控制系统,增加解耦装置,解决相互关联问题,这些知识将会在后面的章节介绍。

要正确选择被控变量,必须了解工艺过程和控制要求,仔细分析各变量之间的相互关系。选择被控变量的基本原则可概况为以下几点。

(1)重要性:被控变量是生产过程中非常重要的变量,是最能反映设备运行效果、工艺操作状态或者产品质量的参数。

(2)独立性:被控变量应是独立的,不应与其他需要控制的被控变量存在紧密的相互影响,否则应该考虑设计成复杂控制系统。

（3）可测性：被控变量应该是可以被在线实时测量的，并具有足够高的灵敏度，否则无法保证控制质量。如果测量存在严重的滞后性，则不适合作为直接指标进行控制，应该找与其有一一对应关系的间接指标作为被控变量。

（4）可控性：不可改变的变量都不能作为被控变量，如生产负荷等。

三、操纵变量的选择

被控变量是不能直接改变的。选择被控变量之后，接下来的问题就是选择什么样的物理量作为操纵变量，通过改变操纵变量来控制被控变量，使被控变量保持在工艺要求的设定值上。

一般来说，影响被控变量的因素往往有若干个，在这些参数中，有些是可控的，有些是不可控的。通常，在诸多因素中选择一个对被控变量影响显著且可控性良好的参数作为操纵变量后，其他所有能够影响改变被控变量的因素就成为了干扰。

仍以前面提到的精馏塔为例，影响塔顶温度的主要因素有进料的流量、进料组成、进料温度、回流液的流量、回流液的温度、加热蒸汽流量、冷凝器冷却温度及塔压等。这些因素都会影响被控变量，即塔顶温度。但是，在这些变量中选择哪一个变量作为操纵变量最合适呢？

回答这个问题之前，可以先将这些影响因素分为两大类，即可控的和不可控的。从工艺角度看，只有回流量和加热蒸汽流量为可控因素，其他一般为不可控因素。当然，在不可控因素中，有些也是可改变的，如进料流量、塔压等，但是工艺上一般不允许用这些变量去控制塔温，因为进料流量的波动意味着生产负荷的波动，塔压的波动意味着塔的工况不稳定，并且会破坏温度与组成的单值对应关系，因此，将这些影响因素也可以看成是不可控因素。在两个可控因素中，回流量对塔顶温度的影响比蒸汽流量对塔顶温度的影响更显著。同时，从保证产品质量的角度来分析，控制回流量比控制蒸汽流量更有效，所以应选择回流流量作为操纵变量，也称控制变量。

操纵变量与干扰变量作用在对象上，都会引起被控变量的变化。被控变量的变化量是控制作用和干扰作用引起的变化量的叠加。干扰变量由干扰通道施加在对象上，一般起着破坏作用，使被控变量偏离给定值；操纵变量由控制通道施加到对象上，起着校正作用，使被控变量回到给定值。它们对被控变量的影响强弱都与对象特性有密切的关系。因此在选择操纵变量时，要认真分析对象的稳态特性和动态特性，以选择合适的操纵变量，提高系统的控制质量。

被控对象的稳态性质可分为控制通道的稳态性质和干扰通道的稳态性质。控制通道的稳态性质可由控制通道的放大系数来表征，干扰通道的稳态性质可由干扰通道的放大系数来表征。在选择操纵变量构成控制回路时，一般希望控制通道的放大系数大一些，这是因为其大小表征了操纵变量对被控变量的影响程度，因此控制通道的放大系数越大，控制作用对被控变量的影响就越大，控制作用越强。另外，由余差与对象特性的关系可知，控制通道放大系数越大，余差越小。所以从控制有效性角度考虑，控制通道的放大系数应适当地大一些，但不能过大，否则控制作用会过于灵敏，使被控变量过调，导致对象不稳定。

若控制通道放大系数不够大时,也可通过控制器的比例增益 K_p 进行补偿。通常,对象干扰通道的放大系数越小越好,系数越小表示干扰对被控变量的影响越小,过渡过程中超调量也就越小,余差也越小,控制品质就越好。因此,在多个输入变量都影响被控变量时,从稳态性质考虑应该选择其中放大系数较大的可控变量作为操纵变量,即选择对被控变量影响最显著的参数作为操纵变量。

根据稳态性质选择控制变量还不能完全满足控制要求,因为控制系统的过渡过程是一个动态过程,这就需要进一步按对象的动态特性来进行选择。对象的动态特性也分为控制通道的动态特性和干扰通道的动态特性。被控对象控制通道的动态特性可由控制通道的时间常数 T_0 及滞后时间 τ_0 来表征,干扰通道的动态特性可由干扰通道的时间常数 T_f 及滞后时间 τ_f 来表征。

(一)时间常数对选择操纵变量的影响

控制作用是通过控制通道去影响被控变量的,控制通道的时间常数不能过大,否则会使控制变量的校正作用迟缓,超调量增大,过渡时间增长。例如,通过改变出口流量,液位变化过于缓慢,很长时间都不能重新稳定,则控制质量很差,所以要求控制通道的时间常数小一些,使控制作用能及时、灵敏地影响被控变量,从而获得良好的控制效果。但控制通道的时间常数也并非越小越好,同放大系数一样,时间常数过小也会导致控制作用过于灵敏,极易引起振荡;而干扰通道时间常数越大,干扰对被控变量的影响越缓慢,越有利于控制。

(二)滞后时间对选择操纵变量的影响

控制通道的纯滞后对控制质量的影响是十分不利的。图 11-5 中,C 表示无控制作用时,被控变量在干扰作用下的变化曲线;A 和 B 分别表示无纯滞后和有纯滞后时操纵变量对被控变量的校正作用;D 和 E 分别表示无纯滞后和有纯滞后两种情况下,被控变量在干扰作用与控制作用共同作用下的变化曲线。

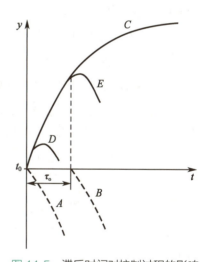

图 11-5　滞后时间对控制过程的影响

从图中可以看出,控制通道无纯滞后时,控制器在 t_0 接收正偏差信号产生校正作用 A,使被控变量从 t_0 以后沿曲线 D 变化;而当对象有纯滞后时,控制器虽在 t_0 后发出了校正作用,但由于纯滞后 τ_0 的存在,使之对被控变量的影响推迟了时间 τ_0,即对被控变量的实际校正作用是沿曲线 B 发生的,因此导致被控变量是沿曲线 E 变化的。比较 D 和 E 曲线,可见纯滞后使超调量增加,造成过渡过程的振荡加剧,过渡时间延长,稳定性降低。所以在选择操纵变量时,应尽量避免控制通道纯滞后的存在,无法避免时应尽可能小。

相反,如果干扰通道存在纯滞后,即干扰对被控变量的影响推迟了一个纯滞后时间,会导致控制作用也推迟了相应时间,使被控变量的变化推迟相应时间,但是干扰早晚还是会来,所以干扰通道的纯滞后通常不会影响控制质量。

因此,操作变量的选择要注意以下三个原则。

(1)影响显著:操纵变量一般应比其他干扰对被控变量的影响更加灵敏。为此,应通过合理选择操纵变量,使控制通道的放大系数适当大,时间常数适当小,纯滞后时间尽量小。为使其他因素对被控变量的影响尽可能小,应使干扰通道的放大系数尽可能小,时间常数尽可能大。

（2）可控性好:操纵变量应是可控的,即工艺上允许调节的变量。

（3）工艺合理:在选择操纵变量时,除了从自动化角度考虑外,还要考虑工艺的合理性与生产的经济性。一般不宜选择生产负荷作为操纵变量,因为生产负荷直接关系到产品的产量,是不宜经常波动的。另外,从经济性考虑,还应尽可能地降低物料与能量的消耗。

四、控制器正、反作用的选择

自动控制系统稳定运行的必要条件是形成负反馈的闭环回路。在控制系统中,控制器、被控对象、测量元件及执行器都有各自的作用方向。如果组合不当,使自控系统总的作用方向构成正反馈,则控制系统不仅不能起作用,反而还会起到反作用,所以在控制系统投运前必须注意各环节的作用方向,以确保整个控制系统形成负反馈。其实,我们就是通过确定控制器的"正""反"作用,来保证整个控制系统形成负反馈的。

控制器正、反作用的选择直接关系到系统的正常运行与安全操作。所谓各环节的正反作用方向,是指输入变化后,输出的变化方向。当输入增加时,输出也增加,或者输入减小时,输出也减小,则称该环节为"正作用";反之,当输入增加时,输出减小,或者输入减小时,输出增加,则称该环节为"反作用"。

其实,除了控制器,其他环节的正反作用一般是确定的。比如测量变送环节,输入为被控变量的真实值,输出为被控变量的测量值,因此测量变送环节的作用方向一般都是"正"方向;被控对象的正反作用要看操纵变量与被控变量的关系,这也是确定的;执行器的正反作用要根据工艺安全的要求来确定,所以也是确定的。

确定控制系统各环节的正反作用是有顺序的,选择控制器的正、反作用可以按以下步骤进行。

1. 判断被控对象的正、反作用 在一个确定的控制系统中,被控对象的正、反作用由工艺机制确定。因为被控对象的输入为操纵变量,输出为被控变量。当操纵变量增加时,被控对象的输出也增加,操纵变量减小时,被控对象的输出也减小,则被控对象为正作用方向;反之,当操纵变量增加时,被控变量减小,操纵变量减小时,被控变量增加,则被控对象为反作用方向。

2. 确定执行器的正、反作用 执行器的正、反作用由工艺安全的要求来确定。其选择原则是,在信号压力中断时,比如突然停电停气的时候,调节阀接收不到控制信号,不能自动调节开度,应保证设备和操作人员的安全。如阀门处于打开状态危害性小,则应选用气关阀(反作用);反之,如阀门处于关闭位置时危害性小,则用气开阀(正作用)。气开阀是正作用,即当来自控制器的输出增加时,阀门开大,操纵变量也增加;来自控制器的输出减小时,阀门关小,操纵变量也减小。气关阀为反作用,来自控制器的输出增加时,阀门关小,操纵变量减小;来自控制器的输出减小时,阀门开大,操纵变量增加。执行器正、反作用的判断步骤见图 11-6。

3. 确定广义对象的正、反作用　由于测量变送
环节为正作用，那么如果执行器、被控对象两个环节
的作用方向相同，则广义对象为正作用特性；如果
执行器、被控对象两个环节的作用方向相反，则广义
对象为反作用特性。

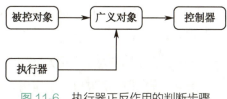

图 11-6　执行器正反作用的判断步骤

4. 确定控制器的正、反作用　要想简单控制系统整体形成负反馈，则如果广义对象为正
作用方向，则控制器应为反作用方向；反之，若广义对象为反作用方向，则控制器应该为正作
用方向。

注意，控制器的正反作用也可以根据控制逻辑来判断。下面通过两个具体的例子来进一
步说明如何选择控制器的正、反作用方向。

例 11-1　图 11-1 是一个简单的加热炉出口温度控制系统。在这个系统中，加热炉是被
控对象，燃料气流量是操纵变量，被加热的原料油出口温度是被控变量。工艺安全条件为当
控制信号中断（断气或断电）时，加热炉不能被烧坏，物料不能被烧焦。试选择执行器的气开、
气关形式与控制器的正、反作用方向。

方法一：依次判断组成自动控制系统各个环节的正反作用。

第一步，应确认被控对象的正、反作用方向。当操纵变量燃料气流量增加时，被控变量原
料油出口温度是增加的，故被控对象是"正"作用方向。

第二步，确定执行器的正、反作用。从工艺安全要求出发，避免当控制信号中断时，控制
阀大开而烧坏炉子，那么应选定执行器是气开阀，停气时关闭。即当控制器的输出信号增加
时，调节阀的开度增加，操纵变量燃料气流量增加，执行器是"正"作用方向。

第三步，确定广义对象的正、反作用。因为被控对象、执行器均为正作用方向，所以广义
对象为正作用方向。

第四步：确定控制器的正、反作用。因为广义对象为正作用方向，所以温度控制器 TC 为
反作用。

方法二：根据控制逻辑来判断控制器的正反作用。

假设被控变量原料油出口温度升高，测量值大于设定值，偏差增大，控制器的输入信号增
大，要想使温度降到设定值，就必须使燃料气的入口流量降低，因为阀门为气开阀（正作用），
所以调节阀的输入信号减小，即控制器的输出信号减小，刚才分析得到控制器的输入信号增
大，因此温度控制器 TC 是反作用。两种判断方法得到的结论是一致的。

例 11-2　图 11-2 是一个简单的液位控制系统。被控变量是贮槽液位，操纵变量是流出
贮槽的液体流量，从工艺安全角度出发，要求控制信号断开时，阀门能自动关闭，以免物料全
部流走。试选择控制器的正、反作用方向。

第一步，仍然是确定被控对象的正、反作用方向。当操纵变量也就是流出贮槽的流量增
加时，被控变量液位是减小的，故对象是"反"作用。

第二步，确定执行器的正、反作用方向。从工艺安全条件出发，避免当气源突然断气时，
控制阀大开而使物料流走，应选定执行器是气开阀（停气时关闭）。所以执行器是"正"作用方

向，即当控制器的输出信号增加时，调节阀的开度增加，操纵变量（流出贮槽的流量）增加。

第三步，确定广义对象的正、反作用方向。由于被控对象为反作用方向，执行器为正作用方向，所以广义对象为反作用方向。

最后，确定控制器的正、反作用方向。因为广义对象为反作用方向，所以液位控制器 LC 为正作用方向。

五、控制规律的选择

目前工业上常用的控制规律主要有位式控制、比例控制、比例积分控制、比例微分控制和比例积分微分控制五种。各种控制规律的特点见表 11-1。

表 11-1　基本控制规律的特点

控制作用	输入输出关系	控制特色	适用场合
比例控制	$\mu = K_P e$	结构简单，控制及时，控制结果有余差	对象容量大，负荷变化不大，纯滞后小，允许有余差存在
比例积分控制	$\mu = K_P \left(e + \dfrac{1}{T_i} \int e dt \right)$	能消除余差，积分作用控制缓慢，会使系统稳定性变差	对象滞后较小，负荷变化较大，但变化缓慢，要求控制结果无余差
比例微分控制	$\mu = K_P \left(e + T_d \dfrac{de}{dt} \right)$	响应快，偏差小，能增加系统稳定性；有超前控制作用，可以克服对象的惯性，控制结果有余差	对象滞后大，负荷变化不大，被控变量变化不频繁，控制结果允许有余差存在
比例积分微分控制	$p = K_P \left(e + \dfrac{1}{T_i} \int e dt + T_d \dfrac{de}{dt} \right)$	控制规律最复杂，控制质量较高，无余差，控制器参数整定较麻烦	对象滞后大，负荷变化较大，对控制质量要求高

1. 位式控制　也称开关控制，属于最简单的控制方式，一般适用于对控制质量要求不高、工艺允许被控变量在给定值上下波动范围较宽的场合。

2. 比例控制　输出与偏差的大小成正比，只要偏差有变化就有控制作用，因此比例控制作用及时，克服干扰能力强，过渡时间短。在常用的控制规律中比例控制是最基本的控制规律，但纯比例作用在过渡过程终了时存在余差。负荷变化越大，余差就越大。因此，比例控制适用于控制通道滞后较小、负荷变化不大、工艺允许被控变量存在余差的场合。

3. 比例积分控制　在比例作用的基础上加上积分作用。积分作用的输出与偏差对时间的积分成正比，只要偏差存在，控制器的输出就会不断变化，直至消除偏差为止。所以，虽然加上积分作用会使系统的稳定性降低，但系统在过渡过程结束时无余差，这是积分控制作用的优点。同时，为保证系统的稳定性，在增加积分作用的同时，可以加大比例度，使系统的稳定性基本保持不变。比例积分作用适用于工艺不允许被控变量存在余差的场合。

4. 比例微分控制　由于引入了微分作用，它根据偏差变化的速率进行控制，不需要等到被控变量发生变化才有控制作用，即在被控变量将要变化却还没变化的时候就有控制作用，因此微分控制具有超前调节的作用，当被控对象具有较大滞后时，将会有效地改善控制质量。但是对于滞后小、干扰作用频繁的被控对象应尽可能避免使用微分作用，因为这种控制作用将会使系统产生振荡,严重时使系统失控而发生事故。

5. 比例积分微分控制　综合了比例、积分、微分控制规律的优点。适用于容量滞后较大、负荷变化大、控制要求高的场合。

六、参数整定方法

自动控制系统各组成环节经设计、安装后,就可以经调试投入运行,即将生产过程由人工操作方式切换到自动控制状态。自动控制系统的投运主要包括两大步骤:首先将自控回路由"手动"操作方式切换到"自动"控制方式;然后整定控制器的比例度、积分时间、微分时间这三个参数。具体如下:

（一）投运前的准备

1. 熟悉检查　检查控制系统所有仪表及连接管线、气管线、电源、气源等,以保证接线的正确性及故障时能及时确定故障原因。

2. 现场校验　校验所有的仪表,保证仪表能正常工作。

3. 初步设定　根据经验或估算确定比例度、积分时间和微分时间的数值,或将控制器放在纯比例作用,即积分时间设为无穷大,微分时间设为零,且比例度设置得较大,让控制作用开始比较弱一点。

4. 确定正反　确认控制阀的气开、气关作用;确认控制器的正、反作用。

5. 准备调试　将控制系统设置为开环状态。

（二）投运控制系统

1. 将控制器处于手动操作状态,并观察测量仪表是否正常工作。

2. 手动遥控执行器,直至工况稳定。

3. 手动遥控使被控变量接近或等于设定值,观察仪表的测量值,待工况稳定后,将控制器由手动状态切换到自动状态。至此,控制系统初步投运过程结束。但控制系统的过渡过程不一定满足要求,需要进一步整定比例度、积分时间和微分时间三个参数。

（三）工程整定方法

自动控制系统的控制质量,与对象特性、干扰形式与大小、控制方案及控制器参数都有着密切的关系。在控制方案、广义对象的特性、控制规律都已确定的情况下,控制质量主要取决于控制器参数的整定效果。

整定控制器参数,就是为了确定最合适的控制器比例度 δ、积分时间 T_i 和微分时间 T_d,使控制质量能满足工艺生产的要求。对于简单控制系统来说,一般希望被控变量的过渡过程呈现（4∶1）～（10∶1）的衰减振荡规律。

控制器参数整定的方法主要有两大类:一类是理论计算的方法;另一类是工程整定方法。

1. 理论计算方法　是根据已知的广义对象特性及控制质量的要求,通过理论计算求出控制器的最佳参数。这种方法比较烦琐、工作量大,且很难找到对应的机制模型,计算结果有时与实际情况也不符合,故在长期的工程实践中没有得到很好的推广和应用。

2. 工程整定方法　是在已经投运的实际控制系统中,通过试验或经验摸索,来确定控制器的最佳参数。下面分别介绍三种常用的工程整定方法。

（1）临界比例度法：它是先通过试验得到临界比例度和临界振荡周期，然后根据经验公式求出控制器的最适宜参数值。即在闭环的控制系统中，先将控制器放在纯比例作用（积分时间 T_i 设为无穷大，微分时间 T_d 设为0），在干扰作用下，从大到小地逐渐改变控制器的比例度，被控变量的过渡过程会由非周期衰减过渡到衰减振荡，直至产生等幅振荡（图11-7）。等幅振荡时的比例度，称为临界比例度，振荡周期称为临界振荡周期。根据表11-2中的经验公式计算出控制器的各参数整定数值。可以看出实际设置的比例度要高于临界比例度，当增加积分作用时要相应地增大比例度，增加微分作用时要减小比例度。

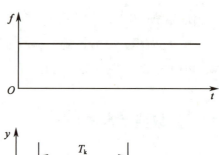
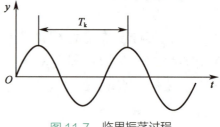

图11-7　临界振荡过程

表11-2　临界比例度法参数计算公式表

控制作用	比例度 $\delta/\%$	积分时间 $T_i/\min$	微分时间 $T_d/\min$
P	$2\delta_k$		
PI	$2.2\delta_k$	$0.85T_k$	
PD	$1.8\delta_k$		$0.1T_k$
PID	$1.7\delta_k$	$0.5T_k$	$0.125T_k$

临界比例度法比较简单方便，容易掌握和判断，适用于一般的控制系统。但是对于临界比例度很小或不存在临界比例度的系统则不适用。因为临界比例度很小，控制器输出的变化肯定很大，被控变量容易超出允许范围，影响生产的正常进行。临界比例度法是要使系统达到等幅振荡后，才能找出临界比例度和临界振荡周期，对于工艺上不允许产生等幅振荡的系统也不适用。

（2）衰减曲线法：衰减曲线法通过使系统产生衰减振荡来整定控制器的参数值。具体如下：在闭环的控制系统中，先将控制器设置为纯比例作用，并将比例度预置在较大的数值上，在达到稳定后，用改变给定值的办法加入阶跃干扰，观察被控变量，记录曲线的衰减比，然后从大到小改变比例度，直至出现4∶1衰减比为止，记下此时的比例度 δ_s，从曲线上得到衰减周期 T_s，然后根据表11-3中的经验公式，求出控制器的参数整定值。

表11-3　4∶1衰减曲线法控制器参数计算表

控制作用	比例度 $\delta/\%$	积分时间 $T_i/\min$	微分时间 $T_d/\min$
P	δ_s		
PI	$1.2\delta_s$	$0.5T_s$	
PID	$0.8\delta_s$	$0.3T_s$	$0.1T_s$

有的过程4∶1衰减仍嫌振荡过强，可采用10∶1衰减曲线法。方法同上，得到10∶1衰减

曲线后,记录此时的比例度和最大偏差时间 T_s(又称上升时间),然后根据表 11-4 中的经验公式,求出相应的比例度、积分时间和微分时间。

表 11-4　10：1 衰减曲线法控制器参数计算表

控制作用	比例度 δ /%	积分时间 T_i/min	微分时间 T_d/min
P	δ_s'		
PI	$1.2 \delta_s'$	$2 T_升$	
PID	$0.8 \delta_s'$	$1.2 T_升$	$0.4 T_升$

图 11-8 分别给出了 4：1(a)和 10：1(b)的衰减振荡过程曲线。

采用衰减曲线法必须注意以下几点:①加的干扰幅值不能太大,要根据生产操作要求来定,一般为给定值的 5% 左右;②必须在工艺参数稳定情况下才能施加干扰,否则得不到正确的比例度和衰减周期或上升时间;③对于反应快的系统,如流量、管道压力和小容量的液位控制等,要在记录曲线上严格得到 4：1 衰减曲线比较困难。一般以被控变量来回波动两次达到稳定,就可以近似地认为达到 4：1 衰减过程了。

衰减曲线法比较简便,适用于一般情况下的各种参数控制系统。但对于干扰频繁、记录曲线不规则、不断有小摆动的情况,由于不易得到准确的衰减比例度和衰减周期,使得这种方法难以应用。

(3)经验凑试法:经验凑试法是在长期的生产实践中总结出来的一种控制器参数整定方法。是根据经验先将控制器参数放在一个数值上,直接在闭

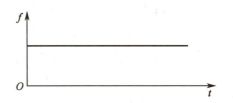

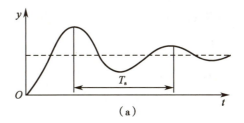

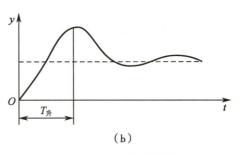

图 11-8　衰减振荡过程

环的控制系统中,通过改变给定值施加干扰,在记录仪上观察过渡过程曲线,运用比例度、积分时间、微分时间对过渡过程的影响为指导,按照规定顺序,对比例度、积分时间和微分时间进行逐个整定,直到获得满意的过渡过程为止,所以此方法需要建立在丰富的经验基础上。

总的来说,经验凑试法整定的步骤有以下两种。

1)先用纯比例作用进行凑试,待过渡过程已基本稳定并符合要求后,再加积分作用消除余差,加入微分作用是为了消除滞后。按此顺序观察过渡过程曲线进行整定工作。

2)先按表 11-5 中给出的范围把积分时间定下来,如果引入微分作用,可取微分时间等于 1/4～1/3 倍的积分时间,然后对比例度进行凑试,步骤与前一种方法一致。一般来说,这样凑试可较快地找到合适的参数值。但是,如果开始积分时间和微分时间设置得不合适,则可能得不到所要求的被控变量过渡过程曲线。这时应将积分时间和微分时间作适当调整,重新凑试,直至记录曲线合乎要求为止。

表 11-5 控制器参数的参考设置值

控制对象	对象特征	$\delta/\%$	$T_i/\min$	$T_d/\min$
流量	对象时间常数小，参数有波动，δ 要大；T_i 要短；不用微分	40～100	0.3～1	
温度	对象容量滞后较大，即参数受干扰后变化迟缓；δ 应小；T_i 要长；一般需加微分	20～60	3～10	0.5～3
压力	对象的容量滞后一般，不算大，一般不加微分	30～70	0.4～3	
液位	对象时间常数范围较大。要求不高时，δ 可在一定范围内选取，一般不用微分	20～80		

经验凑试法的特点是方法简单，适用于各种控制系统，因此应用非常广泛。特别是外界干扰作用频繁、记录曲线不规则的控制系统，采用此法最为合适。但是此法主要靠经验，在缺乏实际经验或过渡过程本身较慢时，往往较为费时。

总之，在一个自动控制系统投运时，控制器的参数必须整定，才能获得满意的控制质量，控制器参数整定的好坏由被控变量的过渡过程来评判。同时，在生产进行的过程中，如果工艺操作条件改变，或负荷有很大变化，被控对象的特性就要改变，控制器的参数也必须重新整定。

ER11-3 第十一章 目标测试

第十二章　复杂控制系统

简单控制系统解决了生产过程中大量的参数定值控制问题,是自动控制中最基本、应用最广泛的一种形式。但随着制药工业的快速发展,生产过程趋于大型化、集成化、复杂化等,对操作条件的要求越来越严格,对产品质量的要求也越来越高,采用简单控制系统往往不能胜任,因此需要一些改进的控制策略。这些控制策略大都是在简单控制的基础上,增加计算环节、控制环节或者其他环节,可能使用更多的测量值或操纵变量,所构成的系统称为复杂控制系统。根据系统的结构与功能来分,常用的复杂控制系统有串级控制系统、前馈控制系统、比值控制系统、均匀控制系统以及分程控制系统等。

第一节　串级控制系统

一、串级控制的基本概念

当对象的滞后和时间常数较大,所受干扰比较剧烈、频繁或者负荷变化较大的情况下,采用简单控制系统的控制质量较差,满足不了工艺要求时,可以考虑采用串级控制系统。下面以精馏塔的塔釜温度控制系统为例,说明串级控制系统的结构及其工作原理。

在精馏塔分离过程中,塔釜温度是保证产品分离纯度的重要指标,一般要求其恒定,对控制质量要求较高。若选择提馏段灵敏板的温度作为被控变量,则自动控制系统的任务就是通过维持灵敏板上温度的恒定,来保证塔底产品的纯度满足工艺要求,可以设计如下所述的三种控制方案。

（一）控制方案一

以加热蒸汽流量为操纵变量,在再沸器的加热蒸汽管线上安装一个控制阀,调节进入再沸器的蒸汽流量,控制阀开度由灵敏板温度控制,构成提馏段温度简单控制系统,如图 12-1 所示。这个方案的特点是影响灵敏板温度的各种干扰因素都被包含在控制回路中,当系统出现干扰使温度偏离给定值时,温度控制器将根据温度偏差输出相应信号,通过控制阀调节加热蒸汽流量,从而使温度重新回到给定值。但是,当加热蒸汽管

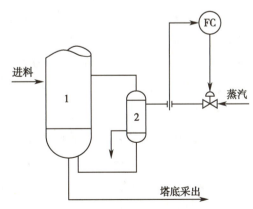

1. 精馏塔；2. 再沸器。

图 12-1　精馏塔提馏段温度控制系统

线内压力波动比较剧烈时,由于温度对象的滞后较大,需要经过一定的时间灵敏板温度才能有变化。虽然蒸汽管线上控制阀开度不变,但是灵敏板温度仍将发生变化,只有温度出现偏差后,控制器才会发现干扰的存在,从而再进行调节。因此,该方案的控制质量不够理想,对于某些精馏过程来说是不符合要求的。

(二)控制方案二

针对上述问题,为了及时检测到加热蒸汽流量的变化,采用间接控制灵敏板温度的方案,其中灵敏板温度将不再是被控变量,而是选择加热蒸汽流量作为被控变量,通过流量控制器调节控制阀开度,加热蒸汽流量同时作为操纵变量,构成再沸器的加热蒸汽流量简单控制系统,如图 12-2 所示。一旦加热蒸汽管线内压力发生变化,影响蒸汽流量时,系统能够立即检测并进行控制,将其对灵敏板温度的影响及时消除。该方案可以保证加热蒸汽流量的恒定,克服蒸汽压力扰动的影响,但不能解决进料流量、温度等因素对灵敏板温度带来的影响,故仍不能满足某些精馏过程的要求。

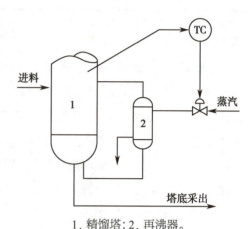

1. 精馏塔;2. 再沸器。

图 12-2 精馏塔再沸器的加热蒸汽流量控制系统

(三)控制方案三

通过以上分析可知,方案一和方案二都有一定的局限性,较难得到满意的控制效果。为了综合上述方案的优点,能否同时采用两套简单控制系统呢?但是很显然,这两个系统对加热蒸汽流量的要求是矛盾的,方案一的温度控制系统是通过改变加热蒸汽流量从而维持灵敏板温度的恒定,方案二的流量控制系统目的是保证加热蒸汽流量的恒定,所以它们是不能协调工作的。在控制过程中希望的是当灵敏板温度不变时,加热蒸汽流量能够保持稳定,而当灵敏板温度受到干扰偏离给定值时,又要求加热蒸汽流量能够作相应的变化,使灵敏板温度保持在给定值上。也就是说,流量控制器的给定值应该由温度控制的需要来决定它"变"还是"不变",以及变化的"大"和"小"。

因此,可以将温度控制器与流量控制器串接起来工作,以温度控制器的输出作为流量控制器的给定值,使流量控制器的给定值随着温度控制器的变化而变化,从而构成温度 - 流量串级控制系统,如图 12-3 所示。温度控制器和流量控制器各自完成不同的控制任务,流量控制器用于克服加热蒸汽流量对灵敏板温度的影响;当除加热蒸汽流量波动外的其他干扰导致灵敏板温度偏离给定值时,温度控制器将根据温度偏差自动改变流量控制器的给定值,从而通过流量控制器使控制阀动作,调节加热

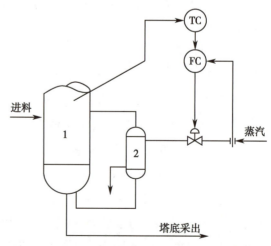

1. 精馏塔;2. 再沸器。

图 12-3 精馏塔提馏段温度 - 流量串级控制系统

蒸汽流量,克服这些干扰对灵敏板温度的影响。通过这两个控制器共同工作,能够达到更好的控制效果。

该温度-流量串级控制系统的方框图如图12-4所示。根据信号传递关系,图中将被控对象分为两个部分:一部分为精馏塔装置,图中标为温度对象,它的输出变量为提馏段灵敏板的温度,干扰f_1表示进料流量、温度及成分等因素的变化,它通过温度对象直接影响提馏段温度;另一部分为加热蒸汽管线,图中标为流量对象,它的输出变量为加热蒸汽流量,干扰f_2表示加热蒸汽压力的变化,它通过流量对象首先影响蒸汽流量,然后再影响提馏段温度。温度控制器和流量控制器分别接收各自对象的测量信号,温度控制器的输出作为流量控制器的给定值,而后者的输出去调节控制阀,以改变操纵变量。从系统的结构来看,这两个控制器是串接工作的,故称为串级控制系统。

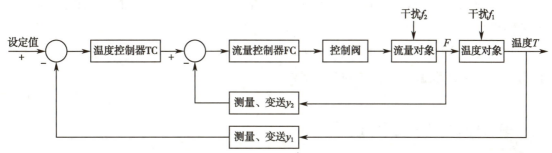

图 12-4　精馏塔提馏段温度-流量串级控制系统方框图

ER12-2　温度流量串级回路(视频)

二、串级控制系统的组成

串级控制系统是一种常用的复杂控制系统,各种具体对象的串级控制系统都可以画成典型形式的方框图,如图12-5所示。

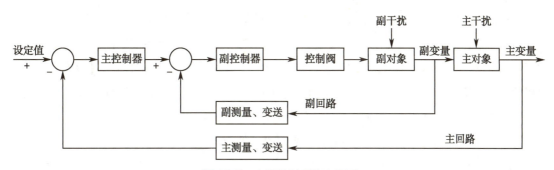

图 12-5　串级控制系统方框图

下面对串级控制系统的相关名词术语进行介绍。

1. 主变量　生产过程中所需要控制的工艺参数,在串级控制系统中起主导作用的被控变量,如上例中的提馏段温度。

2. 副变量　串级控制系统中为了稳定主变量或因某种需要而引入的辅助变量,如上例中的加热蒸汽流量。

3. **主对象**　为主变量表征其特性的工艺生产设备或生产过程,如上例中的精馏塔装置。

4. **副对象**　为副变量表征其特性的工艺生产设备,如上例中的加热蒸汽管线。

5. **主测量、变送**　主变量的测量、变送装置。

6. **副测量、变送**　副变量的测量、变送装置。

7. **主控制器**　根据主变量的测量值与给定值的偏差而工作,其输出作为副变量的给定值,又称主导控制器,如上例中的温度控制器。

8. **副控制器**　其给定值来自主控制器的输出,并根据副变量的测量值与给定值的偏差而工作,又称随动控制器,如上例中的流量控制器。

9. **主回路**　由主、副对象,主测量变送装置,主、副控制器和控制阀所构成的外回路,又称为外环或主环。

10. **副回路**　由副对象、副测量变送装置、副控制器和控制阀所构成的内回路,又称为内环或副环。

从图 12-5 可以看出,串级控制系统中有两个闭合回路,副回路是包含在主回路中的一个小回路,两个回路都是具有负反馈的闭环系统。

三、串级控制系统的工作过程

下面以精馏塔提馏段温度 - 流量串级控制系统为例,进一步说明串级控制系统是如何有效克服滞后提高控制质量的。为了便于分析问题,考虑工艺的安全性,先假定控制阀选择气开式(即断气时关闭控制阀),温度控制器和流量控制器都为反作用方向。下面针对不同情况来分析该串级控制系统的工作过程。

(一)干扰进入副回路

当只有加热蒸汽压力波动对系统进行干扰时,即图 12-4 所示的方框图中,干扰 f_1 不存在,只有干扰 f_2 作用在流量对象上进入副回路。若采用简单控制系统(图 12-1,控制方案一),干扰 f_2 先引起加热蒸汽流量发生变化,然后通过再沸器传热使提馏段温度发生变化,此时控制作用才能开始,故该方案控制过程迟缓,产生的滞后较大。若采用串级控制系统,在干扰 f_2 引起蒸汽流量变化时,流量控制器就能立即进行控制,使其很快稳定下来;如果干扰作用小,经过副回路控制后,一般不会影响到提馏段温度;如果干扰作用较大,但大部分已被副回路所克服,残余作用由主回路进一步控制,对提馏段温度产生的影响很小。

由于副回路控制通道短、时间常数小,所以当干扰进入副回路时,可以获得比简单控制系统超前的控制作用,能够有效地克服加热蒸汽压力变化对提馏段温度的影响,从而大大提高控制质量。

(二)干扰作用于主对象

当系统受到进料流量、温度及成分等因素的扰动时,即图 12-4 所示的方框图中,干扰 f_2 不存在,只有干扰 f_1 作用在温度对象上。若干扰 f_1 使提馏段温度升高,与给定值的偏差增大,则温度控制器的输出减小,即流量控制器的给定值降低;此时加热蒸汽流量暂时还没有改变,而给定值降低,两者的偏差增大,则流量控制器的输出减小;气开式控制阀的开度也随之减小,降低加热蒸汽流量,促使提馏段温度恢复到给定值。在整个控制过程中,干扰f_1使提馏段温度偏离给定值,温度控制器的输出发生变化,即流量控制器的给定值改变,要求加热蒸汽流量也随之变化,这是维持提馏段温度恒定所必需的。所以,在串级控制系统中,如果干扰作用于主对象,由于副回路的存在,可以及时改变副变量的数值,以达到稳定主变量的目的。

（三）干扰同时作用于副对象和主对象

当精馏塔的进料流量、温度及成分等发生变化,同时加热蒸汽压力也产生波动时,即图12-4所示的方框图中,干扰f_1、f_2同时存在,分别作用于温度对象和流量对象上。可以根据提馏段温度、加热蒸汽流量变化的方向,分为两种情况进行讨论。

一种情况是提馏段温度、加热蒸汽流量的变化方向相同,即同时增大或同时减小。若提馏段温度和加热蒸汽流量同时增大,此时温度控制器的输出由于提馏段温度升高而减小,即流量控制器的给定值降低;流量控制器由于蒸汽流量增大,而给定值降低,两者的偏差更大,因而其输出也大大减小,致使控制阀关得更小些,大大降低加热蒸汽流量,直至提馏段温度回到给定值。在这种情况下,温度控制器和流量控制器的输出都是使控制阀关小的,所以加强了控制作用,加快了控制过程。

另一种情况是提馏段温度、加热蒸汽流量的变化方向相反,即一个增大、另一个减小。若提馏段温度降低、加热蒸汽流量增大,此时温度控制器的输出由于提馏段温度降低而增大,即流量控制器的给定值增大;由于蒸汽流量也是增大的,如果两者的增加量恰好相等,则偏差为零,流量控制器的输出不变,不需要调节控制阀;如果两者的增加量不相等,但能够相互抵消一部分,因而偏差也不会太大,只需稍微调节一下控制阀,使提馏段温度回到给定值。

通过以上分析可知,在串级控制系统中引入一个闭合的副回路,不仅能够迅速克服进入副回路的干扰,而且对作用于主对象的干扰也能加速克服。副回路具有先调、粗调、快调的特点;主回路具有后调、细调、慢调的特点,并对副回路没有完全克服的干扰能够彻底克服。因此,串级控制系统的主、副回路相互配合、相互补充,充分发挥了作用,大大提高了控制质量。

四、串级控制系统的特点

串级控制系统与简单控制系统相比,在系统结构上多了一个副回路,所以具有以下一些特点。

（一）对进入副回路的干扰有很强的克服能力

当副回路受到干扰时,副变量首先受到影响,副控制器能够立即动作,尽力克服干扰产生的影响。经过副回路的克服后,残余干扰再进入主回路,对主变量的影响将大大减弱。与简单控制系统相比,串级控制系统对进入副回路的干扰具有很强的克服能力,若主回路受到扰动,也能一定程度地提高系统抗干扰能力。由于副回路的存在,减小了副对象的时间常数,对于主回路而言,其控制通道也缩短了,故克服干扰比同等条件下的简单控制系统更为及时。

（二）系统的响应速度和工作频率得到提高

串级控制系统的副回路基本上可以替代单回路中的一部分对象,故可以将整个副回路等效为一个对象。由于副回路的作用,系统对象的动态特性获得改善,使等效对象的时间常数减小,控制通道缩短,从而使控制作用更加及时,响应速度更快。与简单控制系统相比,串级控制系统的工作频率更高,随着工作频率的提高,操作周期就可以缩短,过渡过程也相对缩短,因此系统的控制品质获得进一步提升。

（三）对操作条件或负荷变化有较强的适应性

对于自动控制系统而言,控制器的参数一般是根据对象特性、系统品质指标等进行整定的。如果对象具有非线性,那么随着操作条件或负荷变化,对象特性就会发生改变,此时控制器的参数必须重新整定,否则控制质量就会下降,该问题在简单控制系统中是难以解决的。而串级控制系统的主回路是一个定值系统,副回路为一个随动系统,主控制器能按照操作条件或负荷变化不断地改变副控制器的给定值,使副控制器具有一定的自适应能力,因此串级控制系统对操作条件或负荷变化有较强的适应性。

五、串级控制系统的设计

串级控制系统中副回路的引入不仅能及时克服进入副回路的干扰,而且能提高系统的响应速度和工作频率,提高系统的控制质量。一般而言,串级控制系统主要适用于容量滞后较大、纯延迟较大、扰动变化激烈且幅度大、参数互相关联的过程。在进行系统设计时,必须解决主、副变量的选择,主、副回路的设计,主、副控制器的控制规律及其正、反作用等问题。

（一）主、副变量的选择

主变量的选择可以按照简单控制系统的设计原则进行。主变量是直接或间接与生产过程、运行性能密切相关,并且能够被测量出来的工艺参数。若条件允许的情况下,尽量选择直接指标作为主变量,或者选择与直接指标有单值对应关系的变量作为主变量。此外,选择的主变量必须具有足够大的灵敏度,而且对工艺过程是合理的。

副变量是维持主变量的稳定而引入的中间变量,在主变量确定以后,选择的副变量应与主变量有一定的内在联系,即副变量的变化能在很大程度上影响主变量的变化。副变量的选择一般有两种情况。一种是选择与主变量有一定关系的某一中间变量作为副变量,如图 12-6 所示的聚合釜温度 - 温度串级控制系统,要求釜内反应温度恒定,温度允许误差范围很小,对控制精度要求较高。若釜内温度偏离给定值,可以通过改变夹套内冷却剂的流量将反应产生的热量带走,从而使温度回到给定值。其中,反应物的流量及温度、冷却剂的压力及温度等均为釜内温度的干扰因素。由于聚合釜的容积大、时间常数大,故存在较大的滞后。

由图 12-6 可知,来自反应物流量及温度的变化将很快由釜内温度表现出来。而当冷却剂压力或温度发生变化时,首先对夹套内温度产生影响,然后再通过传热逐渐影响釜内温度。因此,选择夹套内温度作为副变量,其与釜内温度存在显著的对应关系,并且滞后小、反应快,能够及时克服冷却剂压力或温度变

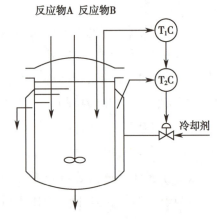

图 12-6　聚合釜温度 - 温度串级控制系统

化对釜内温度的影响。

另一种是选择的副变量就是操纵变量本身,如前述精馏塔的提馏段温度 - 流量串级控制系统,选择加热蒸汽流量(即操纵变量)作为副变量,当干扰来自蒸汽压力的波动时,副回路能够及时进行克服,在很大程度上降低其对提馏段温度(即主变量)的影响,提高系统的控制质量。总之,选择的副变量必须是可被测量、响应灵敏的变量,能在干扰影响主变量之前就加以克服,这样才能充分发挥副回路的超前、快速作用。

(二)主、副回路的设计

串级控制系统的主回路是定值控制系统,其设计与简单控制系统相同,遵循相关设计原则。副回路是随动控制系统,对作用其上的干扰具有很强的克服能力,增强了系统的自适应性。因此,副回路的设计是发挥串级控制系统优势的关键环节,应考虑如下设计原则。

1. 应使副回路包围系统的主要干扰 在选择副变量时,一方面要将对主变量影响最严重、变化最剧烈的主要干扰包围在副回路内,另一方面又要使副对象的时间常数很小,这样才能充分利用副回路的作用,更快更有力地克服扰动,把主要干扰对主变量的影响抑制在最低限度,从而提高系统的控制质量。

例如,在聚合釜的反应过程中,若主要干扰来自冷却剂压力的波动时,可以设计如图 12-7 所示的聚合釜温度 - 压力串级控制系统。该系统选择冷却剂压力作为副变量,使副对象的控制通道缩短,时间常数变小,因此控制作用非常迅速,与图 12-6 所示的控制系统相比,能更及时有效地克服冷却剂压力波动对釜内温度的影响。但必须指出,若主要干扰来自冷却剂温度的波动时,图 12-7 所示控制系统就不适用了,因为该干扰并未被包围在副回路内,不能充分发挥副回路的作用。此时仍适宜采用图 12-6 所示

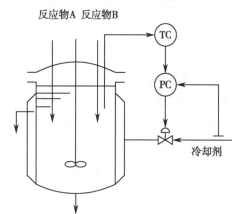

图 12-7　聚合釜温度 - 压力串级控制系统

的控制系统,选择夹套内温度作为副变量,这样该干扰就被包围在副回路内了。

2. 适当使副回路包围更多的次要干扰 当系统所受的干扰较多或者不易区分主要干扰与次要干扰时,应考虑使副回路尽量多包围一些干扰,充分利用副回路的作用,提高主变量的控制精度。比较图 12-6 与图 12-7 所示控制系统,显然图 12-6 中副回路包围的干扰更多一些,凡是影响夹套内温度的干扰都能在副回路中加以克服,以此而言,该控制系统似乎更理想一些。

但在考虑使副回路包围更多干扰的同时,也应考虑到副回路灵敏度的问题,这两者经常是相互矛盾的。由于副回路包围的干扰增多,副环也随之增大,副变量也就越靠近主变量,导致控制通道变长、滞后增大,从而削弱副回路迅速有力的控制特性。相反,副变量越靠近操纵变量,所包围的干扰越少,控制通道越短,控制作用就越及时。

如在图 12-6 中,若冷却剂压力发生波动,必须先影响夹套内温度后,副回路才能施加控制作用;而在图 12-7 中,只要冷却剂压力一波动,在尚未影响到夹套内温度时,控制器就已经开始动作,使控制作用更加迅速。因此,既要考虑副回路在包围主要干扰的同时,还能包围适

当多的次要干扰，又要考虑使副变量不要离主变量太近，否则一旦干扰影响到副变量，很快也就会影响到主变量，这样就削弱了副回路的作用。

3. 应考虑主、副对象时间常数的匹配 在设计副回路时，还应考虑主、副对象时间常数匹配的问题，防止"共振"的发生。当副对象的时间常数远小于主对象时，系统发挥控制作用的快速性加强；当副对象的时间常数与主对象接近时，主变量若受到干扰发生变化，进入副回路后，引起副变量的变化幅度增加，而副变量的变化又传递到主回路中，引起主变量的变化幅度增加，如此循环往复，使主、副回路长时间处于波动状态，即产生"共振"现象。

一旦发生"共振"，将会使系统的控制品质恶化，甚至可能导致系统失控而无法工作，引起严重后果。因此，为避免系统受"共振"影响，原则上在保证主、副回路扰动数量的前提下，主、副对象的时间常数之比一般取3～10，以减少主、副回路的动态联系。

在实际应用中，主、副对象的时间常数应根据对象情况和控制系统目的进行设计。如果控制系统目的是克服对象的主要干扰，则副对象的时间常数小一点为好，只需将主要干扰包围进副回路中即可；如果控制系统目的是克服对象的滞后过大，以便改善对象特性，则副对象的时间常数可适当大一些；如果控制系统目的是克服对象的非线性，则主、副对象的时间常数应相差得大一些。

4. 应使副回路尽量少包含或不包含纯滞后 对于含有较大纯滞后的对象，控制器的微分作用无能为力，若控制精度要求较高，则采用简单控制系统不能满足工艺要求。此时可以采用串级控制系统，利用副回路的作用，加快系统的响应速度，改善纯滞后对系统控制品质的影响。通过合理地选择副变量，将纯滞后部分放到主对象中去，提高副回路的快速抗干扰能力，缩短控制系统的过渡时间，从而提高主变量的控制质量。

图12-8所示为纺丝胶液压力-压力串级控制系统。纺丝胶液由计量泵输送至板式热交换器中进行冷却，随后送至过滤器中滤去杂质。工艺要求过滤前的胶液压力稳定在0.25MPa，由于胶液黏度大，从计量泵到过滤器前的距离较长，纯滞后较大，采用简单控制系统的控制效果不佳。这种情况下，可以在计量泵和热交换器之间（靠近计量泵的位置），选择一个压力测量点，以其为副变量构成压力-压力串级控制系统。当纺丝胶液

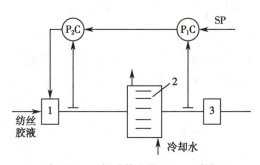

1. 计量泵；2. 板式热交换器；3. 过滤器。

图 12-8 纺丝胶液压力-压力串级控制系统

的压力发生变化时，副变量能及时反映出来，并通过副回路进行克服，从而稳定了过滤器前的胶液压力。但这种方法是有局限性的，只有当纯滞后能大部分乃至全部被放到主对象中时，才能有效提高系统的控制质量，否则将不会获得很好的效果。

（三）主、副控制器的控制规律及其正、反作用

1. 控制规律的选择 在串级控制系统中，主、副控制器的控制规律是根据控制要求进行选择的。主回路是定值控制系统，具有细调、慢调等特点，一般要求主变量无余差；副回路是随动控制系统，具有粗调、快调等特点，允许副变量有波动和余差，但控制作用要快速及时。因此，主、副控制器的控制规律有所不同。

对于主控制器,其任务是满足主变量的定值控制,需要加入积分作用,当对象存在较大滞后时,还需加入微分作用。一般情况下,主控制器选择比例积分或比例积分微分控制规律。

副控制器的任务是保证和提高主变量的控制质量,对副变量的要求不严格,其给定值变化频繁,要求控制的快速性,因此副控制器一般选择比例控制规律。副回路的主要目的是快速克服干扰,为了增强副回路的调节能力,理论上不加入积分作用,因为积分作用会使控制作用缓慢,延长控制过程。也不需要加入微分作用,一旦主控制器输出稍有变化,微分作用将会使控制阀的动作过大,不利于系统的稳定。

2. 控制器正、反作用的选择 串级控制系统中副控制器作用方向的选择,是根据工艺安全等要求,选定控制阀的气开、气关形式后,按照将副回路组成一个负反馈系统的原则来确定的。因此,副控制器正、反作用的选择与简单控制系统相同,此时可不考虑主控制器的作用方向。例如,图 12-3 所示的精馏塔提馏段温度-流量串级控制系统,基于工艺安全考虑,在气源中断时停止供给加热蒸汽,则控制阀应选择气开式,是"正"方向;当加热蒸汽流量增大时,副变量同时也是操纵变量,故副对象是"正"方向;副测量是"正"方向;为使副回路组成一个负反馈系统,副控制器应选择"反"作用方向。

主控制器的作用方向是完全由工艺情况确定的,可以单独选择,而与副控制器的作用方向以及控制阀的气开、气关形式完全无关。在进行选择时,先把整个副回路简化为一个"环节",其输入(即副回路的给定值)是主控制器的输出,其输出是副变量,如图 12-9 所示。当副回路的给定值增加时,副变量一定增加,故该"环节"总是"正"方向。由于副回路这一"环节"是"正",主测量是"正",因此只要确定主对象的"正""反",再按照将主回路组成一个负反馈系统的原则,就能确定主控制器的作用方向。

仍以图 12-3 所示的精馏塔提馏段温度-流量串级控制系统为例。将副回路简化为一个"正"方向的"环节",主对象的输入是加热蒸汽流量,输出是提馏段温度,当加热蒸汽流量增大时,提馏段温度升高,则主对象是"正"方向,为使主回路组成一个负反馈系统,主控制器应选择"反"作用方向。又如图 12-7 所示的聚合釜温度-压力串级控制系统,副回路为"正"方向的"环节",主对象的输入是冷却剂流量,输出是釜内反应温度,当冷却剂流量增大时,釜内反应温度降低,则主对象是"反"方向,主控制器应选择"正"作用方向。

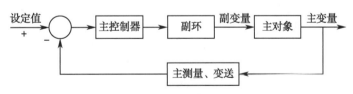

图 12-9　简化的串级控制系统方框图

综上所述,串级控制系统中控制器正、反作用的选择,可以按先副后主的顺序,也可以按先主后副的顺序,两者先后互不影响。当工艺过程的需要,控制阀由气开改为气关,或由气关改为气开时,只用改变副控制器的正、反作用,而不需改变主控制器的作用方向。

在某些生产过程中,要求控制系统既可以进行串级控制,又可以实现主控制器单独工作,即切除副控制器,由主控制器的输出直接控制控制阀。此时,应注意主控制器的作用方向是否需要调整,必须保证系统的闭环回路组成负反馈。

六、串级控制系统的参数整定

为了使串级控制系统以最佳状态运行,系统必须进行参数整定,通过改变控制器的 PID 参数,从而改善系统的特性,获得最佳的控制品质。串级控制系统参数整定的原则是先副回路,后主回路。主要的整定方法有逐次逼近法、两步整定法和一步整定法等。

(一)逐次逼近法

由于主、副对象的时间常数相差较大,可以先对副回路进行整定,整定完成后,再将副回路视为主回路的一个"环节"来整定主回路。这样会对副变量的控制质量产生一定影响,但保证了主变量的控制质量。具体整定步骤如下:

(1)先断开主回路,将副回路作为一个简单控制系统,按照简单控制系统的方法来整定副控制器参数。

(2)闭合主、副回路,保持上步整定的副控制器参数,按照简单控制系统的方法来整定主控制器参数。

(3)保持主、副回路闭合以及上步整定的主控制器参数,再次对副控制器参数进行整定。

(4)若步骤(3)整定的参数与步骤(1)整定的参数基本相同,整定工作完成;否则应根据步骤(3)的参数,重新对主控制器进行整定,即重复步骤(2)、(3),直到两次整定的参数基本相同为止。

对于不同的控制过程和不同品质指标的要求,逐次逼近法的循环次数是不同的,该整定方法较为烦琐,在工程实践中很少采用。

(二)两步整定法

当串级控制系统中副回路的控制过程比主回路快得多时,也可以按照先副控制器、后主控制器的顺序分别独立进行整定。具体整定步骤如下:

1. 闭合主、副回路,先将主、副控制器均变为纯比例作用,并将主控制器的比例度设置为100%,然后采用衰减曲线法整定副回路,从大到小改变副控制器的比例度,直到出现 4:1 衰减曲线,记录此时的比例度和振荡周期。

2. 保持主、副回路闭合以及上步整定的副控制器的比例度,采用同样的方法整定主回路,逐步减小主控制器的比例度,直到出现同样衰减比的过渡曲线,记录比例度和振荡周期。

3. 根据整定的主、副控制器的比例度和振荡周期,结合各自选择的控制规律,按简单控制系统参数整定的经验公式,计算主、副控制器的比例度、积分时间和微分时间。

4. 按照"先副后主""先比例再积分后微分"的顺序,将计算出的各参数在控制器上进行设置,观察系统的过渡过程,再作适当调整,直到系统的性能满足控制要求。

如果主、副对象的时间常数相差不大,动态联系紧密,可能会出现"共振"现象,此时可适当减小副控制器的比例度或积分时间,或者增大主控制器的比例度或积分时间,以避免"共振",但这样会在一定程度上降低系统的控制质量。

（三）一步整定法

两步整定法虽然比逐次逼近法简便很多，但也要分两步进行，调整出两个衰减曲线，仍比较烦琐。为了简化步骤，还可以采用一步整定法，具体整定步骤如下：

1. 闭合主、副回路，先将副控制器变为纯比例作用，再根据对象特性以及操作经验，将副控制器的比例度设置为某一适当数值，在不同的副变量情况下，副控制器参数的取值范围如表 12-1 所示。

2. 将串级控制系统投入运行，按照简单控制系统的方法对主控制器的参数直接进行整定，使主变量的控制品质达到最佳。

表 12-1　一步整定法副控制器参数的取值范围

副变量类型	副控制器比例度 /%	副控制器比例放大倍数
温度	20～60	5.0～1.7
压力	30～70	3.0～1.4
流量	40～80	2.5～1.25
液位	20～80	5.0～1.25

在串级控制系统中，主变量是重要的工艺指标，直接关系到产品的质量或生产过程的运行，对其要求比较严格，而副变量的设置是为了提高主变量的控制质量，允许其在一定范围内变化。因此，副控制器的参数可以根据经验进行设置，之后着重对主控制器的参数进行整定，使主变量的控制精度满足工艺要求。

第二节　前馈控制系统

一、前馈控制的基本概念

在反馈控制系统中，控制器根据被控变量与给定值的偏差进行输出，使控制阀产生动作影响被控变量，而被控变量变化后又返回来影响控制器的输入，使控制作用发生改变。不论何种类型的干扰，只要引起被控变量变化，都可以得到有效控制，这是反馈控制的优点。但反馈控制也存在不足之处，系统只有在被控变量出现偏差以后才能进行校正，即控制作用总是滞后于扰动的影响，这样控制是不及时的，特别是在干扰频繁、对象有较大滞后时，会使控制质量的提高受到很大的限制。

而前馈控制是按照干扰的变化进行控制的。当系统出现扰动时，立即将其测量出来，通过前馈控制器，根据扰动量的大小产生相应的控制作用来改变操纵变量，以抵消或减小扰动对被控变量的影响。在整个控制过程中，被控变量的偏差并不反馈到控制器，而是将系统受到的扰动信号前馈到控制器，所以将这种控制系统称为前馈控制系统。

下面以换热器出口温度控制为例，来说明前馈控制和反馈控制的不同。换热器的物料出口温度为被控变量，引起出口温度变化的干扰因素主要有进料流量、进料温度、加热蒸汽压力等，其中最主要的干扰是进料流量。当进料流量发生变化时，出口温度就会产生偏差。若采用反馈控制（图 12-10），即当进料流量发生变化，要等出口温度出现偏差后，控制器才开始动作，通过控制阀改变加热蒸汽的流量，从而克服进料流量变化对出口温度的影响。若采用前馈控制（图 12-11），即前馈控制器直接根据进料流量的变化，立即调节控制阀的开度，则可在出口温度未变化前，及时改变加热蒸汽的流量，对进料流量的扰动进行补偿，这就是所谓的"前馈"控制。显而易见，前馈控制是在干扰出现后，被控变量还未受到影响时，控制器就根据扰动情况产生相应的控制作用，即把干扰对被控变量的影响消灭于萌芽之中。因此，相对于反馈控制而言，前馈控制作用更及时，对于干扰频繁、时间常数或滞后较大的过程有显著效果。

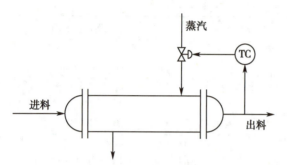

图 12-10　换热器反馈控制系统

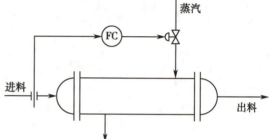

图 12-11　换热器前馈控制系统

前馈控制的理论基础是不变性原理或称扰动补偿原理。"不变性"是指控制系统中被控变量不受扰动量变化的影响。进入系统中的扰动会通过被控对象的内部关联，使被控变量偏离给定值，而不变性原理是通过前馈控制器的校正作用，消除扰动对被控变量的这种影响。如图 12-12 所示，在阶跃变化下，干扰作用和前馈作用的响应曲线方向相反、幅值相同，所以它们的叠加结果使被控变量达到理想的控制——连续地维持在恒定的给定值上。这种理想的控制性能是反馈控制做不到的，因为反馈控制是按照被控变量与给定值的偏差进行动作的，在干扰作用下，被控变量总要经历一个偏离给定值的过渡过程。另外，前馈控制本身不形成闭合回路，不存在闭环稳定性问题，因而也就不存在控制精度与稳定性的矛盾。

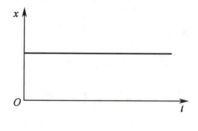

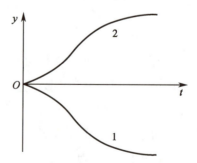

1. 干扰作用的响应曲线；2. 前馈作用的响应曲线。

图 12-12　前馈控制系统的补偿过程

二、前馈控制系统的特点

与反馈控制相比，前馈控制具有以下特点。

（一）前馈控制对干扰的克服比反馈控制及时

前馈控制是针对干扰作用进行控制的。当扰动一出现，前馈控制器就根据扰动量的大小，输出相应指令进行控制，即被控变量还未发生变化，前馈控制器就已经产生控制作用。这种前馈控制作用如果恰到好处，可以使被控变量不会受干扰影响而产生偏差。如图12-11所示的换热器前馈控制系统，当进料流量突然增加后，通过干扰通道使换热器出口温度下降；与此同时，进料流量的变化输入到前馈控制器，经运算后输出控制信号，使控制阀的开度增加，增大加热蒸汽的流量，通过控制通道使出口温度上升。即干扰作用使温度下降，控制作用使温度上升，如果控制规律选择合适，则可以得到完全的补偿。也就是说，当进料流量变化时，可以通过前馈控制，使出口温度完全不受进料流量变化的影响。所以，前馈控制相比于反馈控制对干扰的克服要及时得多。一旦干扰出现，在被控变量还未受到影响之前，就会立即产生控制作用，这是前馈控制的一个最主要优点。

从反馈控制与前馈控制的方框图（图12-13）中可以看出，两者的测量信号、控制依据及方式等是完全不同的。反馈控制是根据被控变量与给定值的偏差进行控制的，测量信号是被控变量，控制作用发生在偏差出现以后；而前馈控制是根据干扰的变化进行控制的，测量信号是扰动量的大小，控制作用发生在扰动的瞬间而不需等到偏差出现之后。

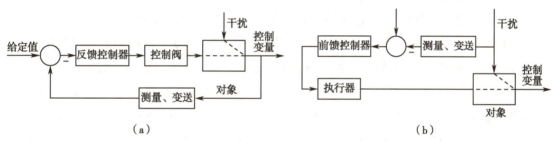

图 12-13　反馈控制与前馈控制的方框图
（a）反馈控制；（b）前馈控制。

（二）前馈控制属于开环控制系统

反馈控制属于闭环控制系统，而前馈控制属于开环控制系统。由图12-13可见，在前馈控制系统中被控变量没有被检测，前馈控制器是根据扰动产生控制作用对被控变量进行影响的，而被控变量并不会返回来影响前馈控制器的输入（扰动量），所以前馈控制是一个开环系统，这是它的不足之处。反馈控制是闭环系统，其控制结果能够通过反馈获得检验，而前馈控制的控制结果无法通过反馈加以检验。如图12-11中，对进料流量变化这一干扰采用前馈控制后，出口温度（被控变量）能否稳定在给定值是得不到检验的。因此，在使用前馈控制时，必须对被控对象的特性作深入了解，才能获得合适的控制作用。

（三）前馈控制使用的是由对象特性确定的"专用"控制器

大多数反馈控制系统使用的都是PID控制器，而前馈控制系统需要使用专用的前馈控制器（或前馈补偿装置）。对于不同的对象特性，前馈控制器的控制规律是不同的。为了能够完全克服干扰，控制作用（与干扰相关的）通过控制通道对被控变量的影响，应该与干扰作用通过干扰通道对被控变量的影响大小相等、方向相反。所以，前馈控制器的控制规律取决于干扰通道与控制通道的特性,对象特性不同,前馈控制器的形式是不同的。

（四）前馈控制只能克服所测量的某一扰动

由于前馈控制是根据干扰的变化进行工作的,并且整个系统是开环控制,因此只能克服它所测量的某一扰动,对于其他扰动无法克服,而反馈控制则能克服包含在回路内的所有扰动,所以这也是前馈控制的一个弱点。

三、前馈控制系统的类型

（一）静态前馈控制系统

前馈控制器的输出信号是根据干扰大小随时间变化的,它是扰动量和时间的函数。当干扰通道与控制通道的动态特性相同时,可以不考虑时间变量,只按照静态特性确定前馈控制作用。当干扰阶跃变化时,前馈控制器的输出也为阶跃变化。如图 12-11 所示,若主要干扰是进料流量的波动 ΔQ,那么前馈控制器的输出 Δm_f 为

$$\Delta m_f = K_f \Delta Q \qquad\qquad 式（12-1）$$

式中,K_f 是前馈控制器的比例系数。这种静态前馈控制实施起来十分方便,用比值器或比例控制器即可作为前馈控制器使用。

在有条件列写各参数的静态方程时,可按静态方程式来计算静态前馈的比例系数 K_f。如图 12-14 所示为蒸汽加热的换热器,假设冷料的进入流量为 Q_1,进口温度为 T_1,出口温度为 T_2（被控变量）。分析影响出口温度 T_2 的因素:进料流量 Q_1 增加,使 T_2 降低;进口温度 T_1 增高,使 T_2 升高;加热蒸汽压力下降,使 T_2 降低。若这些干扰中,进料流量 Q_1 变化幅度大且频繁,进口温度 T_1 及加热蒸汽压力相对较平稳,只考虑对主要干扰 Q_1 进行静态补偿。在这种情况下,可利用热平衡原理进行分析,近似的平衡关系是蒸汽冷凝放出的热量等于进料流体获得的热量,即

$$Q_2 L = Q_1 c_p (T_2 - T_1) \qquad\qquad 式（12-2）$$

式中,Q_1 为进料流量;Q_2 为加热蒸汽流量;L 为蒸汽冷凝热;c_p 为被加热物料的比热容。

当进料流量增加 ΔQ_1 后,为保持出口温度 T_2 不变,加热蒸汽流量需要相应地增加 ΔQ_2,此时其静态方程为式（12-3）:

$$(Q_2 + \Delta Q_2) L = (Q_1 + \Delta Q_1) c_p (T_2 - T_1) \qquad\qquad 式（12-3）$$

上述两式相减,可得式（12-4）:

$$\Delta Q_2 L = \Delta Q_1 c_p (T_2 - T_1) \qquad\qquad 式（12-4）$$

所以,应增加的蒸汽量为

$$\Delta Q_2 = \frac{c_p (T_2 - T_1)}{L} \Delta Q_1 = K_f \Delta Q_1 \qquad\qquad 式（12-5）$$

根据上述静态方程式,构成换热器的静态前馈控制方案如图 12-14 所示,虚线框内表示的是静态前馈控制装置。该方案将进料流量 Q_1、进口温度 T_1、加热蒸汽流量 Q_2 等干扰因素都引入系统中,使控制质量大大提高。

热交换器是应用前馈控制较多的场合,换热器具有滞后大、时间常数大、反应慢的特性,

前馈控制对于这种对象特性能够很好地发挥作用。

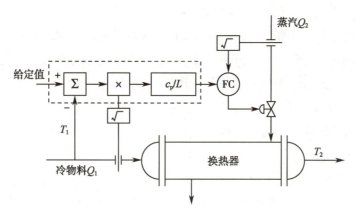

图 12-14   换热器的静态前馈控制方案

（二）动态前馈控制系统

当干扰通道与控制通道的动态特性差异很大时，采用静态前馈控制只能保证被控变量的静态偏差接近或等于零，并不能保证动态偏差达到要求，因此必须考虑采用动态前馈控制。动态前馈可以看作静态前馈和动态补偿两部分，将两者结合使用，能进一步提高控制过程的动态品质。如图 12-14 所示的静态前馈控制，可在其基础上增加动态补偿，便构成了动态前馈控制，如图 12-15 所示。

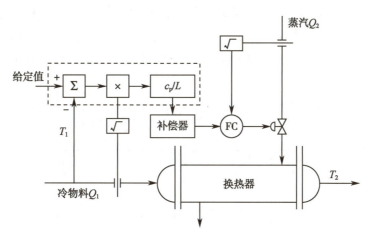

图 12-15   换热器的动态前馈控制方案

图 12-15 中动态补偿环节的特性，应根据对象的动态特性来确定。但工业对象的特性千差万别，若按照对象特性进行设计，将会种类繁多，较难以实现。因此，可在静态前馈控制的基础上，增加延迟环节或微分环节，以实现干扰作用的近似补偿。按此原理设计的一种前馈控制器，具有三个可调整的参数：K、T_1、T_2。K 为放大倍数，用于静态补偿；T_1、T_2 为时间常数，均有可调范围，分别表示延迟作用和微分作用的强弱。相对于干扰通道而言，若控制通道反应较快，则可加强其延迟作用；若反应较慢，则可加强其微分作用。根据干扰通道与控制通道的特性适当调整 T_1、T_2 的数值，使两通道反应合拍，便可以实现动态补偿，消除动态偏差。

（三）前馈 - 反馈控制系统

单纯的前馈控制是一个开环系统，在控制过程中不检测被控变量的信息，仅对所测量的某一扰动及时进行控制,而对其他扰动无任何作用。但在工业生产过程中,出现的扰动因素有很多,若对每种扰动都设置一套前馈控制,必然使系统变得十分复杂,还有一些扰动是不可测量的,对此也就无法实现前馈控制。而反馈控制与前馈控制的优缺点是相对应的,反馈控制能克服包含在回路内的所有干扰,但其控制作用具有时滞性。因此,在实际应用中,通常将前馈控制与反馈控制结合起来,取长补短,利用前馈控制克服主要干扰,利用反馈控制克服其他的多种干扰,两者协同工作,从而提高系统的控制质量。

图 12-11 所示的换热器前馈控制系统,仅能克服进料流量变化对出口温度的影响,如果还同时存在其他干扰,如进料温度、加热蒸汽压力的变化等,通过该前馈控制系统是不能克服的。因此,往往用"前馈"来克服主要干扰,再用"反馈"来克服其他干扰,构成图 12-16 所示的换热器前馈 - 反馈控制系统。控制器 FC 起前馈控制作用,用来克服进料流量波动对出口温度的影响;温度控制器 TC 起反馈控制作

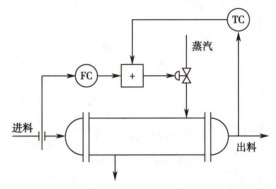

图 12-16　换热器的前馈 - 反馈控制系统

用,用来克服其他干扰对出口温度的影响,前馈控制和反馈控制作用相加,共同改变加热蒸汽的流量,使出口温度维持在给定值上。

图 12-17 所示为前馈 - 反馈控制系统的方框图。从图中可以看出,前馈 - 反馈控制系统虽然也有两个控制器,但在结构上与串级控制系统是完全不同的。串级控制系统是由主、副两个反馈回路所组成;而前馈 - 反馈控制系统是由一个反馈回路和另一个开环的补偿回路叠加而成。

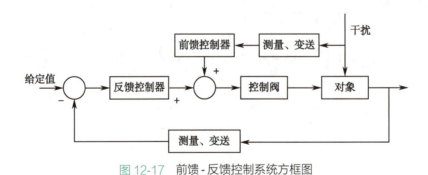

图 12-17　前馈 - 反馈控制系统方框图

四、前馈控制系统的应用场合

前馈控制主要的应用场合有以下几种。

1. 干扰幅值大而频繁,对被控变量影响剧烈,仅采用反馈控制达不到要求的场合。干扰幅值越大,导致被控变量的偏差也就越大,因此根据干扰设计的前馈控制要比反馈控制更有利;高频干扰对被控对象的影响十分显著,特别是对滞后较小的流量对象,容易导致系统产生持续振荡,此时采用前馈控制可以对扰动量进行同步补偿,从而获得较好的控制品质。

2. 主要干扰是可测而不可控的变量。所谓可测,是指扰动量可以使用测量变送装置将其

在线转化为标准的电、气信号，但目前对某些变量，特别是成分量还无法实现上述转换，也就无法设计相应的前馈控制系统；所谓不可控，主要是指某些干扰难以通过设置独立的控制系统予以克服，这在连续生产过程中是经常遇到的，其中也包括一些虽能控制但生产上不允许控制的变量和负荷量。

3. 当对象的控制通道的滞后较大，使用反馈控制不及时、控制质量较差时，可采用前馈或前馈 - 反馈控制系统，以提高控制质量。

五、前馈控制系统的设计

（一）前馈控制器的控制规律

前馈控制器的控制规律取决于干扰通道与控制通道的特性，需要先求取对象的数学模型，再通过分析干扰通道与控制通道的特性参数，如时间常数（$T_{干扰}$、$T_{控制}$）等进行合理选择。若当 $T_{控制} < T_{干扰}$ 时，由于控制通道较灵敏，克服扰动的能力强，一般只采用反馈控制就可达到控制要求，而不必采用前馈控制；当 $T_{控制} = T_{干扰}$ 时，采用静态前馈 - 反馈控制就能较好地改善控制品质；当 $T_{控制} > T_{干扰}$ 时，采用动态前馈 - 反馈控制来改善控制品质。

（二）系统稳定性

由于前馈控制是开环系统，所以在确定控制方案时，必须重视系统的稳定性问题。在前馈控制系统中，若干扰通道与控制通道均具有自平衡特性，则构成的前馈控制系统也是一个稳定的系统。对于非自平衡的化学反应器，通常不能仅用前馈控制，而应设计前馈 - 反馈控制系统。对此，若反馈控制系统是稳定的，则相应的前馈 - 反馈控制系统也是稳定的。

（三）前馈控制系统的参数整定

整定前馈 - 反馈控制系统时，反馈控制器和前馈控制器要分别进行整定。分为以下两个步骤。

1. 整定反馈控制器参数　只需考虑反馈控制所形成的闭合回路，而不用考虑前馈控制部分，按照简单控制系统的参数整定方法（如 4∶1 衰减曲线法等），获得控制器的整定参数值。

2. 整定前馈控制器参数　不用考虑反馈控制回路所引起的稳定性问题，只考虑利用前馈控制来直接克服扰动的影响，维持被控变量的稳定。

前馈控制回路的动态特性可能较复杂，在实际生产过程中，并不严格要求把扰动的影响全部抵消，仅要求剩余的扰动作用对被控变量的影响不要太大。在前馈 - 反馈控制系统中，引入前馈控制的目的主要是进一步减小主要干扰对被控变量的动态影响。所以，前馈控制器一般只用比例环节，这样既便于实施，又能有效地减小被控变量的动态偏差。

第三节　比值控制系统

一、比值控制的基本概念

在制药工业生产过程中，经常要求两种或两种以上物料按一定的比例进行混合或反应，一旦比例失调,就会影响产品的质量以及生产的正常进行,甚至造成生产事故。如氯霉素生产中的硝化反应,乙苯和混酸必须按一定比例进行投料,才能得到所需的对硝基乙苯,两者的比例关系对产物质量有很大影响。又如聚乙烯醇的生产中,树脂和氢氧化钠必须按一定比例进行混合,否则树脂将发生自聚,从而影响反应的进行。再如锅炉燃烧过程中,进入炉膛的燃料和空气应保持一定比例,以保证燃烧的经济性。

用来实现两个或两个以上参数符合一定比例关系的控制系统,称为比值控制系统。由于生产中大部分物料是以气态、液态等流体状态在密闭管道中进行输送的,所以保持两种或几种物料的比例实际上是保持它们的流量比例关系。因此,比值控制系统一般是指流量比值控制系统。

在需要保持比例关系的两种物料中,必有一种物料处于主导地位,称为主物料,表征这种物料的参数称为主动量或主流量,用 Q_1 表示;而另一种物料依据主物料进行配比,在生产过程中跟随主物料而变化,称为从物料,表征这种物料的参数称为从动量或副流量,用 Q_2 表示。一般往往是将生产中的主要物料定为主物料,如上例中的乙苯、树脂和燃料均为主物料,而相应跟随变化的混酸、氢氧化钠和空气则为从物料。在某些场合中是将不可控物料作为主物料,通过改变可控物料(即从物料)来实现两者的比例关系。比值控制系统就是要维持 Q_2 与 Q_1 呈一定的比值关系:

$$k = \frac{Q_2}{Q_1} \qquad\qquad 式(12\text{-}6)$$

式中,k 为副流量与主流量的比值。

在实际的生产过程控制中,比值控制系统除了维持物料间的比例关系外,还能在干扰影响被控过程质量指标之前及时发挥控制作用,具有前馈控制的实质。

二、比值控制系统的类型

在比值控制系统中,通过设置比值器的比值系数来调控物料间的比例关系,根据比值系数是否变化可分为定比值控制和变比值控制。一旦比值系数确定,系统投入运行后,该比值系数将保持不变(为一常数),这种系统称为定比值控制系统,其结构一般较为简单,当工艺要求对物料比例进行修正时,需要人工重新设置新的比值系数。若物料间的比例关系不是固定的,而是根据某一指标的变化而不断地修正,这种系统称为变比值控制系统,其结构较为复杂。

(一)定比值控制系统

定比值控制系统又分为开环比值控制、单闭环比值控制和双闭环比值控制等。

1. 开环比值控制系统 开环比值控制是最简单的比值控制方案,如图 12-18 所示。当系统处于稳定状态时,主流量 Q_1、副流量 Q_2 满足工艺要求的比例关系。当 Q_1 受到干扰发生变化时,控制器根据 Q_1 与给定值的偏差大小,改变安装在从物料管道上控制阀的开度,从而对 Q_2 进行调节,使其与变化后的 Q_1 仍保持原有的比例关系。该系统的方框图如图 12-19 所示,测量信号取自主流量 Q_1,但控制器的输出控制的是副流量 Q_2,整个系统没有构成闭环,是一个开环系统,故称为开环比值控制系统。由于该系统中 Q_2 无反馈校正,对 Q_2 自身的扰动无法克服,若 Q_2 因管道内压力波动而变化时,就不能维持原设定的比例关系。所以对于开环比值控制系统,虽然其结构简单,但一般很少采用,仅适用于副流量较平稳且对物料比例要求不高的场合。

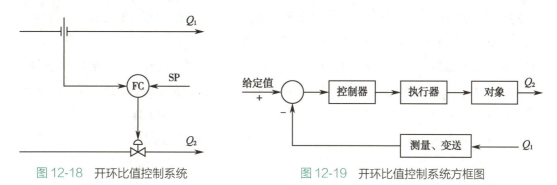

图 12-18　开环比值控制系统　　　　图 12-19　开环比值控制系统方框图

2. 单闭环比值控制系统　为了克服开环比值控制系统的不足,在其结构基础上,增设一个副流量的闭环控制回路,就组成了单闭环比值控制系统,如图 12-20 所示。该系统中副流量 Q_2 形成闭环控制,主流量 Q_1 仍为开环控制,主控制器 F_1C 的输出作为副控制器 F_2C 的给定值,其方框图如图 12-21 所示。系统在稳定状态下,两流量之间满足工艺要求的比值。当 Q_1 受到扰动时,F_1C 按预先设置好的比值系数,使输

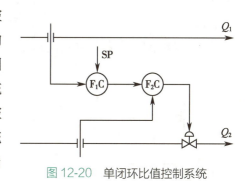

图 12-20　单闭环比值控制系统

出成比例地变化,也就是成比例地改变 F_2C 的给定值;此时,副流量闭环回路是一个随动控制系统,F_2C 根据给定值的变化,改变控制阀的开度,使 Q_2 跟随 Q_1 而变化,这样在新的工况下,保证原设定的比值系数不变。当 Q_1 不变,而 Q_2 受到扰动时,副流量闭环回路相当于一个定值控制系统,通过 F_2C 控制克服自身干扰,使比值系数保持不变。当 Q_1、Q_2 同时受到扰动时,F_2C 在克服 Q_2 扰动的同时,又根据新的给定值改变控制阀的开度,使 Q_1、Q_2 在新的流量数值基础上保持原有的比例关系。

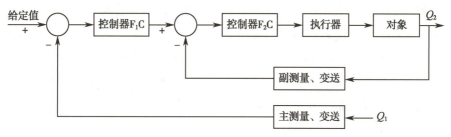

图 12-21　单闭环比值控制系统方框图

可见,单闭环比值控制系统不但可以实现副流量跟随主流量的变化而变化,而且还可以克服副流量自身干扰的影响,所以在其控制作用下,主、副流量的比值较为精确。同时系统结构较为简单,方案实施也比较方便,在工业上得到了广泛的应用。该系统虽能保持物料间的比值恒定,但由于主流量不受控制,当其发生变化时,总的物料量也会变化,从

而造成负荷波动,这在某些生产过程中是不允许的。因此,单闭环比值控制系统适用于主流量在工艺上不允许进行控制,系统负荷变化不大,并且对物料间的比值要求较精确的场合。

3. 双闭环比值控制系统 为了克服单闭环比值控制系统中主流量不受控制而引起的不足,在其结构基础上,增设一个主流量的闭环控制回路,就组成了双闭环比值控制系统,如图 12-22 所示。当主流量 Q_1 变化时,一方面通过主控制器 F_1C 对其进行控制,另一方面通过比值器 K(或乘法器等)乘以适当的系数后作为副控制器 F_2C 的给定值,使副流量 Q_2 跟随 Q_1 而变化。图 12-23 所示为双闭环比值控制系统的方框图,该系统有两个闭合回路,主流量闭合回路负责克服来自 Q_1 的扰动,实现其定值控制;副流量闭合回路能抑制作用于副回路的干扰,使 Q_2 与 Q_1 保持比例关系。当扰动消除后,Q_1、Q_2 都能恢复到原给定值,其比值不变,并且变化过程平稳。同时,在 Q_1 受到扰动开始到重新恢复到给定值的这段时间内,由于比值器的作用,使 Q_2 也能跟随 Q_1 的变化而变化。此外,在生产过程中需要升降负荷时,只要改变主控制器的给定值,就可以改变主流量的大小,与此同时副流量也会按比例自动跟踪升降,从而克服上述单闭环比值控制系统的缺点。

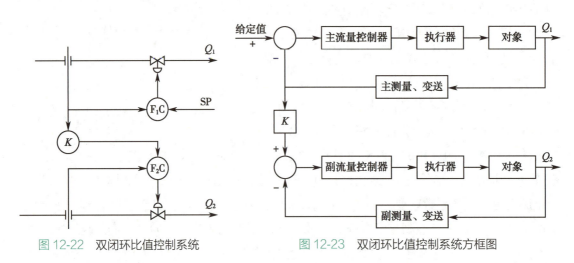

图 12-22 双闭环比值控制系统   图 12-23 双闭环比值控制系统方框图

双闭环比值控制系统的结构较为复杂,设备投资较大,系统调试比较麻烦。其主要适用于主、副流量扰动频繁,工艺上经常需要升降负荷,同时要求主、副物料总量恒定的场合。

在使用双闭环比值控制系统时,需要防止共振的产生。由于主、副流量控制回路通过比值器连接,当主流量进行定值控制时,其幅值变化大大减小,但频率变化往往加快,从而使副控制器的给定值经常变化。若该频率与副回路的工作频率接近时,就有可能引起共振,使副回路失控以致系统无法运行。当出现这种情况时,应对主控制器的参数进行调整,尽量保证其输出为非周期变化,以防止产生共振。

（二）变比值控制系统

在生产过程中,维持物料间的比值恒定仅仅是保证产品质量的一种手段。上述定比值控制系统只能克服流量干扰对比值的影响,而当系统中存在除流量干扰外的其他干扰(如温度、压力、成分以及反应器中催化剂活性变化等)时,为了保证产品质量,必须适当修正物料量的比例,即重新设置比值系数。但这些干扰常常是随机的,并且干扰幅度各不相同,无法用人工经常去修正比值系数。因此,出现了按照一定工艺指标自动修正比值系数的变比值控制系统,其一般结构如图 12-24 所示。这里假设采用的流量测量变送器给出的信号都是线性流量信号。

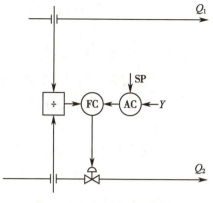

图 12-24　变比值控制系统

　　在稳定状态下,主、副流量 Q_1、Q_2 恒定且满足一定比例关系,它们分别经测量变送后,送至除法器相除,其输出表征两者的流量比值,同时作为比值控制器 FC 的测量信号;此时表征最终质量指标的主变量 Y 是稳定的,故主控制器 AC 的输出信号也稳定,也就是 FC 的给定值不变,并且与 FC 的测量信号相等,因此 FC 的输出不发生变化,控制阀保持开度一定,产品质量合格。

　　当系统中出现除流量干扰外的其他干扰引起主变量 Y 变化时,其与给定值产生偏差,通过主反馈回路使主控制器 AC 的输出发生变化,修改比值控制器 FC 的给定值(即比值系数),以保持主变量的稳定;对于主流量 Q_1 的扰动,通过比值控制回路的快速随动跟踪,使副流量 Q_2 按比例关系相应变化,以保持主变量的稳定,起到了静态前馈的作用;对于副流量 Q_2 的扰动,可以通过自身的控制回路克服,它相当于串级控制系统的副回路。因此,这种变比值控制系统实质上是一个以某种质量指标为主变量,两物料的比值为副变量的串级控制系统。变比值控制系统的方框图如图 12-25 所示。

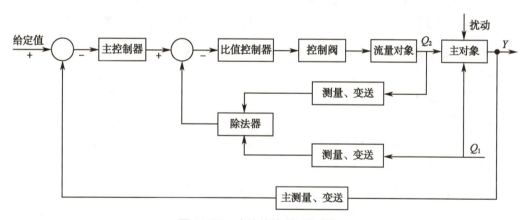

图 12-25　变比值控制系统方框图

　　在变比值控制方案中,选取的第三参数主要是衡量质量的最终指标,而流量间的比值只是参考指标和控制手段。因此,在选用这种方案时,必须考虑到作为衡量质量指标的第三参数是否能够连续地测量变送,否则系统将无法实施。由于变比值控制具有第三参数自动校正比值的优点,伴随着质量检测仪表的发展,这种方案将会在工业生产中越来越多地得到应用。

　　需要注意的是,上述变比值控制方案是用除法器实现的,实际上还可采用其他运算单元(如乘法器等)来实现。同时从系统的结构看,上述方案是单闭环变比值控制系统,如果工艺控制需要,也可构成双闭环变比值控制系统。

三、比值控制系统的设计

（一）主、副流量的确定

在设计比值控制系统时，需要先确定主、副流量，其确定原则如下：

1．在生产过程中起主导作用的物料流量一般为主流量，以主流量为准进行配比的物料流量为副流量。

2．若两物料中有一个物料的量为可测而不可控时，则应选不可控的物料流量为主流量，另一个可控的物料流量为副流量。

3．在生产过程中较昂贵的物料流量可选为主流量，这样可以避免浪费。

4．当生产工艺有特殊要求时，主、副流量的确定应服从工艺需要。

（二）控制方案的选择

比值控制有多种控制方案，在选择时应分析各种方案的特点，根据不同的工艺情况、负荷变化、扰动性质、控制要求和经济性等进行具体分析。当工艺要求物料间的比值精确，主流量不可控，并且系统负荷变化不大时，可选择单闭环比值控制系统；若在生产过程中主、副流量扰动频繁，经常需要升降负荷，同时还要保证主、副物料总量恒定时，可选择双闭环比值控制系统；当工艺要求物料间的比值能跟随质量指标的需要进行修正时，则应选择变比值控制系统。

（三）控制器控制规律的确定

比值控制系统中控制器的控制规律是根据不同的控制方案和控制要求确定的。

1．**单闭环比值控制系统**　主控制器负责接收主流量的测量信号，仅起比值计算作用，可选比例控制规律或采用比值器；副控制器起比值控制和稳定副流量的作用，故选比例积分控制规律。

2．**双闭环比值控制系统**　主、副流量不仅要保持比值恒定，而且主流量要实现定值控制，所以主、副控制器均应选比例积分控制规律。

3．**变比值控制系统**　它相当于一个串级控制系统，其控制器的控制规律可以仿效串级控制系统的选择原则来确定。

（四）控制器的参数整定

选择合适的控制器参数是保证和提高控制品质的一个重要途径。对于比值控制系统中的控制器，根据其作用不同，参数整定的方法也有所不同。

1．**双闭环比值控制系统**　主流量控制回路为定值控制，主控制器可按简单控制系统的方法进行整定。

2．**变比值控制系统**　因其结构上是串级控制系统，因此主控制器的参数整定可参照串级控制系统进行。

3．**副流量控制回路为随动控制**　单闭环比值控制系统、双闭环比值控制系统以及变比值控制系统中，副流量控制回路均为随动控制，工艺上要求副流量能迅速、准确地跟随主流量变化，并且不宜有超调。因此，其过渡过程不能按衰减振荡的要求进行整定，而应整定成非周期的临界状态，此时过渡过程不振荡且反应迅速。一般整定步骤如下：

（1）根据工艺要求的流量比值，换算出仪表的比值系数，按照计算的比值系数进行投运，再按实际情况适当调整。

（2）控制器采用比例积分控制，先将积分时间置于最大值，由大到小逐步调整比例度，直到过渡过程处于振荡与不振荡的临界过程为止。

（3）在适当放宽比例度（一般为20%）的情况下，缓慢地减小积分时间，直到出现振荡与不振荡的临界过程或微振荡的过程。

四、比值控制系统的实施

（一）比值系数的折算

比值控制系统的目的是将物料按工艺要求进行配比，维持其流量呈一定的比例关系，但需要说明的是，流量比值和设置于仪表的比值系数是不同的，通常所用的单元组合式仪表使用的是统一的标准信号。因此，必须把工艺上的流量比值折算成仪表上的比值系数，并正确地设置在相应的仪表上，才能实现流量比值控制。下面以国际标准信号制即传输信号4～20mA DC为例，说明比值系数的折算方法。

1. 流量与测量信号呈线性关系　当采用转子流量计、涡轮流量计或椭圆齿轮流量计等线性流量计来测量流量时，变送器的输出信号与被测流量呈线性关系。当流量由零变为最大值 Q_{max} 时，其对应于变送器的输出为 4～20mA DC，则流量的任一中间值 Q 所对应的输出电流为

$$I = \frac{Q}{Q_{max}} \times 16 + 4 \qquad \text{式（12-7）}$$

则有

$$Q = \frac{(I-4)Q_{max}}{16} \qquad \text{式（12-8）}$$

由式（12-8）可得工艺要求的流量比值为

$$k = \frac{Q_2}{Q_1} = \frac{(I_2-4)Q_{2max}}{(I_1-4)Q_{1max}} \qquad \text{式（12-9）}$$

式中，Q_{1max}、Q_{2max} 分别为主、副流量变送器的最大量程。

折算成仪表的比值系数为

$$K = \frac{I_2-4}{I_1-4} = k\frac{Q_{1max}}{Q_{2max}} \qquad \text{式（12-10）}$$

若采用比值器来实现比值控制时，由式（12-10）计算出的 K 值即可作为比值器的比值系数进行设置。

2. 流量与测量信号呈非线性关系　当采用差压式流量计进行测量时，若未经开方器运算处理，则流量与压差的关系为

$$Q = C\sqrt{\Delta p} \qquad \text{式（12-11）}$$

式中，C 为差压式流量计的比例系数。

当流量由零变为最大值 Q_{max},即压差由零变为最大值 Δp_{max} 时,其对应于变送器的输出为 4～20mA DC,则任一中间流量值 Q(即相应差压 Δp)所对应的输出电流为

$$I = \frac{Q^2}{Q^2_{max}} \times 16 + 4 \qquad 式(12\text{-}12)$$

则有

$$Q^2 = \frac{(I-4) Q^2_{max}}{16} \qquad 式(12\text{-}13)$$

由式(12-13)可得工艺要求的流量比值:

$$k^2 = \frac{Q^2_2}{Q^2_1} = \frac{(I_2-4) Q^2_{2max}}{(I_1-4) Q^2_{1max}} \qquad 式(12\text{-}14)$$

折算成仪表的比值系数为

$$K = \frac{I_2-4}{I_1-4} = k^2 \frac{Q^2_{1max}}{Q^2_{2max}} \qquad 式(12\text{-}15)$$

上述可以证明,比值系数的折算方法与仪表的结构型号无关,只与测量的方法有关。

(二) 比值控制的实施方案

比值控制的实施方案主要有相乘和相除两种形式。相乘方案中比值系数的实施可采用比值器、乘法器、配比器等实现;相除方案中比值系数的实施采用除法器实现,但应注意除法器的非线性对系统动态性能的影响。

1. 应用比值器方案 比值器是比值控制系统中最常用的一种比值计算装置,用以实现一个输入信号乘以一个常系数的运算。图 12-26 所示为应用比值器实现的单闭环比值控制,虚线框表示对流量检测信号是否进行线性化处理。以国际标准信号制即传输信号 4～20mA DC 为例,比值器的输入信号 I_1、输出信号 I_0 的关系为

$$I_0 = (I_1-4)K + 4 \qquad 式(12\text{-}16)$$

当系统处于稳定状态时,输入控制器的测量值 I_2 与给定值 I_0 应相等,即

$$I_2 = I_0 = (I_1-4)K + 4 \qquad 式(12\text{-}17)$$

所以

$$K = \frac{I_2-4}{I_1-4} \qquad 式(12\text{-}18)$$

由此可知,只要将比值器的比值系数 K 按前面所述的换算公式求得后设置,就可实现比值控制。

2. 应用乘法器方案 乘法器用以实现两个信号相乘,或对一个信号乘以一个常系数的运算。图 12-27 所示为应用乘法器实现的单闭环比值控制。此设计的主要任务是要按照工艺要求的流量比值来正确设置乘法器的给定值 I_s。

乘法器的运算信号为

$$I_0 = \frac{(I_1-4)(I_s-4)}{16} + 4 \qquad 式(12\text{-}19)$$

式中,I_1、I_s 为乘法器的输入信号;I_0 为乘法器的输出信号。

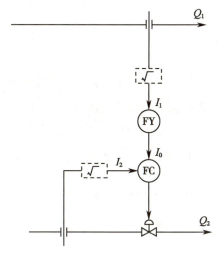

图 12-26　应用比值器实现的单闭环比值控制

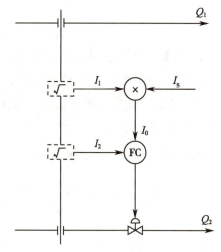

图 12-27　应用乘法器实现的单闭环比值控制

系统在稳定状态时,输入控制器的测量值 I_2 与给定值 I_0 应相等,所以式(12-19)可写为

$$I_s = \frac{I_2 - 4}{I_1 - 4} \times 16 + 4 = K \times 16 + 4 \qquad 式(12\text{-}20)$$

若采用开方器,流量为线性变送时,将 $K = k\dfrac{Q_{1\max}}{Q_{2\max}}$ 代入式(12-20),可得

$$I_s = k\frac{Q_{1\max}}{Q_{2\max}} \times 16 + 4 \qquad 式(12\text{-}21)$$

若没有采用开方器,流量为非线性变送时,将 $K = k^2\dfrac{Q_{1\max}^2}{Q_{2\max}^2}$ 代入式(12-20),可得

$$I_s = k^2\frac{Q_{1\max}^2}{Q_{2\max}^2} \times 16 + 4 \qquad 式(12\text{-}22)$$

考虑各装置传输信号均为 4～20mA DC,因此要保证 I_s 在标准信号范围内,则要求

$$K = k\frac{Q_{1\max}}{Q_{2\max}} \leqslant 1 \qquad 式(12\text{-}23)$$

或

$$K = k^2\frac{Q_{1\max}^2}{Q_{2\max}^2} \leqslant 1 \qquad 式(12\text{-}24)$$

所以,在选择流量检测仪表的量程时,应满足

$$Q_{2\max} \geqslant k_{\max} Q_{1\max} \qquad 式(12\text{-}25)$$

式中,$k_{\max}$ 为工艺要求的可能最大比值。

假定由于仪表量程选择的限制和工艺比值 k 的条件造成 $K>1$,为了使乘法器的设定电流 I_s 在标准信号范围内,可将乘法器从主流量一侧改接在副流量一侧,如图 12-28 所示,该操作不影响原有的比值控制作用。

根据乘法器的信号关系,则有

$$I_0 = \frac{(I_2 - 4)(I_s - 4)}{16} + 4 \qquad 式(12\text{-}26)$$

系统稳态时,I_1 与 I_0 相等,则有

$$I_s = \frac{I_1 - 4}{I_2 - 4} \times 16 + 4 = \frac{1}{K} \times 16 + 4 \qquad \text{式(12-27)}$$

这样就解决了给定值电流的设置问题。

应用乘法器的控制方案,比值系数 K 调整方便,并且可由外设给定单元来进行远距离设置。另外,只要把比值给定信号 I_s 换成第三参数,即可组成变比值控制系统。

3. 应用除法器方案 除法器用以实现两个信号相除的运算。图 12-29 所示为采用除法器实现的单闭环比值控制。仍以国际标准信号 4～20mA DC 为例进行分析。

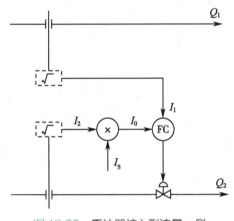

图 12-28　乘法器接入副流量一侧

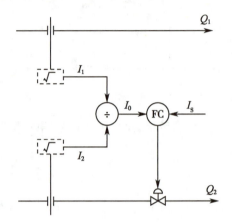

图 12-29　应用除法器实现的单闭环比值控制

除法器的信号关系为

$$I_0 = \frac{I_2 - 4}{I_1 - 4} \times 16 + 4 \qquad \text{式(12-28)}$$

系统稳态时,I_s 与 I_0 相等,则有

$$I_s = K \times 16 + 4 \qquad \text{式(12-29)}$$

可见,在使用乘法器和除法器时,计算给定值的公式完全相同。

由于除法器的输出就是物料的流量比值,所以这种方案可以直接显示比值,并且设置操作方便,若将比值控制器的给定值 I_s 换成第三参数,也能组成变比值控制系统。但是,对于副流量控制回路而言,除法器被包括在回路当中,其非线性对控制系统的品质将会造成影响。由于除法器的静态放大系数随着负荷的减小而增大,当负荷减小时,系统的稳定性会变差,因此除了变比值控制系统,其他比值控制方案中已很少使用除法器,一般用相乘形式来代替。

第四节　均匀控制系统

一、均匀控制的基本概念

在一个连续的生产过程中,各生产设备都是前后紧密联系的,前一设备的出料即是后一设备的进料,而后者的出料又输送给其他后续设备作为进料,各设备的操作情况也是互相关联、互相影响的。图 12-30 所示为连续精馏的多塔分离过程。甲塔的出料即为乙塔的进料。对甲塔来说,塔釜液位是一个重要的工艺参数,必须保持在一定的范围内,为此设置了液位控制系统;而对乙塔来说,从自身平稳操作的要求出发,希望进料量保持稳定,为此设置了流量控制系统。这样甲、乙两塔之间的供求关系就出现了矛盾。如果采用图 12-30 所示的控制方案,两个独立的定值控制系统是无法同时正常工作的。若甲塔的液位上升,则液位控制器就会开大出料阀,这将引起乙塔的进料量增大,于是乙塔的流量控制器又要关小进料阀,其结果又会使甲塔的液位升高,再继续开大出料阀,如此下去,顾此失彼,解决不了物料供求之间的矛盾。

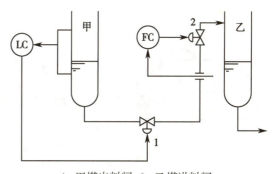

1. 甲塔出料阀;2. 乙塔进料阀。

图 12-30　前后精馏塔的物料供求关系

　　解决上述矛盾的一种方法,是在甲、乙两塔之间增设具有一定容量的贮罐,这样既满足甲塔控制液位的要求,又缓冲了乙塔进料流量的波动。但由此会增加设备投资和扩大装置占地面积,并且当某些物料易分解或聚合时,就不宜在贮罐中留存,所以该法不能完全解决问题。那么,能否从自动控制方案的设计上寻求解决方法呢?

　　采用均匀控制能够有效地解决这一问题。前提条件是工艺上应允许甲塔的液位和乙塔的进料流量在一定范围内可以缓慢变化。控制系统主要着眼于物料平衡,使甲、乙两塔的物料供求限制在一定范围内缓慢变化,从而满足两者的控制要求。当甲塔的液位受到干扰偏离给定值时,并不是采取很强的控制作用,立即改变阀门开度,以出料量的大幅波动来维持液位稳定;而是采取较弱的控制作用,缓慢调节阀门开度,以出料量的缓慢变化来克服干扰作用,其缓慢变化对乙塔的平稳操作是很有益的,较之进料流量的剧烈波动则改善了很多。在这样的控制过程中,允许液位存在适当的偏差,从而使甲塔的液位和乙塔的进料流量都被控制在一定范围内。所以,均匀控制系统可定义为使两个有关联的被控变量在规定范围内缓慢地、均匀地变化,使前后设备在物料供求上相互兼顾、均匀协调的控制系统。

　　均匀控制通常是对两个互相矛盾的变量同时兼顾控制,应达到下列控制要求。

　　1. 两个变量在控制过程中都应该是缓慢变化的　因为均匀控制是指前后设备物料供求之间的均匀,那么表征前后供求矛盾的两个变量都不应该稳定在某一固定数值上。图 12-31(a)中若将甲塔的液位控制成比较平稳的直线,则乙塔的进料流量必然波动很剧烈,这样的控制过程只能看作是液位的定值控制,而不是均匀控制;反之,图 12-31(b)中若将乙塔的进料流量控制成比较平稳的直线,则甲塔的液位必然波动很大,这样只能看作是流量的定值控制;只有图 12-31(c)所示的液位和流量的控制过程曲线才符合均匀控制的要求,两者都有一定程度的波动,但波动都比较缓慢。

　　2. 前后互相联系又互相矛盾的两个变量应保持在所允许的范围内波动　如在最大干扰作用下,甲塔的液位变化不能超过规定的上下限,否则就有淹过再沸器蒸汽管或被抽干的危险;乙塔的进料流量也不能超过其所能承受的最大负荷或低于最小处理量,否则就不能保证

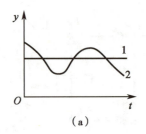 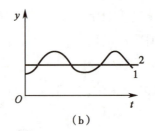 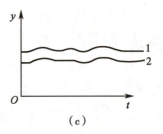

（a）　　　　　　　　　　（b）　　　　　　　　　　（c）

1.液位变化曲线；2.流量变化曲线。

图 12-31　甲塔液位和乙塔进料流量之间的关系

精馏过程的正常进行。因此,均匀控制的设计必须满足这两个限制条件。当然,均匀控制允许波动范围比定值控制过程的允许偏差要大得多。

明确均匀控制的目的及其特点是十分必要的。因为在实际运行中,有时因不清楚均匀控制的设计意图,而将前后两个相互矛盾的变量变成单一的定值控制系统,或者想把两个变量都控制得很平稳,这样最终都会导致均匀控制的失败。

二、均匀控制系统的类型

（一）简单均匀控制系统

图 12-32 所示为简单均匀控制系统。从系统的结构来看,它与简单的液位定值控制系统没有区别,但两者所要达到的目的不同,在控制器的控制规律选择和参数整定上也有所不同。

液位定值控制系统通过改变排料流量来维持液位稳定,其控制目的仅要求液位稳定。所以当甲塔的液位出现偏差时,系统要发挥

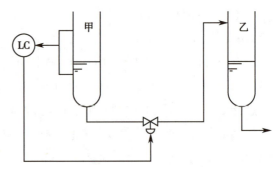

图 12-32　简单均匀控制系统

强有力的控制作用使液位迅速恢复到给定值。而所谓强有力的控制作用,反映在控制器的参数整定上,就要求有小的比例度或积分时间。但这种强有力的控制作用,必然会导致排料流量的波动很剧烈,影响乙塔的进料稳定。

简单均匀控制系统是为了协调液位与排料流量之间的关系,允许它们都在各自规定范围内作缓慢变化。在简单均匀控制中,控制器一般都选择纯比例作用。有时为了避免出现连续的同向干扰使被控变量超出规定范围,可适当引入积分作用。而微分作用与均匀控制的目的背道而驰,所以不被采用。均匀控制要求排料流量平稳,而液位可以在规定范围内波动。也就是说,当液位有较大偏差时,才会对排料流量作一定的调整,所以均匀控制的控制作用要"弱"。所谓控制作用"弱",反映在控制器的参数整定上,就是比例度或积分时间的取值要大,以较弱的控制作用达到均匀控制的目的。这样,即使甲塔的液位波动较大时,控制器的输出变化也很小,排料流量只作微小缓慢的变化,从而保持乙塔的进料平稳。

简单均匀控制系统的结构简单、投运方便、成本低廉。但是,当甲塔的液位对象本身具有

自平衡作用时,或者前后设备的压力变化较大时,尽管控制阀开度不变,其排料流量仍会发生相应变化。所以,简单均匀控制系统只适用于干扰不大、对流量的均匀程度要求较低的场合。

（二）串级均匀控制系统

图 12-33 所示为液位与流量的串级均匀控制系统。液位控制器的输出作为流量控制器的给定值,两者串联工作,用流量控制器的输出调节控制阀,在系统结构上它与串级控制系统是相同的。但是,串级均匀控制的目的是使液位与流量均匀协调,流量副回路的引入主要用于克服塔内压力波动以及自平衡作用对流量的影响。假如干扰作用使甲塔的液位上升,则液位控制器（正作用）的输出信号随之增

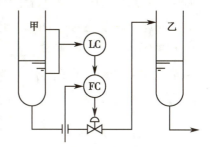

图 12-33　串级均匀控制系统

大,通过流量控制器（反作用）使控制阀（气开式）缓慢开大,反映在工艺参数上,液位不是立即快速下降,而是继续缓慢上升。同时,乙塔的进料量也在缓慢增加。当甲塔自身的排料量与进料量相等时,液位就不再上升而暂时达到最高值。这样,液位与流量均处于缓慢变化中,实现了均匀协调的控制目的。假如乙塔内压力受到干扰而变化时,其进料量将发生变化,首先通过副回路的流量控制器进行控制。当这一控制作用使甲塔的液位受到影响时,则通过液位控制器改变流量控制器的给定值,对流量控制器作进一步的控制,缓慢调节控制阀的开度。两个控制器互相配合,使液位与流量都在规定范围内缓慢地均匀变化。

在串级均匀控制系统中,主控制器宜选择比例积分控制规律,这样可以在干扰作用后利用积分控制消除余差,使液位在给定值上下限的允许范围内变化;副控制器主要用来克服塔内压力波动对流量的影响,一般选择纯比例作用,但如果塔内压力波动较大,或对流量稳定性要求较高时,副控制器也可采用比例积分控制规律。要达到均匀控制的目的,与简单均匀控制系统一样,主、副控制器都不应有微分作用。

串级均匀控制系统能克服较大的干扰,适用于系统前后压力波动较大的场合。但与简单均匀控制相比,系统的结构较复杂,使用的仪表较多,投运较麻烦,因此在方案选定时要根据系统的特点、干扰情况及控制要求来确定。

三、均匀控制系统的参数整定

串级均匀控制中（流量）副控制器的参数整定与普通控制器的参数整定类似,而简单均匀控制系统的参数整定可按照简单控制系统的方法进行,结合均匀控制的要求,整定的原则主要是"慢",即过渡过程不允许出现明显的振荡,所以不再进一步叙述。这里主要讨论串级均匀控制中（液位）主控制器的参数整定,使用的是"看曲线、整参数"的方法。

根据液位和流量记录曲线整定液位控制器参数的方法,主要基于以下原则:①先以保证液位不会超过允许的波动范围来初步设置控制器的参数;②修正控制器的参数,使液位的最大波动接近允许范围,其目的是充分利用贮罐的缓冲作用,使输出流量尽量平稳;③根据工艺对液位和流量两个参数的要求,适当调整控制器的参数。具体的整定步骤如下:

1. 纯比例控制　①先将比例度设置在估计不会引起液位越限的数值上,如 100% 左右;

②观察记录曲线,若液位的最大波动小于允许范围,则可增加比例度值,其结果必然使液位"控制品质"降低,而使流量更为平稳;③当发现液位的最大波动可能会超出允许范围时,则应减小比例度值;④这样反复调整比例度值,直到液位曲线满足工艺提出的均匀要求为止。

2. 比例积分控制 ①按纯比例控制进行整定,得到液位最大波动接近允许范围时的比例度值;②适当增加比例度值后,加入积分作用,逐渐减小积分时间,使液位在每次干扰过后,都有回复到给定值的趋势;③减小积分时间,直到流量记录曲线将要出现缓慢的周期性衰减振荡过程为止。

第五节　分程控制系统

一、分程控制的基本概念

在反馈控制系统中,通常都是一台控制器的输出只控制一个控制阀。但在某些特殊生产场合,由于工艺上的需要,一台控制器的输出可能同时去控制两个或两个以上的控制阀工作。在这种情况下,控制器的输出信号全程被分割成若干个信号段,每一个信号段控制一个控制阀,即控制阀在各自被控信号段内作全行程动作(从全关到全开或从全开到全关)。这种控制系统称为分程控制系统。

在分程控制系统中,控制器输出信号的分段一般是由附设在控制阀上的阀门定位器来实现的。图 12-34 所示为分程控制系统的方框图,采用了两个控制阀 A 和 B。若要求 A 阀在 0.02～0.06MPa 信号范围内作全行程动作,B 阀在 0.06～0.1MPa 信号范围内作全行程动作,此时可分别对附设在控制阀 A、B 上的阀门定位器进行调整,使 A 阀在 0.02～0.06MPa 的输入信号下走完全行程,B 阀在 0.06～0.1MPa 的输入信号下走完全行程。这样一来,当控制器的输出信号在小于 0.06MPa 范围内变化时,就只有 A 阀随着信号压力的变化改变自身的开度,而 B 阀则处于某个极限位置(全开或全关),其开度不变;当控制器的输出信号在 0.06～0.1MPa 范围内变化时,A 阀已经移动到极限位置,其开度不再变化,B 阀的开度则随着信号压力的变化而变化。

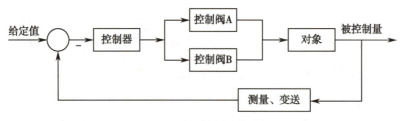

图 12-34　分程控制系统方框图

根据两个控制阀是同向动作还是异向动作,以及作用方式是气开还是气关,分程控制系统有四种不同的组合形式。图 12-35 所示为控制阀同向动作的分程控制特性。图 12-35(a)表示两个控制阀均为气开式,当控制器输出信号从 0.02MPa 增大时,A 阀开启;信号增大到

0.06MPa 时，A 阀全开，同时 B 阀开启；当信号达到 0.1MPa 时，B 阀也全开。图 12-35（b）表示两个控制阀均为气关式，当输出信号从 0.02MPa 增大时，A 阀由全开状态开始关闭；信号增大到 0.06MPa 时，A 阀全关，同时 B 阀开始关闭；当信号达到 0.1MPa 时，B 阀也全关。

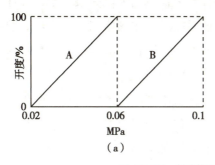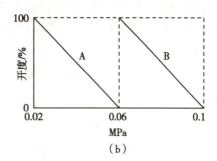

图 12-35　控制阀同向动作的分程控制特性

图 12-36 所示为控制阀异向动作的分程控制特性。图 12-36（a）表示控制阀 A 为气开式、控制阀 B 为气关式，当输出信号从 0.02MPa 增大时，A 阀开启；信号增大到 0.06MPa 时，A 阀全开，而 B 阀由全开状态开始关闭；当信号达到 0.1MPa 时，B 阀全关。图 12-36（b）表示控制阀 A 为气关式、控制阀 B 为气开式，其动作情况与图 a 相反。由此可见，两个控制阀在控制信号的不同区间从全关到全开（或从全开到全关），走完整个行程。

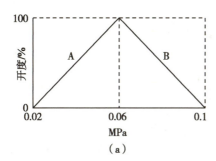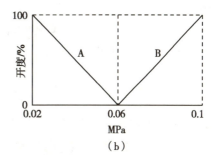

图 12-36　控制阀异向动作的分程控制特性

分程控制阀同向或异向动作的选择，要根据生产工艺的实际需求来确定。

二、分程控制系统的应用场合

（一）用于扩大控制阀的可调比，改善控制品质

控制阀有一个重要指标，即控制阀的可调比 R。它是一项静态指标，表明控制阀执行规定特性（线性特性或等百分比特性）运行的有效范围。可调比 R 可用式（12-30）表示

$$R = \frac{C_{max}}{C_{min}} \qquad 式（12-30）$$

式中，C_{max} 是控制阀的最大流量系数，流量单位；C_{min} 是控制阀的最小流量系数，流量单位。国产柱塞型控制阀固有可调比 $R = 30$，所以有

$$C_{min} = 3.33\% C_{max} \qquad 式（12-31）$$

需要指出的是，控制阀的最小流量系数不等于阀关闭时的泄漏量。一般柱塞型控制阀的泄漏量仅为最大流量系数的0.01%~0.1%。

对于生产过程的绝大部分场合，采用$R=30$的控制阀已足够满足生产要求了。但在某些特殊场合，工艺要求有较大范围的流量变化时，由于控制阀的可调比有限，能够控制的最大流量和最小流量不可能相差太大，这就难以满足流量大范围变化的要求。如废水处理中的pH控制，工厂的废液来自下水道、污水沉淀池、洗涤器等处，其流量变化可达4~5倍，酸碱含量变化可达几十倍以上，并且酸或碱的类型各异，其含量变化会使pH也产生变化，因而这种场合需要控制阀的可调比非常大。如果仅用一个大口径的控制阀，当控制阀工作在小开度时，阀门前后的压差很大，流体对阀芯、阀座的冲蚀严重，并会使阀门剧烈振荡，影响阀门的使用寿命，破坏阀门的流量特性，从而影响控制系统的稳定。如果将控制阀换小，其可调比又满足不了工艺需要，致使系统不能正常工作。在这种情况下，可以将两个控制阀并联分程后看作一个阀来使用，从而扩大阀的可调比，改善阀的工作特性，使其在小流量时有更精确的控制。

假定并联的两个阀A、B的最大流量系数均为$C_{max}=100$；两个阀的可调比相同，即$R_A=R_B=30$。根据可调比的定义可得

$$C_{min}=\frac{C_{max}}{30}=3.33$$

当采用两个阀组成分程控制时，最小流量系数不变，而最大流量系数应是两个阀都全开时的流量系数，即

$$C'_{max}=C_{Amax}+C_{Bmax}=200$$

则两个阀组合后的可调比为

$$R_{AB}=\frac{C'_{max}}{C_{min}}=\frac{200}{100/30}=60$$

可见，两个阀组合后的可调比与单个阀相比扩大了一倍。

图12-37所示为氨厂蒸汽减压分程控制系统。该系统需要把锅炉生产的压力为10MPa、温度为482℃的高压蒸汽，通过控制阀和节流孔板减至压力为4MPa、温度为362℃的中压蒸汽。如果仅用单个控制阀，则需选择较大口径以满足特殊情况下大负荷时蒸汽的供应量，但在正常工作条件下，蒸汽量却不需要这么大，这就要将控制阀关小，使阀门只在小开度下工作，阀门前后压差大、蒸汽温度高，不平衡力会使阀振荡剧烈，严重降低系统控制品质。为了解决这一问题，可采用两个控制器并联的分程控制系统，如图12-37所示。

该系统使用两个控制阀A、B（假定根据工艺要求均选择气开式），其中A阀在控制器输出信号0.02~0.06MPa范围内，从全关到全开；B阀在控制器输出信号0.06~0.1MPa范围内，从全关到全开。这样在正常条件下，即小负荷时，B阀处于关闭状态，只通过A阀开度的变化来进行控制；当大负荷时，A阀全开仍满足

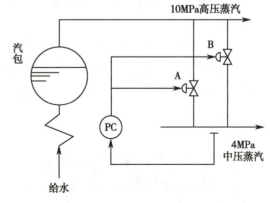

图12-37　蒸汽减压分程控制系统

不了蒸汽量的需要,中压蒸汽管线的压力达不到给定值时,则反作用的压力控制器 PC 输出增加,超过了 0.06MPa,使 B 阀也逐渐打开,以弥补蒸汽供应量的不足。

(二)用于控制两种不同的介质,以满足工艺生产的要求

在某些间歇式生产的化学反应过程中,当配置好物料投入设备后,为了达到其反应温度,需要先加热提供一定的热量。当达到反应温度后,随着化学反应的进行会不断释放出热量,如果这些释放的热量不及时移走,将使反应越来越剧烈,甚至有爆炸的危险。因此,对这种间歇式化学反应器,既要考虑反应前的预热问题,又要考虑反应过程中及时降温的问题。

例如,氯霉素生产中的硝化反应,使用乙苯和混酸在反应器内进行反应,反应前需将乙苯用蒸汽预热至 37℃左右,之后乙苯和混酸迅速反应并释放出大量热量,此时要将蒸汽阀门关闭,同时打开冷却剂阀门快速降温,避免反应器温度过高而发生危险。为此,可设计如图 12-38 所示的分程控制系统。该系统使用两个控制阀 A、B,分别控制冷却剂与蒸汽的流量,以满足工艺上冷却和加热的不同需求。从生产安全的角度考虑,为了避免气源故障时引起反应器温度过高,冷却剂控制阀 A 选择气关式,蒸汽控制阀 B 选择气开式,温度控制器 TC 为反作用。

根据节能要求,当温度偏高时,总是先关小蒸汽再开大冷却剂。由于温度控制器为反作用,温度升高时其输出信号降低。综合起来就是要求在控制器输出信号下降时,先关小蒸汽阀再开大冷却剂阀。这表明蒸汽阀 B 的分程区间在高信号区(0.06～0.1MPa),冷却剂阀 A 的分程区间在低信号区(0.02～0.06MPa)。两个阀的分程特性如图 12-39 所示。

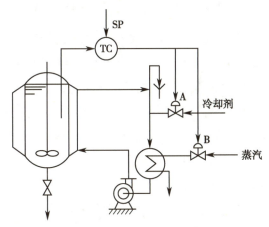

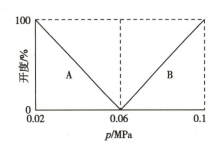

图 12-38 间歇式反应器分程控制系统　　　图 12-39 反应器 A、B 控制阀的分程特性

当反应器备料工作完成后,温度控制系统投入运行。由于反应器内起始温度低于给定值,具有反作用的控制器 TC 输出信号较大(大于 0.06MPa),因此冷却剂阀 A 关闭,蒸汽阀 B 打开。此时蒸汽通入反应器夹套内进行加热,使温度逐渐升高。

当达到反应温度时,反应开始并伴随着热量产生,使温度持续升高。当温度高于给定值时,由于控制器 TC 为反作用,随着温度的升高,其输出信号逐渐减小,蒸汽阀 B 逐渐关闭,待输出信号小于 0.06MPa 时,蒸汽阀 B 完全关闭,而冷却剂阀 A 逐渐打开。此时冷却剂通入反应器夹套内,将反应所产生的热量移走,从而达到维持反应温度的目的。

（三）用于安全生产的防护措施

图 12-40 所示为存放各种油品或化工产品的贮罐,因为空气中的氧气会使油品等氧化而变质,甚至引起爆炸,所以这些油品或产品不宜与空气长期接触。为此,通常在贮罐上方充以惰性气体氮气,以确保油品等与外界空气隔绝,即为氮封。为了保证空气不进入贮罐,一般要求氮气压力应设置为微正压。

这里需要考虑一个问题,那就是贮罐内物料量增减时,将引起氮封压力发生变化,此时应及时进行控制,否则将造成贮罐变形。当抽取物料时,氮封压力会下降,要往贮罐内补充氮气;当加入物料时,氮封压力又会上升,要将贮罐内氮气适当排出。只有这样才能达到既隔绝了空气,又保证了贮罐不变形的目的。图 12-40 所示为贮罐氮封分程控制系统。该系统中压力控制器 PC 为反作用,充气控制阀 A 选择气开式,排气控制阀 B 选择气关式,两个阀的分程特性如图 12-41 所示。

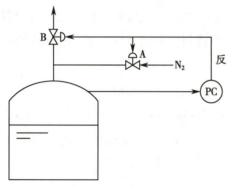

图 12-40　贮罐氮封分程控制系统

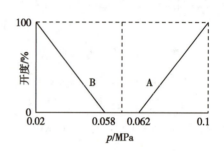

图 12-41　氮封 A、B 控制阀的分程特性

当贮罐内压力升高时,其测量值大于给定值,控制器 PC 的输出减小,因此 A 阀将关闭,而 B 阀将打开,排放部分氮气使压力下降。当贮罐内压力降低时,其测量值小于给定值,控制器 PC 的输出增大,因此 B 阀将关闭,而 A 阀将打开,补加氮气以提高贮罐内压力。

为了防止贮罐内压力在给定值附近变化时,A、B 阀的动作过于频繁,可在两个阀信号交接处设置一个间歇区或称不灵敏区(图 12-41)。通过调整阀门定位器,使 B 阀在 0.02～0.058MPa 信号范围内从全开到全关,使 A 阀在 0.062～0.1MPa 信号范围内从全关到全开,而当控制器输出信号在 0.058～0.062MPa 范围变化时,A、B 阀都处于全关位置不动。针对一般贮罐顶部空间较大、压力对象时间常数大,而氮气的压力控制精度要求不高的实际情况,存在一个间歇区是允许的。设计间歇区可以避免两个阀的频繁开闭,能够有效地节省氮气,使控制过程变化趋于缓慢,系统更加稳定。

三、分程控制系统应用中的几个问题

（一）改善控制阀的总流量特性

两个同向动作的控制阀并联分程时,实际上就是将两个阀看作一个阀来使用,这样可以提高控制阀的可调比,但是存在从一个阀向另一个阀平滑过渡的问题。由于两个阀流量特性的放大系数不同,原来线性特性很好的两个控制阀,当组合在一起构成分程控制时,其总流量特性就不再呈线性关系,而变成非线性关系了。尤其是在分程点,控制阀的放大系数出现突变,反映在特性曲线上产生斜率突变的折点,导致总流量特性的不平滑,这对系统的平稳运行是不利的。若两个阀均为线性特性,当上述情况比较严重时(图12-42),为了使总流量特性达到平稳过渡,可以先根据单个控制阀的特性找寻组合后的总流量特性,再根据单个控制阀的特性与组合总流量特性的关系找出相应的分程点,以确定各控制阀的分程信号进行调整。

若采用两个对数流量特性的控制阀进行分程,其效果要比线性阀好得多(图12-43),但在两特性的衔接处仍不平滑,还存在有一定的突变现象,此时可采用部分分程信号重叠的方法加以改善。由于对数阀合成的流量特性比线性阀效果好,一般都采用两个对数阀并联分程。如果系统要求合成阀的流量特性为线性,则可通过添加其他非线性补偿环节的方法,将合成的对数特性校正为线性特性。

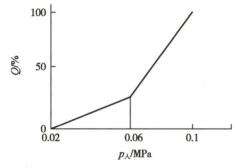

图 12-42　线性阀组合的总流量特性

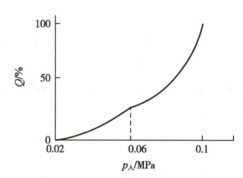

图 12-43　对数阀组合的总流量特性

（二）调节阀的泄漏量

当采用大、小控制阀并联时,大阀的泄漏量不可忽视,否则就不能充分发挥扩大可调比的作用。若大阀的泄漏量接近或超过小阀的正常调节量,则小阀就不能发挥其应有的控制作用,甚至不能起控制作用。

（三）控制器控制规律的选择与参数整定

分程控制系统本质上是简单控制系统,有关控制器控制规律的选择与参数整定,可以参照简单控制系统来处理。但是分程控制中两个控制通道的特性不同,也就是说,广义的对象特性有两个,在系统运行中,控制器参数不能同时满足两个不同对象特性的要求。在这种情况下,只能照顾正常情况下的被控对象特性,按正常情况下整定控制器的参数,而对另一个阀的操作要求,只要能在工艺允许的范围内即可。

ER12-3　第十二章　目标测试

第十三章　可编程逻辑控制器

可编程逻辑控制器（programmable logic controller，PLC）是在传统的顺序控制器的基础上引入了微电子技术、计算机技术、自动控制技术和通信技术而形成的一代新型工业控制装置，目的是用来取代继电器执行逻辑运算、计时、计数等顺序控制功能，建立柔性的程序控制系统。可编程逻辑控制器具有能力强、可靠性高、配置灵活、编程简单等优点，是当代工业生产自动化的主要手段和重要的自动化控制设备。

本章通过对可编程逻辑控制器功能、特点、组成、工作原理等基础知识的介绍，以 S7-1200 PLC 编程为例，使学生掌握可编程逻辑控制器的编程方法、编程规则及编程技巧，并可将其应用于实际控制领域。

第一节　可编程逻辑控制器的主要功能

1. 开关逻辑和顺序控制　这是 PLC 应用最广泛、最基本的场合。它的主要功能是完成开关逻辑运算和进行顺序逻辑控制，从而可以实现各种控制要求。

2. 模拟控制（A/D 和 D/A 控制）　在工业生产过程中，许多连续变化的需要进行控制的物理量，如温度、压力、流量、液位等，都属于模拟量。过去，PLC 长于逻辑运算控制，对于模拟量的控制主要靠仪表或集散控制系统来完成，目前大部分 PLC 产品都具备处理这类模拟量的功能，而且编程和使用方便。

3. 定时 / 计数控制　PLC 具有很强的定时、计数功能，它可以为用户提供数十甚至上百个定时器与计数器。对于定时器，定时间隔可以由用户加以设定；对于计数器，如果需要对频率较高的信号进行计数，则可以选择高速计数器。

4. 步进控制　PLC 为用户提供了一定数量的移位寄存器，用移位寄存器可方便地完成步进控制功能。

5. 运动控制　在机械加工行业，可编程逻辑控制器与计算机数控（computer numerical control，CNC）集成在一起，用以完成机床的运动控制。

6. 数据处理　大部分 PLC 都具有不同程度的数据处理能力，它不仅能进行算术运算、数据传送，而且还能进行数据比较、数据转换、数据显示打印等操作，有些 PLC 还可以进行浮点运算和函数运算。

7. 通信联网　PLC 具有通信联网的功能，它使 PLC 与 PLC 之间、PLC 与上位计算机以及其他智能设备之间能够交换信息，形成一个统一的整体，实现分散集中控制。

第二节　可编程逻辑控制器的特点

PLC能如此迅速发展的原因,除了工业自动化的客观需要外,还有许多独特的优点。它较好地解决了工业控制领域中普遍关心的可靠、安全、灵活、方便、经济等问题。其主要特点如下:

1. 可靠性高　可靠性指的是可编程逻辑控制器平均无故障工作时间。由于可编程逻辑控制器采取了一系列硬件和软件抗干扰措施,具有很强的抗干扰能力,平均无故障时间达到数万小时以上,可以直接用于有强烈干扰的工业生产现场。可编程逻辑控制器已被广大用户公认为是最可靠的工业控制设备之一。

2. 控制功能强　一台小型可编程逻辑控制器内有成百上千个可供用户使用的编程元件,可以实现非常复杂的控制功能。与相同功能的继电器系统相比,它具有很高的性价比。可编程逻辑控制器可以通过通信联网,实现分散控制与集中管理。

3. 用户使用方便　可编程逻辑控制器产品已经标准化、系列化、模块化,配备有品种齐全的各种硬件装置供用户选用,用户能灵活方便地进行系统配置,组成不同功能、不同规模的系统。可编程逻辑控制器的安装接线也很方便,有较强的带负载能力,可以直接驱动一般的电磁阀和交流接触器。硬件配置确定后,可以通过修改用户程序,方便快速地适应工艺条件的变化。

4. 编程方便、简单　梯形图是可编程逻辑控制器使用最多的编程语言,其电路符号、表达方式与继电器电路原理图相似。梯形图语言形象、直观、简单、易学,熟悉继电器电路图的电气技术人员只要花几天时间就可以熟悉梯形图语言,并用来编制用户程序。

5. 设计、安装、调试周期短　可编程逻辑控制器用软件功能取代了继电器控制系统中大量的中间继电器、时间继电器、计数器等器件,使控制柜的设计、安装、接线工作量大大减少,缩短了施工周期。可编程逻辑控制器的用户程序可以在实验室模拟调试,模拟调试好后再将PLC控制系统在生产现场进行安装和接线,在现场的统调过程中发现的问题一般通过修改程序就可以解决,大大缩短了设计和投运周期。

6. 易于实现机电一体化　可编程逻辑控制器体积小、重量轻、功耗低、抗振防潮和耐热能力强,使之易于安装在机器设备内部,制造出机电一体化产品。目前以PLC作为控制器的CNC设备和机器人装置已成为应用的典型。

第三节　可编程逻辑控制器的组成与基本结构

PLC是微机技术和继电器常规控制概念相结合的产物,从广义上讲,PLC也是一种计算机系统,只不过它比一般计算机具有更强的与工业过程相连接的输入/输出接口,具有更适用于控制要求的编程语言,具有更适应于工业环境的抗干扰性能。因此,PLC是一种工业控制用的专用计算机,它的实际组成与一般微型计算机系统基本相同,也是由硬件系统和软件系统两大部分组成。

一、可编程逻辑控制器的硬件系统

PLC 的硬件系统由主机系统、输入/输出扩展环节及外部设备组成。如图 13-1 所示。

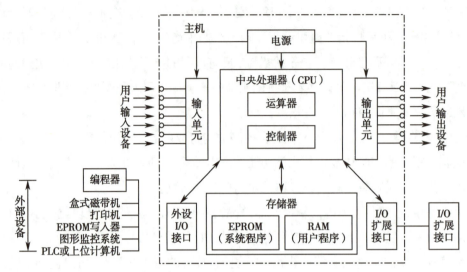

图 13-1　可编程逻辑控制器结构示意图

（一）主机系统

主要包括以下六个组成部分。

1. **中央处理器**（central processing unit, CPU） CPU 是 PLC 的核心部分，它包括中央处理器和控制接口电路。中央处理器是 PLC 的运算控制中心，由它实现逻辑运算，协调控制系统内部各部分的工作。它的运行是按照系统程序所赋予的任务进行的。CPU 的主要作用：①进行系统的诊断；②用扫描的方式接收现场的输入信号（数据）；③解算用户逻辑、执行用户程序；④接收并存储用户程序和数据；⑤完成通信及一些外设的管理功能。

ER13-2　PLC控制柜

2. **存储器** 存储器是 PLC 存放系统程序、用户程序和运行数据的单元。它包括只读存储器（ROM）和随机存取存储器（RAM）。只读存储器（ROM）在使用过程中只能取出不能存储，而随机存取存储器（RAM）在使用过程中能随时取出和存储。

3. **输入/输出模块单元** PLC 的对外功能主要是通过各类接口模块的外接线，实现对工业设备和生产过程的检测与控制。通过各种输入/输出接口模块，PLC 既可检测到所需的过程信息，又可将处理结果传送给外部过程，驱动各种执行机构，实现工业生产过程的控制。通过输入模块单元，PLC 能够得到生产过程的各种参数；通过输出模块单元，PLC 能够把运算处理的结果送至工业过程现场的执行机构实现控制。为适应工业过程现场对不同输入/输出信号的匹配要求，PLC 配置了各种类型的输入/输出接口。

输入接口用于接收输入设备（如按钮、行程开关、传感器等）的控制信号。如图 13-2 所示。

输出接口用于将经主机处理过的结果通过输出电路去驱动输出设备（如接触器、电磁阀、指示灯等）。如图 13-3 所示。

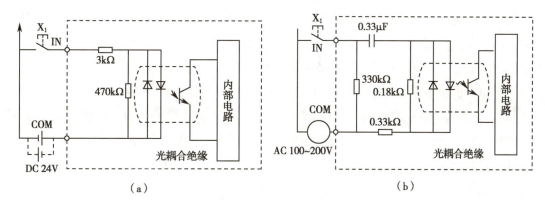

图 13-2 输入接口电路
(a)直流输入;(b)交流输入。

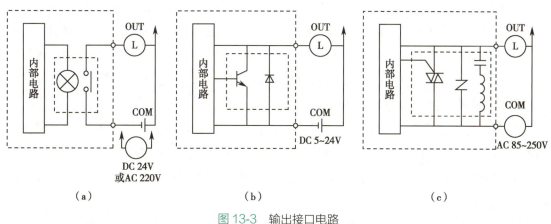

图 13-3 输出接口电路
(a)继电器输出;(b)晶体管输出;(c)晶闸管输出。

4. I/O 扩展接口 I/O 扩展接口是 PLC 主机为了扩展输入/输出点数和类型的部件,输入/输出扩展单元、远程输入/输出扩展单元、智能输入/输出单元等都通过它与主机相连。I/O 扩展接口有并行接口、串行接口等多种形式。

5. 外设 I/O 接口 外设 I/O 接口是 PLC 主机实现人机对话、机机对话的通道。通过它,PLC 可以和编程器、彩色图形显示器、打印机等外部设备相连,也可以与其他 PLC 或上位计算机连接。外设 I/O 接口一般是 RS232C 或 RS422A 串行通信接口,该接口的功能是进行串行/并行数据的转换、通信格式的识别、数据传输的出错检验、信号电平的转换等。对于一些小型 PLC,外设 I/O 接口中还有与专用编程器连接的并行数据接口。

6. 电源 电源单元是 PLC 的电源供给部分。它的作用是把外部供应的电源变换成系统内部各单元所需的电源,有的电源单元还向外提供直流电源,给作为开关量输入单元连接的现场电源使用。电源单元还包括掉电保护电路和后备电池电源,以保持 RAM 在外部电源断电后存储的内容不丢失。PLC 的电源一般采用开关电源,其特点是输入电压范围宽、体积小、质量轻、效率高、抗干扰性能好。有些 PLC 中的电源,是与 CPU 模块合二为一的,有些是分开的,电源依其输入类型有:交流电源,220V AC 或 110V AC;直流电源,常用的为 24V DC。

(二)输入/输出扩展环节

输入/输出扩展环节是 PLC 输入输出单元的扩展部件,当用户所需的输入/输出点数或类型超出主机的输入/输出单元所允许的点数或类型时,可以通过加接输入/输出扩展环节来解决。输入/输出扩展环节与主机的输入/输出扩展接口相连,有两种类型:简单型和智能型。简单型的输入/输出扩展环节本身不带中央处理器,对外部现场信号的输入/输出处理过程完全由主机的中央处理器管理,依赖于主机的程序扫描过程。通常,它通过并行接口与主机通信,并安装在主机旁边,在小型PLC的输入/输出扩展时常被采用。智能型的输入/输出扩展环节本身带有中央处理器,它对生产过程现场信号的输入/输出处理由本身所带的中央处理器管理,而不依赖于主机的程序扫描过程。通常,它采用串行通信接口与主机通信,可以远离主机安装,多用于大中型PLC的输入/输出扩展。

(三)外部设备

1. 编程器 它是编制、调试PLC用户程序的外部设备,是人机交互的窗口。通过编程器可以把新的用户程序输入到PLC的RAM中,或者对RAM中已有程序进行编辑。通过编程器还可以对PLC的工作状态进行监视和跟踪,这对调试和试运行用户程序是非常有用的。

除了上述专用的编程器外,还可以利用计算机配上PLC生产厂家提供的相应的软件包作为编程器,这种编程方式已成为PLC发展的趋势。现在,有些PLC不再提供编程器,而只提供微机编程软件,并且配有相应的通信连接电缆。

2. 彩色图形显示器 大中型PLC通常配接彩色图形显示器,用以显示模拟生产过程的流程图、实时过程参数、趋势参数及报警参数等过程信息,使得现场控制情况一目了然。

3. 打印机 PLC也已配接打印机等外部设备,用以打印记录过程参数、系统参数以及报警事故记录表等。

PLC还可以配置其他外部设备,例如,配置存储器卡、盒式磁带机或磁盘驱动器,用于存储用户的应用程序和数据;配置EPROM写入器,用于将程序写入到EPROM中。

4. 底板或机架 大多数模块式PLC使用底板或机架,其作用是:电气上,实现各模块间的联系,使CPU能访问底板上的所有模块;机械上,实现各模块间的连接,使各模块构成一个整体。

5. PLC的通信联网 PLC具有通信联网的功能,它使PLC与PLC之间、PLC与上位计算机以及其他智能设备之间能够交换信息,形成一个统一的整体,实现分散集中控制。现在几乎所有的PLC新产品都有通信联网功能,它和计算机一样具有RS232接口,通过双绞线、同轴电缆或光缆,可以在几公里甚至几十公里的范围内交换信息。

当然,PLC之间的通信网络是各厂家专用的,PLC与计算机之间的通信,一些生产厂家采用工业标准总线,并向标准通信协议靠拢,这将使不同机型的PLC之间、PLC与计算机之间可以方便地进行通信与联网。

了解了PLC的基本结构,在选用时就有了一个基本配置的概念,做到既经济又合理,尽可能发挥PLC所提供的最佳功能。

二、可编程逻辑控制器的软件系统

PLC除了硬件系统外,还需要软件系统的支持,它们相辅相成,缺一不可。PLC的软件系统由系统程序(又称系统软件)和用户程序(又称应用软件)两大部分组成。

1. **系统程序** 系统程序由 PLC 的制造企业编制,固化在 PROM 或 EPROM 中,安装在 PLC 上,随产品提供给用户。系统程序包括系统管理程序、用户指令解释程序和供系统调用的标准程序模块等。

2. **用户程序** 用户程序是根据生产过程控制的要求,由用户使用制造企业提供的编程语言自行编制的应用程序。用户程序包括开关量逻辑控制程序、模拟量运算程序、闭环控制程序和操作站系统应用程序等。

第四节 可编程逻辑控制器的工作原理

可编程控制器的工作原理与计算机控制系统的工作原理基本相同。PLC 采用周期循环扫描的工作方式。CPU 连续执行用户程序和任务的循环序列称为扫描。CPU 对用户程序的执行过程是 CPU 的循环扫描,并用周期性地集中采样、集中输出的方式来完成的。一个扫描周期(工作周期)主要分为以下几个阶段。

1. **输入采样扫描阶段** 这是第一个集中批处理过程,在这个阶段中,PLC 按顺序逐个采集所有输入端子上的信号,不论输入端子上是否接线,CPU 顺序读取全部输入端,将所有采集到的一批输入信号写到输入映像寄存器中,在当前的扫描周期内,用户程序用到的输入信号的状态(ON 或 OFF)均从输入映像寄存器中去读取,不管此时外部输入信号的状态是否变化。即使此时外部输入信号的状态发生了变化,也只能在下一个扫描周期的输入采样扫描阶段去读取,对于这种采集输入信号的批处理,虽然严格上说每个信号被采集的时间有先有后,但由于 PLC 的扫描周期很短,这个差异对一般工程应用可忽略,所以可以认为这些采集到的输入信息是同时的。

2. **执行用户程序扫描阶段** 这是第二个集中批处理过程,在执行用户程序阶段,CPU 对用户程序按顺序进行扫描。如果程序用梯形图表示,则总是按先上后下、从左至右的顺序进行扫描,每扫描到一条指令,所需要的输入信息的状态均从输入映像寄存器中去读取,而不是直接使用现场的立即输入信号。对其他信息,则是从 PLC 的元件映像寄存器中去读取,在执行用户程序中,每一次运算的中间结果都立即写入元件映像寄存器中,对输出继电器的扫描结果,也不是马上去驱动外部负载,而是将其结果写入到输出映像寄存器中。在此阶段,允许对数字量 I/O 指令和不设置数字滤波的模拟量 I/O 指令进行处理,在扫描周期的各个部分,均可对中断事件进行响应。在这个阶段,除了输入映像寄存器外,各个元件映像寄存器的内容是随着程序的执行而不断变化的。

3. **输出刷新扫描阶段** 这是第三个集中批处理过程,当 CPU 对全部用户程序扫描结束后,将元件映像寄存器中各输出继电器的状态同时送到输出锁存器中,再由输出锁存器经输出端子去驱动各输出继电器所带的负载。在输出刷新阶段结束后,CPU 进入下一个扫描周期,重新执行输入采样,周而复始。

由 PLC 的工作过程可见,在 PLC 的程序执行阶段,即使输入发生了变化,输入状态寄存器的内容也不会立即改变,要等到下一个周期输入处理阶段才能改变。暂存在输出状态寄存器中的输出信号,等到一个循环周期结束,CPU 集中将这些输出信号全部输出给输出锁存器,这才成为实际的 CPU 输出。因此全部输入、输出状态的改变就需要一个扫描周期,换言之,输入、输出的状态保持一个扫描周期。

第五节　S7-1200 组成和基本结构

　　S7-1200 主要由 CPU 模块(简称 CPU)、信号板、信号模块、通信模块和编程软件组成,各种模块安装在标准导轨上。通过 CPU 模块或通信模块上的通信接口,PLC 被链接到通信网络上,可以与计算机、其他 PLC 或其他设备通信。如图 13-4 所示。

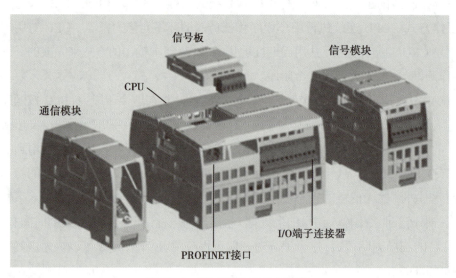

图 13-4　S7-1200 PLC 示意图

一、S7-1200 的硬件

　　S7-1200 CPU 的硬件主要由 CPU 模块、信号板与信号模块、集成的通信接口与通信模块组成。

　　1. CPU 模块　结构如图 13-5 所示。

　　S7-1200 现有三种型号的 CPU 模块,见表 13-1。

　　2. 信号板与信号模块　S7-1200 的 CPU 可以根据系统的需要进行扩展。各种 CPU 的正面都可以增加一块信号板,以扩展数字量或模拟量 I/O(图 13-6)。信号模块连接到 CPU 的右侧,以扩展其数字量或模拟量 I/O 的点数(图 13-7)。CPU 1212C 只能连接两个信号模块,CPU 1214C

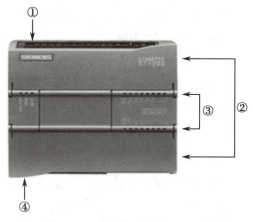

1. 电源接口;2. 可拆卸用户接线连接器(保护盖下面);3. 板载 I/O 的状态 LED;4. PROFINET 连接器(CPU 的底部)。

图 13-5　CPU 模块

可以连接 8 个信号模块。所有的 S7-1200CPU 都可以在 CPU 的左侧安装最多 3 个通信模块。

表 13-1　S7-1200 CPU 技术规范

特性	CPU 1211C	CPU 1212C	CPU 1214C
本机数字量 I/O 点数 本机模拟量输入点	6 入 /4 出 2	8 入 /6 出 2	14 入 /10 出 2
脉冲捕获输入点数	6	8	14
扩展模块个数	—	2	8
上升沿 / 下降沿中断点数	6/6	8/8	12/12
集成 / 可扩展的工作存储器 集成 / 可扩展的装载存储器	25kB/ 不可扩展 1MB/24MB	25kB/ 不可扩展 1MB/24MB	50kB/ 不可扩展 2MB/24MB
高速计数器点数 / 最高频率	3 点 /100kHz —	3 点 /100kHz 1 点 /30kHz	3 点 /100kHz 3 点 /30kHz
高速脉冲输出点数 / 最高频率	2 点 /100kHz(DC/DC/DC 型)		
操作员监控功能	无	有	有
传感器电源输出电流 /mA	300	300	400
外形尺寸 /mm	90×100×75	90×100×75	11×100×75

1. 信号板上的状态 LED；2. 可拆卸用户接线连接器。

图 13-6　信号板

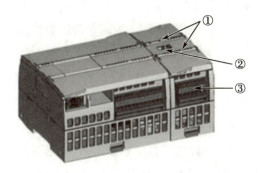

1. 信号模块的 I/O 的状态 LED；2. 总线连接器；3. 可拆卸用户接线连接器。

图 13-7　信号模块

S7-1200 所有的模块都具有内置的安装夹，能方便地安装在一个标准的 35mm DIN 导轨上。S7-1200 的硬件可以竖直安装或水平安装。

所有的 S7-1200 硬件都配备了可拆卸的端子板，不用重新接线，就能迅速地更换组件。

3. 集成的通信接口与通信模块　实时工业以太网是现场总线发展的趋势，现场总线的国际标准 IEC61158 第 4 版的 20 种现场总线中，基于实时以太网的现场总线占了一半。PROFINET 是基于工业以太网的现场总线（IEC61158 现场总线标准的类型 10），是开放式的工业以太网标准，它使工业以太网的应用扩展到了控制网络最底层的现场设备。

通过 TCP/IP 标准，S7-1200 提供的集成 PROFINET 接口可用于与编程软件 STEP 7 Basic 通信（图 13-8），以及与 SIMATIC HMI 精简系列面板通信，或与其他 PLC 通信（图 13-9）。此外它还通过开放的以太网协议 TCP/IP 和 ISO-on-TCP 支持与第三方设备的通信。该接口的 RJ-45 连接器具有自动交叉网线（auto-cross-over）功能，数据传输速率为 10/100Mbit/s，支持最多 16 个以太网连接。该接口能实现快速、简单、灵活的工业通信。

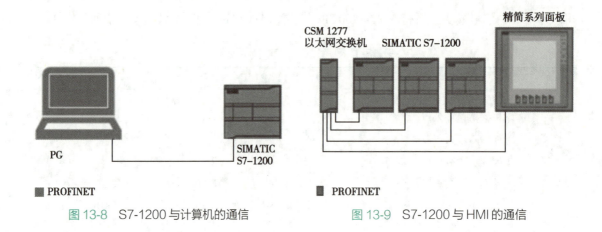

■ PROFINET

图 13-8　S7-1200 与计算机的通信

■ PROFINET

图 13-9　S7-1200 与 HMI 的通信

二、S7-1200 的软件编程

1. TIA 博途软件　TIA 博途是自动化的全新工程设计软件平台，STEP 7 Professional 可用于 S7-1200/1500/300/400 和 WinAC 的组态和编程。STEP 7 Basic 只能用于 S7-1200。TIA 博途中的 WinCC 是用于 HMI、工业 PC 和标准 PC 的组态软件，精简面板可使用 WinCC 的基本版。STEP7 集成了 WinCC 的基本版。

STEP 7 Safety 用于故障安全自动化。SINAMICS Startdrive 用于驱动装置，它集成了硬件组态、参数设置以及调试和诊断功能。

2. 安装硬件要求　推荐的计算机配置：主频 3.3GHz，内存 8GB，硬盘 300GB。Windows 7 或 Windows 8.1 的非家用版。安装顺序：STEP 7、PLCSIM、WinCC、Startdrive、STEP 7 Safety。

3. 安装 STEP 7 步骤　首先安装 STEP 7 Professional V13 SP1。在"产品配置"对话框，采用典型配置。勾选"许可证条款"对话框和"安全控制"对话框的复选框。安装快结束时，单击"许可证传送"对话框中的"跳过许可证传送"按钮，以后再传送许可证密钥。最后单击"安装已成功完成"对话框中的"重新启动"按钮，立即重启计算机。

三、S7-1200 的编程语言

1. PLC 编程语言的国际标准　IEC 61131-3 中有五种编程语言。S7-1200 使用梯形图 LAD、函数块图 FBD 和结构化控制语言 SCL。输入程序时在地址前自动添加 %，梯形图中一个程序段可以放多个独立电路。

2. 梯形图　梯形图由触点、线圈和用方框表示的指令框组成（图 13-10）。可以为程序段添加标题和注释，用按钮关闭注释。利用能流这一概念，可以借用继电器电路的术语和分析方法，帮助我们更好地理解和分析梯形图。能流只能从左往右流动。

3. 函数块图　使用类似于数字电路的图形逻辑符号来表示控制逻辑，国内很少有人使用。用鼠标右键单击项目树中的某个代码块，选中快捷菜单中的"切换编程语言"，LAD 和 FDB 语言可以相互切换。

图 13-10　梯形图

4. 结构化控制语言　结构化控制语言（SCL）是一种基于 PASCAL 的高级编程语言。SCL 特别适用于数据管理、过程优化、配方管理和数学计算、统计任务。只能在"添加新块"对话框中选择 SCL。

第六节　S7-1200 的基本指令

一、位逻辑指令

1. 常开触点与常闭触点　打开项目"位逻辑指令应用"，常开触点在指定的位为 1 状态时闭合，为 0 状态时断开。常闭触点反之。两个触点串联将进行"与"运算，两个触点并联将进行"或"运算。位逻辑指令见表 13-2。

2. 取反 RLO 触点　RLO 是逻辑运算结果的简称，中间有"NOT"的触点为取反 RLO 触点，如果没有能流流入取反 RLO 触点，则有能流流出。如果有能流流入取反 RLO 触点，则没有能流流出。

3. 线圈　线圈将输入的逻辑运算结果（RLO）的信号状态写入指定的地址，线圈通电时写入 1，断电时写入 0。可以用 Q0.4：P 的线圈将位数据值写入过程映像输出 Q0.4，同时立即直接写给对应的物理输出点。

如果有能流流过 M4.1 的取反线圈，则 M4.1 为 0 状态，其常开触点断开，反之 M4.1 为 1 状态，其常开触点闭合。

表 13-2　位逻辑指令

指令	描述	指令	描述
--| |--	常开触点	RS 锁存器	置位优先锁存器
--|/|--	常闭触点	SR 锁存器	复位优先锁存器
--|NOT|--	取反触点	--|P|--	上升沿检测触点
--( )--	输出线圈	--|N|--	下降沿检测触点
--(/)--	取反输出线圈	--(P)--	上升沿检测线圈
--(S)--	置位	--(N)--	下降沿检测线圈
--(R)--	复位	P_TRIG	上升触发器
--(SET_BF)--	区域置位	N_TRIG	下降沿触发器
--(RESET_BF)--	区域复位		

4. 置位、复位输出指令　S（置位输出）、R（复位输出）指令将指定的位操作数置位和复位。如果同一操作数的 S 线圈和 R 线圈同时断电，指定操作数的信号状态不变。置位输出指令与复位输出指令最主要的特点是有记忆和保持功能。如图 13-11 所示，如果 I0.4 的常开触点闭合，Q0.5 变为 1 状态并保持该状态。即使 I0.4 的常开触点断开，Q0.5 也仍然保持 1 状态。在程序状态中，用 Q0.5 的 S 和 R 线圈连续的绿色圆弧和绿色的字母表示 Q0.5 为 1 状态，用间断的蓝色圆弧和蓝色的字母表示 0 状态。

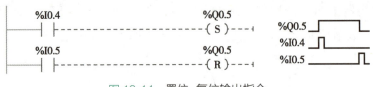

图 13-11　置位、复位输出指令

5. 置位位域指令与复位位域指令　"置位位域"指令 SET_BF 将指定的地址开始的连续的若干个位地址置位，"复位位域"指令 RESET_BF 将指定的地址开始的连续的若干个位地址复位。

6. 置位 / 复位触发器与复位 / 置位触发器　如图 13-12 所示，SR 方框是置位 / 复位（复位优先）触发器，在置位（S）和复位（R1）信号同时为 1 时，方框上的输出位 M7.2 被复位为 0。可选的输出 Q 反映了 M7.2 的状态。RS 方框是复位 / 置位（置位优先）触发器，在置位（S1）和复位（R）信号同时为 1 时，方框上的 M7.6 为置位为 1。可选的输出 Q 反映了 M7.6 的状态。

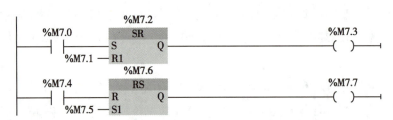

图 13-12　置位 / 复位触发器与复位 / 置位触发器

7. 扫描操作数信号边沿的指令　如图 13-13 所示，中间有 P 的触点的名称为"扫描操作数的信号上升沿"，在 I0.6 的上升沿，该触点接通一个扫描周期。M4.3 为边沿存储位，用来存储上一次扫描循环时 I0.6 的状态。通过比较 I0.6 前后两次循环的状态，来检测信号的边沿。边沿存储位的地址只能在程序中使用一次。不能用代码块的临时局部数据或 I/O 变量来作边沿存储位。

图 13-13 中间有 N 的触点的名称为"扫描操作数的信号下降沿"，在 M4.4 的下降沿，RESET_BF 的线圈"通电"一个扫描周期。该触点下面的 M4.5 为边沿存储位。

8. 在信号边沿置位操作数的指令　如图 13-13，中间有 P 的线圈是"在信号上升沿置位操作数"指令，仅在流进该线圈的能流的上升沿，该指令的输出位 M6.1 为 1 状态。其他情况下 M6.1 均为 0 状态，M6.2 为保存 P 线圈输入端的 RLO 的边沿存储位。

中间有 N 的线圈是"在信号下降沿置位操作数"指令，仅在流进该线圈的能流的下降沿，该指令的输出位 M6.3 为 1 状态。其他情况下 M6.3 均为 0 状态，M6.4 为边沿存储位。

上述两条线圈格式的指令对能流是畅通无阻的,这两条指令可以放置在程序段的中间或最右边。在运行时改变 I0.7 的状态,可以使 M6.6 置位和复位。

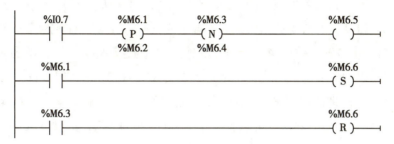

图 13-13　信号边沿置位操作数的指令

9. 扫描 RLO 的信号边沿指令　如图 13-14 所示,在流进"扫描 RLO 的信号上升沿"指令(P_TRIG 指令)的 CLK 输入端的能流(即 RLO)的上升沿,Q 端输出脉冲宽度为一个扫描周期的能流,方框下面的 M8.0 是脉冲存储位。

在流进"扫描 RLO 的信号下降沿"指令(N_TRIG 指令)的 CLK 输入端的能流的下降沿,Q 端输出一个扫描周期的能流。方框下面的 M8.2 是脉冲存储器位。P_TRIG 指令与 N_TRIG 指令不能放在电路的开始处和结束处。

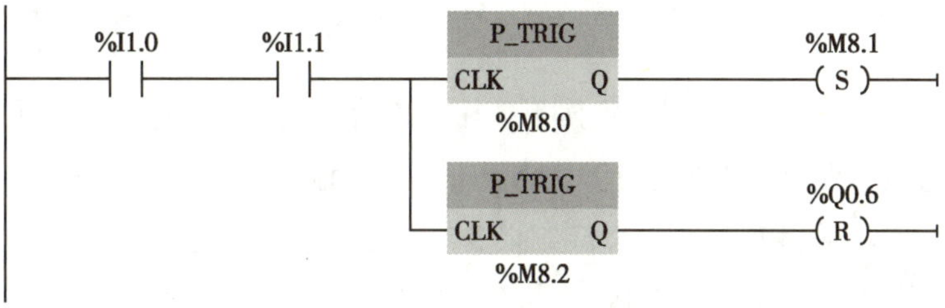

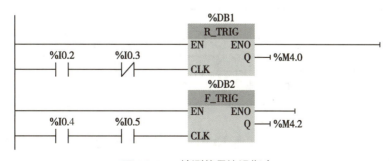

图 13-14　扫描 RLO 的信号边沿指令

10. 检测信号边沿指令　如图 13-15,R_TRIG 是"检测信号上升沿"指令,F_TRIG 是"检测信号下降沿"指令。它们是函数块,在调用时应为它们指定背景数据块。这两条指令将输入 CLK 的当前状态与背景数据块中的边沿存储位保存的上一个扫描周期的 CLK 的状态进行比较。如果指令检测到 CLK 的上升沿或下降沿,将会通过 Q 端输出一个扫描周期的脉冲。

在输入 CLK 输入端的电路时,选中左侧的垂直"电源"线,双击收藏夹中的"打开分支"按钮,生成一个串联电路。用鼠标将串联电路右端的双箭头拖拽到 CLK 端。松开鼠标左键,串联电路被连接到 CLK 端。

图 13-15　检测信号边沿指令

二、定时器指令

1. 脉冲定时器 将指令列表中的"生成脉冲"指令 TP 拖放到梯形图中,在出现的"调用选项"对话框中,将默认的背景数据块的名称改为 T1,可以用它来作定时器的标示符。单击"确定"按钮,自动生成背景数据块。定时器的输入 IN 为启动输入端,PT 为预设时间值,ET 为定时开始后经过的当前时间值,它们的数据类型为 32 位的 Time,单位为 ms,最大定时时间为 24 天多。Q 为定时器的位输出,各参数均可以使用 I(仅用于输入参数)、Q、M、D、L 存储区,PT 可以使用常量。定时器指令可以放在程序段的中间或结束处。如图 13-16。

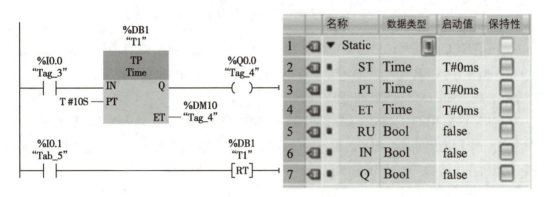

图 13-16　脉冲定时器

波形图见图 13-17,脉冲定时器用于将输出 Q 置位为 PT 预设的一段时间。在 IN 输入信号的上升沿启动该指令,Q 输出变为 1 状态,开始输出脉冲,ET 从 0ms 开始不断增大,达到 PT 预设的时间时,Q 输出变为 0 状态。如果 IN 输入信号为 1 状态,则当前时间值保持不变(见波形 A)。如果 IN 输入信号为 0 状态,则当前时间变为 0ms(见波形 B)。IN 输入的脉冲宽度可以小于预设值,在脉冲输出期间,即使 IN 输入出现下降沿和上升沿,也不会影响脉冲的输出。

I0.1 为 1 时,定时器复位线圈 RT 通电,定时器 T1 被复位。如果正在定时,且 IN 输入信号为 0 状态,将使当前时间值 ET 清零,Q 输出也变为 0 状态(见波形 C)。如果此时正在定时,且 IN 输入信号为 1 状态,将使当前时间清零,但是 Q 输出保持为 1 状态(见波形 D)。复位信号 I0.1 变为 0 状态时,如果 IN 输入信号为 1 状态,将重新开始定时(见波形 E)。

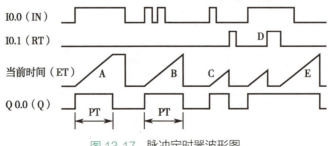

图 13-17　脉冲定时器波形图

2. 接通延时定时器 如图 13-18,接通延时定时器 TON 用于将 Q 输出的置位操作延时 PT 指定的一段时间。在 IN 输入的上升沿开始定时。ET 大于等于 PT 指定的设定值时,输出

Q 变为 1 状态,ET 保持不变(见波形 A)。

IN 输入电路断开时,或定时器复位线圈 RT 通电,定时器被复位,当前时间被清零,输出 Q 变为 0 状态。如果 IN 输入信号在未达到 PT 设定的时间时变为 0 状态(见波形 B),输出 Q 保持 0 状态不变。

复位输入 I0.3 变为 0 状态时,如果 IN 输入信号为 1 状态,将开始重新定时(见波形 D)。

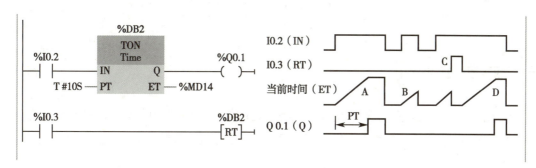

图 13-18 接通延时定时器

3. 关断延时定时器指令 如图 13-19 所示,关断延时定时器(TOF)用于将 Q 输出的复位操作延时 PT 指定的一段时间。IN 输入电路接通时,输出 Q 为 1 状态,当前时间被清零。在 IN 的下降沿开始定时,ET 从 0 逐渐增大。ET 等于预设值时,输出 Q 变为 0 状态,当前时间保持不变,直到 IN 输入电路接通(见波形 A)。关断延时定时器可以用于设备停机后的延时。如果 ET 未达到 PT 预设的值,IN 输入信号就变为 1 状态,ET 被清 0,输出 Q 保持 1 状态不变(见波形 B)。复位线圈 RT 通电时,如果 IN 输入信号为 0 状态,则定时器被复位,当前时间被清零,输出 Q 变为 0 状态(见波形 C)。如果复位时 IN 输入信号为 1 状态,则复位信号不起作用(见波形 D)。

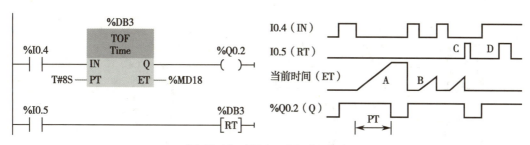

图 13-19 关断延时定时器指令

4. 时间累加器 时间累加器 TONR 的 IN 输入电路接通时开始定时(见波形 A 和 B)。输入电路断开时,累计的当前时间值保持不变。可以用 TONR 来累计输入电路接通的若干个时间段。图 13-20 中的累计时间 $t_1 + t_2$ 等于预设值 PT 时,Q 输出变为 1 状态(见波形 D)。复位输入 R 为 1 状态时(见波形 C),TONR 被复位,它的 ET 变为 0,输出 Q 变为 0 状态。"加载持续时间"线圈 PT 通电时,将 PT 线圈指定的时间预设值写入 TONR 定时器的背景数据块的静态变量 PT("T4".PT),将它作为 TONR 的输入参数 PT 的实参。用 I0.7 复位 TONR 时,"T4".PT 也被清零。

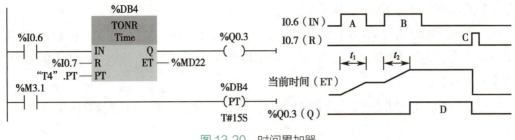

图 13-20　时间累加器

三、数据处理指令

1. 比较指令　比较指令用来比较数据类型相同的两个操作数的大小。满足比较关系式给出的条件时,等效触点接通。操作数可以是 I、Q、M、L、D 存储区中的变量或常数。比较指令需要设置数据类型,可以设置比较条件。

根据所选比较类型,对 IN1 和 IN2 进行比较:

==IN1 等于 IN2

<>IN1 不等于 IN2

>IN1 大于 IN2

<IN1 小于 IN2

>=IN1 大于等于 IN2

<=IN1 小于等于 IN2

如图 13-21,"值在范围内"指令 IN_RANGE 与"值超出范围"指令 OUT_RANGE 可以视为一个等效的触点,MIN、MAX 和 VAL 的数据类型必须相同。有能流流入且满足条件时等效触点闭合,有能流流出。OK 和 NOTOK 触点指令检查是否是有效或无效的浮点数。

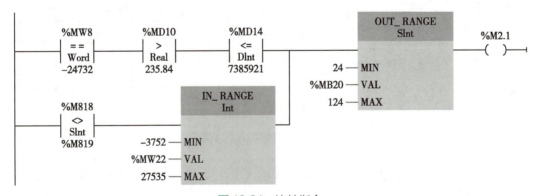

图 13-21　比较指令

2. 转换指令　转换值指令 CONVERT 的参数 IN、OUT 可以设置十多种数据类型。有 4 条浮点数转换为双整数指令,用得最多的是四舍五入的取整指令 ROUND。

3. 浮点数转换为双整数的指令　浮点数转换为双整数有 4 条指令,它们将 IN 输入的浮点数转换为 32 位双整数。其中用得最多的是四舍五入的取整指令 ROUND。

4. 缩放指令 缩放指令 SCALE_X 的浮点数输入值 VALUE（$0.0 \leqslant$ VALUE $\leqslant 1.0$）被线性转换（映射）为 MIN 和 MAX 定义的数值范围之间的整数。

$$OUT = VALUE(MAX - MIN) + MIN$$

5. 标准化指令 标准化指令 NORM_X 的整数输入值 VALUE（MIN $\leqslant$ VALUE $\leqslant$ MAX）被线性转换（标准化）为 $0.0 \sim 1.0$ 的浮点数，需设置变量的数据类型。

$$OUT = (VALUE - MIN)/(MAX - MIN)$$

6. MOVE 指令 "移动值"指令 MOVE（图 13-22）用于将 IN 输入的源数据传送给 OUT1 输出的目的地址，并且转换为 OUT1 允许的数据类型（与是否进行 IEC 检查有关），源数据保持不变。MOVE 指令的 IN 和 OUT1 可以是 Bool 之外所有的基本数据类型、数据类型 DTL、Struct、Array，IN 还可以是常数。可增减输出参数的个数。

如果 IN 数据类型的位长度超出 OUT1 数据类型的位长度，源值的高位丢失。如果 IN 数据类型的位长度小于输出 OUT1 数据类型的位长度，目标值的高位被改写为 0。

7. 交换指令 IN 和 OUT 为数据类型 Word 时，SWAP 指令交换输入 IN 的高、低字节后，保存到 OUT 指定的地址。

IN 和 OUT 为数据类型 Dword 时，交换 4 个字节中数据的顺序，交换后保存到 OUT 指定的地址（图 13-22）。

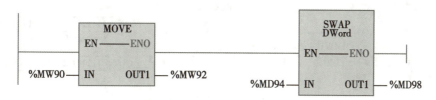

图 13-22 MOVE 指令与 SWAP 指令

8. 填充存储区指令 生成"数据块 _1"（DB3）和"数据块 _2"（DB4），在 DB3 中创建有 40 个 Int 元素的数组 Source，在 DB4 中创建有 40 个 Int 元素的数组 Distin。

"Tag_13"（I0.4）的常开触点接通时，"填充存储区"指令 FILL_BLK 将常数 3527 填充到数据块 _1 中的数组 Source 的前 20 个整数元素中。

"不可中断的存储区填充"指令 UFILL_BLK 与 FILL_BLK 指令的功能相同，其填充操作不会被操作系统的其他任务打断。如图 13-23 所示。

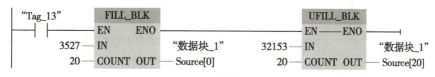

图 13-23 填充存储区指令

9. 存储区移动指令 I0.3（Tag_12）的常开触点接通时，"存储区移动"指令 MOVE_BLK 将源区域数据块 _1 的数组 Source 的 0 号元素开始的 20 个 Int 元素的值，复制给目标区域数据块 _2 的数组 Distin 的 0 号元素开始的 20 个元素。复制操作按地址增大的方向进行。

IN 和 OUT 是待复制的源区域和目标区域中的首个元素。

"不可中断的存储区移动"指令 UMOVE_BLK 与 MOVE_BLK 的功能基本上相同,其复制操作不会被操作系统的其他任务打断。如图 13-24 所示。

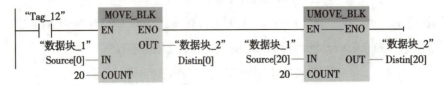

图 13-24　存储区移动指令

10. 位移指令　右移指令 SHR 和左移指令 SHL 将输入参数 IN 指定的存储单元的整个内容逐位右移或左移 N 位。需要设置指令的数据类型。有符号数右移后空出来的位用符号位填充。无符号数移位和有符号数左移后空出来的位用 0 填充。右移 N 位相当于除以 2N,左移 N 位相当于乘以 2N。如果移位后的数据要送回原地址,应在信号边沿操作。

11. 循环移位指令　"循环右移"指令 ROR 和"循环左移"指令 ROL 将输入参数 IN 指定的存储单元的整个内容逐位循环右移或循环左移 N 位,移出来的位又送回存储单元另一端空出来的位。移位的结果保存在输出参数 OUT 指定的地址。移位位数 N 可以大于被移位存储单元的位数。如图 13-25 所示。

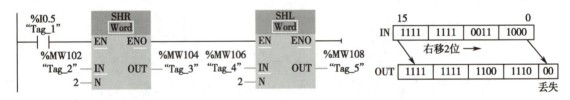

图 13-25　左右循环移位指令

四、数学运算指令

数学运算指令包括数学运算指令(表 13-3)、浮点数函数运算指令和逻辑运算指令。

1. 数学运算指令　ADD、SUB、MUL 和 DIV 指令统称为四则运算指令,可选多种整数和实数数据类型,整数除法截尾取整。IN1 和 IN2 可以是常数,IN1、IN2 和 OUT 的数据类型应相同。ADD 和 MUL 指令可增加输入个数。

表 13-3　数学运算指令

梯形图	描述	梯形图	描述
ADD	IN1＋IN2＝OUT	INC	将参数 IN/OUT 的值加 1
SUB	IN1－IN2＝OUT	DES	将参数 IN/OUT 的值减 1
MUL	IN1×IN2＝OUT	ABS	求有符号整数和实数的绝对值
DIV	IN1/IN2＝OUT	MIN	求两个输入中较小的数
MOD	求双整数除法的余数	MAX	求两个输入中较大的数
NEG	将输入值的符号取反	LIMIT	将输入 IN 的值限制在指定范围内

2. 浮点数函数运算指令 浮点数数学运算指令的操作数 IN 和 OUT 的数据类型均为 Real。

SQRT 和 LN 指令的输入值如果小于 0，输出 OUT 为无效的浮点数。

三角函数指令和反三角函数指令中的角度均为以弧度为单位的浮点数。以度为单位的角度值乘以 $\pi/180.0$，转换为弧度值。

3. 逻辑运算指令 字逻辑运算指令对两个输入 IN1 和 IN2 逐位进行逻辑运算，运算结果在输出 OUT 指定的地址中。可以增加输入的个数。

"'与'运算"（AND）指令的两个操作数的同一位如果均为 1，运算结果的对应位为 1，否则为 0（表 13-4）。"'或'运算"（OR）指令的两个操作数的同一位如果均为 0，运算结果的对应位为 0，否则为 1。"'异或'运算"（XOR）指令的两个操作数的同一位如果不相同，运算结果的对应位为 1，否则为 0。指令的操作数的数据类型为位字符串 Byte、Word 或 DWord。

"求反码"指令 INVERT 将输入 IN 中的二进制整数逐位取反（由 0 变 1，由 1 变 0），运算结果存放在输出 OUT 指定的地址。

表 13-4　字逻辑运算举例

参数	数值
IN1	0101 1001
IN2 或 INV 指令的 IN	1101 0100
AND 指令的 OUT	0101 0000
OR 指令的 OUT	1101 1101
XOR 指令的 OUT	1000 1101
INV 指令的 OUT	0010 1011

第七节　基于可编程逻辑控制器的工程实践

一、陈腐垃圾连续高效智能化裂解工艺技术及装备研究

待裂解塑料经过预处理装置洗涤、脱水，加入防结焦小球后进入裂解炉裂解。裂解完成后，裂解剩余物经过碳渣和防结焦小球分离装置分离；防结焦小球回到预处理装置循环使用；碳渣经过冷却传输进入储料塔。裂解产生的油气经过冷凝，分成裂解油和不凝气，裂解油进入储油罐，不凝气被送回到燃烧室燃烧，对燃烧产生的尾气进行无害化处理。

其工艺流程图如图 13-26 所示。

（一）控制系统设计硬件组成及要求

1. 系统构成 上位机、下位机、各类型智能仪表、传感器和工业通信设备。

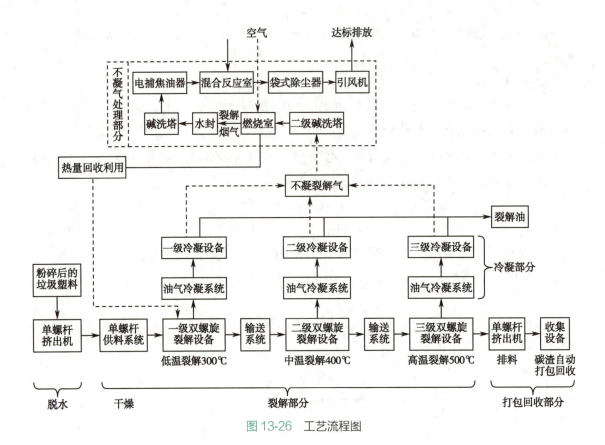

图 13-26　工艺流程图

2. **硬件设备**　可编程逻辑控制器（PLC）、串口服务器、工业交换机、工控机（IPC）、多串口通信卡、智能无线模块。

3. **控制功能**　①持久稳定；②强抗干扰性；③可扩展性；④低成本；⑤智能化。

（二）控制系统架构

过程控制系统的控制方式分为两种：远程控制和现场控制。

1. **远程控制**　控制室内完成，整条生产线稳定运行时用于监控车间内设备参数，完成现场的螺旋挤出机、供料系统、裂解设备等的启停控制。

2. **现场控制**　完成现场设备的操控，其控制系统架构如图 13-27 所示。

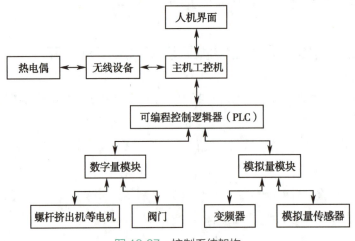

图 13-27　控制系统架构

（三）裂解主机控制系统设计图

如图 13-28 所示。裂解加热主机控制方案简述：

（1）本系统通过调节风机 A 的转速使混风室的压强小于燃烧室和裂解炉烟道压强，保证燃烧室产生的热空气能够被引流，依次经过裂解炉、混风室，最后再经过回风阀和热风回用管道回到燃烧室。

（2）由于燃烧会产生新的热空气，如果不排放尾气的话，系统的压强会无限增大；因此当系统压强增大（即混风室压强增大）时，应根据压强的大小自动调节尾气阀的开度，保持系统平衡。

（3）回风阀应在保证回流热风不吹灭燃烧室火焰的同时尽可能地开大，使热风充分回流，让热能充分得到利用。

（4）关于裂解炉的温度调节阀，采用自动控制，主要依靠风量主调节阀来控制通过裂解炉的热空气总流量，3 个温度调节阀会根据各个温度采样点采集的温度自动调节到合适的开度，保证反应炉各部位受热均匀。

（5）换热器使用无用的高温尾气作加热源，加热助燃热空气，实现热能充分利用。

（6）裂解主机物料传送部分，采用 3 部调速电机，根据工艺要求保持合适的转速，并对物料的流量有一定的自适应调节能力。

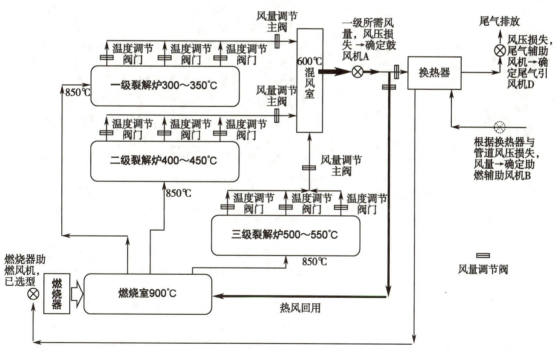

图 13-28　裂解主机控制系统设计图

（四）控制对象分析和控制方案设计

控制方案的设计见表 13-5。

表 13-5　控制对象分析和控制方案

被控对象	控制变量和操纵变量	控制方案
裂解器 A	进料流量、出料流量、温度、压力、裂解器中的物料量,裂解油气流量	(1)通过控制进料量来控制裂解器中的物料量,在此使用串级控制系统,以物料量控制器为主控制器,进料流量控制器为副控制器。 (2)温度控制采用单回路,将温度传感器和高温风机搭建单回路。 (3)压强控制采用单回路,主要通过控制裂解油气流量来控制压强,另外如果温度和物料量能保持稳定,压力可以被控制在理想的范围内。 (4)出料流量会影响裂解器 A 的物料量和裂解器 B 的物料量,A 裂解不充分不应该流出。所以结合工艺要求,当 A 裂解充分后,才能将 A 出料流量自动控制打开。在 A 出料和 B 进料之间设置一个缓冲器来平衡裂解器 A 的物料量和裂解器 B 的物料量。所以 A 出料和 B 进料采用均匀控制方案
裂解器 B	进料流量、出料流量、温度、压力、裂解器中的物料量,裂解油气流量	(1)通过控制进料量来控制裂解器中的物料量,在此使用串级控制系统,以物料量控制器为主控制器,进料流量控制器为副控制器。 (2)温度控制采用单回路,将温度传感器和高温风机搭建单回路。 (3)压强控制采用单回路,主要通过控制裂解油气流量来控制压强,另外如果温度和物料量能保持稳定,压力可以被控制在理想的范围内。 (4)出料流量会影响裂解器 B 的物料量和裂解器 C 的物料量,B 裂解不充分不应该流出。所以结合工艺要求,当 B 裂解充分后,才能将 B 出料流量自动控制打开。在 A 出料和 B 进料之间设置一个缓冲器来平衡裂解器 C 的物料量和裂解器 B 的物料量。所以 B 出料和 C 进料采用均匀控制方案
裂解器 C	进料流量、出料流量、温度、压力、裂解器中的物料量,裂解油气流量	(1)通过控制进料量来控制裂解器中的物料量,在此使用串级控制系统,以物料量控制器为主控制器,进料流量控制器为副控制器。 (2)温度控制采用单回路,将温度传感器和高温风机搭建单回路。 (3)压强控制采用单回路,主要通过控制裂解油气流量来控制压强,另外如果温度和物料量能保持稳定,压力可以被控制在理想的范围内。 (4)因为 C 出料流量受到的限制较少,所以在确保裂解完全的基础上,应该让 C 出料尽可能地大
A 油气冷凝器、B 油气冷凝器、C 油气冷凝器	冷却水的流入量、油气冷凝器的温度	(1)采用单回路控制,通过控制冷却水的流量来控制温度。 (2)因为冷却水是下端入上端出,所以液位和冷却水流出量不作控制。 (3)不凝气流出量设为全开,全部流入不凝气收集器,在不凝气收集器统一控制
冷却水收集器	冷却水收集器的液位、冷却水的流出量	通过控制冷却水的流出量控制冷却水收集器的液位,采用单回路 PID 控制

被控对象	控制变量和操纵变量	控制方案
预热器	预热器的温度,预热器的进料量、出料量,预热器的物料量	(1)预热器的物料量采用串级控制,以物料量控制器为主控制器,进料量控制器为副控制器。使物料量跟随设定值。 (2)温度控制:优先采用冷却水收集器中的高温冷却水进行预热,如果温度达不到,就采用不凝气燃烧进行加热。因此,采用温度控制
不凝裂解气收集器	压强,气体流入量、流出量	通过控制气体的流出量控制压强,采用串级控制。如果碱洗塔对流入的气体有限制,就得添加缓冲器,采用选择控制,空气优先流入碱洗塔,如果压强上升就将多余的气体流入缓冲器
燃烧室控制	裂解气流量、空气流量,温度控制	(1)温度和燃料流量组成串级控制系统,以温度控制器为主控制器,燃料控制器为副控制器。 (2)空气流量和燃料流量控制组成比例控制,使空气流量按一定比例组成跟随燃料流量

注:①要根据塑料在不同温度下的状态对物料传送系统进行选择和调整;②对碱洗塔和水封设备,要根据设备要求对流入气体的流量进行调整;③使用工业级 PLC,使用 PCS7 进行程序编写。

二、密炼机控制系统设计与实现

密炼机控制系统主要包括密炼机主机、上辅机和下辅机控制。其中,密炼机主机负责按工艺对胶料进行混炼,同时还负责协调密炼机上辅机和下辅机工作;上辅机负责按配方自动称量物料和传送;下辅机则负责对密炼机排出的胶料进行压延及冷却等处理。

密炼机的控制系统是影响混炼效果的一个非常重要的因素,它的优劣不仅影响混炼胶的质量,还影响到能源的消耗、密炼机的生产效率、工人工作条件的改善等诸多方面。目前小型密炼机主要用于配方及工艺条件等试验、新产品等开发和研究,对信息的采集、信号处理、控制精度要求较高,其控制系统不但要求多参数(时间、温度、能量)控制兼备,而且还要能够保证控制的精确性、可靠性和用户的可开发性。

控制系统用的组态王 KingView V6.5 软件编程,对密炼机混炼过程进行实时监控,实现实时数据采集、显示、超温报警、打印等功能。实现画面动态显示及人与控制设备的交互操作,使系统图形界面友好、数据采集准确可靠、操作方便、安全稳定。

(一)密炼机控制系统设计

系统硬件主要由可编程控制器、工控平板电脑、打印机、欧陆直流调速器、智能仪表、数据采集(温度、功率及压力)传感器,以及 PLC 的 D/A、A/D、RS232 扩展模块等组成。硬件组成框图见图 13-29。

采用液压系统作为密炼机动作执行机构,PLC 及配备的 A/D 和 D/A 模块作为密炼机的直接控制级,由 PLC 直接发出信号动作,以实现加料、压料、排料的目的,其中 A/D 模块采集上顶栓处压力传感器、下顶栓处温度传感器、功率变送器和来自直流调速器的转速模拟信号,将其转换成数字信号,供 PLC 调用;D/A 模块控制比例溢流阀和直流调速器,以此来调节上顶栓的压力和直流电动机的转速,同时以性能稳定的工控平板电脑作为上位机。组态王软件基

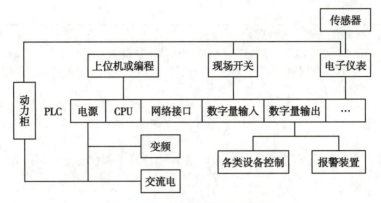

图 13-29　控制系统硬件方框图

于 Windows 2000 或更高版本的操作系统,利用 RS232 和 RS485 总线与 PLC 及其他仪表进行通信,其中 PLC 与上位机通过 RS232 通信,温度表通过 RS485 总线与上位机通信。温度控制部分采用 3 个独立水循环恒温控制系统分别控制转子温度、下定栓温度和密炼室温度。人机界面是人(用户)与计算机之间进行联系的媒介,是软件产品的窗口。人机界面的目的是满足用户操作的要求和操作习惯。本系统界面需要包含身份登录、主控界面、参数设置、历史趋势曲线显示、报表记录查询和打印等相对独立的界面功能。身份认证界面是控制系统软件启动后,通过输入工号和密码登录到控制系统软件中。控制系统原理图,如图 13-30 所示。

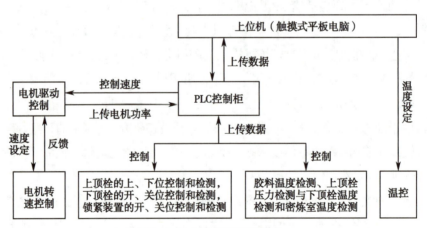

图 13-30　控制系统原理图

(二)密炼机下位控制系统组成及功能

1. PLC 控制系统　本部分主要由 PLC、A/D(模/数转换)模块、D/A(数/模转换)模块、触摸屏、多种检测元件以及各种保护措施等组成,如图 13-31 所示。

　　PLC 是系统的核心部件,它通过触摸屏进行设定,接收 A/D 模块和工控机的信号,分析信号,运行程序,发出指令,控制整个系统,是整个控制系统的核心。A/D 模块有 3 个输入信号,D/A 模块有 3 个输出信号。触摸屏既是 PLC 的输入设备,也是 PLC 的输出设备,操作人员现场输入的指令和系统状态的输出基本上都由触摸屏来完成。上顶栓开、关电磁阀,密炼室开、关电磁阀直接与 PLC 相连,根据 PLC 发出的信号进行动作,以实现加料、压料、排料的目的。各种保护措施是为了保护 PLC、传感器等设备在出现异常情况时不被损坏。

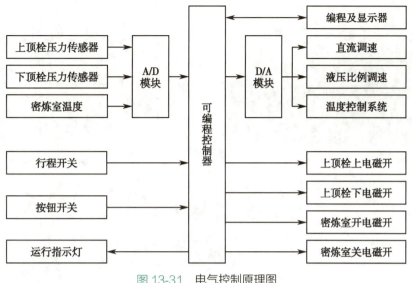

图 13-31　电气控制原理图

2. 直流驱动系统　直流调速部分的工作原理图如图 13-32 所示。这部分主要由直流调速器、监控仪表及各种保护措施等组成。直流调速器主要负责整流供给直流电动机电源,带动密炼机转子工作,并可以根据从 PLC 传来的指令调整电动机的转速,从而改变转子转速,它是强电部

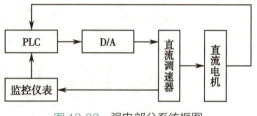

图 13-32　强电部分系统框图

分的核心部件,并与 PLC 通信。监控仪表主要用来显示直流电动机的工作情况,包括各相电压、电流、瞬时功率,并通过 RS485 模块与 PLC 通信,将这些信号提供给 PLC,这些信号的精度直接影响 PLC 的控制,操作人员也可通过此表直观地查看密炼机的工作情况。各种保护措施是在电机过载或出现其他问题时,保护电动机和密炼机不被损坏,在工作中,这些保护电路都是必需的。

（三）密炼机上位控制系统

上位控制系统选择组态王作为软件开发平台,系统界面包含身份登录、主控界面、参数设置、历史趋势曲线显示、报表记录查询和打印等相对独立的界面功能。

欢迎画面如图 13-33,运行系统后进入此画面,点击进入,则进入密炼机控制系统的主画面;点击退出,则退出运行系统。在特殊选项中选择登录按钮,弹出登录对话框如图 13-34 所示,选择用户名,输入相应的口令,进入不同的管理权限。

主画面如图 13-35 所示,通过单击图标"实时曲线显示图""参数设定""历史曲线""报表"等,完成实时数据的监测、历史数据查询、各项数据报表、打印等功能。点击各种控制法,可对控制方法进行选择。本系统主要采用时间控制法,是以时间为标准来控制密炼机的运行过程,当过程达到设定时间值时进行排胶。这种方法实现简单,混炼步骤和混炼时间的设定可以依靠操作人员的经验而定,因此这种方法主观性比较强。时间控制法的界面如图 13-36 所示。

图 13-37 为设定值输入画面,进入此画面可对五步炼胶时间、压力、转速及循环步数进行相应的设定。图中的对话框是对转速的设定,点击数字键输入所要设定的目标值,按确定按钮即可完成操作。

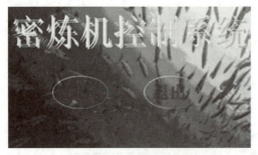

图 13-33 系统欢迎画面

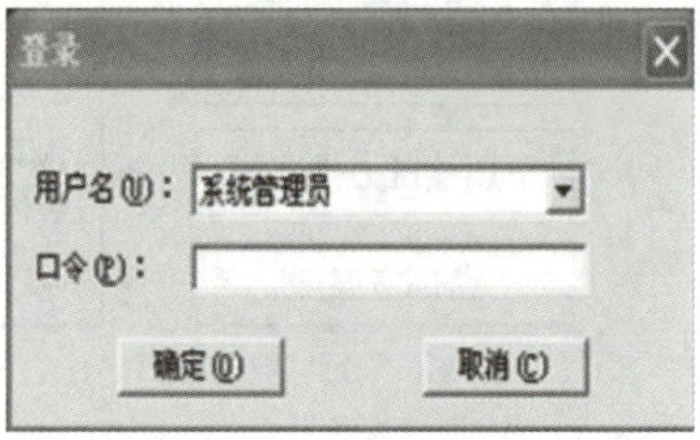

图 13-34 登录对话框

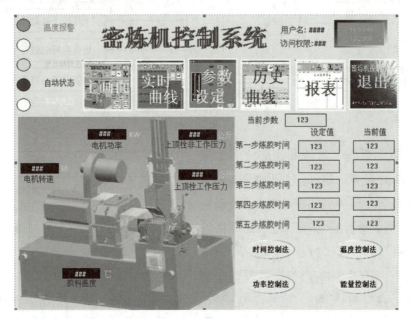

图 13-35 系统主画面

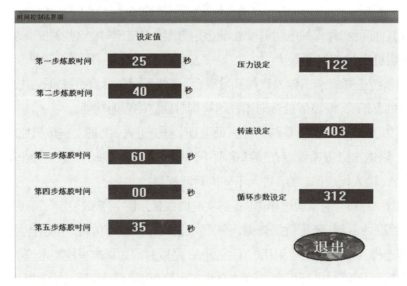

图 13-36 时间控制法的界面

组态王的实时数据和历史数据除了在画面中以数值输出的方式和以报表形式显示外,还能以曲线形式显示。实时趋势曲线可以自动卷动,以快速反映变量随时间的变化;历史趋势曲线不能自动卷动,它一般与功能按钮一起工作,共同完成历史数据的查看工作。这些按钮

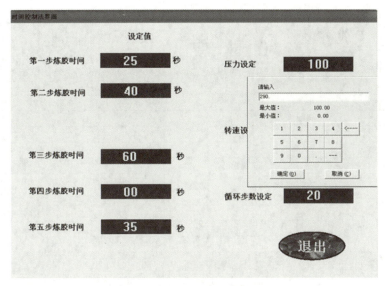

图 13-37　设定值输入界面

可以完成翻页、设定时间参数、启动 / 停止记录、打印曲线图等复杂功能。密炼机混炼过程的功率、温度历史趋势曲线如图 13-38 所示。历史曲线画面如图 13-39 所示。数据报表是反映生产过程中的数据、状态等，并对数据进行记录的一种重要形式。本控制系统中数据报表记录混炼过程的主要参数，如混炼时间、转速、压力、能耗等。本系统还添加了报表的打印功能，能进行数据报表的打印。如图 13-40 所示。

　　采用组态王开发的专用于橡胶混炼过程监控的软件，集数据实时采集、显示、处理、报表、存储于一体，系统图形界面友好，准确、客观地反映了混炼过程的实际运行状态，和利用 VC、VB 等高级语言相比，组态王的软件开发周期较短，错误出现的概率较少。数据采集准确可靠，运行安全稳定，达到预期的监控目的，证明利用工业组态软件开发上位机监控程序是一种较好的选择。

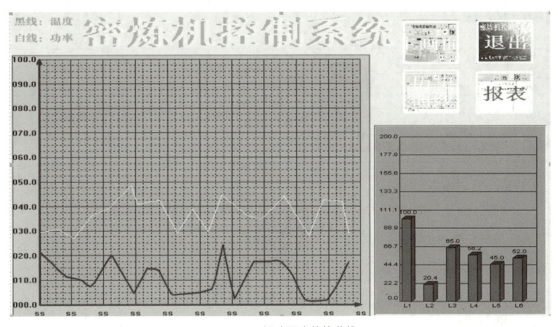

图 13-38　温度历史趋势曲线

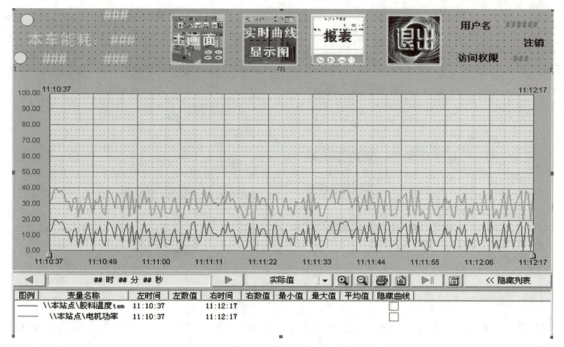

图 13-39　历史曲线画面

图 13-40　报表

ER13-3　第十三章　目标测试

第十四章　集散控制系统

集散控制系统（distributed control system，DCS）是以多台微处理器为基础的集中分散型控制系统，综合了计算机（computer）、通信（communication）、显示（CRT）和控制（control）等4C技术，其基本思想是分散控制、集中操作、分级管理、配置灵活以及组态方便。具有良好的控制性能和可靠性，有助于产品质量和生产效率提高，降低物耗、能耗，已成为石油、化工、冶金、建材、电力、制药等行业实现过程控制的主流产品。

第一节　工业控制的发展历程

工业自动化控制仪表主要包括变送器、调节器、调节阀等部件，这是最初的单元控制系统，也称基地式调节器（图14-1）。此后经历了气动组合式仪表、电动组合式仪表、计算机控制系统、直接数字控制系统、分散控制系统、顺序控制系统、DCS+PLC控制系统、现场总线控制系统（fieldbus control system，FCS）等。

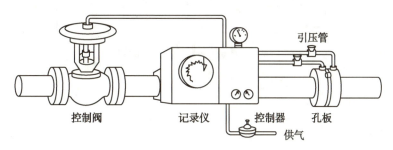

图 14-1　早期基地式调节器组成的分散控制系统

第二节　集散控制系统的特点

1. **分级递阶控制**　垂直方向和水平方向分级。①集散控制系统规模越大，系统垂直和水平分级范围也越广；②各个分级具有各自的分工范围；③相互之间由上一级协调。

2. **分散控制**　分散是针对集中而言；目的是危险分散；去冗余。

3. **信息管理与集成**　管控一体化；信息集成化；网络化。

4. **自治和协调**　各自完成各自的功能；在系统协调下工作。

5. 开放系统　可移植性(易操作,安全);可操作性;可适宜性;可用性。

DCS 是计算机技术、控制技术和网络技术高度结合的产物。DCS 通常采用若干个控制器(过程站)对一个生产过程中的众多控制点进行控制,各控制器间通过网络连接并可进行数据交换。操作采用计算机操作站,通过网络与控制器连接,收集生产数据,传达操作指令。因此,DCS 的主要特点归结为一句话就是:分散控制、集中管理。

第三节　集散控制系统的基本组成

集散控制系统的基本结构如图 14-2 所示。它一般由三部分组成:过程控制单元(下位机)、操作管理站(上位机)和通信系统。

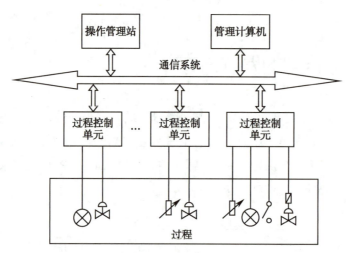

图 14-2　集散控制系统的基本结构

一、基本结构

(一)过程控制单元

过程控制单元是 DCS 的核心部分,又称基本控制器或闭环控制站,主要完成连续控制功能、顺序控制功能、算法运算功能、报警检查功能、过程 I/O 功能、数据处理功能和通信功能。提供的控制算法和数学运算有 PID、非线性增益、位式控制、选择性控制、函数计算和 smith 预估等。

(二)操作管理站

作为 DCS 的人机接口,操作站是一台功能强大的计算机,可以进行监视、操作和控制;控制工程师可以实现控制系统组态、系统的生产和维护。作为管理计算机,它可以通过通信接口与通信系统相连,采集各种信息,用高级语言编程,执行工厂的集中管理和实现最优控制、顺序控制、后台计算和软件开发等特殊功能。

（三）通信系统

1. DCS 的通信系统是具有高速通信能力的信息总线,可由双绞线、同轴光缆或光纤构成。

2. 为实现数据的合理有效传送,通信系统必须具有一定的网络结构,并遵循一定的网络通信协议。早期的 DCS 通信系统采用专门的通信协议,因此对系统互连极为不便,现在逐步采用标准的通信协议。

3. DCS 的通信系统是分层的网络结构,最高一层是工厂主干网络,负责中控室与上级管理计算机的连接,数据量大,对实时性要求相对较低,通常采用宽带通信网络,如以太网。第二层为过程控制网络,负责中控室各装置间的互连,要求实时性高;最底层为现场总线网络,负责现场仪表之间及其与中控室设备的互连,对实时性要求苛刻。

二、体系结构

集散控制系统的体系结构如图 14-3 所示,按照 DCS 各组成部分的功能分布,所有设备分别处于四个不同的层次,自下而上分别是现场控制级、过程控制级、过程管理级和经营管理级。与这四层结构相对应的四层局部网络分别是现场网络(field network, Fnet)、控制网络(control network, Cnet)、监控网络(supervision network, Snet)、管理网络(management network, Mnet)。

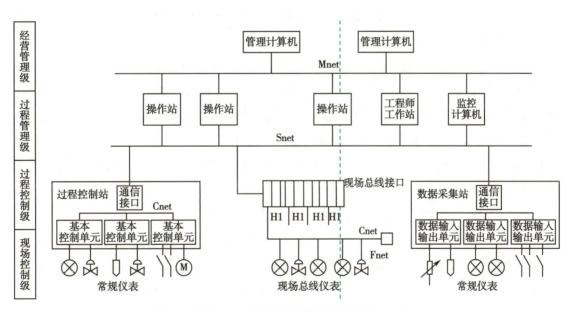

图 14-3　集散控制系统的体系结构

1. **现场控制级**　典型的现场控制级设备是各类传感器、变送器和执行器。

2. **过程控制级**　过程控制级主要由过程控制站、数据采集站和现场总线接口等构成。

3. **过程管理级**　过程管理级的主要设备有操作站、工程师站和监控计算机等。

4. **经营管理级**　经营管理级是全厂自动化系统的最高层。

第四节　集散控制系统应用组态

一、集散控制系统硬件组态

DCS 的硬件组态是根据系统规模及控制要求选择硬件,包括通信系统、人机接口、过程接口和电源系统的选择,DCS 与下位设备及上位机通信接口的选择,上位机及 DCS 控制单元的选择等。

硬件组态时需要考虑的问题:①满足系统要求时,选择性价比高的配置;②考虑未来的扩展性;③操作人员的易操作性;④系统的可维护性。

二、集散控制系统软件组态

DCS 应用软件组态是在系统硬件和系统软件的基础上,用软件组态方式将系统提供的功能块连接起来达到过程控制的要求。例如,模拟控制回路的组态是将模拟输入卡与选定的控制算法连接起来,再通过模拟输出卡将控制输出的结果送到执行器。

(一)常用组态软件

1. InTouch　它是率先推出的 16 位 Windows 环境下的组态软件,InTouch 软件图形功能比较丰富,使用方便,I/O 硬件驱动丰富,工作稳定,在国际上获得较高的市场占有率,在我国市场也受到普遍好评。7.0 版本及以上(32 位)在网络和数据管理方面有所加强,并实现了实时关系数据库。

2. FIX 系列　这是一系列组态软件,包括 DOS 版、16 位 Windows 版、32 位 Windows 版、OS/2 版和其他一些版本。功能较强,但实时性欠缺。最新推出的 iFIX 全新模式的组态软件,体系结构新,功能更完善,但由于过分庞大,对于系统资源耗费非常严重。

3. WinCC　德国某公司针对该硬件设备开发的组态软件 WinCC,是一款比较先进的软件产品,但在网络结构和数据管理方面要比 InTouch 和 iFIX 差。若用户选择其他公司的硬件,则需开发相应的 I/O 驱动程序。

4. MCGS　北京某公司开发的 MCGS 组态软件设计思想比较独特,有很多特殊的概念和使用方式,有较大的市场占有率,在网络方面有独到之处,但效率和稳定性还有待提高。

5. 组态王　该软件以 Windows 98/Windows NT4.0 中文操作系统为平台,充分利用了 Windows 图形功能的特点,用户界面友好,易学易用,该软件是国内出现较早的组态软件。

6. ForceControl　也是国内较早出现的组态软件之一,在体系结构上具有明显的先进性,最大的特征之一就是其基于真正意义的分布式实时数据库的三层结构,且实时数据库为可组态的"活结构"。

7. SCKey　浙江某公司开发的用于为 JX-300X DCS 进行组态的基本组态软件 SCKey,采用简明的下拉菜单和弹出式对话框,以及分类的树状结构管理组态信息,用户界面友好,易学易用。

ER14-2　制药车间
DCS 控制系统界面
(图片)

（二）组态软件特点

尽管各种组态软件的具体功能各不相同，但它们具有共同的特点。

1. 实时多任务　在实际工业控制中，同一台计算机往往需要同时进行实时数据的采集、处理、存储、检索、管理、输出、算法的调用，实现图形和图表的显示，完成报警输出、实时通信等多个任务，这是组态软件的一个重要特点。

2. 接口开放　组态软件大量采用"标准化技术"，在实际应用中，用户可以根据自己的需要进行二次开发。例如，使用 VB、C＋＋等编程工具自行编制所需的设备构件，装入设备工具箱，不断充实设备工具箱。

3. 强大数据库　配有实时数据库，可存储各种数据，完成与外围设备的数据交换。

4. 可扩展性强　用户在不改变原有系统的前提下，具有向系统内增加新功能的能力。

5. 可靠性、安全性高　由于组态软件需要在工业现场使用，其可靠性是必须保证的。组态软件提供了能够自由组态控制菜单、按钮和退出系统的操作权限，如工程师权限、操作员权限等，当具有某些权限时才能对某些功能进行操作，防止意外地或非法地进入系统修改参数或关闭系统。

第五节　集散控制系统性能评估

一、可靠性

1. 可靠度　机器、零件或系统在规定的条件下（指设备所处的温度、湿度、气压、振动等环境条件和使用方法及维护措施等），在规定的时间内（指明确规定的工作期限），无故障地发挥规定功能（应具备的技术指标）的概率。

2. 平均故障间隔时间　平均故障间隔时间（mean time between failure, $MTBF$）是系统相邻两次故障发生时刻之间时间的平均值。即各段连续工作时间的平均值。

$$MTBF(h) = \frac{\sum_{i=1}^{n} t_i}{n} \quad i = 1, 2, 3, \cdots\cdots, n \qquad 式（14-1）$$

3. 平均修复时间　平均修复时间（mean time to repair, $MTTR$）是指设备或系统经过维修，恢复功能并投入正常运行所需要的平均时间。

$$MTTR(h) = \frac{\sum_{i=1}^{n} \Delta t_i}{n} \quad i = 1, 2, 3, \cdots\cdots, n \qquad 式（14-2）$$

4. 故障率　能工作到某个时间的机器、零件或系统，在连续单位时间内发生故障的比例。

5. 可靠性计算　可靠性包括串联系统可靠性和并联系统可靠性。串联系统故障率等于各串联元件故障率之和；并联系统失效时间是各并联元件失效时间的最大值。(k, n)表决系统可靠性：设系统由 n 个元件组成，若有 k 个或 k 个以上元件能正常工作，系统就能正常工作，则称为 (k, n) 表决系统。并联系统是 $(1, n)$ 系统，串联系统是 (n, n) 系统，两者共同决定表决系统的可靠性。冗余系统可靠性包括冷后备冗余系统、热后备冗余系统。

6. **集散控制系统可靠性设计三准则** ①系统运行不易发生故障的设计;②系统运行不受故障影响的设计;③能迅速排除故障的设计。

二、易操作性

集散控制系统的操作包括生产过程操作、组态和编程操作以及维护修理操作。

1. **操作透明度** 操作信息和更新速度。
2. **易操作性** 方便地达到所需要的操作,不易发生误操作。
3. **容错技术** 发生误操作时不影响正常运行。
4. **安全性** 进入相应操作环境的安全许可措施。

三、可组态性

组态是指用集散控制系统提供的功能模块或控制算法组成所需的系统结构,完成所需的功能。功能模块包括结构参数、设置参数、可调参数;控制算法包括 PID、前馈、开关控制、Smith 预估补偿等。

可组态性的评估包括灵活性、先进性、完善性;功能模块分类包括 I/O、控制类、运算类、信号发生类、转换类、选择和状态等。

四、可扩展性

可扩展性的含义包括空间、设备、地域、通信等四个方面。从网络拓扑结构分析可扩展性分为总线型网络结构、主从式星型网络结构和环型网络结构。

五、其他性能评估

除可靠性、易操作性、可组态性、可扩展性外,集散控制系统其他性能评估指标还包括实时性、环境适应性、开放性、经济性等。

第六节 集散控制系统的通信网络与系统特性

集散控制系统的网络通信如图 14-4 所示。从图中可以看出,通信网络具有明显的分层结构,分为现场总线、车间级网络系统、工厂级网络系统等不同层次。以太网工厂自动化(ethernet for plant automation, EPA)直接应用于工业控制现场设备间的通信,包括底层的直接控制、中层的监督控制、高层的管理控制。下面介绍和通信有关的基础知识。

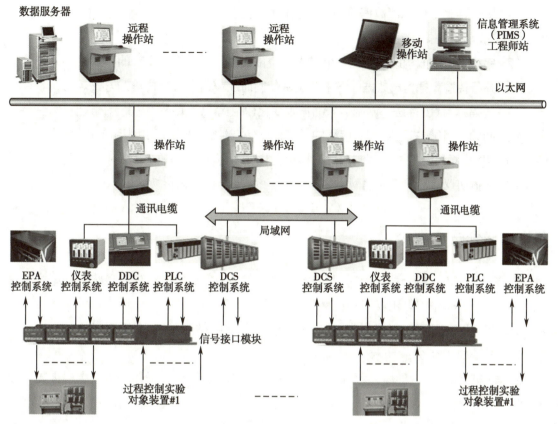

图 14-4　集散控制系统的网络通信

一、数据通信的基本概念

1. **通信**　信息从一处传输到另一处的过程。一个通信系统由发送装置、接收装置、信道和信息四部分组成。发送装置将信息送上信道，信息由信道传送给接收装置。

2. **数据信息**　具有一定的编码、格式和字长的数字信息。

3. **传输速率**　信道在单位时间内传输的信息量，单位为 bit/s。

4. **单工**　信息沿单方向传输的通信方式。

5. **半双工**　信息可以沿着两个方向传输，但在某一时刻只能沿一个方向传输的通信方式。

6. **全双工**　信息可以同时沿着两个方向传输的通信方式。

7. **基带传输**　直接将代表二进制信息的脉冲信号通过信道进行传输的方式。

8. **载带传输**　用基带信号调制载波后，在信道上传输调制后的载波信号，是为载带传输。

9. **宽带传输**　在一条信道上同时传送多路信号，各路信号以不同的载波频率加以区别，整个信道的带宽为各路载波信号所分享，实现多路信号同时传输。

10. **异步传输**　信息以字符为单位进行传输，每个信息字符都具有起始位和停止位，字符之间的传输时间间隔不确定。

11. **同步传输** 信息以数据块为单位进行传输,在这一组数据或报文之内不需启/停标志,可以获得较高的传输速度。

12. **串行传输** 把构成数据的各个二进制位依次在信道上进行传输的方式。

13. **并行传输** 把构成数据的各个二进制位同时在信道上进行传输的方式。

14. **调幅/幅移键控法** 调制信号的振幅变化(高振幅/低振幅)以表示二进制数。

15. **调频/频移键控法** 调制信号的频率变化(高频率/低频率)以表示二进制数。

16. **调相/相移键控法** 调制信号的相位变化(0相位/180°相位)以表示二进制数。

17. **通信协议** 计算机通信网络中信息传递的控制、管理和转换的规则。

二、通信介质

通信介质又称传输介质或信道,是指连接网上各节点之间的物理信号通路。常见的通信介质有双绞线、同轴电缆和光缆三种。

1. **双绞线** 把两根平行导线按一定节距绞合在一起,外面包裹金属箔屏蔽层的信号线称为双绞线,如图14-5(a)所示。

2. **同轴电缆** 由内导体、用于固定内导体的电介质绝缘层、外导体和外绝缘层构成。如图14-5(b)所示。

3. **光缆** 光缆的内芯是由SiO_2拉制而成的光导纤维,外面敷有一层覆层,两层折射率不同。在覆层外面有一层合成纤维和绝缘层。如图14-5(c)所示。

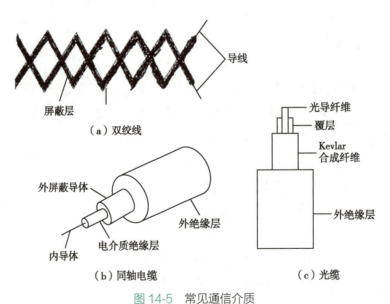

图 14-5 常见通信介质

三、数据通信系统网络结构

拓扑结构就是计算机网络结构,它是指网络的节点与主机之间实现互连的方式,如图14-6所示。拓扑结构主要有星形、总线型、环形、树形、星形环等。

其中方框代表网络中的计算机，又称主机；圆圈代表主机与通信线路之间的接口，又称节点；节点之间的通信线路称为通信链路。通常把节点和通信链路的集合统称为通信子网，而把所有主机统称为资源子网。

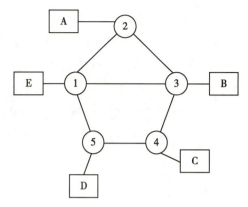

图 14-6　计算机网络结构图

（一）星形拓扑

（1）由中央节点和通过点到点链路接到中央节点的各站点组成。

（2）中央节点执行集中式通信控制策略，因此中央节点相当复杂。而各个站的通信处理负担都很小。采用星形拓扑的交换方式有线路交换和报文交换。尤以线路交换更为普遍，现有的数据处理和声音通信的信息网大多采用这种拓扑结构。如图 14-7（a）为星形拓扑，图 14-7（b）为带有接线盒的星形拓扑。

（3）接线盒的星形拓扑，接线盒相当于中间集中点。可以在每个楼层配置一个，并且有足够数量的连接点，以供该楼层的站点使用，站点的位置可灵活放置。

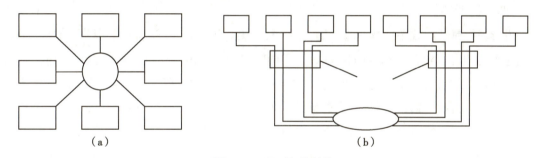

图 14-7　星形拓扑结构
（a）星形拓扑；（b）带有接线盒的星形拓扑。

（二）总线型拓扑

总线型拓扑结构采用单根传输线作为传输介质。所有的站点部通过相应的硬件接口直接连接到传输介质上，或称总线上。任何一个站的发送信号都可以沿着介质传播，而且能被所有其他的站接收。如图 14-8（a）为总线型拓扑，图 14-8（b）为带有中继器的总线型拓扑。

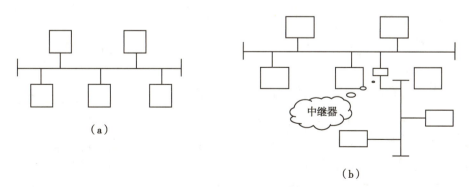

图 14-8　总线型拓扑结构
（a）总线型拓扑；（b）带有中继器的总线型拓扑。

（三）环形拓扑

由一些中继器和连接中继器的点到点链路组成一个闭合环,每个中继器都与两条链路相连。

中继器是一种比较简单的设备,它能够接收一条链路上的数据,并以同样的速度串行地把该数据送到另一条链路上,而不在中继器中缓冲。

这种链路是单向的,也就是说,只能在一个方向上传输数据,而且所有的链路都按同一方向传输。这样,数据就在一个方向上围绕着环进行循环。如图14-9为环形拓扑。

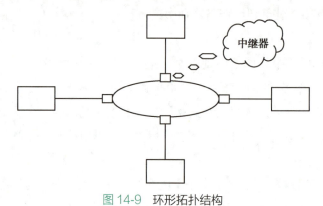

图14-9　环形拓扑结构

（四）树形拓扑

树形拓扑是从总线拓扑演变过来的,形状像一棵倒置的树,顶端有一个带分支的根,每个分支还可延伸出子分支(图14-10)。通常采用同轴电缆作为传输介质,且使用宽带传输技术。

这种拓扑和带有几个段的总线拓扑的主要区别在于根的存在。当节点发送时,根接收该信号,然后再重新广播发送到全网。这种结构不需要中继器。

图14-10　树形拓扑结构

（五）星形环拓扑

这是将星形拓扑和环形拓扑混合起来的一种拓扑,试图取这两种拓扑的优点于一个系统中(图14-11)。

这种拓扑的配置是由一批接在环上的连线集中器组成。这种集中器实际上是安装在楼内各层的接线盒。从每个接线盒,按星形结构接至每个用户站上。从电路看,星形环结构完全和一般的环形结构相同,只是物理走线安排成星形连接,因此这种拓扑可称为星形环拓扑。

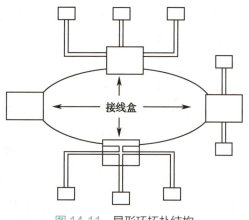

图14-11　星形环拓扑结构

四、通信控制方式

（一）差错控制

其常用概念如下：

1．对干扰可能造成的传输错误进行检错和纠错统称为差错控制。

2．传输错误包括突发错误和随机错误。突发错误由突发噪声引起，特征是误码连续成片出现；随机错误由随机噪声引起，特征是误码与其前后的代码是否出错无关。

3．**可靠性指标**　误码率＝出错的码元数／传输的总码元数。

4．在集散控制系统中常用每年出现误码的次数表示（0.01～4次／年）。

（二）链路控制

即对网络中各节点链路使用权的调配。分为集中式（星形）和分散式（环形、总线型）等。

五、集散控制系统的网络存取控制技术

在DCS中，常用的存取访问控制技术有轮询（poll）、令牌传送（token passing）、带冲突检测的载波监听多路访问（carrier sense multiple access with collision detection，CSMA/CD）等。

（一）轮询

轮询主要适用于集中控制的网络，如星形网、树形网和有总线控制器的总线网，在DCS中称为1对n的控制方式。它是由主站（或总线控制器）向其他站（节点）逐个查询，根据被查询站的应答信息，确定该站是否要发信，并确定是否让其发信，待这一站发送完信息后，通知主站，让主站再继续查询。图14-12表示轮询的工作过程。

轮询的优点是结构简单，网络访问分配情况可以预先确定；它的缺点是访问速度慢，效率低，等待时间很长，CPU利用率不高，可靠性差等。

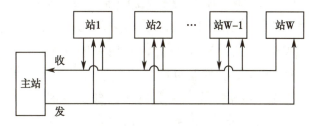

图 14-12　轮询的工作过程

（二）令牌传送

令牌传送适用于环形网或在逻辑序列上将节点连接成环的总线网。在采用广播方式的DCS中称为n对n的控制方式。它是由环上有一个称为令牌的信息包沿环中各节点依次传送信息的。该令牌有闲、忙两种状态。图14-13归纳了上述令牌传送的工作过程。

令牌传送的优点是不需要网络控制器，网络访问分配情况可以预先确定，所以它适用于大型总线网络系统；缺点是当令牌丢失或信息包在环上无限制地循环时，必须由指定的监视节点向网络中注入一个新令牌或将信息包撤销。

在令牌环网中有一个令牌（token）沿着环形总线在入网节点计算机间依次传递，令牌实际上是一个特殊格式的帧，本身并不包含信息，仅是控制信道的使用，确保在同一时刻只有一个节点能够独占信道。当环上节点都空闲时，令牌绕环行进。节点计算机只有取得令牌后

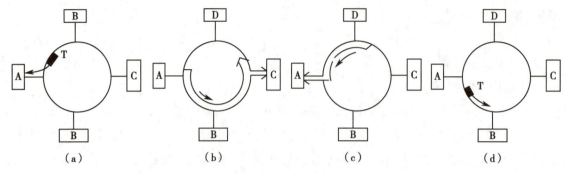

图 14-13　令牌传送工作过程

（a）收到空令牌，开始发信息；（b）计算机收到信息；（c）信息要在环路上继续传播；（d）计算机收到返回的自己发的信息后，把空令牌释放出来，空令牌继续传播。

才能发送数据帧，因此不会发生碰撞。由于令牌在网环上是按顺序依次传递的，因此对所有入网计算机而言，访问权是公平的。令牌在工作中有"闲"和"忙"两种状态。"闲"表示令牌没有被占用，即网中没有计算机在传送信息；"忙"表示令牌已被占用，即网中有信息正在传送。希望传送数据的计算机必须首先检测到"闲"令牌，将它置为"忙"的状态，然后在该令牌后面传送数据。当所传数据被目的节点计算机接收后，数据从网中被除去，令牌被重新置为"闲"。

（三）带冲突检测的载波监听多路访问

带冲突检测的载波监听多路访问技术适用于总线网。由于接在总线上的各个站共享一条广播式的传输线，为防止信息在传输线上发生"碰撞"的情况，可以采用"先听后讲，边讲边听"的办法，即 CSMA/CD 技术。CSMA/CD 工作原理如图 14-14 所示。

这种方法的优点是网络结构简单，易实现，可靠性高，允许节点迅速地访问通信网络；它的缺点是通信响应时间不确定，如果网络分布区域较广，则通信效率会降低。

CSMA/CD 媒体访问控制方法的工作原理，可以概括如下：先听后说，边听边说；一旦冲突，立即停说；等待时机，然后再说；听，即监听、检测；说，即发送数据。

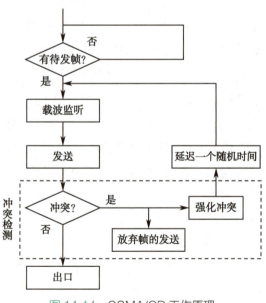

图 14-14　CSMA/CD 工作原理

在发送数据前，先监听总线是否空闲。若总线忙，则不发送。若总线空闲，则把准备好的数据发送到总线上。在发送数据的过程中，工作站边发送边检测总线，是否与自己发送的数据有冲突。若无冲突则继续发送直到发完全部数据；若有冲突，则立即停止发送数据，但是要发送一个加强冲突的 JAM 信号，以便使网络上所有工作站都知道网上发生了冲突，然后，等待一个预定的随机时间，且在总线为空闲时，再重新发送未发完的数据。CSMA/CD 是用于半双工模式下的，这种模式下才有发生碰撞的可能。

六、数据通信协议

数据,定义为有意义的实体。数据涉及到事物的形式,而信息涉及的是这些数据的内容和解释。信号是数据的电磁或电子编码,信号发送是指沿传输介质传播信号的动作。传输是指传播和处理信号的数据通信。数据通信系统的基本组成见图14-15。

图 14-15　数据通信系统的基本组成

(一)通信协议的概念及体系结构

计算机网络的通信功能由两部分组成:一部分是传送数据,另一部分是通信控制。传送数据是网络通信的目的,通信控制则是使通信得以可靠、快速和准确的保证。

通信过程从信息发送到正确接收,是由若干个阶段相互衔接完成的。而这些阶段之间必须遵守通信双方的共同规则,如格式、时间、语义等。要想成功地完成通信,通信双方就必须具有同样的语言,交流什么,怎样交流及何时交流,都必须遵从某种互相都能接受的一些规则。这些规则的集合称为协议,它可以定义为在两实体间控制数据交换的规则的集合。

(二)协议的关键成分

1. 语法(syntax)　包括数据格式、编码及信号电平等。

2. 语义(semantics)　包括用于协调和差错处理的控制信息。

3. 定时(timing)　包括速度匹配和排序。

由于不同系统中的实体间通信的任务十分复杂,不可能作为一整体来处理,否则任何一方面的改变,就要修改整个软件包。一种替代的办法是使用结构式的设计和实现技术,用分层或层次结构的协议集合。较低级别的,更原始的功能在较低级别的实体上实现,而它们又向较高级别的实体提供服务。描述网络中通信控制结构的网络系统结构被分解为"层",每一层包含了一组通信功能。这些层是连续的,相互衔接构成了整个网络系统结构,也覆盖了整个网络通信的控制功能。

(三)开放系统互连 OSI 模型

关于网络体系模型,国际上不同的组织提出了许多的模型,其中国际标准化组织(International Standard Organization, ISO)提出的开放系统互联(open systems interconnection, OSI)模型最为著名,它的开放性使得任何两台遵守 OSI 参考模型和有关协议的系统都可以进行连接。OSI 参考模型将整个网络通信的功能划分为七个层次:物理层、数据链路层、网络层、传输层、会话层、表示层和应用层。

1. 应用层　系统与用户之间的接口,包括文件传送访问和管理、虚拟终端、事务处理、远程数据库访问、制造报文规范、目录服务等协议。

2. 表示层　负责数据的压缩/解压缩、加密/解密、不同系统之间数据格式的转换。

3. 会话层　在两个节点之间建立端连接。为端系统的应用程序之间提供了对话控制机制。此服务包括建立连接是以全双工还是以半双工的方式进行设置,也可以在传输层中处理双工方式。

4. 传输层 常规数据递送——面向连接或无连接。为会话层用户提供一个端到端的可靠、透明和优化的数据传输服务机制。包括全双工或半双工、流控制和错误恢复服务，在端到端之间正确地传输消息(也称报文)。

5. 网络层 本层通过寻址来建立两个节点之间的连接，为源端的传输层送来的分组，选择合适的路由和交换节点，正确无误地按照地址传送给目的端的运输层。它包括通过互联网络和路由器传输数据，数据单元是分组(也称包)。

6. 数据链路层 在此层将数据分帧，并处理流控制。屏蔽物理层，为网络层提供一个数据链路的连接，在一条有可能出差错的物理连接上，进行几乎无差错的数据传输。本层指定拓扑结构并提供硬件寻址，数据单元是帧。

7. 物理层 处于 OSI 参考模型的最底层。主要功能是利用物理传输介质为数据链路层提供物理连接，以便透明地传送比特流。数据单元是比特。

信息在 OSI 各层次中的传递原理如图 14-16 所示。

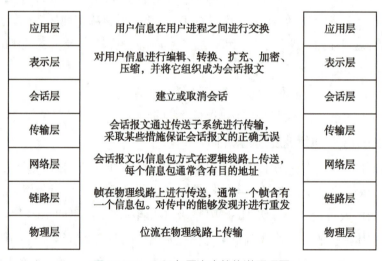

图 14-16　OSI 各层次中的传递原理图

(四) LAN 协议结构

LAN 是一个通信网(local area network, LAN)，所以它的协议应包括物理层、数据链路层和网络层等三层。由于 LAN 没有路由问题，任何两点之间可用一条直接链路，所以可以不需要单独设置网络层，而将寻址、排序、流控、差错控制等功能可放在数据链路层中实现。根据 LAN 的特点，将数据链路层分成逻辑链路控制层和介质访问控制层。

(五) IEEE 802 局部网络标准

OSI 是公用网络协议，局部网络的协议尽可能地与 ISO 的 OSI 相兼容，因此局部网络协议大都以 OSI 为基础。目前，局部网络协议很多，但其中功能最显著、影响最大的要算 IEEE 802 协议。IEEE 802 工作组是 IEEE(美国电气与电子工程师学会，Institute of Electrical and Electronics Engineers)的局部网络标准化委员会的简称。IEEE 802 协议主要包括了 1984 年起公布的 802.x 标准文本，它们是：

- IEEE 802.1（A 部分）: 综述和体系结构。
- IEEE 802.1（B 部分）: 寻址、网际互联和网络管理。
- IEEE 802.2 逻辑链路控制。
- IEEE 802.3 CSMA/CD 访问方法和物理层规范。
- IEEE 802.4 令牌传递总线访问方法和物理层规范。
- IEEE 802.5 令牌环访问方法和物理层规范。
- IEEE 802.6 城市地区网访问方法和物理层规范。
- IEEE 802.7 宽带传送网访问方法和物理层规范。
- IEEE 802.8 光导纤维网访问方法和物理层规范。
- IEEE 802.9 数据和语音综合网访问方法和物理层规范。

（六）制造自动化协议

集散系统进展到了第三代,其主要特点是局部网络通信以标准工业协议为基础。实质上,制造自动化协议 MAP（manufacturing automation protocol）的诞生和发展是控制工程界的大事件。由 MAP 所掀起的技术浪潮改变着工业控制的面貌,它是集散系统发展史乃至整个工业控制发展史上的里程碑。

第七节　JX-300X 集散控制系统

JX-300X 集散控制系统是于 1997 年在原有系统的基础上,吸收了最新的网络技术、微电子技术成果,充分应用了最新信号处理技术、高速网络通信技术、可靠的软件平台和软件设计技术以及现场总线技术,采用了高性能的微处理器和成熟的先进控制算法,全面提高了系统性能,运用新技术推出的新一代集散控制系统。

一、JX-300X 集散控制系统的组成

（一）系统主要设备

JX-300X 系统的基本组成包括工程师站、操作站、控制站和通信网络 SCnet Ⅱ。其结构图如图 14-17 所示。

1. **控制站**　实现对物理位置、控制功能都相对分散的现场生产过程进行控制的主要硬件设备称为控制站（control station, CS）。

控制站硬件的部件号和对应的名称如表 14-1 所示。

2. **操作站**　由工业 PC 机、CRT、键盘、鼠标、打印机等组成的人机接口设备称为操作站（operator station, OS）,是操作人员完成工艺过程监视、操作、记录等管理任务的环境。

3. **工程师站**　集散控制系统中用于控制应用软件组态、系统监视、系统维护的工程设备称为工程师站（engineer station, ES）。它是为专业工程技术人员设计的,内装有相应的组态平台和系统维护工具,工程师站的硬件配置与操作站基本一致。

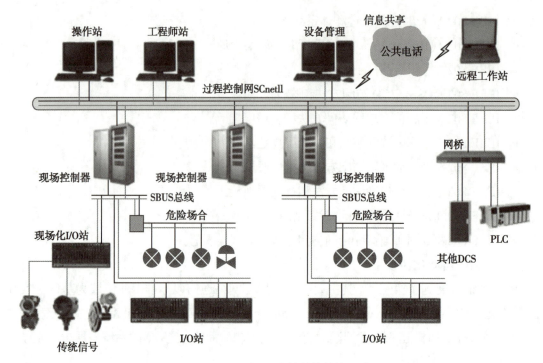

图 14-17 JX-300X 系统整体结构示意图

表 14-1 控制站硬件的部件号和对应的名称

部件号	部件名称
SP202	机柜
SP201S	小机柜
SP211	一体化机笼
SP243X	主控制卡
SP233	数据转发卡
SP244	RS232/RS485 通信接口卡
SP221	电源指示卡
SP251	电源箱机笼
SP251-1	电源（5V、24V），110W
SP251-2	电源（24V）单体，110W
SP291	SBUS 总线扩展电缆（米）

4. 通信接口单元　用于实现 JX-300X 系统与其他计算机、各种智能控制设备（如 PLC）接口的硬件设备称为通信接口单元（communication interface unit，CIU），也称通信管理站。

5. 多功能站　用于工艺数据的实时统计、性能运算、优化控制、通信转发等特殊功能的工程设备统称为多功能站（multi-function station，MFS）。

（二）通信网络

JX-300X 系统为了适应各种过程控制规模和现场要求，对于不同结构层次分别采用了信息管理网、SCnet Ⅱ 网络和 SBUS 总线。

1. 信息管理网连接各个控制装置的网桥和企业各类管理计算机，用于工厂级的信息传送和管理，是实现全厂综合管理的信息通道。

2．双高速冗余工业以太网 SCnet Ⅱ作为其过程控制网络，直接连接系统的控制站、操作站、工程师站、通信接口单元等，是传送过程控制实时信息的通道，具有很高的实时性和可靠性。

3．SBUS 总线是控制站各卡件之间进行信息交换的通道。由 SBUS-S1 和 SBUS-S2 两层构成。主控制卡就是通过 SBUS 总线来管理分散于各个机笼的 I/O 卡件的。

第一层为双重化总线 SBUS-S2，它是系统的现场总线，位于控制站所管辖的 I/O 机笼之间，连接主控制卡和数据转发卡，用于主控制卡与数据转发卡间的信息交换；第二层为 SBUS-S1 网络，位于各 I/O 机笼内，连接数据转发卡和各块 I/O 卡件，用于数据转发卡与各块 I/O 卡件间的信息交换。SBUS-S2 级和 SBUS-S1 级之间为数据存储转发关系，按 SBUS 总线的 S2 级和 S1 级进行分层寻址。

（三）**系统软件**

系统软件包括 AdvanTrol 实时监控软件、SCKey 系统组态软件、SCLang C 语言组态软件（简称 SCX 语言）、SCControl 图形化组态软件、SCDraw 流程图制作软件、SCForm 报表制作软件、SCSOE SOE 事故分析软件、SCConnect OPC Server 软件、SCViewer 离线察看器软件、SCDiagnose 网络检查软件和 SCSignal 信号调校软件。

二、JX-300X 集散控制系统组态

（一）**组态软件应用流程**

系统组态是指在工程师站上为控制系统设定各项软硬件参数的过程。系统组态工作流程如图 14-18 所示。

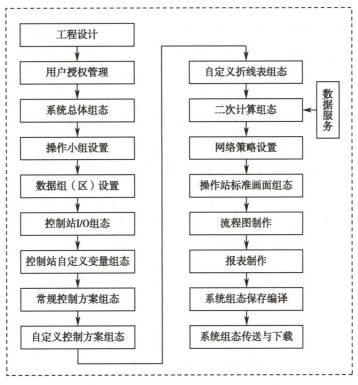

图 14-18　JX-300X 集散控制系统组态

（二）组态软件 SCkey

SCKey 组态软件是一个全面支持各类控制方案的组态平台,运用了面向对象(OOP)技术和对象链接与嵌入(OLE2)技术,是基于中文 Windows 操作系统开发的 32 位应用软件。

1. 总体信息组态　　总体信息组态是整个组态信息文件的基础和核心,包括主机设置、编译、备份数据、组态下载和组态传送五个功能。

（1）主机设置:主机设置是指对系统控制站(主控制卡)、操作站以及工程师站的相关信息进行配置,包括各个控制站的地址、控制周期、通信、冗余情况、各个操作站或工程师站的地址等一系列的设置工作。

（2）编译:用户定义的组态文件必须经过系统编译,才能下载给控制站执行以及传送到操作站监控。编译是通过"总体信息"菜单的"编译"命令进行的,且只可在控制站与操作站都组态以后进行,否则"编译"操作不可选。编译之前 SCKey 会自动将组态内容保存。组态编译是对系统组态信息、流程图、SCX 自定义语言及报表信息等一系列组态信息文件的编译。

（3）备份数据:备份数据之前需编译成功,否则会弹出一警告框提示"编译错误,请在编译正确后再试!"。编译成功后选择"总体信息"菜单的"备份数据"选项进行"组态备份"操作。

（4）组态下载:组态下载用于将上位机中的组态内容编译后下载到控制站。在修改与控制站有关的组态信息(主控制卡配置、I/O 卡件设置、信号点组态、常规控制方案组态、SCX 语言组态等)后,需要重新卜载组态信息;如果修改操作主机的组态信息(标准画面组态、流程图组态、报表组态等)则不需下载组态信息。

（5）组态传送:组态传送用于将编译后的,文件名后缀为 .SCO 操作信息文件、.IDX 编译索引文件、.SCC 控制信息文件等通过网络传送给操作站。组态传送前必须在操作站安装 FTP Sever(文件传输协议服务器),设置一传送路径,这些会在安装时自动完成。

2. 控制站组态　　控制站由主控制卡、数据转发卡、I/O 卡件、供电单元等构成。控制站组态是指对系统硬件和控制方案的组态,主要包括 I/O 组态、自定义变量、常规控制方案、自定义控制方案和折线表定义等五个部分。

（1）I/O 组态:I/O 组态主要包括数据转发卡设置、I/O 卡件设置和信号点设置。数据转发卡组态是对某一控制站内部的数据转发卡在 SBUS-S2 网络上的地址以及卡件的冗余情况等参数进行组态;I/O 卡件设置是对 SBUS-S1 网络上的 I/O 卡件型号及地址等参数进行组态;I/O 卡件设置完毕后,可以进行 I/O 信号点设置,I/O 信号点设置在 I/O 点组态画面中进行。

（2）自定义变量:根据工程设计要求,定义上下位机间交流所需要的变量及自定义控制方案中所需的回路。

（3）常规控制方案:常规控制方案是指过程控制中常用的调节控制方法。对一般要求的常规调节控制,系统提供的控制方案基本都能满足要求,且控制方案易于组态,操作方便,实际运用中控制运行可靠、稳定。JX-300X DCS 系统以基本 PID 算式为核心进行扩展,设计了串级、前馈、串级前馈(三冲量)等多种控制方案。

（4）自定义控制方案:对仅用常规控制方案无法实现的控制要求,通常需要用编程的方法来完成,把这类控制方案称为自定义控制方案。JX-300X DCS 系统提供了两种实现自定义控制方案的编程方法：SCX 语言编程和图形化组态。

（5）折线表定义：对主控制卡管理下的自定义非线性模拟量信号进行线性化处理。

一般地，SUPCON JX-300X DCS 系统的控制组态全过程归纳为四个步骤。

1）系统单元登录：确定系统的控制站（即主控制卡）和操作站的数目。

2）系统 I/O 组态：分层、逐级、自上而下依次对每个控制站硬件结构进行组态。

3）自定义变量组态和折线表组态。

4）系统的控制方案组态：控制方案组态分为常规控制方案组态和自定义控制方案（SCX 语言和图形编程）组态，根据实际需要采用不同方式进行组态。

3. 操作站组态　操作站组态是对系统操作站操作画面的组态，是面向操作人员的 PC 操作平台的定义。它主要包括操作小组设置、标准画面（总貌画面、趋势画面、控制分组画面、数据一览画面）组态、流程图绘制、报表制作、自定义键和语音报警组态等六部分。这里主要介绍前四部分。其组态流程如图 14-19 所示。

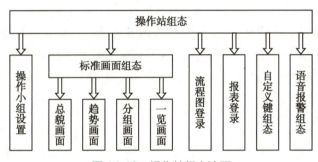

图 14-19　操作站组态流程

（1）操作小组设置：对各操作站的操作小组进行设置，不同的操作小组可观察、设置、修改不同的标准画面、流程图、报表、自定义键等。操作小组的划分有利于划分操作员职责，简化操作人员的操作，突出监控重点。

（2）操作站标准画面组态：系统的标准画面组态是指对系统已定义格式的标准操作画面进行组态，其中包括总貌、趋势、控制分组、数据一览等四种操作画面的组态。

（3）流程图绘制：流程图绘制是指绘制控制系统中最重要的监控操作界面，用于显示生产产品的工艺及被控设备对象的工作状况，并操作相关数据量。一般在绘制流程图时，应按照以下流程进行。

1）在组态软件中进行流程图文件登录。

2）启动流程图制作软件。

3）设置流程图文件版面格式（大小、格线、背景等）。

4）根据工艺流程要求，用静态绘图工具绘制工艺装置的流程图。

5）根据监控要求，用动态绘图工具绘制流程图中的动态监控对象。

6）绘制完毕后，用样式工具完善流程图。

7）保存流程图文件至硬盘上，以登录时所用文件名保存。

8）在组态软件中进行组态信息的总体编译，生成实时监控软件中运行的代码文件。

（4）报表制作：自动报表系统分为组态（即报表制作）和实时运行两部分。其中，报表制作部分在 SCForm 报表制作软件中实现,实时运行部分与 AdvanTrol 监控软件集成在一起。报表制作的步骤:表头的创建、报表事件组态(包括事件定义、时间引用、位号引用、报表输出等 4 个方面相互联系的组态)以及报表编辑。具体的报表制作流程如下:①进入操作站报表设置界面;②选择报表归属(操作小组);③进入报表制作界面;④设计报表格式;⑤定义与报表相关的事件;⑥时间引用组态;⑦位号引用组态;⑧报表内容填充;⑨报表输出设置和保存报表;⑩执行报表与系统组态的联编。

三、JX-300X 集散控制系统的设备安装、调试、投运

(一)设备安装

设备安装之前,需要确定的是控制室的环境布置是否符合 DCS 工作要求,是否具备供电条件,接地系统是否完成,机柜、操作台等是否就位,电缆的铺设是否符合标准,现场仪表的就位是否正常。确认安装的准备工作就绪以后,可以进行设备接线、卡件安装等工作。

安装工作依据的文档主要有设计时形成的《DCS 系统设备安装图》(包含《控制室布置图》《DCS 安装尺寸图》《DCS 系统配置图》)、《DCS 电缆布线规范》、《DCS 系统供电图》、《DCS 系统通信图》、《DCS 系统接地图》、《测点清单》、《卡件布置图》、《端子接线图》、《外配部分接线图》等。

(二)调试

在设备就位的基础上,可以进行组态的下载以及控制系统的调试和联调。这些工作的目的是测试系统各设备的通信是否畅通,硬件工作是否正常,现场设备能否按照配置正确地工作,控制方案是否满足控制要求。

这里主要介绍集散控制系统的调试步骤。

1. I/O 通道测试　包括以下四部分内容:①模拟输入信号测试;②开入信号(各类输入信号)测试;③模拟输出信号测试;④开出信号(各类输出信号)测试。

2. 系统模拟联调　当现场仪表安装完毕,信号电缆已按照接线端子图连接完毕,经上电检查等各步骤后,可进行系统模拟联调。联调应解决的问题是信号错误(包括接线、组态)问题、DCS 与现场仪表匹配问题、现场仪表是否完好。

(三)投运

控制系统的投运,是指当系统设计、安装、调试就绪,或者经过停车检修之后,使控制系统投入使用的过程。一般地,投运前应具备的条件如下:

1. 系统联调完成,各测点显示正常,各阀门、电机等动作正常。
2. 最终控制方案经过模拟运行,确保正常运行。
3. 厂方确认工艺条件成熟,可以进行投运。
4. 工程人员确认系统正常,可以进行投运。
5. 操作人员、维护人员经过现场操作、维护培训。

对于控制回路的投运,应遵循"先手动,后自动"的原则,在手动调节稳定的前提下,再进行自动运行。

第八节　集散控制系统的应用举例

（一）工艺简介

透平机是将流体介质中蕴含的能量与机械能相互转换的机器。高炉煤气余压透平发电装置（blast furnace top gas recovery turbine unit，TRT），是利用透平膨胀机将原损耗在减压阀组上高炉煤气的压力能和一部分潜热能转换为机械能，再通过发电机将机械能变为电能输送给电网。高炉煤气余压发电不仅回收了高炉煤气一部分能量，减少了噪声，同时还改善了高炉顶压的调节品质，更利于高炉生产。高炉 TRT 工艺流程如图 14-20 所示。

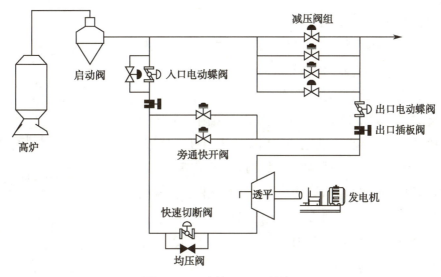

图 14-20　高炉 TRT 工艺流程

高炉煤气经除尘装置后，经入口电动蝶阀、入口插板阀、快速切断阀后，进入透平机，然后经出口插板阀、出口电动蝶阀到煤气管网，在入口插板阀前、透平出口后并联有旁通快开阀组，旁通阀组在正常和紧急停机时，进行高炉顶压控制。

（二）系统配置

为保证 TRT 机组长期安全、稳定运行，控制系统采用浙大中控 JX-300X DCS 系统。由一个工程师站、一个操作员站、一个控制站组成，系统结构见图 14-21，其中通信网络和主控制

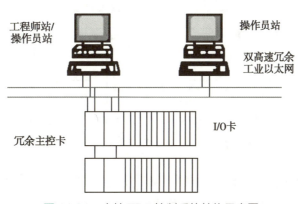

图 14-21　高炉 TRT 控制系统结构示意图

卡、数据转发卡及重要的模拟量输入、输出通道采用冗余配置,保证系统安全高效运行。系统配置清单见表14-2所示。

表14-2 系统配置清单

序号	卡件	型号	数量	单位
1	电流信号输入卡	SP313	22	块
2	热电阻信号输入卡	SP316	20	块
3	模拟信号输出卡	SP322	4	块
4	开关量输出卡	SP362	10	块
5	开关量输入卡	SP363	17	块

(三)系统主要功能

TRT装置的自动控制主要包括启动联锁、自动升速控制、正常调顶压、正常停机控制、紧急停机控制等,各过程中保持高炉顶压的稳定是装置实现自动化的关键。

1. 启动联锁 TRT机组的启动须满足特定条件,并按一定步骤顺序进行。当条件不满足时,"启动联锁"程序将投入运行,实现启动阀和入口电动蝶阀闭锁。TRT机组正常启动条件主要有高炉同意TRT启动、电气允许TRT启动、润滑油压力大于设定值、动力油压力大于设定值、透平静叶全关等。如上述任一个条件不满足,TRT机组将(在"启动联锁"程序的保护下)无法正常启动。

2. 全自动启机 启动过程主要分为升转速、并网、升功率。为保证机组安全,TRT启机须按一定顺序有步骤进行,如图14-22所示。

高炉顶压控制趋势如图14-23所示。

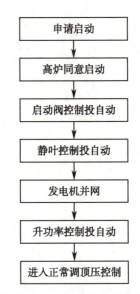

图14-22 TRT全自动启机过程

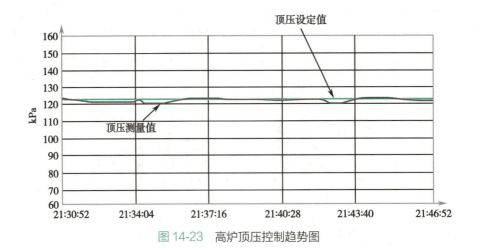

图14-23 高炉顶压控制趋势图

3. 正常停机 TRT正常停机时,须经过降功率过程,煤气逐步由TRT转移至旁通阀组,旁通阀组和静叶同时调节高炉顶压,它们也是由综合回路来控制的,旁通阀一个作为调节阀,另一个作为量程阀，量程阀按调节阀开度和高炉顶压的变化动作，工程师可任选一个作为调节阀。待降到零功率后，发电机解列（发电机与电网脱离），快速切断阀慢关，静叶以一定速度关闭，配合高炉逐步将煤气由旁通阀组转移至高炉减压阀组。

4. 紧急停机 只要任一紧急停机条件满足时，TRT 即进入紧急停机状态。TRT 紧急停机时，快速切断阀在 1 秒内快关，旁通快开阀快速打开到某一开度，使煤气改从旁通快开阀流过，避免高炉炉顶压力急剧波动。此时，旁通快开阀开度根据紧急停机时的静叶开度和煤气流量运算后得出。随后 DCS 通过旁通阀调节高炉顶压，配合高炉将煤气逐步转移到减压阀组，直至完全由减压阀组控制高炉顶压。

ER14-3　第十四章　目标测试

第十五章 现场总线控制系统

现场总线控制系统（fieldbus control system，FCS）是由现场总线和现场设备组成的控制系统，采用数字信号替代模拟信号，可实现一对信号线上传输多种信号（包括多个运行参数值、多个设备状态和故障信息等），同时还可以为现场设备提供电源，现场总线设备不再需要模/数、数/模转换部件，这是继电式气动仪表控制系统、电动单元组合式模拟仪表控制系统、集中式数字控制系统、集散控制系统（DCS）后的新一代控制系统。

第一节 现场总线简介

一、现场总线的现状与发展

现场总线是近年来迅速发展起来的一种工业数据总线，它主要解决工业现场的智能化仪器仪表、控制器、执行机构等现场设备间的数字通信以及这些现场控制设备和高级控制系统之间的信息传递问题，所以现场总线既是通信网络，又是自控网络。

（一）现场总线的两种定义

1. ISA SP50 定义　美国仪表协会标准中对现场总线的定义，现场总线是一种串行的数字数据通信链路，它沟通了过程控制领域的基本控制设备（即场地级设备）之间以及与更高层次自动控制领域的自动化控制设备（即车间级设备）之间的联系。

2. IEC & FF 的定义　国际电工委员会（IEC）标准和现场总线基金会（FF）的定义，现场总线是应用在生产现场、在微机化测量控制设备之间实现双向串行数字通信的系统，也被称为开放式、数字化、多点通信的底层控制网络。

（二）现场总线的本质

1. 现场通信网络　用于过程自动化和制造自动化的现场设备或现场仪表互连的现场通信网络。

2. 现场设备互联　依据实际需要使用不同的传输介质把不同的现场设备或者现场仪表相互关联。

3. 互操作性　用户可以根据自身的需求选择不同厂家或不同型号的产品构成所需的控制回路，从而可以自由地集成 FCS。

4. 分散功能块　FCS 废弃了 DCS 的输入/输出单元和控制站，把 DCS 控制站的功能块分散地分配给现场仪表，从而构成虚拟控制站，彻底地实现了分散控制。例如，流量变送器不仅具有流量信号变换、补偿和累加输入模块,而且有 PID 控制和运算功能块;调节阀的基本功能是信号驱动和执行,还内含输出特性补偿模块,或 PID 控制和运算模块,甚至还具有阀门特性自检验和自诊断功能。

5. 通信线供电　通信线供电方式允许现场仪表直接从通信线上摄取能量,这种方式提供用于本质安全环境的低功耗现场仪表,与其配套的还有安全栅。

6. 开放式互联网络　现场总线为开放式互联网络,既可以与同层网络互联,也可与不同层网络互联,还可以实现网络数据库的共享。

二、几种典型的现场总线

(一) ControlNet 控制层现场总线

ControlNet 是近年来推出的一种新的面向控制层的实时性现场总线网络,它允许在同一链路上有多个控制器并存,支持输入数据或端到端信息的多路发送,非常适用于一些控制关系有复杂关联、要求控制信息同步、协调实时控制、数据传输速度要求较高的应用场合。其结构图如图 15-1 所示。

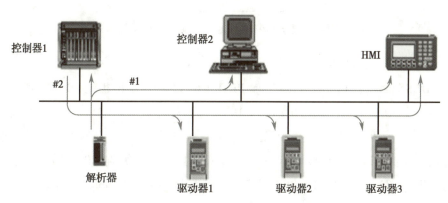

图 15-1　ControlNet 结构示意图

(二) DeviceNet 设备层现场总线

DeviceNet 是 20 世纪 90 年代中期发展起来的一种基于 CAN 技术的开放型、符合全球工业标准的低成本、高性能的通信网络。它通过一根电缆将 PLC、传感器、光电开关、操作员终端、电动机、轴承座、变频器和软启动器等现场智能设备连接起来,是集散控制系统减少现场 I/O 接口和布线数量,将控制功能下载到现场设备的理想解决方案。

DeviceNet 不仅可以作为设备级的网络,还可以作为控制级的网络,通过 DeviceNet 提供的服务可以实现以太网上的实时控制。较之其他的一些现场总线,DeviceNet 不仅可以接入更多、更复杂的设备,还可以为上层提供更多的信息和服务。

1. DeviceNet 的主要特点　总结为以下八条。

(1)采用基于 CAN 的多主方式工作。

(2)建立了用于数据传输的生产者/消费者传输模型。

(3)DeviceNet 的直接通信距离最远为 500m,通信速率最高可达 500kb/s。

（4）DeviceNet 上可容纳 64 个节点地址，每个节点支持的 I/O 数量无限制。

（5）采用短帧结构，传输时间短，受干扰的概率低，检错效果好。

（6）通信介质为独立双绞总线，信号与电源承载于同一电缆。

（7）支持设备的热插拔，无须网络断电。

（8）接入设备可选光隔设计，外供电设备与总线供电设备共享总线电缆。

2. DeviceNet 协议规范 沿用了 CAN 协议标准所规定的总线网络的物理层和数据链路层，定义了不同的报文格式、总线访问仲裁规则及故障检测和故障隔离的方法，基于 CAN 的 DeviceNet 协议分层结构如图 15-2 所示。

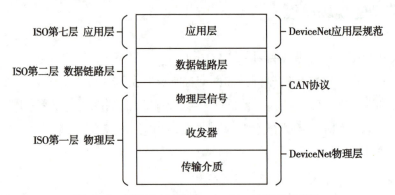

图 15-2 基于 CAN 的 DeviceNet 协议分层结构

（三）PROFIBUS 现场总线

PROFIBUS 现场总线（process fieldbus，PROFIBUS）是德国 20 世纪 90 年代制定的国家工业现场总线协议标准，其应用领域包括加工制造、过程和建筑自动化，如今已成为国际化的开放式现场总线标准，即 EN50170 欧洲标准。它是一种用于工厂自动化车间级监控和现场设备层数据通信与控制的现场总线技术，可实现现场设备层到车间级监控的分散式数字控制和现场通信，从而为实现工厂综合自动化和现场设备智能化提供了可行的解决方案。

针对不同的应用场合，PROFIBUS 分为 3 个系列。

1. PROFIBUS-DP（decentralized periphery） 用于传感器和执行器级的高速数据传输，传输速率可达 12Mb/s，一般构成单主站系统，主站、从站间采用循环数据传送方式工作，其系统结构如图 15-3 所示。

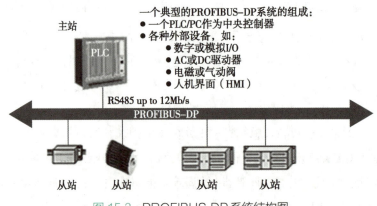

图 15-3 PROFIBUS-DP 系统结构图

2. PROFIBUS-PA（process automation） 主要用于现场级过程自动化,具有本质安全和总线供电特性。将自动化系统和过程控制系统与现场设备连接起来,代替了4～20mA模拟信号传输技术,传输速率为31.25kb/s,典型的 PROFIBUS-PA 系统结构如图15-4所示。

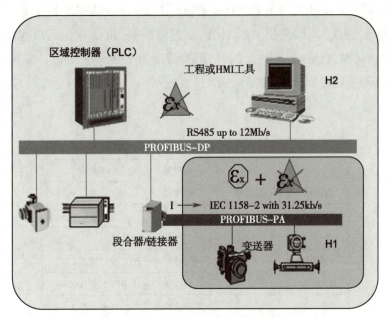

图15-4 典型的 PROFIBUS-PA 系统结构图

3. PROFIBUS-FMS（fieldbus message specification） 用于车间级智能主站间通用的通信,它提供了大量的通信服务,用以完成以中等传输速度进行的循环和非循环的通信任务,可使用 RS485 和光纤传输技术进行数据的传输。典型的 PROFIBUS-FMS 系统结构如图15-5所示。

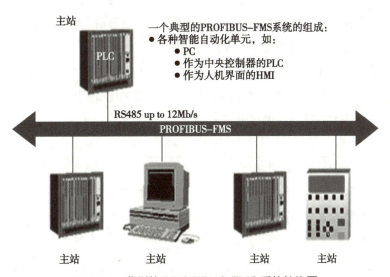

图15-5 典型的 PROFIBUS-FMS 系统结构图

（四）FF 总线

现场总线基金会（FF）是国际公认的唯一不附属于某企业的公正非商业化的国际标准化组织,其宗旨是制定统一的现场总线国际标准,无专利许可要求,可供任何人使用。FF 总线由低速 FF-H1 和高速 FF-HSE 组成,其协议规范建立在 OSI 参考模型之上,其中 FF-H1 是以 OSI 参考模型为基础的四层结构模型,采用令牌总线介质访问技术,用于工业生产现场设备连接,其传输速率为 31.25kb/s,通信距离可达 1 900m(可加中继器延长),可支持总线供电,支持本质安全防爆环境。而 FF-HSE 采用基于 ethernet(IEEE 802.3)+ TCP/IP 的六层结构,主要用于制造业(离散控制)自动化以及逻辑控制、批处理和高级控制等场合,其传输速率可为 1Mb/s 和 2.5Mb/s 两种,其通信距离分别为 750m 和 500m。物理传输介质可支持双绞线、光缆和无线发射,协议符合 IEC1158-2 标准。FF 总线的通信协议规范如图 15-6所示。

OSI	H1	HSE	与使用标准
	用户层	用户层	(FF制定)
应用层	应用层	应用层	RFC1451, 1883
描述层			
会话层			
传输层		传输层	RFC791, 793(TCP/IP)
网络层		网络层	RFC1157, 2030
数据链路层	数据链路层	数据链路层	IEEE202.2
物理层	物理层	物理层	IEEE802.3u

图 15-6　FF 总线的通信协议规范

(五) LonWorks 现场总线

LonWorks 现场总线(local operating networks , LonWorks)是 1991 年美国 Echelon 公司推出的通用总线,提供了完整的端到端的控制系统解决方案,可同时应用在装置级、设备级、工厂级等任何一层总线中,并提供实现开放性互操作控制系统所需的所有组件,使控制网络可以方便地与现有的数据网络实现无缝集成。

LonTalk 通信协议是 LonWorks 技术的核心,它提供了 OSI 参考模型的全部 7 层服务,并固化于 Neuron 芯片中,其通信协议如图 15-7 所示。该神经芯片内有 3 个 8 位 CPU,使用 CMOS CLSI 技术高度集成,集采集、控制于一体。

层号	OSI层次	标准服务	LON提供的服务	处理器
7	应用层	网络应用	定义标准网络变量类型	应用处理器
6	描述层	数据表示	网络变量、外部帧传送	网络处理器
5	会话层	远程操控	请求/响应、认证、网络管理	网络处理器
4	传输层	端对端的可靠传输	应答、非应答、点对点、广播、认证等	网络处理器
3	网络层	目的地址寻址	地址、路由	网络处理器
2	数据链路层	介质访问和数据组帧	帧结构、数据解码、CRC差错检测预测、CSMA磁撞回避、选择优先级、碰撞检测	MAC处理器
1	物理层	电气连接	介质、电气接口	MAC处理器

图 15-7　LonWorks 的通信协议

第 1 个 CPU 为介质访问控制 MAC 处理器,处理 LonTalk 协议的第一层和第二层,实现介质访问的控制与处理。

第 2 个 CPU 为网络处理器,处理 LonTalk 协议的第三层到第六层,进行网络变量的寻址、处理、背景诊断、路径选择、软件计时、网络管理,并负责网络通信控制、收发数据包等。

第 3 个 CPU 为应用处理器,实现 LonTalk 协议的第七层,执行用户编写的代码及用户代码所调用的操作系统服务。芯片中还具有存储信息缓冲区,以实现 CPU 之间的信息传递,并作为网络缓冲区和应用缓冲区。

(六) CAN 总线

CAN 总线(controller area network,CAN)是德国某公司从 20 世纪初为解决现代汽车中众多的控制与测试仪器之间的数据交换而开发的一种串行数据通信协议,1993 年 11 月国际标准化组织(ISO)正式颁布了关于 CAN 总线的 ISO11898 标准,目前 CAN 得到了很多公司的支持,已广泛应用在离散控制领域。

1. CAN 总线的网络结构　CAN 总线也是建立在 OSI 参考模型基础上的,不过只采用了其中最关键的两层,即物理层和数据链路层。其网络结构如图 15-8 所示。

物理层的主要内容是规定通信介质的机械、电气、功能和规程特性,数据链路层的主要功能是将要发送的数据进行包装,即加上差错校验位、数据链路协议的控制信息、头尾标记等附加信息组成数据帧,从物理信道上发送出去,在接收到数据帧后,再把附加信息去掉,得到通信数据。

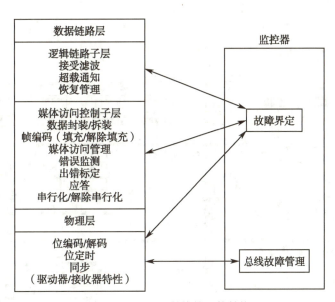

图 15-8　CAN 总线的网络结构

2. CAN 的性能特点　概括起来有以下 6 点。

(1)通信介质:可以是双绞线、同轴电缆和光纤,通信距离最远可达 10km(5kb/s),最高速率可达 1Mb/s(40m)。

(2)编码方式:用数据块编码方式代替传统的站地址编码方式,用一个 11 位或 29 位二进制数组成的标识码来定义 211 个或 1 129 个不同的数据块,让各节点通过滤波的方法分别接收指定标识码的数据。

（3）工作方式：CAN 为多主方式工作，网络上任一节点均可在任意时刻主动地向网络上其他节点发送信息，而不分主从，通信方式灵活，且无需站地址等节点信息。

（4）仲裁技术：CAN 采用非破坏性总线仲裁技术，当多个节点同时向总线发送信息时，优先级较低的节点会主动地退出发送，而最高优先级的节点可不受影响地继续传输数据，从而大大节省了总线冲突仲裁时间。

（5）字段长度：数据帧数据字段长度最多为 8Bytes，每帧中有 CRC 校验及其他检错措施。

（6）错误处理：网络上的节点在错误严重的情况下，具有自动关闭总线的功能。

第二节　现场总线的组成

现场总线由测量系统、控制系统、管理系统三个部分组成，而通信部分的硬、软件是它最有特色的部分，其组成如图 15-9 所示。现场总线技术将专用微处理器置入传统的测量控制仪表中，使它们均具有数字计算和数字通信能力，成为能够独立承担某些控制、通信任务的网络节点。分别通过普通双绞线等多种传输介质作为总线，把多个测量控制仪表、计算机等作为节点连接成网络系统，并按公开、规范的通信协议，在位于生产控制现场的多个微机化测量控制设备之间，以及现场仪表与远程监控、管理计算机之间实现数据传输与信息交换，形成各种适应实际需要的现场总线控制系统。

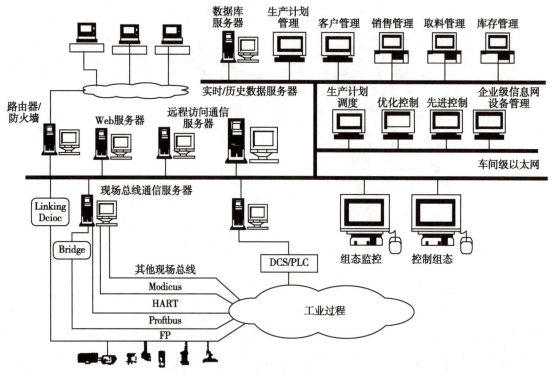

图 15-9　现场总线控制系统的组成

（一）现场总线控制系统

现场总线控制系统的软件是系统的重要组成部分，控制系统的软件有组态软件、维护软件、仿真软件、设备软件和监控软件等。首先选择开发组态软件、控制操作人机接口软件。通过组态软件，完成功能块之间的连接，选定功能块参数，进行网络组态。在网络运行过程中对系统实时采集数据，进行数据处理、计算。优化控制及逻辑控制报警、监视、显示、报表等。

（二）现场总线的测量系统

现场总线的测量系统的特点是多变量高性能的测量，使测量仪表具有计算能力等更多功能，由于采用数字信号，具有高分辨率，准确性高，抗干扰、抗畸变能力强，同时还具有仪表设备的状态信息，可以对处理过程进行调整。

（三）设备管理系统

设备管理系统可以提供设备自身及过程的诊断信息、管理信息、设备运行状态信息（包括智能仪表）、厂商提供的设备制造信息。例如 Fisher-Rosemoune 公司，推出 AMS 管理系统，它安装在主计算机内，由它完成管理功能，可以构成一个现场设备的综合管理系统信息库，在此基础上实现设备的可靠性分析以及预测性维护，将被动的管理模式改变为可预测性的管理维护模式。AMS 软件是以现场服务器为平台的 T 型结构，在现场服务器上支撑模块化，功能丰富的应用软件为用户提供一个图形化界面。

（四）总线系统计算机服务模式

客户机 / 服务器模式是较为流行的网络计算机服务模式。服务器表示数据源（提供者），应用客户机则表示数据使用者，它从数据源获取数据，并进一步进行处理。客户机运行在 PC 机或工作站上。服务器运行在小型机或大型机上，它使用双方的智能、资源、数据来完成任务。

（五）数据库

它能有组织地、动态地存储大量有关数据与应用程序，实现数据的充分共享、交叉访问，具有高度独立性。工业设备在运行过程中参数连续变化，数据量大，操作与控制的实时性要求很高。因此就形成了一个可以互访操作的分布关系及实时性的数据库系统，市面上成熟的可供选用的有：关系数据库中的 Oracle、Sybas、Informix、SQL Server；实时数据库中的 Infoplus、PI、ONSPEC 等。

（六）网络系统的硬件与软件

网络系统硬件有系统管理主机、服务器、网关、协议变换器、集线器、用户计算机及底层智能化仪表。网络系统软件有：网络操作软件，如 NetWarc、LAN Mangger、Vines；服务器操作软件，如 Lunix、os/2、Window NT；应用软件，如数据库、通信协议、网络管理协议等。

第三节　现场总线的应用举例

现场总线技术的应用领域十分广泛，凡属设备间需要数据通信的场合都需要现场总线。下面以淄博矿业集团的项目为例，加以介绍。

为完善淄博矿业集团许厂煤矿综合自动化系统,使综合自动化系统深入综采工作面各生产设备,更能掌握综采工作面设备运转状况,进而实现无人值守,全面提高煤矿的管理水平,研发综采工作面综合数据采集与监控系统。该系统把综采工作面采煤机、运输机、转载机、乳化液泵站、电站各移动变电站、各组合启动开关的运行状态、实时数据等在地面监控中心进行显示与控制。

一、技术方案

把综采工作面采煤机的电气参数用无线收发的方式传到监控系统,来自采煤机的系统电压、截割电流、运行速度、牵引电流、液压系统压力、故障状态等电气参数,以及来自运输机、碎煤机、转载机、乳化液泵站、电站各移动变电站、各低压组合启动开关的运行状态和实时数据等参数,依照 MODBUS 协议上传到 485 总线上,通过 485 总线传输到监控系统,在地面监控中心(主站)进行实时显示或进行远程控制。系统构成如图 15-10 所示。

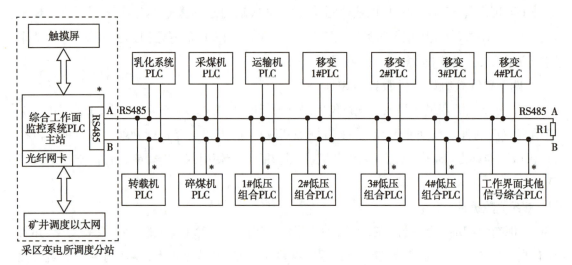

图 15-10　综采工作面综合数据采集与监控系统构成

二、实施步骤

(一)硬件设计

1. **系统通信主站**　采用西门子 S7-300 PLC,构成 RS485 现场总线通信网络,并与生产调度以太网进行连接。

2. **无线传输**　通过无线收发装置收发采煤机状态数据。

3. **控制方案**　运输机、采煤机组合开关采用 S7-1200 型 PLC 控制,配有 PROFIBUS 通信模块,与 RS485 现场总线进行组网。

4. **高低压开关控制**　移动变电站高低压侧开关采用 LG 公司的 PLC 控制,系统通过其 RS485 通信模块组网。

5. **其他设备**　按上述四种设备改造思路进行改造装备。

（二）协议统一联网通信实现

原系统的终端设备分别选用了三菱、西门子及 LG 公司的 PLC，这几种终端设备通信协议互不兼容。统一协议的过程中，采用 LG 公司 PLC 提供的 RS485 通信接口，激活其通信模式。对西门子 S7-1200 PLC 进行软件设置，通过软设置实现其联网功能。三菱 FX2N 系列 PLC 本身不支持 ModBus 标准通信协议，通过扩展通信模块以硬设置的方式完成其联网功能。

（三）移动无线通信技术设计方案及实现

1. 采煤机 PLC 控制器装载移动部位，难以通过通信电缆介质与综采工作面 SCADA 系统现场总线网络连接，设置无线数传模块，该模块通过 RS485 总线获取现场终端设备的参数并以无线方式发送出去，监测中心端的无线数据传输模块接收数据并经 RS232 总线发送到中心。

2. 无线数传模块 如图 15-11 所示。该模块由收发天线、射频电路、CPU 和终端设备组成。

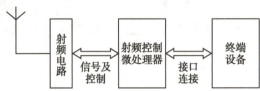

图 15-11　无线数传模块原理图

3. 无线传输 采煤机头部 PLC 通信无线收发转换装置，如图 15-12（a）所示；采煤机尾部 PLC 通信无线收发转换装置，如图 15-12（b）所示。

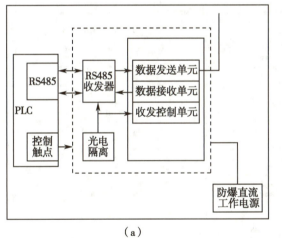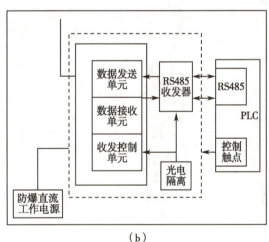

（a）　　　　　　　　　　　　　（b）

图 15-12　采煤机头、尾部 PLC 通信无线收发转换装置图
（a）机头 PLC 通信无线收发转换装置；（b）机尾 PLC 通信无线收发转换装置。

4. 数据采集与控制 统一协议模型的数据采集与控制系统实现，可以采取如下策略：编写上位机监控画面，可显示整个综采工作面的总体运行状况，包含历史曲线、报警记录、参数设置、状态查看、操作帮助信息、设备运行统计等。如图 15-13、图 15-14 所示。

综采工作面综合数据采集与监控系统的研制，改变了厂矿企业传统的生产方式，带来明显的经济效益和生产进步。解决了采煤机等移动采掘设备多年依靠动力线载波和电缆作为传输媒介进行数据通信的技术难题。采用协议统一分析模型，构造了一种现场总线协议转换以及监控网关通信组态模块，解决了 RS485 总线到地面监控中心的远程光纤通信问题。利用实时信息集成技术和集成化的编程组态技术，实现了对综采工作面"监视、监控、调度、管理"信息一体化集成平台，在 Internet 浏览器方式下实现了对多种信息源的数据共享。

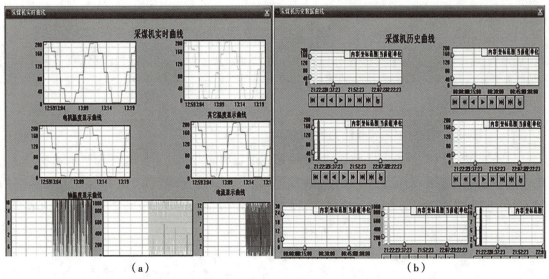

图 15-13　采煤机实时曲线和历史曲线
（a）实时曲线；（b）历史曲线。

序号	名称	数据
	智能型采煤机实时数据	
1	左截割电机温度	8.8
2	左截割电机电流	8.8
3	右截割电机温度	8.8
4	右截割电机电流	0.0
5	左牵引电机电流	8.8
6	右牵引电机电流	8.8
7	油泵电机温度	8.8
8	油泵电机电流	1.3
9	破碎电机电流	8.8
10	破碎电机温度	1.3
11	变频器输入电压	43.9
12	变频器输出电压	43.9
13	变频器输出电流	43.9
14	变频器牵引速度	43.9
15	变频器底板温度	43.9
16	牵引变压器温度	43.9
17	调高系统油温	43.9
18	调高系统油高压	43.9
19	调高系统油低压	43.9
20	左摇臂一轴温度	43.9
21	左行星头一轴温度	43.9
22	左牵引一轴温度	43.9
23	右摇臂一轴温度	43.9

（a）

序号	时间	变频器底板温度	变频器显示牵引速度	变频器输出电流	变频器输出电压	变频器输入电压	调高系统油低压	调高系统油高压	调高系统油温	破碎电机电流	破碎电机温度
1	2009-05-30	10	1	52	52	52	0.27	1.64	11	2	10
2	2009-05-30	192	11	958	958	958	4.78	28.68	191	29	192
3	2009-05-30	7	0	33	33	33	0.17	1.03	7	1	7
4	2009-05-30	195	12	976	976	976	4.87	29.22	195	29	195
5	2009-05-30	3	0	17	17	17	0.09	0.56	4	1	3
6	2009-05-30	198	12	988	988	988	4.94	29.62	197	30	198
7	2009-05-30	1	0	7	7	7	0.04	0.23	2	0	1
8	2009-05-30	199	12	997	997	997	4.98	29.88	199	30	199
9	2009-05-30	0	0	1	1	1	0.01	0.05	0	0	0
10	2009-05-30	200	12	1000	1000	1000	5.00	29.99	200	30	200
11	2009-05-30	0	0	0	0	0	0.00	0.00	0	0	0
12	2009-05-30	200	12	998	998	998	4.99	29.96	200	30	200
13	2009-05-30	1	0	4	4	4	0.02	0.10	1	0	1
14	2009-05-30	8	0	8	8	8	0.03	0.21	1	0	2
15	2009-05-30	192	11	958	958	958	4.78	28.68	191	29	192
16	2009-05-30	7	0	33	33	33	0.17	1.03	7	1	7
17	2009-05-30	195	12	976	976	976	4.87	29.22	195	29	195
18	2009-05-30	3	0	17	17	17	0.09	0.56	4	1	3
19	2009-05-30	198	12	988	988	988	4.94	29.62	197	30	198
20	2009-05-30	10	2	52	52	52	0.28	1.70	11	2	10
21	2009-05-30	192	11	958	958	958	4.77	28.62	191	29	192
22	2009-05-30	7	0	33	33	33	0.18	1.09	7	1	7
23	2009-05-30	1	0	7	7	7	0.03	0.16	1	0	1
24	2009-05-30	192	11	958	958	958	4.77	28.62	191	29	192

（b）

图 15-14　采煤机实时数据和存盘数据
（a）实时数据；（b）存盘数据。

ER15-2　第十五章　目标测试

第十六章　制药企业计算机控制系统

第一节　计算机控制系统简介

一、基本概念

计算机控制系统（computer control system，CCS）是为了获得一定控制目的，综合运用信息获取、传输、处理和集成技术，并考虑人与环境因素的相互影响与作用，通过辅助部件建立计算机与被控对象的联系，利用计算机控制生产过程的系统。

计算机控制系统由工业控制计算机、过程输入输出（process input/output，PIO）设备和生产过程组成。工业控制计算机主要用于监测与控制生产过程中使用的设备、生产流程、数据参数等；PIO设备用于在计算机和生产过程之间传递信息；生产过程包括系统工作的对象，如执行机构、被控对象、电气开关、测量变送等装置以及它们之间的工作连接。

二、计算机控制系统的基本结构

面向不同场景，应用到不同控制对象、控制规律、执行机构的计算机控制系统也具有各自的特点，但可归纳为以下两种基本结构。

（一）闭环控制系统

首先给控制器预先设置给定量，通过数／模转换向执行器发出控制信号驱动被控对象工作；测量元件测量被控对象的参数得到模拟信号；经模／数转换器将被控参数转变成数字信号传送给控制器，与给定量比较，若有偏差，控制器就按照预定的控制策略修正被控参数的值，通过数／模转换向执行器发出控制信号控制被控对象，使被控变量的执行参数处于相对稳定状态。这就是闭环控制系统。典型的闭环控制系统如图16-1所示。计算机连续地采集控制对象在工作过程中的各种实时状态信息，按照预设的控制策略进行分析处理，输出对控制对象产生直接影响的控制信息。显然，要改变控制规律，只要改变计算机的程序而不用改变硬件结构。

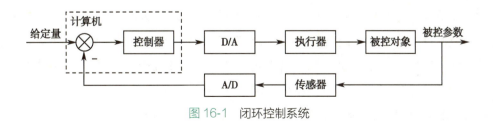

图 16-1　闭环控制系统

（二）开环控制系统

开环控制系统有两种方式：一是计算机按照预定的规则或者时间顺序对控制对象产生影响；二是计算机分析处理从控制对象收集到的信息，提供操作指导信息给操作人员，由操作人员影响控制对象。开环控制系统如图16-2所示。开环控制系统没有反馈环节，在工作过程中被控对象没有反馈信号，结构比较简单，如果被控参数与给定量之间出现偏差不能自动调节，控制性能上有一定差距。

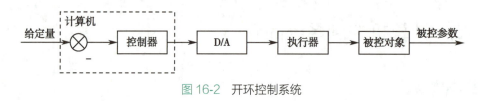

图 16-2　开环控制系统

三、控制过程

为了对控制量作出及时的反应，计算机控制系统通常是实时的，其控制过程如下：

1. 实时数据采集　实时检测被控对象当前的状态信息。被控对象的实时信息不断变化，稍纵即逝，必须及时采集以免丢失，计算机实时采样后，存储、分析、判断和处理采样结果。

2. 实时控制决策　计算机对反映生产过程实时状态的采样数据与给定值进行比较、判断和分析，识别出是否出现偏差，偏差是否在允许的范围内，是否达到或超过某个设定的阈值，按预定的控制策略和规律进行运算，对进一步的操作作出控制决策。

3. 实时控制输出　计算机实时将控制决策结果形成控制量作为控制信号及时传送给执行机构进行控制，使控制系统能及时地检测偏差，进行判断，在必要时纠正偏差，保证系统运行符合规定的性能指标要求。

为保证整个系统按照预定的动态性能指标工作，上述步骤的操作被控制系统中的计算机按顺序连续不断重复执行。在此过程中，计算机控制系统实时监测被控参数以及识别、处理设备出现的异常状态。

第二节　数据采集与监控系统

一、基本概念

数据采集与监控（supervisory control and data acquisition，SCADA）系统是一类分布式计算机远程数据采集和过程监控系统，它利用计算机、控制、通信与网络等技术，全面、高效、实时采集分布范围广泛、测控点分散的生产过程或设备的多维数据，对生产过程进行本地或远程的全方位监视和自动控制。通过数据采集、参数调节和设备控制，为安全生产、调度、管理、优化和故障诊断提供数据和技术。

二、数据采集与监控系统的结构

SCADA 系统控制本地或远程分散的对象，对它们进行集中管理。SCADA 系统主要由上位机、下位机和通信传输网络组成，系统结构如图 16-3 所示。

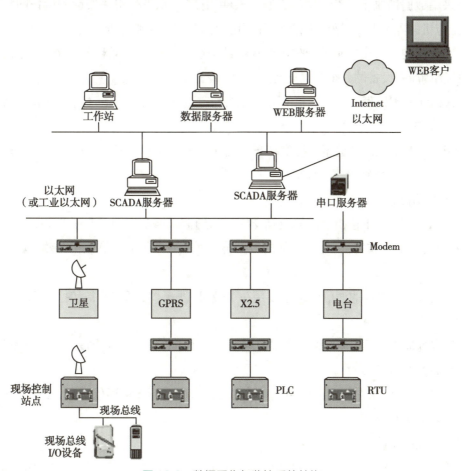

图 16-3　数据采集与监控系统结构

（一）下位机

下位机实现数据获取和对设备或过程的直接控制，它一方面读取设备或过程的状态信息，经过模/数转换后传送给上位机；另一方面，把上位机发出的命令解释成模拟量控制本地相应设备或过程。下位机被当作独立的工作站进行本地控制。远程终端（remote terminal unit, RTU）是下位机的主要类型。

RTU 连接多个传感器，就地采集设备工作状态和运行参数，作为远程数据通信单元完成或响应本站与控制中心的通信和遥控；RTU 可以接受控制命令作为系统中独立的工作站自动控制调节现场设备。RTU 的配置除了 CPU、I/O、通信接口单元外，还包括一些辅助设备，如电源、有线/无线接收单元、天线等。下载到 CPU 执行的应用程序决定 RTU 执行任务的流程。

RTU 的特点是：通信距离较长；通信端口和通信机制多样；大容量存储空间连续存储/记录数据，如果与上位机的通信中断仍能就地记录数据，通信恢复后可以补传；模块化结构设计，便于扩展；具有对极端温度、湿度和强干扰等恶劣的工业环境更高的耐受性。

（二）上位机

上位机是指可以直接发出操作控制命令的计算机，侧重监控功能。通过执行预先设定的程序，分析处理下位机传递过来的设备或过程的状态信息，传递反馈命令给下位机。上位机具有以下功能。

1. 采集数据和显示状态　上位机通过软件和接口，从下位机采集远程设备的状态数据显示在上位机的界面上，根据设定和需要，还可以作数据统计和分析。

2. 远程监控　一个完整的上位机监控系统一般由一个主界面和若干个分界面组成，反映监控范围内所有设备的分布位置及当前的运行状态。

3. 报警和报警处理　在上位机的运行界面约定显著区别的颜色分别指示报警、联动、故障、正常等状态。

4. 历史趋势的记录与显示　提供基于数据库的历史数据的记录、存储和查询，能够用图形曲线形式提供数据趋势的展示功能。

（三）通信网络

SCADA系统上、下位机之间的数据交换是由通信网络实现的。鉴于SCADA系统的监控对象在地理上的分布特征，通信网络的数据传输质量对系统的可靠性和有效性具有决定性影响。

1. 上位机系统之间的通信网络主要是在上位机、服务器、通信设备和打印机之间连接的局域网络。

2. 下位机系统之间的通信网络主要有现场总线用于连接输入输出设备与控制设备，还有一些设备级总线。

3. 连接上、下位机之间可以用局域网技术如以太网进行连接通信，近程设备也可以是用USB、串口或者并口连接。

（四）检测和执行设备

1. 检测设备　SCADA系统中监控的参数的获取要靠各种检测元件，即各种用途的传感器来实现。按照数据类型把这些信号分为模拟量、数字量、开关量和脉冲量等。典型的模拟量过程参数包括温度、速度、电压、电流、压力、流量等连续变化的物理量；数字量是在数值和时间上断续变化的离散信号；开关量只有两个取值，也称逻辑量，反映设备的状态，如设备的运行/停止状态；脉冲量是取值在高、低电平之间交替变化的数字量。

2. 执行器　下位机或控制器的输出由执行器接收后，可以影响操纵变量，使设备在预定的参数要求下保持正常运行。生产过程的控制需求各不相同，相应地就需要不同的执行器，在监控中广泛应用的执行器有气动薄膜调节阀，控制调节阀有蝶阀、波纹管密封阀、低温阀、角形阀、三通阀等。在工业制药中广泛应用的调速设备包括变频器、步进电机、伺服电机，热力膨胀阀用于蒸发器的供液控制，变频调节阀用于循环泵和搅拌机。

三、数据采集与监控系统典型架构

SCADA系统的发展经历了三个阶段。

1. **集中式阶段**　集中式 SCADA 系统基于专用计算机和专用操作系统或基于通用计算机，在一台主机上集成了所有监控功能，主机和现场远程测控终端通过广域网进行连接。功能相对比较单一，网络协议简单，系统的可维护性较差，开放性差，升级以及联网困难。

2. **分布式阶段**　分布式 SCADA 系统按照开放性的原则，基于关系数据库和分布式计算机网络技术实现，存储的数据量大，联网范围广。

3. **网络化阶段**　网络化 SCADA 系统为实现远程监控，基于网络技术实现了更加分散的控制结构和更加集中的信息管理。它具有更加开放的结构、更高的兼容性和可集成性。

SCADA 系统是典型的分布式系统，其体系结构主要分为以下两类。

（一）客户机/服务器结构

客户机/服务器（client/server，C/S）结构基于企业内部网络，以"请求-响应"方式实现服务器与客户机之间的通信。在客户端安装有特定功能的和专门用途的软件。如图 16-4 所示。

图 16-4　客户机/服务器结构

C/S 结构的 SCADA 系统的显著特征是构建了一个平等的环境，客户机和服务器根据不同的场合可以互换角色。例如，SCADA 服务器向可编程逻辑控制器发出数据请求时，是客户机；其他操作站发送服务请求给 SCADA 服务器时，它就成了服务器。

C/S 结构的 SCADA 系统的客户端不经过中间环节直接连接服务器，还可以处理一些工作后再向服务器提交，客户端的响应速度提高了，降低了服务器端的工作量；客户端软件体现不同客户的多种个性化需求；事务处理能力强，可以实现复杂的业务流程。

但是，C/S 结构还要针对客户端安装专门的程序，开发和维护成本高；不支持异地环境，对分布性支持较差；依赖于开发工具和操作系统，兼容性差。

（二）浏览器/服务器结构

近年来，移动和分布式办公进一步普及，对网络提出了开放、互连、随时获取和共享信息的新要求，但是客户机/服务器结构只适用于局域网，于是，形成了浏览器/服务器（browser/server，B/S）结构。用浏览器实现用户工作界面进行人机交互和一小部分事务逻辑，后台服务器端实现主要的业务逻辑，形成了如图 16-5 所示的三层结构。

图 16-5　浏览器/服务器结构

B/S 结构中，数据存储在数据库服务器中，Web 服务器可以通过多种方式连接数据库服务器存取数据。B/S 结构具有分布性特点，用户使用方便，可扩展性强；简化了客户端电脑负载，不受系统环境因素影响，兼容性、扩展性强，不需在客户端安装软件，降低了系统维护工作量；核心软件都在服务器端，安全性高。不同用户使用相同的客户端，不能满足用户的个性化需求。

第三节　企业资源计划系统

ER16-2　ERP
企业资源管理系
统示例（图片）

一、企业资源计划系统的概念

　　企业的供应链中的资源包括物资流、资金流和信息流（图16-6）。企业资源计划（enterprise resource planning, ERP）主要面向制造行业，是全面一体化集成管理这三种资源的管理信息系统，它基于信息技术，结合系统化的现代企业管理模式，为企业员工和企业高层管理决策人员提供决策方法和手段。

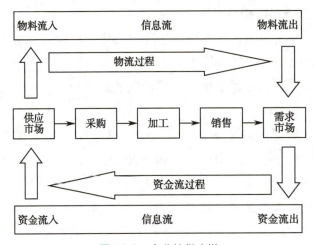

图 16-6　企业的供应链

　　企业资源计划系统结合企业的管理流程优化，通过系统的计划和周密的控制，有效地配置企业运行中的各项资源，加快对市场需求和变化的响应，降低管理和生产成本，提高资源配置效率，最大化生产效益，促进提升企业的核心竞争力。

二、企业资源计划系统的特点

　　企业资源计划系统具有整合性、灵活性、便利性、实时性、互动性等特点。整合了分散在企业各处的数据，保证了数据的一致性，提高了准确性；可以通过二次开发在后续应用中调整功能，系统可扩展性强，对用户需求的适应性强，提高了系统的灵活性；在企业内部随时、随处可以通过系统获得内部信息，提高了便利性；系统实时反映物资流、资金流和信息流的变化；密切了企业各个部分之间横向的联系，提升了管理绩效，利用 ERP 系统增进企业与各种所需的原材料供应商之间的联系与互动，提高企业对市场的应变能力。

三、企业资源计划系统的模块

　　企业资源计划系统从功能上通常包括以下模块。

（一）生产控制管理

生产控制管理模块根据生产计划和工艺流程连接并连贯执行生产过程中各种分散的系统，避免生产计划与执行脱节，影响生产进度和出产进度，有效提高企业生产效率。企业根据客户需求和市场研判制订总生产计划，生产控制管理系统对计划经过逐层分解细分，下达到生产、采购、财务等部门执行。ERP系统生产控制管理模块包含主生产计划、物料需求计划、能力需求计划、车间控制、制造标准等。

（二）物流管理

物流管理模块包括：

1. 供应物流 指包括原材料、零部件或生产物资在提供者与需求者之间的实体流动，包括采购、进货运输、仓储、库存管理、用料管理和供应管理。

2. 生产物流 生产所需的物料在投入生产后就随着时间改变实物形态和场所位置，物料在空间和时间上经历生产系统各生产阶段或工序的全部运动过程就是生产物流。

3. 销售物流 产品销售进程中从下生产线开始，经过包装、装卸搬运、储存、流通加工、运输、配送到最后送到用户手中的整个产品实体流动过程。

4. 退换货物流 退换货物流是指对已采购但不符合验收要求的原材料和零部件的退换货，以及与已售出商品的退换货有关的运输、验收和保管有关的物流活动。

5. 回收物流 不合格物品的返修、退货以及周转使用的包装容器从需方返回到供方所形成的物品实体流动。即回收企业在生产、供应、销售活动中产生的边角余料和废料的物流活动。

6. 废弃物物流 企业在生产、供应、销售活动中产生的废水、废渣、废液以及废弃的包装容器、包装材料、制药工业中提取有效成分后的药渣等废弃物的分类、运输、验收、保管和出库。特别是对有害废弃物要区别对待，分类集中处置，严格管制。

ERP的物流管理系统涉及从原材料的采购，产品的生产、储藏、销售、退换货，直到废弃物回收的从起点到消费终点之间的有序流动过程，以及为实现生产过程中的物料转化和流动所作的计划和管控。

（三）客户关系管理

客户关系管理（custom relation management，CRM）是获取、保持和增加可获利客户的管理过程，通过有机整合人力资源、业务流程与专业技术，从多维度分析积累的客户历史数据，进行线索发现、客户挖掘、价值分析，发展新客户，发掘能给企业带来最大价值的客户群。创建企业与客户之间一对一的交互和服务模式，提高客户的满意度和忠诚度。基本模块包括客户管理、联系人管理、潜在客户管理、销售管理、营销管理等。

（四）财务会计管理

财务会计系统的功能是记录和分析企业已经发生的经济事实，进行财务预测、计划、监督和控制。由两部分实现。

1. 会计核算 会计核算系统集成管理企业运行中的经济活动和其他业务流程。主要实现记录、核算、反映、分析资金在企业经济活动中的变动过程和结果。ERP的会计核算系统主要由会计账务处理模块、会计报表处理模块、工资核算模块、固定资产核算模块、材料核算模块、成本核算模块和销售核算模块构成。

2. 财务管理 财务管理进一步分析会计核算的数据,作出预测、管理和控制。财务管理模块侧重于三个方面的内容:制订财务计划,即根据前期财务分析作出下期的财务计划和预算;进行财务分析,即提供查询、财务绩效评估和账户分析等功能;提供财务决策,作出有关资金筹集、投放及管理的决策。

(五)人力资源管理

ERP 的人力资源管理系统通过规范、整合、集成人事数据,及时、准确反映人力资源信息,优化配置人力资源。通常包含人力资源规划、招聘管理、组织人事管理、薪酬管理、培训管理、绩效管理、差旅核算以及人力资源规划的辅助决策等。

四、制药公司企业资源计划系统

本节以某制药公司 ERP 系统为例,介绍 ERP 系统的功能、结构和管理模块。

(一)ERP 信息管理系统的主要功能

根据企业的实际情况、发展的战略目标、组织结构、技术状况、企业规模和系统目标,结合制药行业业务实践经验,为制药企业定制信息化管理平台,涵盖从产品研发、生产组织、经营销售的完整产业链;协助制药企业、医药公司、生物公司、基因公司、服务公司等相关单位,以及企业员工和管理人员、供货商、经销商、产业合作联盟伙伴等相关人员,提高运营效率和收益率,实现精细化管理业务,提高企业的竞争力。制药企业的 ERP 管理信息系统具有以下功能。

1. 产业链的整合以及价值链的优化。

2. 制药企业的生产营运数据实时网络查询、数据统计、检测分析。

3. 制药企业的资源合理配置以及日常经营运行计划的有效管理。

4. 智能的财务分析和决策支持。

(二)ERP 系统的总体结构和管理模块

根据制药公司的部门结构、财务状况,以及对生产设备、库存、市场、客户等涉及的人、财、物管理和决策需求的实际情况,基于现代企业经营管理体制,制药公司建立以客户需求为中心、资源配置为客户需求服务的 ERP 系统。

制药公司 ERP 系统的核心思路是在企业内部建立计划管理驱动的成本管理与资金管理监控的生产经营管理体系,合理安排企业内部的整个物资流、人员流和资金流。通过把主要业务过程逐层分解直到不可再分的原子单元,建立企业的岗位组织任务体系,进行严格的分级授权把管理任务落实到企业的每一个具体岗位,明确了企业各级管理组织的职责与权限,建立起分工细致、责权明确的企业管理组织体系。总体功能结构如图 16-7 所示。针对制药企业的各项生产经营活动整体优化配置企业资源。系统的主要功能模块包括财务管理、生产制造管理、人力资源管理、供应链管理、决策支持系统和智能办公系统。图 16-8 描述了各系统模块的关系。

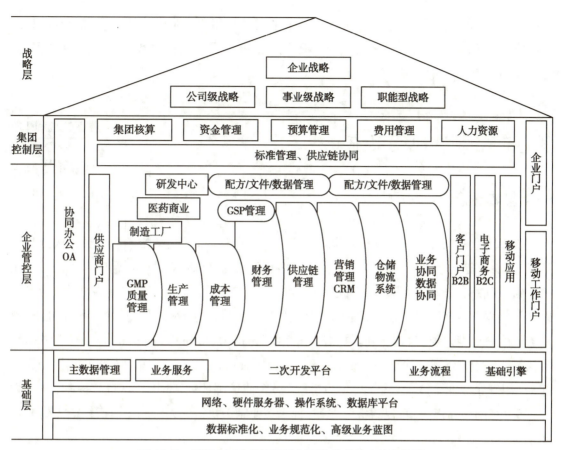

图 16-7 制药公司企业资源计划系统的总体功能结构图

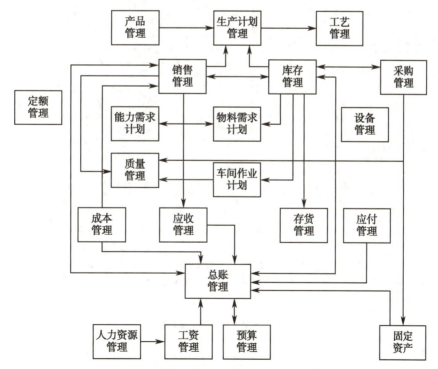

图 16-8 制药公司企业资源计划系统功能模块

ERP 系统实现原材料采购、生产管理、销售订单、仓储管理、财务核算等主要模块,ERP 系统综合平衡、优化管理企业资源,以客户为中心,以市场为导向,有机结合便捷的操作和实用的功能,帮助企业加快信息处理速度,使企业按经营战略有效配置资源,严格监督与控制企业的整个经营活动,避免企业资源的无谓浪费,大幅提升公司主营业务收入、利税和净利润,全面提高竞争力。

第四节　制造执行系统

ER16-3　制造执行系统示例(图片)

一、基本概念

　　制造企业的车间生产现场接收设计、工艺、计划、管理等信息,按照要求具体执行制造计划,反馈制造过程和状态信息。企业车间作业现场的资源管理、人员调度、物流控制、业务协调和信息集成具有显著的实时性、耦合性和动态性特点。在工业制造企业中,物资需求计划根据总生产进度计划中规定的产品交付日期倒排计划,编制装配部件、零件、成分等要素的生产进度计划、采购计划。制造执行系统(manufacturing execution system, MES)利用执行系统把物资需求计划(material requirement planning, MRP)与车间作业现场控制联系起来,用于企业的生产计划管理、供应链管理、企业资源计划管理、生产过程控制、产品质量管理、车间库存管理、项目看板管理等,提高企业制造执行能力。制造执行系统如图16-9所示。

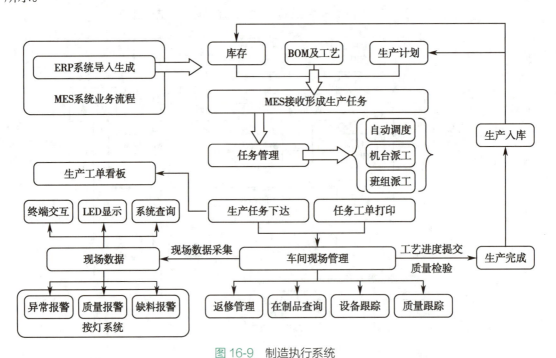

图 16-9　制造执行系统

二、特征

　　制造执行系统围绕企业生产,面向车间作业现场,强调控制和协调,具有如下特征。

1. **实时性**　制造执行系统根据生产计划作进一步安排细化,向生产设备发出具体指令,要求它们协同或同步工作,及时响应产品的生产过程,MES 实时收集生产过程中的数据和信息,分析处理精确的现场状态信息作出判断并快速响应,调整生产过程。

2. **交互性**　制造执行系统采用双向直接的通信,是生产与管理活动进行信息沟通的桥梁,具有承上启下的作用。

3. **软硬件一体性**　MES 是包括管理软件和多类硬件的集成的计算机控制管理系统,集合了完成车间生产任务的各种方法和手段。在生产现场需要布置一些专用的硬件设备,如条码扫描设备、PLC、人机接口 MMI 或图形用户接口 GUI、数据采集终端 PDA 或 RFID、传感器、I/O 设备等,利用这些设备,通过共享数据的多个程序,实时采集整个生产过程的现场数据并上传到服务器的数据库,通过条码管理系统、仓储管理系统等软件,自动识别统计分析生产出的成品、半成品或副产品,通过车间电子看板系统显示实时监控数据。

4. **个性化**　由于不同行业、不同企业的产品形式和生产计划以及管理模式各不相同,所以不同企业的 MES 之间的差异巨大。

三、制造执行系统应具备的能力

制造执行系统用于协调生产过程中各方面的资源,实时监控生产现场,管理复杂的产品和工艺,监测产品质量,在完整准确的制造数据基础上进行统计、分析和决策。

1. **MES 能按照工艺规格标准管理**　MES 可以编制或者自动从外部信息管理系统下载生产工艺、工艺卡等。按照工艺流程控制车间现场的生产。

2. **MES 能进行计划作业调整**　MES 根据生产计划模式设定约束条件,按照条件对工单的生产顺序进行排序,并允许对部分订单进行更改,如插单和加急。

3. **MES 能进行现场实时数据采集与生产看板展示**　MES 中的生产管理系统通过传感器、条码、射频识别、激光扫描器、全球定位系统等多种方法采集生产车间现场的实时数据,统计分析生成报表,通过车间电子看板展示当前的生产进度,及时跟进生产计划。

4. **MES 能跟踪产品物流**　MES 生产管理系统中产品的物流跟踪通过使用条形码、DPM 码、RFID 等手段实现,帮助实时了解产品的状态。

5. **MES 能监控设备运行状态**　设备的运行状态是生产管理中重要的监控内容,MES 生产管理系统可以通过 DNC 模块进行实时监控,记录统计设备的加工履历,分析设备的利用率,为设备利用率的提高提供精准的数据。

6. **MES 能分析监控质量**　产品质量是制造业的生命线,通过与标准工艺、流程的比对,MES 生产管理系统对生产过程实现故障诊断和识别、修复,发现质量问题及时上报处理。分析一段时间内发生的质量问题,形成质量控制报表。

制造执行系统为计划管理层和工业控制层建立信息通道,体现了高效、有序、智能的先进车间生产模式,有助于制造企业实现精益生产和敏捷制造。

第五节 基于大数据、云计算的计算机控制系统

深度融合大数据、云计算等关键技术与先进智能制造技术,结合工业应用和工艺知识,使高端制造工业智能控制具备精准性、自主性、高效性和协同能力。

一、基本概念和技术

(一)大数据相关概念和技术

大数据技术是为更经济地从高频率的、大容量的、不同结构和类型的数据中获取价值而设计的新一代架构和技术。大数据数量巨大、种类庞杂,常规的数据管理工具在获取、存储、管理和分析处理方面无法满足空间和时效性等要求。

1. 大数据的主要特征

(1)海量的数据规模(volume):指数据的规模巨大。大数据摩尔定律指出,数据以每年50%的速度增长。

(2)多样的数据类型(variety):数据的种类庞杂,大部分缺少结构化描述。数据的结构类型说明见表16-1。不同结构数据的归结是大数据面临的问题。

表 16-1 数据的结构类型说明

数据的结构类型	描述	举例
结构化数据 (structured data)	有二维表结构,数据的格式固定	关系型数据库、面向对象数据库
半结构化数据 (semi-structured data)	没有严格的结构形式,数据和格式混杂	XML、HTML
非结构化数据 (unstructured data)	数据结构不规则或不完整,没有固定的表现模式和预定义的数据模型	文本、音频、视频、图片

(3)快速的数据流转(velocity):数据实时产生,用户的需求也发生实时的变化,对处理速度的要求不断提高。

(4)价值密度低(value):大数据蕴含着巨大的价值,但内容不聚焦,强噪声、异构、冗余,呈现碎片化,真正有价值的内容所占的比例非常低。利用云计算、人工智能等技术从海量的数据中识别、提取出最有价值的信息并转换成知识是非常重要的内容。

2. 大数据技术

大数据技术主要包括数据生成和获取、预处理、存储、分析挖掘和应用等内容。

(1)数据生成和获取:数据的来源主要有三个方面。①自然界的大数据主要是指通过各类传感器采集的机器之间的交互数据。②生命和生物大数据主要包括生物体数据和行为数据。生物体数据是对生物体样本贯穿整个时间和空间的描述,包括生物组学数据和生物样本元数据。③社交大数据主要是指以互联网为载体的人类社会活动的描述。

获取到的数据可以是文字、数字、声音、图片或视频等不同形式。根据数据源的不同类型有不同的采集方式。①监测数据:对于一些诸如温度、湿度、压力、速度等监测数据,可以

通过传感器进行数据采集,将数据传输到系统中进一步加工处理。②资讯类互联网数据:通过爬虫技术设计网络爬虫软件,按照一定的规则,针对网络目标数据源,自动抓取网页信息。③已有的离散数据:通过使用专用的系统录入页面将已有的数据录入至系统中。④批量的结构化数据:开发针对性的导入工具把数据导入特定系统。⑤其他系统中的数据:通过 API 接口将数据采集到本系统。

（2）数据预处理:采集到的原始数据通常包括很多由于不规范操作而导致的不完整的、模糊的、混乱的或无效的脏数据,其本身不但没有价值,还会对其他的数据造成"污染"。数据预处理的内容主要包括:

1）数据清理:为建立标准格式和纠正原始数据中的错误,需要审查和核对数据的准确性、适用性、及时性和一致性,识别重复数据,剔除无关数据和噪声数据,处理遗漏数据,填充空缺值。

2）数据集成:把来自多个数据源的分散异构的数据整合存储的过程。

3）数据变换:利用数据平滑、数据聚集、数据概化、规范化等方式把数据转变成适合于对数据进行分析和挖掘处理的形式。

4）数据规约:为了节约分析挖掘时间,在保持数据完整性的前提下,通过数据压缩等方法得到源数据集的归约表示。

（3）数据存储:大数据的存储方式如表 16-2 所示。

表 16-2　大数据的存储方式

存储方式		说明	特点
分布式系统	分布式文件系统	文件通过网络在多台主机上分享,多机器上的多用户可以分享文件和存储空间	具有高度容错性,适用于批量处理并且能够提供高吞吐量的数据访问
	分布式键值系统	以键值对 <key、value、timestamp> 形式存储关系简单的半结构化数据	存储和管理的是键值对描述的对象,适用面广,可扩展性强
NoSQL 数据库	非关系型数据库可同时存储结构化、非结构化、半结构化数据		存储超大规模的数据,具有较好的横向扩展能力
云数据库	基于云计算技术发展的一种共享基础架构的方法,是部署和虚拟化在云计算环境中的在线数据库		缓解对后端存储的压力,提高网站或应用的响应速度,稳定性强、可靠性高,可弹性伸缩

（4）数据挖掘:数据挖掘(data mining)是从海量的大数据中自动提取出隐含的、具有潜在价值的信息和知识的过程。它充分利用数理统计、机器学习、模糊逻辑、进化计算、模式识别等理论,运用神经网络、聚类分析、决策树、模式识别、关联网络等方法进行分类、聚类、回归分析和关联规则挖掘、提取信息和知识。

（5）数据应用:在一些业务系统中,如数据可视化、商业智能系统、超大数据量自助式分析、大数据营销管理系统、智能学习系统、用户行为分析系统、智能推荐系统等,数据主要为其提供一些服务应用,如数据的浏览、检索、下载、分析、互动、发布等。

（二）云计算相关概念和技术

云计算(cloud computing)是以应用为目的,通过互联网将大量必需的软、硬件按照一定的形式连接起来,并且随着需求的变化而灵活调整的一种低消耗、高效率的虚拟资源服务的集合形式。云计算解决任务分发和计算结果的合并。通过云计算可以在短时间内(几秒钟)完成对大批量数据的处理。

云计算统一管理和调度通过网络连接的大量计算资源,构成计算资源池,根据需要向用户提供服务。云计算通过互联网共享计算资源与数据中心,提供快速安全的数据存储与云计算服务。

1. 云计算的主要特征

(1)超大规模:"云"的规模超大,Google 云计算拥有超百万台服务器,IBM、亚马逊、微软、雅虎等各自拥有近百万台"云"服务器。用户通过"云"可以获得空前巨大的超级计算能力。

(2)可扩展性:为了满足应用和用户规模增长的需要,"云"可以动态伸缩。

(3)虚拟化:云计算是虚拟的资源池,突破了时间、空间的限制,用户请求的所有资源都来自"云",用户通过网络服务来达成自己需要完成的任务。

(4)高可靠性:由于所有的数据都保存在"云"里,用户无须担心系统崩溃导致的数据丢失。

(5)通用性:云计算不针对特定的应用,同一个"云"可以同时支持运行不同的应用。

(6)高性价比:"云"具有特殊容错措施,用价格低廉的节点构成"云"。在互联网的超级计算机集群中处理数据,服务费用低廉,企业的数据中心也可以放在"云"上,降低了企业数据中心的管理费用。

(7)灵活性:用户可以根据自己的需要定制服务、应用及资源,"云"根据用户需求提供服务。

2. 云计算的关键技术 云计算的关键技术主要包括以下内容。

(1)体系结构:云计算的体系结构组成如表 16-3 所示。

表 16-3 云计算体系结构

组成	说明
用户界面	"云"用户请求服务,传递信息的交互界面
服务目录	用户可以选择的服务的列表
管理系统	用来管理可用计算资源和服务
部署工具	根据用户请求智能地部署资源和应用,动态地部署、配置和回收资源
监控	为作出迅速反应对云系统上的资源进行管理与控制并制定措施
服务器集群	由管理系统管理的虚拟的服务器或者物理的服务器

(2)资源监控:计算机资源池中的所有资源由监视服务器监控和管理。在"云"中的各个服务器上部署的代理程序配置并监控各种资源服务器,定期把资源使用信息传送到数据仓库,监视服务器分析这些数据,跟踪资源的可用状况和性能,为识别、修复故障和平衡资源的使用提供信息。

(3)自动化部署:为给用户提供各类包括存储、网络、软件以及硬件等应用服务,利用脚本调用实现不同厂商对于设备工具的自动配置和部署,把计算资源由原始状态变成可用状态。自动化部署管理工具主要包括数据模型与工作流引擎,实现在数据模型中定义具体的软硬件,以及以提高智能化部署、减轻服务器工作量为目标的工作流触发和调用。

二、基于大数据、云计算的计算机控制系统实例

高端计算机控制系统把不断发展的大数据、云计算技术和自动控制技术、先进制造技术和企业现代管理模式融合在一起,有效管理、协调和配置企业运行中的各种资源,实现企业内部一体化精准管理。

(一)中药制药过程大数据集成、数据挖掘与应用

在我国上千年的发展历程中,中药在治病防病保护人民生命健康方面发挥着极其重要的作用。然而,当前我国的中药制药普遍存在生产工艺粗放,操作缺乏精准性,制药过程复杂,缺乏精准的监控手段和完善的监测体系等问题,限制了中药制药质量的稳步提升。因此,亟待提升中药生产系统的自动化和智能化水平,有效控制中药生产过程和产品质量,推动中药制药现代化进程。现代中药制药过程中产生了海量的制造过程数据和经营数据,中药制药企业基于工业自动化控制技术建立的数据集成与控制管理系统对这些数据进行收集、保存、分析和展示,实现高效的决策、识别、监测、控制和交流。如图16-10所示。

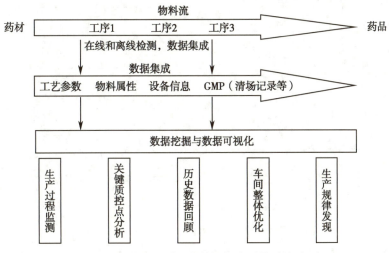

图 16-10 中药生产过程大数据集成、数据挖掘与应用

1. 中药生产过程工业大数据 中药制造企业在生产过程中存在的海量基础数据主要从生产车间收集,包括从多个不同工序收集的多个批次的生产记录,内容包括工艺参数,如浸泡时间、提取温度等,以及原料、中间产物、产品的分析记录等。虽然数据量庞大、种类繁多,但是数据大部分被搁置,缺乏整合与总结,数据的利用率低,信息传递不及时,不能实时提取信息、统计、分析数据,及时作出决策,数据背后隐藏的规律也没有被及时发现,对企业的生产管理和决策造成影响。

这就要求采用多种技术手段,实时、准确、全面地获取中药生产数据,构建中药工业生产控制和质量检测数据库,并从中挖掘出对工业生产和质量分析有指导意义的关键信息,推动中药智能制造的发展。

2. 中药企业生产数据集成　数据集成采集并集中存储不同来源的中药生产数据，为统计、分析、挖掘和应用提供基础数据。中药生产过程数据集成体现在以下方面：第一，根据制药现场的生产线监测数据，可以了解制药过程，监测制药流程的具体执行情况，结合生产工艺模型研判生产过程的执行状态；第二，收集、管理、分析和整合产品质量检测数据，发现药品质量关键控制点，设定生产过程最优参数的范围；第三，运用信息集成技术整合数据可以冲破数据孤岛，提取其中隐含的有用信息，发现生产知识，精准、智能控制生产过程，保证产品的质量；第四，结合水、电、蒸汽等能源的使用数据，固体废物、噪声等的产生数据，结合废水、废气的排放数据，为实现节能减排进行优化调整。

3. 数据分析与挖掘　针对特定业务目标，从实际的中药工业大数据集中，利用大数据分析、挖掘算法和技术提取隐含的信息、知识以及潜在的模式，并按多种方式分析提取的信息，用于决策和预测问题。根据挖掘方法分类如表16-4所示。

表16-4　数据挖掘方法分类

方法	子类	细分方法
机器学习	归纳学习方法	决策树
		规则归纳
	基于范例学习	
	遗传算法	
统计	回归分析	多元回归
		自回归
	判别分析	贝叶斯判别
		费歇尔判别
		非参数判别
	聚类分析	系统聚类
		动态聚类
	探索性分析	主元分析法
		相关分析法
神经网络	前向神经网络	BP算法
	自组织神经网络	自组织特征映射
		竞争学习
数据库	多维数据分析或OLAP方法	
	面向属性的归纳方法	

不同的数据挖掘方法有不同的原理，可以从不同的侧面反映事物某个方面的本质特征。为了有效地得到挖掘结果，通常需要结合应用多种方法。

4. 中药企业生产大数据的应用　中药企业生产大数据的应用场景分布于中药制品的设计、开发、生产制造、贮存、运输和销售的整个生命周期。监控车间现场的运行状态，实时观察分析是否存在故障和漏洞，也可以把数据输入到虚拟仿真系统，通过虚拟现实手段进行虚拟场景的中草药采摘和炮制，辅助对员工进行岗前培训。针对不同的应用场景灵活组织数据，构建具体的应用。一方面，中药生产过程中来自传感器、仪表和工业软件等的数据具有实时性、连续性和精确性，数据种类单一且数量巨大，而控制对象的非线性、不确定性特征以及检测指标变量间的强干扰性和强耦合性要求对数据的感知、获取、分析、识别、决策和对设备的控制形成一个实时的闭环。另一方面,制药企业的决策层通常需要从大规模的全局数据中凝练出有价值的信息,站在更高的层面掌控大局,把握产品的正确性,制定出前瞻性规划。中药企业生产大数据也可用于预测未知或突发的变异,发现潜在的问题。另外,生产线历史数据提供了丰富的内容,利用数据可视化方法,以层次分明、形象直观的图形方式展现这些历史数据,帮助人们深入了解生产过程,实现精准的控制、优化和决策。

(二)制药企业云计算的应用

1. 制药企业云计算典型场景 伴随我国制药企业的快速发展,合理规划信息化建设可以帮助企业占据市场有利地位。随着应用系统的逐步完善,构建信息一体化平台也成为制药企业信息化建设的关键战略。系统是数据这个核心的载体,制药企业相关的数据种类繁多、阶段不同、来源不一,主要的数据源除了生产过程中的数据之外,还包括生命科学实验数据、患者支持科研数据、药物评价、处方数据、物流数据、销售数据、基因数据等。制药企业依赖于信息化建设的合理布局才能打通产品数据流。企业的管理工作内容复杂、广泛,专业性非常强,云计算可以帮助企业提升资源利用率,降低信息化成本。

某药业集团基于云计算的信息化建设体系架构如图 16-11 所示,主要包括三个层次。

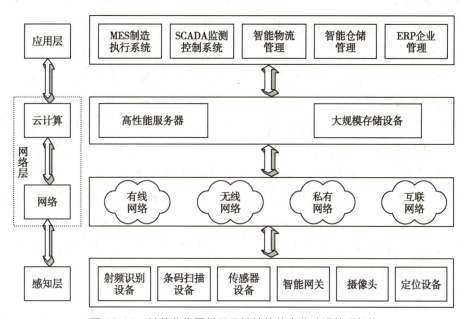

图 16-11 某药业集团基于云计算的信息化建设体系架构

(1)感知层:主要包括各种传感器和网关等部件,其中,感知终端包括温湿度、压力、光电、微机电、智能等传感器,射频识别设备、条码扫描设备、摄像头、GPS 定位芯片等,通过传感网络获取环境信息,用于识别外部信息资源,采集信息。

(2)网络层:通常包括私有网络、互联网、有线和无线通信网、网络管理系统和云计算平台,感知层的采集设备获取到的车间现场的实时信息通过互联网或无线通信网传输到高性能服务器、大规模存储设备,提供给 SCADA、MES 进行处理。药品生产企业基于云计算技术建设和管理数据中心,可以实现数据资源化和基础项目服务化。制药企业的科研单位需要先进的计算方法,开展大量有关药物分子的设计、改造,物理化学性质的预测等问题的研究工作,这类工作流程相对固定,人际互动少,但计算量大、复杂度高、迭代量大且过程复杂,中央处理器资源在执行过程中消耗非常多。在保证网速的前提下,云计算技术具有的并行计算功能可以对计算任务进行高效合理的分配,通过分布式计算提高效率。

(3)应用层:终端用户主要是企业集团的工作人员和管理人员以及系统维护人员,在符合制药企业的行业要求的前提下,从本药业集团的实际出发设计和选择具体应用。构建基于数据挖掘的 Hadoop 云计算平台,云计算服务分析挖掘企业的各类信息资源,通过可靠的服务方式向用户提供对海量数据信息的复杂计算结果。

云计算具有众多优势,有助于提高企业竞争力,选择合适的云计算技术和在该技术下制订合理的信息化建设方案,是制药企业信息化建设的关键环节。

2. 制药工业云计算的功能

(1)提供良好的制药管理服务:制药业关系到人类的生命安全,涉及众多相关行业。为便于对药品进行全程追溯,要求药品生产过程数据务必如实反映药品的生产过程,做到完整、全面、翔实。制药工业云计算可以对生产过程进行全面的数据收集、存储和集成分析,为企业实现合理的管理决策,实现预算控制流程、质量风险管理、生产管理的统一性和规范性,通过网络提供快速的数据库通道。

(2)优化配置人力资源:制药工业相关人员包括四类,即药品制造从业人员、第三方审计监管机构人员、药品经销商和药品消费者。其中的药品制造从业人员又可细分为药品生产人员、质量检验人员和企业生产管理审核人员。在实际的云计算系统中,以上各种人员角色之间是可以互相转换的,例如,药品生产人员可以转换成药品经销商或者药品消费者。制药工业云计算系统的注册人员可以在药品制造从业人员、经销商或消费者等角色之间灵活转换,同一个注册用户既可以作为生产者生产产品,又可以作为销售者推销产品,还可以作为消费者使用产品,进而反馈产品质量,反过来有利于品质的改进,这就形成了一个螺旋上升的闭环。在工业云背景下,实现了更灵活的人力资源配置,提升了产品品质,打开了市场格局。

(3)全生命周期监控生产过程与产品质量:制药工业云计算在确保企业信息安全的前提下,保证数据信息的真实可靠性,使得产品的生产过程信息和质检信息充分透明和易于获取,方便第三方监管机构、经销商和终端消费者方便、快捷地了解产品信息,进行监督检查、推销和产品筛选。

(4)提高制药产业的综合效益:制药工业中云计算的应用,通过规范的生产管理、药品质量的风险管理和资源的优化组合,充分利用原材料、原料药、化学药、生物制药和药物制剂等各种与生产、检验、贮藏、运输、使用等药品整个生命周期不同阶段相关联的数据,提炼数据之间的关系,发现其中潜在的联系和规律,进行更高效和智慧的决策,帮助药企实现高质量集约化发展。

3. 制药工业云计算的特点 主要有以下四个方面。

(1)大幅度降低制药企业在信息化建设初期的资金投入。这是完全由云计算的特性所决定的。随用随取,按需付费。

(2)更有利于制药领域的上下游企业的信息交互。在云计算的大平台下,供货商、物流公司、合作企业都可以在统一标准下,完成信息整合。

(3)有效降低人员误操作、非标准系统所带来的风险,提高合规管理水平。

(4)快速、灵活定制平台资源,满足制药企业各个阶段对资源的不同需求。

基于大数据的制药工业海量数据处理和基于云计算技术的灵活的基础架构实现了药企资源共享与整合,方便对数据的收集、分析、集成、挖掘和快捷地发现数据中隐含的信息和知识,扩展了检测、控制、发现和决策能力。作为数字制药的重要技术手段,大数据和云计算在药品生产向数字化、精准化、智慧化的转变中发挥巨大的作用。

ER16-4 第十六章 目标测试

第十七章　先进控制系统简介

在现代化的制药生产过程中，厂区规模越来越大，药品种类越来越多，变量耦合越来越强，影响控制的要素也很多，反应瞬息万变。传统的控制方法有时很难奏效，先进控制系统随信息技术的发展应运而生。先进控制系统包括模糊控制、专家系统、神经网络、预测控制、鲁棒控制等，这些控制方案往往涉及复杂的数学知识和计算机知识。下面仅对常见的三种进行简单的介绍。

第一节　模糊控制

在制药工业生产过程中，对于那些无法获得数学模型，或模型粗糙复杂的、非线性的、时变的或耦合十分严重的系统，无论采用经典的 PID 控制，还是现代控制理论的各种算法，都难以实现自动控制。但熟练的操作工人却能凭借自己的经验，靠其眼、耳等传感器官的感观，经过大脑的思维判断，通过手动操作达到较好的控制效果。那么对于这些无法构建数学模型的对象，能否让计算机模拟人的思维方式进行控制策略呢？操作工人的感观与思维判断过程，实际上是一个模糊化及模糊计算的过程。我们把人的操作经验归纳成一系列的规则，存放在计算机中，利用模糊集合理论将其定量化，使控制器模仿人的操作策略进行控制，这种控制方法称为模糊控制。实践证明，模糊控制对复杂的工业过程进行自动控制是十分行之有效的。

模糊控制是以模糊集合论、模糊语言变量以及模糊推理为基础的一种计算机数字控制。与传统的控制方法相比，具有实时性好、超调量小、抗干扰能力强、稳态误差小等优点。模糊控制是一种非线性控制，并不需要建立控制过程的精确的数学模型，而是完全凭人的经验知识"直观"地控制，属于智能控制的范畴。

一、模糊控制的基本原理

图 17-1 所示为模糊控制系统的方框图。对象的输出（被控变量）y 与给定值 r 比较后得到偏差 e，将偏差 e 与偏差变化率 c 输入至模糊控制器，由模糊控制器推断出控制量 u 来控制对象。

在上述模糊控制系统中，偏差 e 与偏差变化率 c 分别为模糊控制器的两个输入信号，控制量 u 为模糊控制器的输出信号，它们均为精确的数值，而模糊控制的原理是采用人的思维，也就是按语言规则进行推理的。因此，必须将输入数据变成语言值，这个过程称为精确量的模糊化（fuzzification），然后进行推理以及形成控制规则（rule evaluation），最后将推理结果变换成实际的一个精确的控制值,即清晰化(defuzzification,亦称反模糊化)。模糊控制器的基本结构框图如图 17-2 所示。

图 17-1　模糊控制系统的方框图

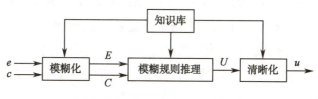

图 17-2　模糊控制器的基本结构

1. 输入变量的模糊化　模糊化的作用是将偏差 e 与偏差变化率 c 的精确量转换为模糊量,即先对 e 和 c 进行尺度变换,再进行模糊处理,成为模糊量 E、C,也就是根据输入变量模糊子集的隶属度函数找出相应的隶属度的过程。

在实际控制过程中,经常把输入变量和输出变量分成"正大""正中""正小""零""负小""负中""负大"这七级,称模糊分割为七级,分别用英文字母表示为 PL、PM、PS、ZE、NS、NM、NL。每一个变量的语言值都对应一个模糊子集。一个语言变量的各个模糊子集之间没有明确的分界线,反映在模糊子集的隶属度函数曲线上,就是这些曲线必定是相互重叠的,选择相邻隶属度函数的合适重叠正是一个模糊控制器相对于参数变化时具有鲁棒性(robust)的原因所在。

各种隶属度函数曲线形状对控制性能的影响不大,所以一般选择三角形或梯形。这不仅因为它们的形状简单,计算工作量少,还在于当输入值变化时,三角形状的隶属度函数比正态分布状的要具有更大的灵敏性。当存在偏差时,就能迅速产生一个相应的输出,这对于控制器的特性来说相当重要。因此,当需要在某一量值范围内控制器的响应灵敏时,其相应位置的三角形隶属度函数曲线的斜率可取大些。反之,当某一量值范围要求控制不灵敏时,此处曲线则变化平缓,甚至呈水平线状。模糊分割的图形表示如图 17-3 所示。

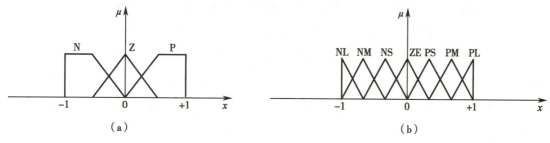

图 17-3　模糊分割的图形表示
(a)粗分;(b)细分。

模糊控制器的非线性性能与隶属度函数总体的位置分布具有密切关系,而每个隶属度函数的宽度与位置又确定了每个规则的影响范围,它们必须重叠,所以在设定一个语言变量的隶属度函数时,需要考虑隶属度函数的个数、形状、位置分布和相互重叠程度等因素。在设置语言变量的级数时,应从实际出发,针对具体过程,才能有效地缩短优化时间,提高控制的及时性。

2. 模糊规则推理　依据语言规则进行模糊推理是模糊控制的核心。因此,在进行模糊推理之前,首先要制定好语言控制规则(称为规则库)。

控制规则是根据操作者或专家的经验知识来确定,也可以在试验过程中不断地进行修正和完善。规则的形式一般为常用的条件语句,描述为:IF X is A and Y is B, THEN Z is C。该语句格式是用来表示系统控制规律的推理式,通常称为规则(rule)。其中 IF 部分的 "X is A and Y is B" 称为前件部,THEN 部分的 "Z is C" 称为后件部,X、Y 是输入变量,Z 是推理结果。在模糊推理中 X、Y、Z 都是模糊量,而现实系统中的输入、输出量都是确定量,所以在实际模糊控制实现中,要对输入、输出量 X、Y 进行模糊化,对 Z 进行清晰化。A、B、C 是模糊集,在实际系统中用隶属度函数表示,若干条这样的规则就组成了一个实际的模糊控制器,当然输入、输出变量可能有多个。

有了模糊控制规则库,模糊控制器就可以根据这些规则实现控制。控制工作要满足完备性的要求,即对任意的输入应确保它至少有一个适用的规则。

模糊控制的描述使用规则,可以由输入、输出量数目以及要求的精度灵活而定规则的多少、规则的重叠程度、隶属度函数形状等,这虽然增加了控制的灵活性,但也使系统的建立和调整难以把握,需要经过反复的修改和调试才能得到比较满意的结果。

由于规则的质量对控制品质的优劣起着关键作用,所以有必要对规则进行优化。优化方法之一是建立合适的规则数和正确的规则形式,而另一重要方法是给每条规则赋予适当的权数或称置信因子(credit factor),它可以凭经验给出或由关键模拟试验效果来确定。而神经网络则是建立规则和确定规则权数的一条捷径。

3. 控制变量的清晰化　清晰化是将语言表示的模糊量恢复到精确的数值,也就是根据输出模糊子集的隶属度计算出确定的输出数值。清晰化有各种方法,其中最简单的一种是最大隶属度方法。而在控制技术中最常用的清晰化方法则是面积重心法(center of gravity,COG),其计算式为

$$u = \frac{\sum f(z_i) z_i}{\sum f(z_i)} \qquad\qquad 式(17\text{-}1)$$

式中,$f(z_i)$ 为各规则结论的隶属度。如果是连续变量,要用积分形式来表示。

选择何种方法进行清晰化,与隶属度函数的形状及所选择的推理方法有关。

4. 知识库　知识库中包含了具体应用领域中的知识和要求的控制目标,通常由数据库和模糊控制规则库组成。数据库主要包括各语言变量的隶属度函数、尺度变换因子以及模糊空间的分级数等;规则库包括用模糊语言变量表示的一系列控制规则,它们反映了控制专家的经验和知识。

二、模糊控制的几种方法

1. 查表法　查表法是模糊控制最早采用的方法,也是应用最广泛的一种方法。它是将

输入量的隶属度函数、模糊控制规则及输出量的隶属度函数都用表格来表示,这样输入量的模糊化、模糊推理规则和输出量的清晰化都可以通过查表的方法来实现。

2.专用硬件模糊控制器 专用硬件模糊控制器是用硬件直接实现上述的模糊推理。它的优点是推理速度快,控制精度高。现在世界上已有各种模糊芯片供选用。但与使用软件方法相比,专用硬件模糊控制器价格昂贵,目前主要应用于伺服系统、机器人、汽车等领域。

3.软件模糊推理法 软件模糊推理法的特点就是模糊控制过程中输入量模糊化、模糊规则推理、输出清晰化和知识库这四部分都用软件来实现。

第二节 专家控制系统

一、专家控制系统的概念

自动控制学科从经典控制理论发展到现代控制理论,取得了巨大的进展。但这种传统控制理论必须依赖被控对象的严格的数学模型才能求取最优控制效果。然而实际的对象,尤其是制药工业生产过程中存在着许多难以建模的因素,完善的模型一般都难以解析表示,过于简化的模型往往又不足以解决实际问题。因此,自动控制领域专家开始把专家系统的思想和方法引入控制系统进行研究。专家系统是一种基于知识和推理的系统,它主要面向各种非结构化问题的求解,尤其是处理定性的、启发式或不确定的知识信息,经过各种推理过程达到系统任务目标。专家系统技术的特点为解决传统控制理论的局限性提供了重要的启示,两者的结合产生了一种新颖的控制系统。

专家控制是指将专家系统的理论和技术同控制理论方法与技术结合,在未知环境下,仿效专家的智能,实现对系统的控制。把专家控制的原理所设计的系统或控制器,分别称为专家控制系统或专家控制器。专家控制系统相当于(领域)专家处理知识和解决问题能力的计算机智能软件系统,能够运用控制工作者成熟的控制思想、策略和方法,包括成熟的理论方法、直觉经验和手动控制技能。与离线的专家系统不同,它不仅可以独立决策,而且可以获得反馈信息并能实时在线控制。因此,专家控制系统不仅可以提高常规控制系统的控制品质,拓宽系统的作用范围,增加系统的功能,而且可以对传统控制方法难以奏效的复杂过程实现高品质的控制。

根据专家系统技术在控制系统中应用的复杂程度,可以分为专家控制系统和专家式智能控制器。专家控制系统具有全面的专家系统结构、完善的知识处理功能,同时又具有实时控制的可靠性能。这种系统知识库庞大、推理机制复杂,还包括知识获取子系统和学习子系统,人-机接口要求较高;专家式智能控制器是专家控制系统的简化,功能上没有本质的区别,只是针对具体的控制对象或过程,专注于启发式控制知识的开发,设计较小的知识库、简单的推理机制,省去复杂的人-机对话接口等。

二、专家控制系统的类型

根据专家控制系统在过程控制中的用途和功能,可分为直接型专家控制器和间接型专家控制器。若按知识表达技术分类,则又可分为产生式专家控制系统和框架式专家控制系统等。

1. 直接型专家控制器　直接型专家控制器具有模拟(或延伸、扩展)操作工人的智能(经验和知识)的功能。它能够取代常规 PID 控制,实现在线实时控制,具有比较简单的知识表达和知识库,由几十条产生式规则构成,便于增减和修改。其推理和控制策略也较简化,采用直接模式匹配方法,推理效率较高。

2. 间接型专家控制器　间接型专家控制器通常与常规 PID 控制器相结合,对生产过程实现间接智能控制。它具有模拟(或延伸、扩展)控制工程师的智能(经验和知识)的功能,可实现优化、适应、协调、组织等高层决策。按其高层决策功能,可分为优化型、适应型、协调型和组织型专家控制器。这些专家控制器功能较复杂,智能水平要求较高,相应的知识表达需采用综合技术,既用产生式规则,也要用框架和语义网络,以及知识模型和数学模型相结合的广义模型化方法;知识库的设计需采用层次型、网络型或关系型的结构;推理机的设计需考虑启发推理和算法推理、正向推理和反向推理相结合,还要用到非精确、不确定和非单调推理等。优化型和适应型常在线实时联机运行,而协调型和组织型可离线非实时运行。

三、专家控制系统的结构

专家控制系统的总体结构如图 17-4 所示。该系统由算法库、知识基系统和人 - 机接口与通信系统三大部分组成。算法库部分主要完成数值计算:控制算法根据知识基系统的控制,配置命令和对象的测量信号,按 PID 算法或最小方差算法等计算控制信号,每次运行一种控制算法。辨识算法和监控算法为递推最小二乘算法和延时反馈算法等,只有当系统运行状况发生某种变化时,才往知识基系统中发送信息。在稳态运行期间,知识基系统是闲置的,整个系统按传统控制方式运行;知识基系统具有定性的启发式知识,它进行符号推理,按专家系统的设计规范编码,并通过算法库与对象相连。人 - 机接口与通信系统作为人 - 机界面和实现与知识基系统直接交互联系,与算法库进行间接联系。

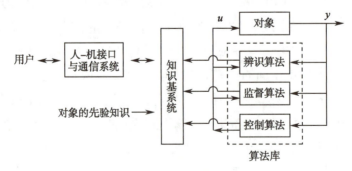

图 17-4　专家控制系统结构

由于制药工业生产过程的复杂性,难以对对象进行完善的建模,这时就要根据过去获得的经验信息,通过估计来学习,逐渐逼近未知信息的真实情况,使控制性能逐步改善,也就是说,具有上述学习控制功能的系统才是完善的专家控制系统。

第三节　神经网络

神经网络是由大量人工神经元(处理单元)广泛互联而成的网络,利用微电子技术来模拟人脑思维,是一种基本上不依赖于模型的控制方法,具有较强的适应和学习功能,比较适用于具有不确定性或高度非线性的控制对象,属于智能控制的范畴。随着被控系统越来越复杂,控制系统的要求越来越高,特别是要求控制系统能适应不确定性、时变的对象与环境。而传统的基于精确模型的控制方法难以适应要求,目前关于控制的概念也已更加广泛,它要求包括一些决策、规划以及学习功能。神经网络由于具有上述优点越来越受到重视,并在自动控制领域中获得了显著的成效。

一、人工神经网络

人工神经网络是以工程技术手段来模拟人脑神经元网络的结构与特征的系统。假设单个神经元的输入为 $x_i(i=1,2,\cdots,n)$,输出为 y,则一个具有多输入、单输出的单个人工神经元模型如图 17-5 所示。

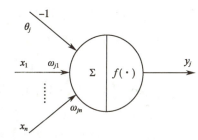

图 17-5　人工神经元模型

神经元的输出 y 与输入 x_i 之间满足如下关系:

$$y_i = f(s_j) \qquad\qquad 式(17\text{-}2)$$

$$s_j = \sum_{i=1}^{n}\omega_{ji}x_i - \theta_j = \sum_{i=0}^{n}\omega_{ji}x_i \ (x_0 = \theta_j, \omega_{j0} = -1) \qquad 式(17\text{-}3)$$

式中,$f(\cdot)$ 为输出变换函数;θ_j 为阈值;ω_{ji} 为连接权系数。

常见的输出变换函数有比例函数、符号函数、饱和函数、双曲函数、阶跃函数、S 形函数以及高斯函数等。

利用人工神经元可以构成各种不同拓扑结构的神经网络,它是生物神经网络的一种模拟和近似。人工神经网络是一个并行和分布式的信息处理网络结构,该结构一般由许多个神经元按一定的方式连接而成。每个神经元有一个单一的输出,它可以连接到很多其他的神经元,输入有多个连接通路,每个连接通路对应一个连接权系数。神经网络中每个节点(即每一个神经元模型)都有一个状态变量 x_j;从结点 i 到结点 j 有一个连接权系数 ω_{ji},每个节点都有一个阈值 θ_j 和一个非线性变换函数 $f(\Sigma\omega_{ji}x_j - \theta_j)$。人工神经网络可以从功能上模拟生物神经网络,如学习、识别和控制等功能。由于神经网络具有大规模并形性、冗余性、容错性、本质非线性及自组织、自学习、自适应能力等特点,已经广泛地应用到许多不同的领域。

人工神经网络的连接形式很多,其中最常见的是反向传播(back propagation, BP)网络,如图 17-6 所示。反向传播网络是一种多层前馈网络,它由输入层、隐含层(可以有多个隐含

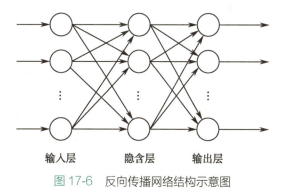

输入层　　　隐含层　　　输出层

图 17-6　反向传播网络结构示意图

层)和输出层组成,其神经元的输出变换函数为S形函数。它的输入、输出量是在0到1之间变化的连续量,可以实现从输入到输出的任意非线性映射。由于连接权的调整采用误差修正反向传播的学习算法,故称为BP网络。该学习算法亦称监督学习,它需要提供一批正确的输入输出数据对(训练样本),将输入数据加载到网络输入端后,把网络的实际响应输出与期望的正确输出相比较得到偏差,再根据偏差的情况修改各连接权的值,以使网络朝着能正确响应的方向不断变化下去,直到实际响应的输出与期望的输出之差在允许范围之内。

该算法属于全局逼近的方法,有较好的泛化能力。当参数适当时,能收敛到较小的均方误差,是当前应用最广泛的一种神经网络。它的缺点是训练时间长,易陷入局部极小,隐含层数和隐含节点数难以确定,需要一定的经验和对网络进行训练。

另一种在自动化中较有价值的人工神经网络是径向基函数(radical basis function,RBF)网络。这种网络具有很好的非线性函数逼近能力,它的另一个优点是学习比较简捷。

其他常用的人工神经元网络还有动态递归神经网络、模糊神经网络等。

二、神经网络在控制中的主要作用

由于神经网络具有许多优异特征,所以决定了它在控制系统中应用的多样性和灵活性。神经网络在自动控制系统中的主要作用是利用神经网络这一工具,对难以精确描述的复杂的非线性对象进行建模,或在基于精确模型的各种控制结构中充当对象的模型,或在反馈控制系统中直接充当控制器,或实现优化计算、逻辑推理、故障诊断等功能。

三、神经网络控制的分类

根据不同观点可以有不同的形式,目前尚无统一的分类标准。一般可分为两大类,即基于传统控制理论的神经控制和基于神经网络的智能控制。

基于传统控制理论的神经控制有很多,如神经逆动态控制、神经自适应控制、神经自校正控制、神经内模控制、神经预测控制、神经最优决策控制和神经自适应线性控制等。

基于神经网络的智能控制有神经网络直接反馈控制、神经网络专家系统控制、神经网络模糊逻辑控制和神经网络滑模控制等。

除上述的先进控制系统外,其他如解耦控制、鲁棒控制、预测控制、自适应控制、故障诊断、深度神经网络等在工业过程控制中也得到了成功应用,一些预测控制的软件包也已经商品化。相信随着科学技术的发展,会有更多的先进控制系统应运而生。

ER17-2　第十七章　目标测试

第十八章　典型制药设备的自动控制

　　自动控制系统是在人工控制的基础上发展起来的,是用以实现生产过程自动化的重要手段。针对一个生产过程,确定其自动控制方案时,需要提前准确了解其生产过程,根据化学工程的内在机制来探讨其自动控制方案。

　　本章主要以典型制药设备的自动控制为例,结合对象特性及自动控制系统的知识进行论述,进一步明确自动控制系统的设计原则与方法。

第一节　流体传输设备的控制

　　在制药过程中,各种药物原料在连续流动状态下进行传热、传质和化学反应。原料多以气态或者液态进行输送,液体和气体的输送设备分别为泵和压缩机。

　　流体输送设备的基本任务是输送流体和提高液体的压头。在连续性制药生产过程中,流体输送设备的控制多采用流量或压力控制,方案上常采用定值控制、比值控制、串级控制等。此外,还有为了保护设备安全的约束条件的控制,如离心式压缩机的防喘振控制。

一、离心泵的控制方案

　　离心泵是应用最广泛的液体输送设备,主要由叶轮、泵壳和轴封组成。电机启动后,泵轴带动叶轮高速旋转,产生离心力。在离心力的作用下,液体离开叶轮外缘进入逐渐扩大的蜗牛壳形通道,最终以一定的流速和较高的压力沿切向进入排出管道。离心泵的压头是由旋转翼轮作用于液体的离心力而产生的。转速越高,离心力越大,压头也越高。

　　离心泵有三种流量控制方法。

(一) 调节出口阀门开度

　　在转速一定时,离心泵的排出流量 Q 与压头 H 的对应关系称为泵的特性曲线。当泵提供的压头与管路上的阻力相等时,泵的特性曲线与管路特性曲线的交点称为工作点。

　　在泵的转速一定时,泵的特性曲线不变,调节阀门的开度即可改变管路特性曲线,如图 18-1 所示。在图 18-2 中,曲线 1、2、3 称为管路特性曲线,曲线 M 称为泵的特性曲线。在泵的转速不变的情况下,随着阀门开度减小,曲线 1 可能变为曲线 2 或 3。工作点就由 W_1 变为 W_2 或 W_3。相应的流量就由 Q_1 变为 Q_2 或 Q_3。图 18-1 的例子就是通过调节出口阀门的开度来改变泵的出口流量。

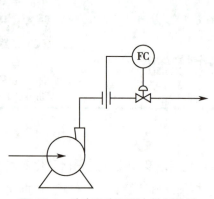

图 18-1 改变泵出口阻力控制流量

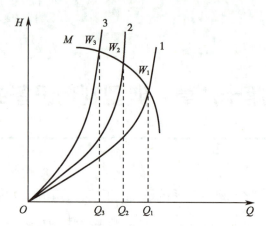

图 18-2 泵的流量特性曲线和管路特性曲线

ER18-2 管道泵
（图片）

注意事项：①控制阀安装在泵的出口管线上，不要安装在入口管线上（除特殊情况外）；②调节出口阀门开度的控制方案简单可行，但是此方案对于大功率的泵，阀门开度较小时，阀上压降较大，损耗功率较大，不经济。

（二）调节泵的转速

改变泵的转速可改变泵的流量特性曲线。图 18-3 中，曲线 1、2 和 3 是泵的转速为 n_1、n_2 和 n_3（$n_1 > n_2 > n_3$）的流量特性曲线，曲线 K 为管路的特性曲线。由图可知，流量一定的情况下，提高泵的转速会增加泵的压头。在泵的特性曲线不变时，随着泵的转速减小，工作点由 W_1 变为 W_2 或 W_3，流量由 Q_1 变为 Q_2 或 Q_3。

此方案最为经济，机械效率较高，但调速机构较为复杂，设备费用较高，因此只用在大功率泵或重要泵的装置中。

（三）调节出口旁路

调节出口旁路控制方案如图 18-4 所示，将泵的部分排出量循环送回入口管路，采用调节旁路阀开度的方法来调节泵的实际排出量。

由于旁路阀的压差大、流量小，因此旁路阀的尺寸需要比出口阀小得多，但是旁路阀需要消耗一部分高压液体的机械能，降低总的机械能效率，故此种方案不经济，很少采用。

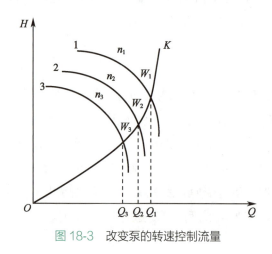

图 18-3 改变泵的转速控制流量

图 18-4 改变旁路阀控制流量

二、往复泵的控制方案

往复泵是利用活塞在气缸中往复运动来输送流体的,常用于流量较小和压头较高的场合,往复泵的流量特性如图 18-5 所示。可表示为式(18-1):

$$Q_{理} = 60nFs\ (m^3/h) \qquad 式(18\text{-}1)$$

式中,n 为每分钟的往复次数;F 为气缸截面积;S 为活塞冲程。从式(18-1)可知,往复泵的出口流量取决于 n、F、S,掌握这点对于流量控制方案的设计至关重要。

往复泵的控制方案包括以下三种。

1. 调节原动机的转速 当采用蒸汽机或汽轮机作为原动机时,通过调节蒸汽流量进而调节泵的转速,实现往复泵的流量调节。如图 18-6 所示。

2. 调节泵的旁路阀开度 如图 18-7 所示,采用调

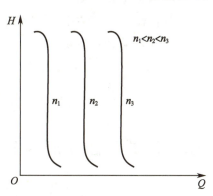

图 18-5 往复泵的特性曲线

节旁路阀开度的方法来调节泵的出口流量。由于旁路消耗了大量流体机械能,故经济性能较差。

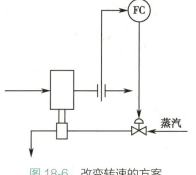

图 18-6 改变转速的方案

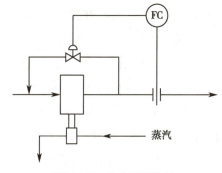

图 18-7 改变旁路流量

3. 调节冲程 S 改变冲程的方法一般用在计量泵等特殊往复泵的流量控制中,对多数往复泵,由于调节冲程的结构较复杂而较少采用。

三、压缩机的控制方案

压缩机用来输送气体,泵用来输送液体。两者同为流体输送设备,区别在于气体是可以压缩的,所以要考虑压力对密度的影响。

从作用原理的角度,压缩机可分为离心式和往复式,其控制方案与泵的控制方案有很多相似之处。

(一)离心式压缩机

离心式压缩机具有体积小、流量大、重量轻、运行效率高、易损件少、维护方便等优点,在工业生产中广泛应用,它也正向着高压、高速、大容量、自动化的方向发展。

一台大型的离心式压缩机的控制方案主要有三种。

1. 出口节流 通过改变出口导向叶片的角度以及改变气流的方向来实现大型压缩机的

出口流量调节,因此,压缩机的出口需安装导向叶片装置,此结构较复杂。对离心式鼓风机,在出口安装控制阀直接节流。

2. 改变入口阻力　可在入口设置控制挡板来改变管路阻力,但因入口压力不能保持恒定,故较少采用。

3. 调节转速　通过调节原动机的转速可实现压缩机的流量控制调节,效率最高、节能最好。此种方法适用于采用蒸汽透平作为原动机的离心式压缩,通过控制蒸汽流量控制转速。

(二)往复式压缩机

往复式压缩机适用于气体流量小、压缩比较高的场合,常采用气缸余隙控制、顶开阀控制、旁路回流量控制和转速控制等,有时控制方案组合使用。

四、离心式压缩机的防喘振控制

(一)离心式压缩机的特性曲线及喘振现象

离心式压缩机自身有一个固有的特征,即"喘振"现象。离心式压缩机的特征曲线如图 18-8 所示,即压缩机的出口与入口的压力之比 p_2/p_1 与进口体积流量 Q 之间的关系曲线,图中 n 是离心机的转速,且 $n_1<n_2<n_3$。由图可知,在不同转速 n 的条件下,每一条 $p_2/p_1~Q$ 曲线都有一个最高点。在最高点右侧,随着 p_2/p_1 的减小,Q 增大;在最高点左侧,随着 p_2/p_1 的减小,Q 减小。在最高点右侧,压缩机是稳定的,压缩机有自衡能力,因干扰作用使 p_2/p_1 减小时,压缩机可调大流量使压力增大以此来建立新的平衡点。但是,在最高点左侧,随着 p_2/p_1

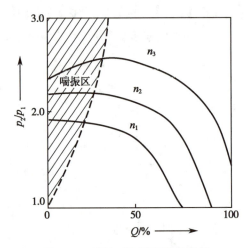

图 18-8　离心式压缩机特性曲线

的减小,Q 减小,即 $\dfrac{\Delta Q}{\Delta(p_2/p_1)}$ 为正值,导致对象不稳定,当干扰作用引起出口管网的压力减小时,压缩机的排出量减小,导致管网的压力进一步减小,因此,离心式压缩机特性曲线的最高点是压缩机能否稳定操作的临界点。在图 18-8 中,连接最高点的虚线是一条表征压缩机能否稳定操作的极限曲线,在虚线的右侧是正常运行区,在虚线的左侧,即阴影区域,是不稳定区。

ER18-3　压缩机

对于离心式压缩机,如果由于压缩机的负荷(即流量)减小导致工作点进入不稳定区,将会引起危害性极大的"喘振"现象出现。离心式压缩机喘振现象的示意图,如图 18-9 所示。图中 Q_G 是在固定转速 n 的条件下,对应于最大压缩比(p_2/p_1)的体积流量,它是压缩机能否正常操作的极限流量。

设压缩机的工作点原处于正常运行区的点 F,由于负荷减少,工作点将沿着曲线 FGH 方向移动,在点 G 处压缩机达到最大压缩比。若继续减小负荷,则工作点将落到不稳定区,此时出口压力减小,但与压缩机相连的管路系统在此瞬间的压力不会突变,管网压力反而高于压缩机出口压力,于是发生气体倒流现象,工作点迅速下降到 H。由于压缩机在继续运转,当压缩机出口压力达到管路系统压力后,又开始向管路系统输送气体,于是压缩机的工作点由点 H 突变到点 E,但此时的流量 $Q_H > Q_E$,超过了工艺要求的负荷量,系统压力被迫升高,工作点又将沿 EFG 曲线下降到 H。压缩机工作点这种反复迅速突变的过程,好像工作点在"飞动",所以产生这种现象时,又被称为压缩机的飞动。

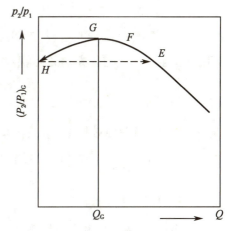

图 18-9 喘振现象示意图

上述现象发生时,气体由压缩机忽进忽出,使转子受到交变负荷,机身发生振动并波及相连的管线,表现在流量计和压力表的指针大幅度摆动。如果与机身相连的管网容量较小并严密,则可听到周期性的如同哮喘患者的"喘气"般的噪声,故称为"喘振";当管网音量较大,喘振时会发生周期性间断的吼响声,并使止逆阀发出撞击声,它将使压缩机及所连接的管网系统和设备发生强烈震动,甚至使压缩机遭到破坏。

每一台离心式压缩机的喘振区域可能有所不同,这是喘振时离心式压缩机所固有的特性决定的。负荷减小是离心式压缩机产生喘振的主要原因。此外,被输送气体的吸入状态,如温度、压力等变化,也是使压缩机产生喘振的因素。一般来讲,吸入气体的温度或压力越低,压缩机越容易进入喘振区。

(二)防喘振控制方案

离心式压缩机产生喘振现象的主要原因是由于负荷降低,排气量小于负荷 Q_G 引起的,只要使压缩机的吸气量大于或者等于在该工况下的极限排气量即可防止喘振。工业生产上常用的方案有固定极限流量法和可变极限流量法,现简述如下。

1. 固定极限流量法 对于工作在一定转速下的离心式压缩机,都有一个进入喘振区的极限流量 Q_G,为了安全起见,规定一个压缩机吸入流量的最小值 Q_P,且有 $Q_P < Q_G$。固定极限流量法防喘振控制的目的就是在当负荷变化时,始终保证压缩机的入口流量 Q_1 不低于 Q_P 值。图 18-10 显示了一种最简单的固定极限法防喘振控制方案,在此方案中,测量点在压缩机的吸入管线上,流量控制器的给定值为 Q_P,当压缩机的排气量因负荷变小且小于 Q_P 时,则开大旁路控制阀以加大回流量,保证吸入流量 $Q_1 \geqslant Q_P$,从而避免喘振现象的产生。

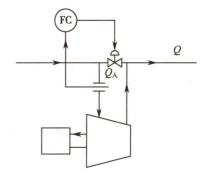

图 18-10 防喘振旁路控制

本方案结构简单、安全可靠、投资费用较少。但是,当压缩机的转速变化时,如按照高转速取给定值,势必在低转速时给定值偏高,能耗过大;如按照低转速取给定值时,则在高转速时仍有因给定值偏低而使压缩机产生喘振的危险。因此,当压缩机的转速不是恒定时,不宜采用这种控制方案。

2. 可变极限流量法 当压缩机的转速可变时,进入喘振区的极限流量也是变化的。

图 18-11 上的喘振极限线是对应于不同转速的压缩机特性曲线的最高点的连线。只要压缩机的工作点在喘振极限线的右侧,就可以避免喘振的发生。但为了安全起见,实际工作点应该控制在安全操作线的右侧。安全操作线近似于抛物线,其方程可用式(18-2)表示

$$\frac{p_2}{p_1} = a + \frac{bQ_1^2}{T_1} \qquad 式(18-2)$$

式中,T_1 为入口端绝对温度;Q_1 为入口流量;a、b 为系数,一般由压缩机制造厂提供。p_1、p_2、T_1、Q_1 可测试得到数值。如果压缩比 $\frac{p_2}{p_1} \leqslant a + \frac{bQ_1^2}{T_1}$,工况是安全的;如果压缩比 $\frac{p_2}{p_1} > a + \frac{bQ_1^2}{T_1}$,其工况将可能产生喘振。

经过换算,上述不等式可写成式(18-3):

$$\Delta p_1 \geqslant \frac{r}{bk^2}(p_2 - ap_1) \qquad 式(18-3)$$

式中,Δp_1 为与流量 Q_1 对应的压差,r 为常数。

防喘振方案如图 18-12 所示。压缩机入口、出口压力 p_1、p_2 经过测量、变送器后送往加法器 Σ,得到 $(p_2 - ap_1)$ 信号,然后乘以系数 $\frac{r}{bk^2}$,作为防喘振控制器 FC 的给定值。控制器的测量值来自流量差压变送器信号。当测量值大于给定值时,压缩机工作在正常运行区,旁路阀是关闭的;当测量值小于给定值时,这时需要打开旁路阀以保证压缩机的入口流量不小于给定值。这种方案属于可变极限流量法的防喘振控制方案,这时控制器 FC 的给定值是经过运算得到的,因此能根据压缩机负荷变化的情况随时调整入口流量的给定值,而且由于这种方案将运算部分放在闭合回路之外,因此可像单回路流量控制系统那样整定控制器参数。

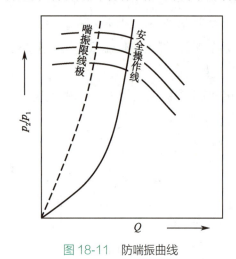

图 18-11　防喘振曲线

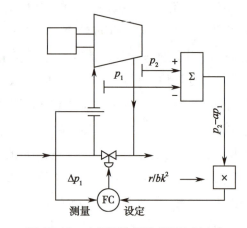

图 18-12　变极限流量防喘振控制方案

第二节　传热设备的自动控制

在制药生产过程中,通常需根据生产目的对物料进行加热或冷却。为保证工艺过程正常、安全运行,必须有效合理地控制传热设备。制药生产过程中,用于进行热量交换的设备均

称为传热设备,传热设备的种类很多,如表18-1所示。

表18-1　传热设备种类

设备类型	传热方式	有无相变
换热器	以对流为主	两侧无相变
再沸器	以对流为主	两侧有相变
蒸汽加热器	以对流为主	一侧无相变
冷凝冷却器	以对流为主	一侧无相变
加热炉	以辐射为主	升温或汽化
锅炉	以辐射为主	汽化并升温

前四类换热器以对流为主要传热方式,称为一般传热设备;后两类以辐射为主要传热设备。
一般传热设备的控制方案如表18-2所示。

表18-2　一般传热设备的控制方案

传热设备	控制方式	控制方案	工作原理
换热器（两侧均无相变）	控制载热体流量	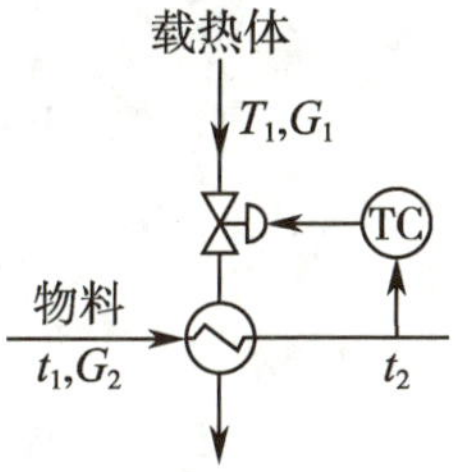	改变入口流体、出口流体两相间平均温差 Δt_m,来控制工艺介质出口温度
	控制载热体旁路流量	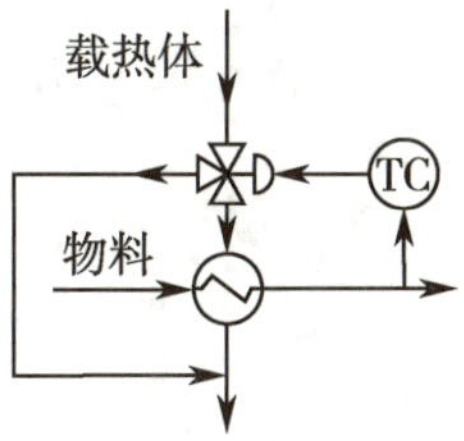	控制载热体旁路流量,改变温差 Δt_m,从而改变工艺介质出口温度
	控制被加热流体自身流量	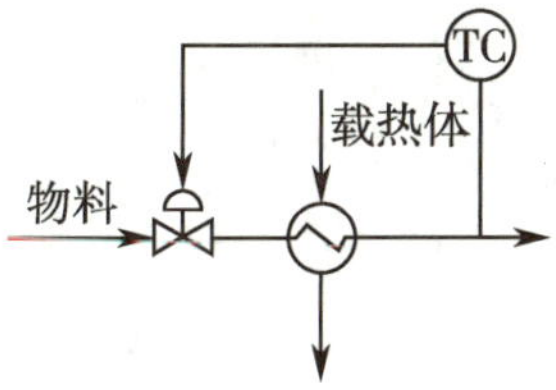	被加热流体流量越大,出口温度越低
	控制被加热流体自身流量的旁路	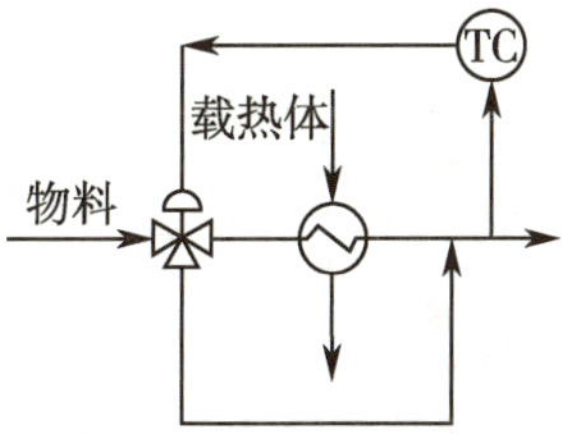	采用三通阀将一小部分被加热流体直接流到出口处,进而改变被加热流体的流量

传热设备	控制方式	控制方案	工作原理
加热器（载热体进行冷凝）	控制蒸汽流量	蒸汽 物料	通过改变加热蒸汽量来稳定被加热介质的出口温度
	控制换热器的有效传热面积	蒸汽 物料	改变冷凝液的积蓄量来改变传热面积，进而控制出口温度
冷却器（冷却剂进行汽化）	控制冷却剂的流量	气氨 物料 液氨	通过改变冷却剂的流量改变出口温度
	温度与液位的串级控制	气氨 物料 液氨	以温度作为主变量，以液位作为副变量构成串级控制系统
	控制汽化压力	气氨 物料 液氨	通过改变控制阀开度，改变氨冷器内汽化压力，进而改变汽化温度

ER18-4　换热器（组图）

第三节　锅炉的控制

　　锅炉是在制药生产过程中广泛应用的设备，主要用来产生蒸汽，提供热源或动力源。锅炉设备根据工作压力的不同可分为高压锅炉、中压锅炉和低压锅炉；根据燃料不同可分为燃煤锅炉、燃油锅炉和燃气锅炉。

锅炉由燃烧系统和蒸汽发生系统组成,如图18-13所示。燃烧系统包括送风机、空气预热器、燃料系统、燃烧室、烟道、除尘器和引风;蒸汽发生系统包括给水系统、省煤器、汽包和过热器。

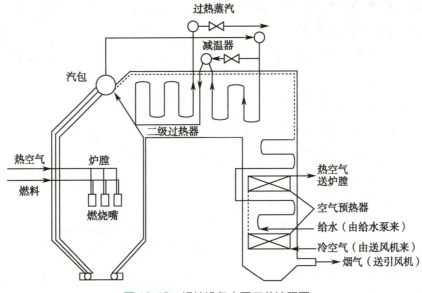

图18-13 锅炉设备主要工艺流程图

一、工作过程

首先将一定比例的燃料和空气送入燃烧室燃烧,两者燃烧后产生的热量传递给水冷壁和汽包底部,产生饱和水蒸气;燃烧产生的烟气经烟道将剩余的热量传递给过热器,促使其产生过热蒸汽,随后经除尘由引风机送往烟囱排入大气。这就是锅炉的工作过程。

根据安全和工艺要求,锅炉设备的控制任务如下:

(1)保持汽包内的水位在一定范围内。

(2)保持炉膛负压在一定范围内。

(3)保持锅炉燃烧的经济性和安全性。

(4)锅炉产生的蒸汽量应适应负荷的变化或保持设定的负荷。

(5)保持出汽压力在一定范围内。

(6)保持过热蒸汽温度在一定范围内。

根据控制任务,锅炉控制系统主要由汽包水位控制系统、燃烧控制系统和过热蒸汽控制系统三部分组成。

二、锅炉汽包水位控制系统

确保锅炉安全稳定运行的首要条件是严格控制汽包水位在一定范围内。若汽包水位过高,产生的饱和蒸汽就会携带液体,导致过热器温度急剧下降和管壁结垢,严重时会损坏过热器,当过热器用于推动汽轮机时,过热器带液将会损坏汽轮机叶片。若汽包水位过低,当负荷较大时,汽化速度很快,如不及时调节,气泡内的液体将全部汽化,导致水冷壁损坏,严重时还会引起爆炸。因此,必须严格控制汽包水位。

(一)汽包水位的动态特性

与汽包水位相关的锅炉汽水系统如图 18-14 所示。锅炉汽包水位对象与其他液位对象的最大不同点是汽包的液相中含有气泡。影响汽包水位的因素有很多,如汽包容积、给水流量、锅炉负荷(蒸汽流量)、汽包压力、炉膛热负荷等。在诸多影响因素中,给水流量和蒸汽流量对汽包水位的影响最大,下面主要讨论消除这两种因素的控制方案。

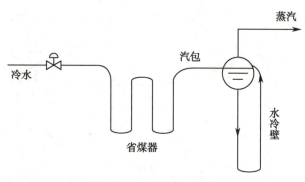

图 18-14　锅炉汽水系统

1. 给水流量变化对汽包水位的影响(控制通道特性)　图 18-15 所示为给水流量阶跃变化时,对汽包水位的影响曲线。如果把汽包和给水看作是单容无自衡对象,汽包水位的阶跃响应曲线如图中 H_1 所示。由于给水温度低于汽包中饱和水的温度所以给水量增加时,要从原有的饱和水中吸收热量,使得饱和水中的汽包容积有所下降。当水位下汽包容积的变化过程逐渐平衡时,水位将随汽包的储水量的上升而上升。最后,当水位下汽包容积不再变化时,水位变化因完全反映了储水量的变化而直线上升,所以图中 H 是水位实际变化的曲线。

给水温度越低,纯滞后时间 τ 越大。通常 τ 在 15～100 秒。如果采用省煤器,则由于省煤器的延时,将使 τ 增加到 100～200 秒。

2. 蒸汽流量变化对汽包水位的影响(扰动通道特性)　蒸汽流量阶跃变化时,汽包水位的变化如图 18-16 所示。在蒸汽流量突然增加、燃料量不变的情况下,蒸汽量大于给水量,水

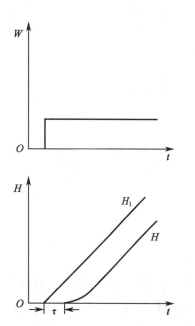

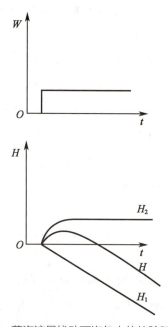

图 18-15　给水流量扰动下汽包水位的阶跃响应曲线　　图 18-16　蒸汽流量扰动下汽包水位的阶跃响应曲线

位应如图中 H_1 所示变化。但是实际情况是,由于蒸汽流量的突然增加,瞬间导致汽包压力下降,汽包中的水沸腾加剧,水中气泡迅速增加,由于水中气泡增加而使水位增加的变化曲线如图中 H_2 所示。实际的水位响应曲线 H 为 $H_1 + H_2$。从图 18-16 可知,当蒸汽量突然增加时,虽然锅炉给水量小于蒸发量,但是在开始时,水位不下降反而迅速上升,然后再下降(反之,蒸汽流量下降时,水位先下降,然后再上升),这种现象称为"虚假水位"。应该指出,当负荷变化时,水位下汽包容积变化引起水位变化的速度是很快的,时间常数只有 10～20 秒。

显然,由于虚假水位现象的存在,汽包水位扰动通道具有反向特性,设计控制方案时应引起重视。

(二)汽包水位控制系统

在锅炉的正常运行中,汽包水位是重要的操作指标,给水控制系统就是用来控制锅炉的给水量,使其适应蒸汽量的变化,维持汽包水位在允许的范围内,以使锅炉运行平稳可靠,并减轻操作人员的繁重劳动。

锅炉液位的控制方案有以下几种。

1. 单冲量液位控制系统 如图 18-17 所示。它实际上是根据汽包液位的信号来控制水量的,属于简单的单回路控制系统,结构简单,使用仪表少。主要用于蒸汽负荷变化不剧烈、用户对蒸汽品质要求不十分严格的小型锅炉,不能用于蒸汽负荷剧烈变化的场合。在燃料量不变的情况下,若蒸汽负荷突然有较大幅度的增加,由于汽包内蒸汽压力瞬时下降,汽包内的沸腾状况突然加剧,水中的气泡迅速增多,会将水位抬高,形成虚假的水位上升现象。因为这种升高的液位并不反映汽包中贮水量的真实变化情况,所以称为"虚假液位"。遇到"虚假液位"时,单

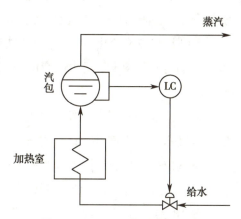

图 18-17 单冲量液位控制系统

冲量液位控制系统不但不开大给水控制阀,以增加给水量维持锅炉的物位平衡,补充由于蒸汽负荷增加而引起的汽包内贮水量的减少,反而却根据假水位的信号去关小控制阀,减少给水流量。显然,这时单冲量液位控制系统施加了反向控制,引起锅炉汽包水位大幅度波动,严重的甚至会使汽包水位降到危险的程度,以致发生事故。为了克服这种由于"假液位"而引起的控制系统的误动作,引入了双冲量液位控制系统。

2. 双冲量液位控制系统 如图 18-18 所示。双冲量指的是液位信号和蒸汽流量信号。当控制阀选择为气关型,液位控制器 LC 选为正作用时,其运算器中的液位信号运算符号应该为正,以使液位增加时关小控制阀;蒸汽流量信号运算符号应为负,以使蒸汽流量增加时开大控制阀,满足由于蒸汽负荷增加时对增大给水量的要求。图 18-19 是双冲量液位控制系统的方框图。

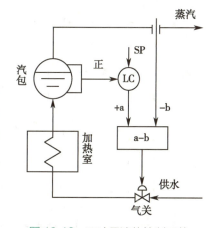

图 18-18 双冲量液位控制系统

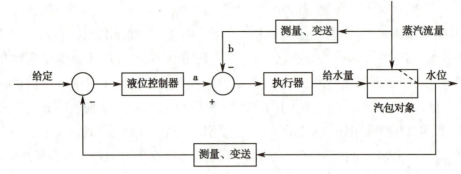

图 18-19　双冲量液位控制系统方框图

从结构上讲，双冲量液位控制系统实际上是一个前馈 - 反馈控制系统，当蒸汽负荷的变化引起液位大幅度波动时，蒸汽流量信号的引入起着超前控制作用（即前馈作用），它可以在液位还未出现波动时提前使控制阀动作，从而减少因蒸汽负荷量的变化而引起的液位波动，改善了控制品质。

影响锅炉汽包液位的因素还包括供水压力的变化。当供水压力变化时，会引起供水流量的变化，进而引起汽包液位变化。双冲量液位控制系统对这种干扰的克服是比较迟缓的。它要等到汽包液位变化以后再由液位控制器来调整，促使进水阀开大或关小。所以，当供水压力扰动比较频繁时，双冲量液位控制系统的控制质量较差，这时可采用三冲量液位控制系统。

3. **三冲量液位控制系统**　如图 18-20 所示。这种系统除了液位、蒸汽流量信号外，再增加一个供水流量的信号。它有助于及时克服供水压力波动而引起的汽包液位的变化。由于三冲量液位控制系统的抗干扰能力和控制品质都比单冲量、双冲量控制要好，所以用得比较多，特别是在大容量、高参数的锅炉中，应用更为广泛。

图 18-21 是三冲量液位控制系统的另一种实施方案。图 18-22 是它的方框图。由图可见，三冲量液位控制系统实质上是前馈 - 串级控制系统。在这个系统中，锅炉汽包液位为被控变量，给水流量为串级控制系统中的副变量，引入这一变量的目的是利用副回路克服干扰的快速性来及时消除给水压力变化对汽包液位的影响；蒸汽流量作为前馈信号引入，其目的是及时克服蒸汽负荷变化对汽包液位的影响。

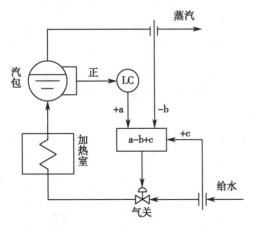

图 18-20　三冲量液位控制系统

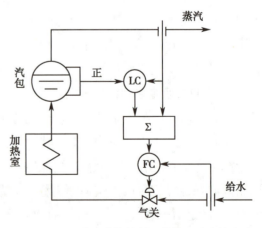

图 18-21　三冲量液位控制系统的一种实施方案

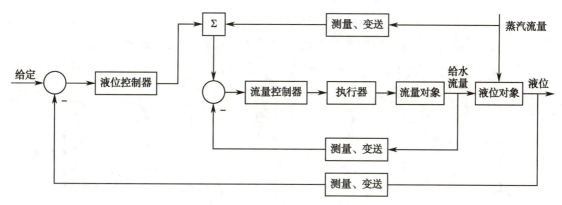

图 18-22　三冲量液位控制系统方框图

三、锅炉燃烧控制系统

锅炉燃烧控制系统的任务是保护炉膛负压在一定范围内和锅炉燃烧的经济性、安全性。锅炉燃料，以及燃烧装置结构、类型不同，控制系统也有所不同。下面仅以大中型燃油锅炉为例介绍锅炉燃烧控制系统。燃油锅炉燃烧控制系统主要有三个：蒸汽压力控制系统、燃料空气比值控制系统和炉膛负压控制系统。

（一）蒸汽压力和燃料空气比值控制系统

蒸汽压力的主要扰动是蒸汽负荷的变化和燃料量的波动，蒸汽负荷取决于蒸汽用量，不能作为操纵变量。因此，蒸汽压力控制通常采用燃料量作为操纵变量。在燃料量波动较小时，可以组成由蒸汽压力控制燃料量的单回路控制系统；当燃料量波动较大时需要构成燃料量为副回路、蒸汽压力为主回路的串级控制系统。

为获得较高的燃烧效率，还需要保持燃料量和空气量的适当比例。因燃料量随蒸汽负荷变化，所以燃料量作为主流量与空气流量组成比值控制系统。

图 18-23 为燃烧过程基本控制方案，这个方案是蒸汽压力控制器的输出同时作为燃料流量、空气流量控制器的设定值。燃料流量与空气流量的比值关系是通过燃料控制回路和空气控制回路的正确动作间接得到保证的。这个方案可以保持蒸汽压力恒定，但是由于锅炉结构的原因，燃油锅炉的燃料控制回路时间常数小于空气控制通道的时间常数，当负荷变化时，送风量的变化必然落后于燃料量的变化，引起不完全燃烧，产生黑烟，造成污染，故需对这个方案进行改造。图 18-24 所示为改进的燃烧控制方案。这个方案比上一方案多了两个选择器，使得负荷增加时，先增加空气量，再增加燃料量；当负荷减少时，先减少燃料量，再减少空气量。这个方案既保证了完全燃烧，又保证了蒸汽压力的恒定。

（二）炉膛负压控制系统

为保证锅炉安全运行，必须保证炉膛有一定的负压。当炉膛负压过小，甚至为正时，会造成炉膛内热烟气外冒，影响设备和工作人员的安全；当炉膛负压过大时，会使大量冷空气进入炉膛，增加热量损失，降低炉膛的热效率。

影响炉膛负压的主要因素为引风机和送风机的风量，以及燃烧室的工作状况。在锅炉负荷变化不是很大时，负压可以通过控制引风量来实现。但是，当负荷变化比较大时，燃料和送风量均会产生变化,只控制引风量调整负压,会引起负压的较大波动。为改善控制质量,可以引入送风量作为前馈补偿,构成如图18-25所示的炉膛负压前馈-反馈控制系统。

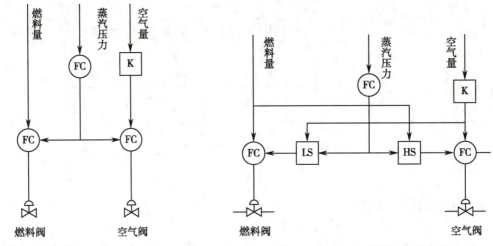

图 18-23 燃烧过程基本控制方案　　　　图 18-24 燃烧过程改进控制方案

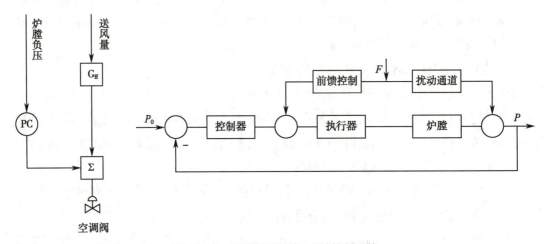

图 18-25 炉膛负压前馈-反馈控制系统

第四节 精馏塔的控制

精馏塔是精馏过程的设备,精馏过程是利用混合液中各组分挥发度的不同将各组分进行分离,并达到规定的纯度要求。精馏过程的特点是被控变量多、操纵变量多。精馏过程的特点导致过程的自动控制方案较多,因此要设计出符合生产目的的控制方案,需要深入分析工艺特性,总结实践经验,结合具体情况具体分析。

一、精馏塔的分类

1. 根据操作方式,精馏分为连续精馏和间歇精馏。

2. 根据混合物的组分数,可分为二元精馏和多元精馏。

3. 根据是否加入影响气液平衡的添加剂,可分为普通精馏和特殊精馏(包括萃取精馏、恒沸精馏和加盐精馏)。

精馏过程伴随化学反应的精馏称为反应精馏。

二、精馏塔的工艺要求

一般情况下,精馏塔的工艺要求有如下几点。

1. 产品质量指标控制 精馏塔塔顶或塔底产品之一应合乎规定的分离纯度,而另一端产品成分应维持在规定的范围内,以保证塔的稳定运行。在某些特定的条件下,会要求塔顶和塔底产品均保证一定纯度。因成分分析仪表的限制,目前多采用温度作为间接指标来控制产品质量。此外,在达到上述指标要求的前提下,尽量提高塔的产出率,节省能耗。

2. 保证平稳操作 塔顶、塔底的平均采出量应等于平均进料量,而且这两个采出量的变动应该比较缓和,以维持塔的正常平稳操作,以及上下工序的协调工作。因此,在精馏塔的控制方案中,必须对回流罐和塔釜液位进行控制,使其保持在规定范围之内。

3. 约束条件控制 为保证精馏塔正常而安全地运行,必须使某些操作参数限制在约束的条件之内。例如,对塔内气体流速进行限制,流速过高易产生液泛;流速过低,会降低塔板效率。因此,针对不同的精馏塔应采用不同的控制方案以满足工艺的要求。

4. 节能和经济性要求 任何精馏过程都是要消耗能量的,这主要来自再沸器加热量和冷凝器冷却量的消耗,此外,塔和附属设备及管线也要散失一部分能量。因此,精馏塔的操作过程必须要考虑经济收益问题。在精馏过程中,质量指标、产品回收率和能量消耗均要控制,在保证质量指标的前提下,尽量提高产品产量,并且尽量降低能量消耗。

三、精馏塔的干扰因素

(一)进料因素

进料流量、成分、温度以及热焓的变化对精馏过程产生影响。进料流量的波动是在所难免的。精馏塔的进料流量分两种情况:第一,精馏塔是整个生产的起点,我们采用定值控制系统使进料量保持恒定;第二,精馏塔的进料来源于上一道工序,在此种情况下,精馏塔的进料量很难保持恒定,上一工序设置液位均匀控制系统来控制出料,以此使塔的进料流量波动比较平稳,尽量避免剧烈的变化。由于进料成分来源于上一道工序,故是不可控因素。进料温度通常是恒定的,若进料温度不恒定,可采用温度控制系统使进料温度恒定。当进料温度恒定时,进料的热焓取决于进料的相态,必要的时候可通过热焓控制的方式来维持恒定。

(二)加热量和回流量的波动

蒸汽加热量和蒸汽速度与塔的经济性和效率密切相关,当加热剂压力波动引起热量变化时,容易出现液泛。为此,如热剂是蒸汽,可在蒸汽总管设置压力控制系统,也可利用串级的副回路加以克服。对进入再沸器的蒸汽量,也可用流量单回路加以控制。

回流量的波动会引起塔顶温度和塔顶组分含量的变化,因此若非将回流量作为操作变量,就希望它维持恒定。冷剂压力的波动会引起回流量变化,所以可对冷剂量作定值单回路控制。

(三)环境温度的变化

当精馏塔的塔顶馏出物采用空冷的场合,环境温度的变化会使外回流液温度波动,从而影响塔的平稳操作。

四、精馏塔的控制方案

(一)精馏塔的提馏段温控

采用提馏段温度作为质量控制的间接指标,主要通过改变再沸器的加热量来实现。如图 18-26 所示,为一种常见的提馏段温度控制方案。此方案中以提馏段塔板温度为被控变量,加热蒸汽量为操纵变量,回流量和进料量采用定值控制,塔底采出量 B 和塔顶馏出液 D 采用液位控制器均匀控制。在塔顶设置压力控制系统,控制手段一般为改变冷凝器的冷剂量。

提馏段温控的主要特点:

(1)采用提馏段温度为质量指标,能更好地反映提馏段产品状况,能够保证塔釜产品质量要求。当对塔釜产品的要求高于塔顶产品时,可采用提馏段温控作为指标。

(2)当干扰首先对提馏段产生影响时,采用提馏段温度作为产品指标能够及时对变化作出反应。

(二)精馏塔的精馏段温控

图 18-27 所示为常见的一种精馏段温度控制方案。此方案采用精馏段塔板为被控变量,回流量为操纵变量。

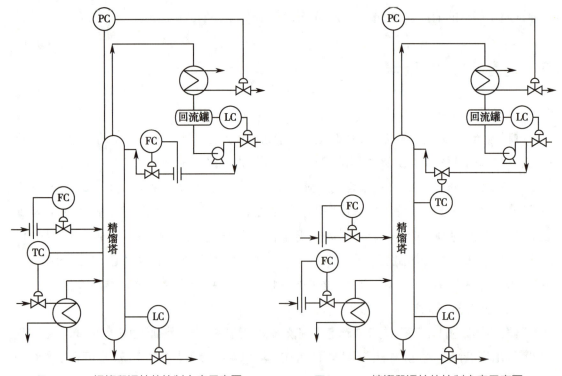

图 18-26 提馏段温控的控制方案示意图　　　图 18-27 精馏段温控的控制方案示意图

除了上述主要的控制系统外,精馏段温控还设有辅助控制系统,对进料量、塔压、塔底采出量与塔顶馏出液进行控制,其方案与提馏段温控时相同。在精馏段温控时,再沸器加热量应保持恒定,而且足够大,以使塔在最大负荷时,仍能使塔底产品的质量指标稳定在一定范围内。

精馏段温控特点如下:

(1)采用精馏段温度作为控制指标,能较直接反映精馏段产品情况。若塔顶产品要求高于塔底,应该采用精馏段温度作为控制指标。

(2)如果精馏段首先被干扰影响,采用精馏段温控能较及时作出响应措施。

当分离目标较高,即产品纯度要求较高时,采用温度作为控制指标的精馏塔变化较小,一般的测温仪表不具有较高的灵敏度,无法检测出如此微小的变化。因此,一般将测温元件安装在塔顶以下或塔底以上塔板的灵敏板上,以灵敏板的温度作为被控变量。灵敏板对较小的干扰能够作出较大的变化,因此温度检测元件不需要很高的灵敏度就可检测出温度的变化。

(三)精馏塔的温差控制及双温差控制

对一般精馏塔而言,采用温度作为被控变量已经可以满足生产工艺要求。但是对精密精馏而言,由于塔顶和塔底沸点差异较小,精馏要求较高,单纯使用温度作为被控变量已经不能满足生产要求,因此,可采用温差作为被控变量,以满足控制要求。

由于微小的压力波动会对精密精馏的产品质量产生影响,故采用温差作为衡量质量指标的间接变量,以此消除塔压波动对产品质量的影响。具体的做法是采集塔顶或塔底附近一块塔板的温度以及灵敏板的温度,将上述两个温度求差值,以此来消除压力的影响。这是因为压力波动对每块塔板的温度产生相同的影响,采用差值可消除压力波动的影响。

正丁烷和异丁烷分离塔的温差 ΔT 与塔底产品轻组分浓度 x_B 之间关系,如图 18-28 所示。由图可知,温差跟产品纯度不是一一对应的关系,曲线有一个最高点,将曲线划分为两个区域。在最高点左边的区域,塔底轻组分的浓度较小;在最高点右边区域,塔底轻组分浓度较大。在最高点左边区域,随着产品纯度增加,温差减小;在最高点右边区域,随着产品纯度减小,温差减小。为了控制系统正常工作,需保证温差与产品纯度一一对应,一般将区域选在左边区域,而且要限制工作点进入右边区域。

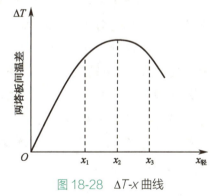

图 18-28　ΔT-x 曲线

为了实现控制器的工作点位于曲线的左侧区域,在使用温度控制系统时需保证给定值以及干扰量不要过大,以避免工作点变到曲线右侧区域,导致控制器无法工作。

采用温差控制系统可消除压力波动对塔顶或塔底产品纯度的影响,但是不可消除压降的变化对产品纯度的影响,这是由于随着负荷增加,两块塔板的压力变化值不同,所以由于压降引起的温差也变大,导致温差与组分成分之间不能一一对应,在此种情况下,需采用双温差控制。

图 18-29 是双温差控制系统图。其原理是在精馏段和提馏段分别选取温差信号,将两者相减作为控制系统的被控变量。采取双温差控制系统是因为压降会引起精馏段和提馏段同时出现温差,将上下两个温差相减之后可相互抵消,进而消除因负荷引起的温差。从工艺角

度看，双温差法是一种控制精馏塔进料板附近的组成分布，使得产品质量合格的办法。它以保证工艺上最好的温度分布曲线为出发点，来代替单纯地控制塔一端的温度（或温差）。

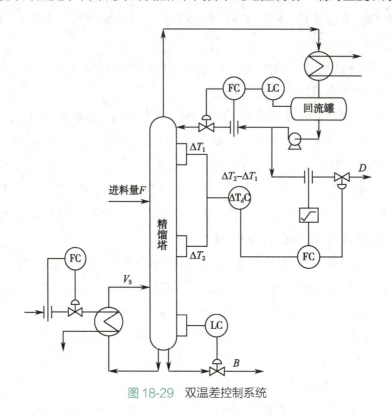

图 18-29　双温差控制系统

（四）直接控制方案

上述介绍的温度、温差、双温差控制系统都属于间接控制系统。采用塔顶或塔底成分为被控变量、回流量作为操作变量的系统，称为直接控制系统。这时需采用成分分析仪，如色谱仪、红外分析仪等，分析出塔顶或塔底的成分值。但是，在产品纯度已经较高时，接近塔顶或塔底的塔板间成分的差值很小，变化不明显，目前所有的成分分析仪的精密度较低，不能够得到较精确的数值，此时可采用灵敏板上的成分作为被控变量进行控制。

直接控制系统虽然不依靠间接变量，但是由于受成分检测仪表测量精度的限制，控制质量较差，目前没有广泛使用。相信随着成分分析仪表检测水平的提高、成本的降低，直接控制系统会迎来广阔的应用前景。

第五节　生化过程控制

生化过程是由生物参与的各种反应、分离、纯化等制备和处理的过程，是涉及生物、生物化学以及化学工程的交叉领域。生化过程机制复杂且对外部环境要求较高，生化过程检测的参数包括物理参数、化学参数、生物参数，参数间互相关联，且多采用间歇操作，控制要求较高，控制难度较大。

生化过程物理参数、化学参数和生物参数的测控方法有两大类：①常规检测手段可测量的参数,如物理参数中的生化反应器温度、空气流量等,这类参数可直接作为被控变量;②采用常规的检测手段无法测量的参数,如生物参数中的底物浓度、代谢产物浓度等,针对这类参数,可采用与质量有关的变量代替其作为被控变量,如温度、pH、溶解氧等。

一、发酵罐温度控制

一般发酵过程为放热过程,发酵温度多数控制在 30～50℃(±0.5℃),冷却水为操纵变量,除了特别寒冷地区,一般不需要加热。图 18-30 为发酵罐温度控制流程图,发酵过程容量滞后较大,多数采用 PID 控制规律。

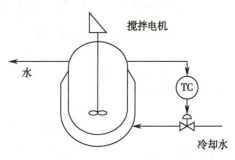

图 18-30　发酵罐温度控制

二、通气流量、罐压和搅拌转速控制

搅拌转速、罐压和空气流量单回路控制如图 18-31 所示。在同一发酵罐中,通气流量和罐压会相互影响,因此两者分开控制,图 18-31(a)控制罐压,图 18-31(b)控制通气流量。

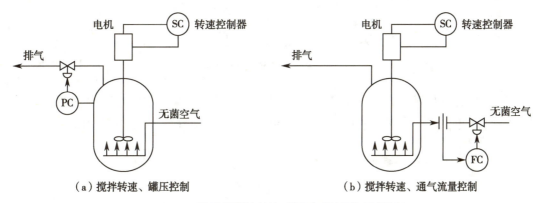

图 18-31　发酵罐搅拌转速、罐压(或流通气量)控制

三、溶氧浓度控制

氧气是维持菌体生产和产物合成的必要条件,因此,在细菌发酵过程中,必须保证无菌空气的通入量高于临界值(这样可以既满足菌体需求又节省劳力),以至于空气中的氧气能够溶解在培养液中,进而能够通过细胞壁进入细胞质,给菌体提供营养。

培养液的溶解氧水平是供氧和需氧矛盾的结果。需氧效果影响因素:菌体的生理特性。供氧效果影响因素:通气流量、搅拌速率、气体组分中的氧分压、罐压、罐温以及培养液的物理性能。通常采用控制供氧手段来调节溶解氧浓度,最常用的溶解氧控制方案包括改变通气速率和改变搅拌速率。

1. 改变通气速率　在低通气速率时,改变通气速率可以改变供气能力,加大通气量对提高溶氧浓度有明显效果。但是,在高通气速率时,增大通气量反而会使溶氧浓度降低,主要是由于产生了副作用,如泡沫形成、罐温变化等。

2. 改变搅拌速率 改变搅拌速率将通入的气泡充分破碎,增大有效接触面积,形成液体涡流,延长气泡在液体中停留时间,提供供氧能力。如图18-32所示。

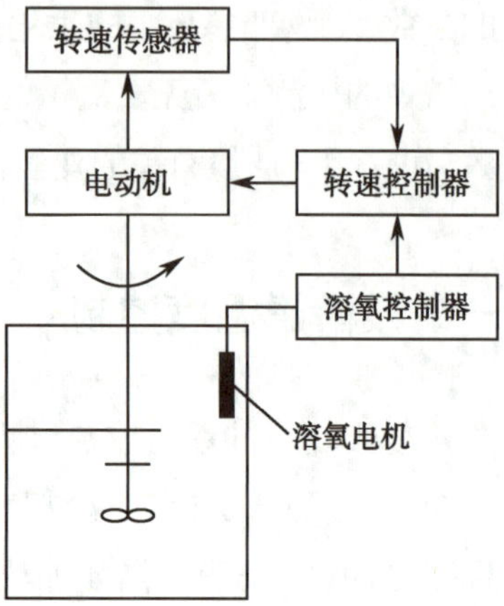

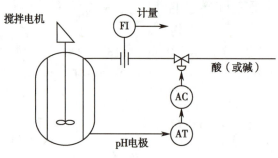

图 18-32 改变搅拌转速的溶氧串级控制系统

四、pH 控制

在发酵过程中加入酸碱性物料是为了控制 pH,这些酸碱性物料就是工艺要求所需的补料基质。事先需计算加入的酸碱性物料的量。图18-33是采用连续流加酸碱物料方式控制 pH。

图 18-33 连续流加 pH 控制

图18-34是采用脉冲式流方式控制 pH。在这种控制方式中,控制器将 PID 运算的输出转换成在一定周期内的开关信号,控制隔膜阀(或计量杯)。该控制方式在目前应用较为广泛。

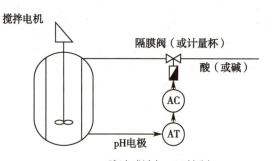

图 18-34 脉冲式流加 pH 控制

五、自动消泡控制

多种原因导致发酵过程产生大量泡沫,进而引起发酵环境改变,导致逃液现象,引起不良后果。在搅拌轴的上方安装机械消泡桨,将少量泡沫打破。但是泡沫较大时,可选用消泡剂进行消泡,采用位式控制方式。当电极检测到泡沫信号后,控制器便周期性地加入消泡剂,直至泡沫消失。在控制系统中可以对加入的消泡剂进行计量,以便控制消泡剂总量和进行有关参数计算。控制方案见图18-35。

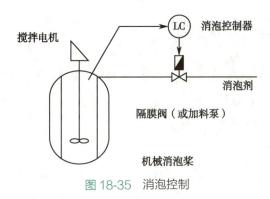

图 18-35 消泡控制

第六节 化学反应器控制

反应器是制药生产过程的重要设备,反应器控制的好坏直接关系到生产的质量和产量指标。不同反应器的结构、物料流程、反应机制以及传热情况各不相同,自动控制方案难易程度各不相同,需具体情况具体分析,根据以往反应器的自动控制方案,本节总结了一些操作经验以供参考。

一、化学反应器的类型

1. 根据聚集状态,分为均相反应器和非均相反应器。
2. 根据反应的连续性,分为间歇式、半间歇式和连续式。
3. 根据传热情况,分为绝热式和非绝热式。
4. 根据结构情况,分为釜式、管式、固定流、流化床、鼓泡床等。

二、化学反应器的控制要求

1. **质量指标** 化学反应器的质量指标是指要求反应达到规定的转化率或反应生成物达到规定的浓度。其中,转化率或反应物的浓度是被控变量,但是,两者不能直接测量,只能选取跟两者相关的参数,经过运算间接控制。化学反应一般为放热反应,因此,温度一般作为间接控制指标。也有用出料浓度作为被控变量的,如在合成氨生产中,取变换炉出口气体中的 CO 浓度作为被控变量。

2. **物料平衡** 为使进入反应器的各种物料恒定,进而保证反应正常。因此,在进入反应器之前,采用流量控制或者比值控制。此外,在有部分物料循环的反应系统中,为保持原料的浓度和物料平衡,需另设置控制系统,如氨合成过程中的惰性气体自动排放系统。

3. **约束条件** 对于反应器,为防止工艺变量进入危险区域或者不正常工况。应当附设一些报警、联锁装置或选择性控制系统,以保证系统的安全。

三、化学反应器的自动控制方案

由于温度与反应的转化率、收率和产量密切相关,且容易测量,故温度一般作为大多数反应器的间接质量指标。在选取温度为质量指标时,应使物料的流量、进料浓度、反应压力等其他参数条件保持不变,才能正确反映质量指标。

(一)单值温度控制系统

通常可以通过改变进料温度和载热体流量来控制反应温度。如图 18-36 所示,釜式反应器经常通过调节进入预热器的热料温度来改变进入反应釜的物料温度。如图 18-37 所示,固定床反应器通过调节进入换热器的载热体流量来控制反应器床的温度。釜式反应器也可通过改变加热剂或者冷却剂的流量来控制釜式反应器的温度,但是釜式反应器容量大,温度滞后严重,温度传递较差,混合不均匀,很难较好地控制温度。

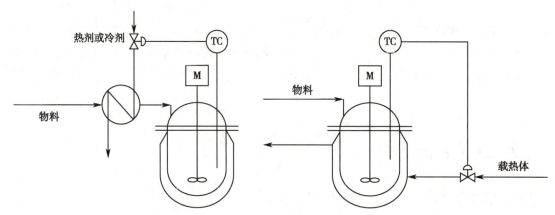

图 18-36　改变进料温度控制釜温　　　　　图 18-37　改变加热剂或冷却剂流量控制釜温

(二)串级控制系统

采用载热体流量作为操纵变量的温度控制系统具有控制通道较长的缺点,采用串级控制方案可减少控制通道的时间常数和滞后。图 18-38 为釜温与冷却剂流量串级控制示意图。

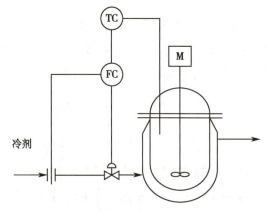

图 18-38　釜温与冷却剂流量串级控制示意图

（三）浓度控制系统

原料浓度可决定化学反应的热量，原料浓度越高，反应后温度越高。如图 18-39 为浓度控制系统的一个实例，在硝酸生产中，通过改变氨和空气的比值，即进料氨浓度进而保证生产温度。

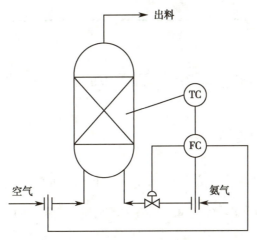

图 18-39　改变进料浓度控制反应器温度

（四）分程控制系统

对于某些反应，如间歇反应，在反应开始时需用加热剂尽快达到反应温度，反应开始后放出大量热量，又需要用冷却剂把产生的热量移走以保证反应温度，这时采用分程控制最合适。图 18-40 是釜式分程控制的设计方案。

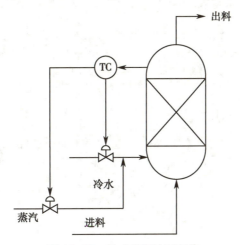

图 18-40　釜式分程控制系统

ER18-5　第十八章　目标测试

第十九章　制药企业的自动控制综合举例

第一节　PCS7控制系统在阿司匹林生产过程中的应用

一、阿司匹林工艺概要

阿司匹林由水杨酸乙酰化生成，主要原料为水杨酸和醋酐。其化学反应原理方程式为：

$$水杨酸 + 醋酐 \xrightarrow{温度控制} 阿司匹林 + 乙酸$$，乙酰化工艺流程如图19-1所示。

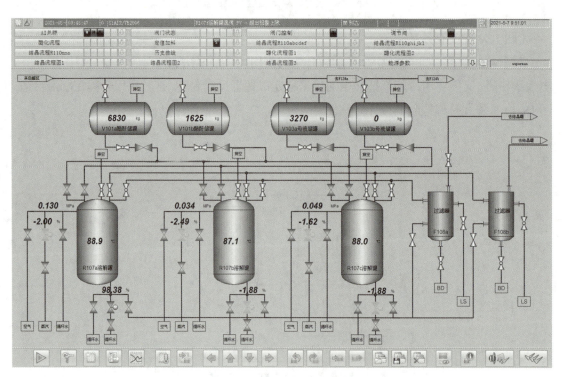

图19-1　乙酰化工艺流程图

按照配比把水杨酸和醋酐液体投入溶解罐中，开搅拌，打开溶解罐夹层蒸汽调节阀，升温至81℃，根据温度变化情况，调节夹层循环水降温阀门或蒸汽加热阀门，保持溶解罐内温度在81～82℃，进行乙酰化反应40～60分钟，完成乙酰化反应。

乙酰化反应完成的液体物料经过滤器去除杂质，转移至空闲的降温结晶罐中降温析出阿司匹林晶体，降温结晶工艺流程图如图19-2所示。

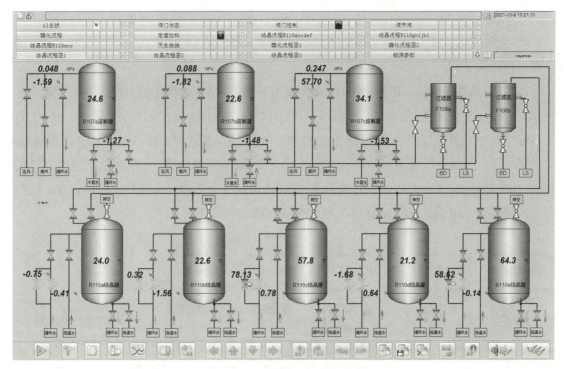

图 19-2　降温结晶工艺流程图

打开结晶罐夹层循环水调节阀,调节降温,析出阿司匹林晶体。根据阿司匹林粒度规格要求调节结晶过程中循环水流量,调节降温速率,生成不同的降温结晶梯度曲线,生成不同粒度规格的阿司匹林产品。

阿司匹林溶解、乙酰化、结晶生产过程选用西门子 PCS7 控制系统,该系统运行在 Windows XP 操作系统平台上,工程师站、操作员站均采用冗余运行模式。阿司匹林生产过程需要的工艺参数以数据总貌、流程图、曲线、报警窗口等形式展现在人机界面,整体布局根据工艺相关性等原则,尽可能将相关参数设计到同一幅画面中,再通过采取一键切换画面操作,使所有的参数都能方便浏览查询。本例中 PCS7 控制系统主要实现阿司匹林生产过程 6 台溶解罐、15 台结晶罐设备的自动化控制。

二、PCS7 控制系统

(一) PCS7 控制系统构成

PCS7 控制系统应用先进的计算机软件、硬件技术,将传统 DCS 和 PLC 控制系统的优点相结合,集成了 S7 400PLC、WINCC、SIMATIC NET 等独特技术。既有可靠的硬件平台,又有 SIMATIC 程序管理器下的统一的软件平台。

1. 功能强大　PCS7 系统硬件平台使用 S7-400 高端 CPU,容量大、点数多、速度快、性能高、安全可靠、扩展性好。

2. 冗余性好　具备电源、控制器、网络完整的硬件冗余,支持在线修改、I/O 热插拔、运行中可扩展等功能。

3. 软件丰富　PCS7 系统软件集成了 STEP7、CFC、SFC、WINCC、SIMATIC NET 以及

PDM 等功能,具有编程组态模块化、监控操作简便、控制功能完备、故障诊断丰富等特点。

4. 全集成化 PCS7 系统从传感器、执行器到控制器,再到上位机,自下而上形成完整的全集成自动化架构。

PCS7 系统控制站选 CPU414-4H 冗余控制器作为主控制器,整个控制站包括 1 个冗余的机架,2 个冗余的控制器电源,2 个冗余的 CPU414-4H 控制器,每个 CPU 包含 1 个 8M 的程序存储卡,2 个工业以太网 CP443 通信模块,2 个同步模块和同步光纤,电源模块有程序后备电池等,冗余控制站担负着程序存储、数据处理、数据通信等功能,冗余控制站通过冗余的PROFIBUS 总线与 5 个 ET200M 分站组成控制层,通过 2 个工业以太网 CP443 处理器与工程师站和操作员站组成监控层。图 19-3 为 PCS7 硬件配置图。

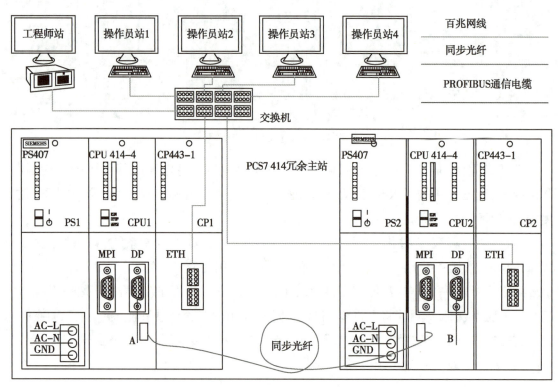

图 19-3 PCS7 硬件配置图

(二)PCS7 ET200M 分站

阿司匹林 PCS7 系统分站采用冗余的 ET200M 分站,每个 ET200M 分站配备 2 个冗余的电源模块,有源背板总线底座和 2 个冗余的 IM 153-2 总线接口模块,分别接入冗余控制器的双 PROFIBUS 网络,每个 ET200M 分站最大支持 12 个 S7-300 信号模块或功能模块,具有热拔插功能,ET200M 分站的冗余配置保证了系统的可靠性,生产过程中即使出现某个PROFIBUS 网络或 IM153-2 或电源出现故障,控制站都能及时切换到冗余配置中,使控制站和 ET200M 分站始终处于"在线状态"。

系统根据需要,可灵活配备模拟量输入、模拟量输出、开关量输入、开关量输出等多种模块,完成 PLC 输入信号采集和控制信号输出等功能,项目中输入和输出信号模块都有通过隔离式安全栅实现控制系统与现场仪表、阀门之间的信号隔离,隔离式安全栅的输入、输出以及电源三方之间相互电气隔离的电路结构,同时符合本安型能量限制要求,隔离式安全栅的应用,使系统检测回路和控制回路信号的稳定性和抗干扰能力显著增强,从而提高了整个系统的可靠性和安全性。

（三）模拟量输入回路

模拟量输入模块主要功能是把输入的电流或电压信号转换成数值 0～27 648 的整数,把现场工控状态描述的模拟信号变成控制器能够识别并处理的数字信号,同时模拟量输入信号模块还附带有信号质量诊断功能。模拟量输入模块通常有多种信号类型模块,模拟量输入模块选用四线电流输入模式,接收隔离式输入安全栅输出的 4～20mA 电流信号,隔离式安全栅输入可以接收两线制仪表信号,也可以接收四线制仪表信号。两线制输入接法通过两根线在接收 4～20mA 信号,同时通过两根线对外部变送器提供本质安全防爆的 24V 电源供电。四线制仪表接法中,变送器有专门的外部供电回路,变送器输出信号 4～20mA 信号通过两根线接到隔离式安全栅输入端。因此隔离式输入安全栅应用形式比较灵活。图 19-4 为模拟量输入回路接线图。

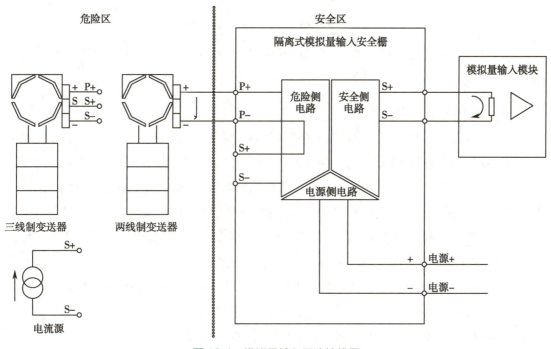

图 19-4　模拟量输入回路接线图

（四）模拟量输出回路

模拟量输出模块主要功能是把程序运算输出的数字信号转换成执行器需要的模拟信号,把控制器输出的 0～27 648 的整数转换成电流信号或电压信号,经过输出电路送到相应的输出端子,模拟量输出模块电流信号可以等效成一个电流大小可调的恒流源,模拟量输出模块与安全栅配合使用,模块输出端接到隔离式输出安全栅的输入端,安全栅输出的 4～20mA 电流信号是一个本安信号,可以调节阀门的开度或调节变频器。隔离式输出安全栅的应用,实现了控制系统与危险场所的安全隔离,同时提高了控制系统抗干扰性。图 19-5 为模拟量输出回路接线图。

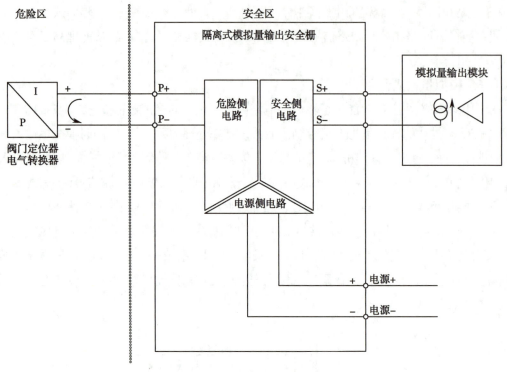

图 19-5　模拟量输出回路接线图

（五）开关量输入回路

开关量输入模块主要功能是完成开关量信号输入，一个开关量输入模块通常有多个输入点，例如 32 路开关量输入模块，每一路输入都有相应的信号转换电路，转换电路把外部输入的电压高低变化的开关信号，转换成 0 和 1 变化的数字信号，这些数字信号通过电路编码成相应的数字，通过背板总线传送给控制器，变成控制器能够识别的阀门位置和接触器开合的数字信息，满足控制器逻辑运算需要。开关量输入模块通常与开关量输入隔离式安全栅配合使用，安全栅的输出是一个无源开关，通过模块提供的驱动电源接入输入模块。安全栅的输入端对外提供一个本安型的直流电压，分别接阀门位置反馈开关或接触器辅助触点，实现开关阀位置或接触器状态的信号接入，开关量输入安全栅实现了开关信号的危险侧和安全侧的隔离，保护了控制系统安全。图 19-6 为开关量输入回路接线图。

（六）开关量输出回路

开关量输出模块主要功能完成开关量信号的输出，控制器产生的开关量控制信号为 0 和 1 变化的数字信号，通过背板总线传送到开关量输出模块，一个开关量输出模块通常有多个输出点，例如 32 路开关量输出模块，每一路输出点都有相应的信号转换电路，模块把控制器生成的数字编码信号分别送到每一路的转换电路，把 0 和 1 变化的数字信号转换到相应的输出端子，变成执行器控制需要的电压信号，通过开关量输出隔离式安全栅对外提供一个本安的信号，控制电磁阀或接触器，实现对开关阀或接触器的控制，开关量输出安全栅实现了开关信号的危险侧和安全侧的隔离，保护了控制系统安全。图 19-7 为开关量输出回路接线图。

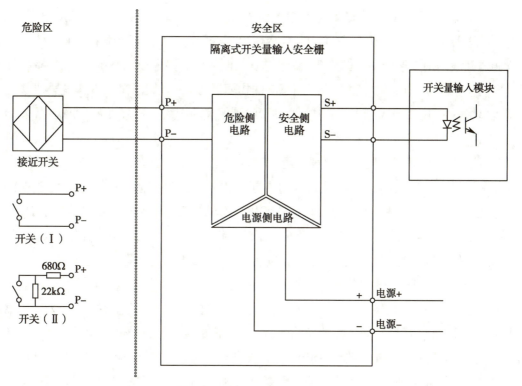

图 19-6　开关量输入回路接线图

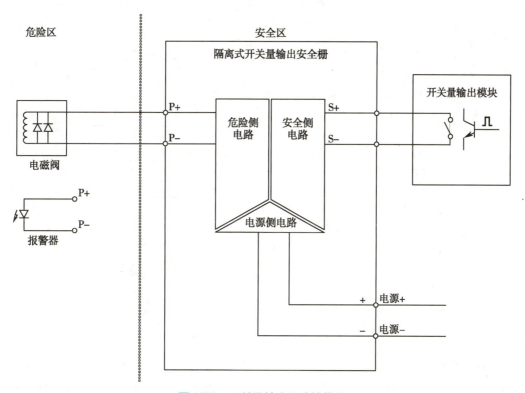

图 19-7　开关量输出回路接线图

（七）仪表、阀门介绍

阿司匹林 PCS7 控制系统现场仪表包括检测仪表和控制阀门两种。检测仪表主要有温度测量、压力测量、流量测量等仪表。控制阀门分为开关阀门和调节阀门两种类型。

项目中温度测量、压力测量、流量测量仪表选用的本安型变送器,本安型变送器既可以作为普通变送器应用于生产现场,又可以与输入隔离式安全栅配合应用于危险区域。本安型变送器通过两线制接法接到安全栅危险侧,经过安全栅隔离后接入控制系统的输入模块,变送器输出的4～20mA电流信号随着传感器感应的物理量变化而变化。本安型变送器现场显示装置也是串联在4～20mA信号电路中,这种两线制仪表的接线方式有很大的优越性,安装方便、安全可靠、省工、省料、省时。

1. 温度测量仪表 温度测量仪表选用PT100热电阻式本安型温度变送器。热电阻传感器安装在测量点,测量点温度的变化传导到热电阻热敏单元,热电阻相应的电阻值发生变化,温度变送器通过转换电路,把热电阻阻值的变化转换成对应量程4～20mA的电流信号的变化,温度变送器把4～20mA电流信号经安全栅输出到信号模块,实现温度变化的测量,温度变送器进行信号传送的同时实现温度的就地显示。图19-8为温度测量仪表示意图。

2. 压力测量仪表 压力测量仪表选用单晶硅谐振式传感器的本安型压力变送器。压力传感器通过隔离膜片和填充液,把测量点的压力传递给传感器内的硅芯片,使压力传感器内的电阻值发生变化,通过转换电路转换成所对应的电压的变化。传感器输出的电压与工艺压力变化成正比,经适配单元和放大器转化成标准的4～20mA电流信号,进而把4～20mA电流信号经安全栅输出到信号模块,实现压力变化的测量。压力变送器进行信号传送的同时实现压力的就地显示。图19-9为压力测量仪表示意图。

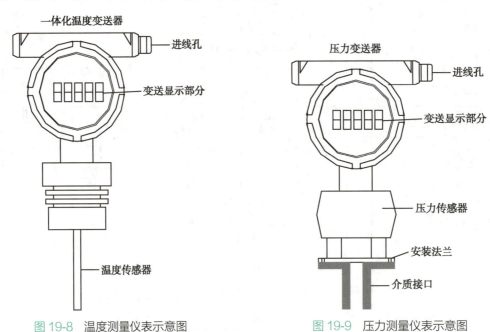

图 19-8　温度测量仪表示意图　　　　图 19-9　压力测量仪表示意图

3. 流量测量仪表 流量测量仪表选用涡轮流量变送器,该变送器是基于力矩平衡原理而工作的。当流体流经传感器时,由于叶轮的叶片与流向有一定的角度,流体的冲力使叶片旋转,在一定的条件下,转速与流速成正比,叶片旋转感应出电脉冲信号,此信号经过放大器的放大整形适配后,由放大器转化成标准化4～20mA电流信号,该电流信号经安全栅输出到信号模块,实现流量变化的测量。流量变送器进行信号传送的同时实现流量的就地显示。图19-10为流量测量仪表示意图。

4. 称重测量系统 称重模块系统由 1 台称重显示器和 4 只称重传感器组成。当压力作用到传感器上，每只传感器压变电阻值发生变化，这个与压力大小对应的变化的阻值经过转换后，生成与需要称重罐体重量对应的电压信号。这个电压信号接入称重显示器，显示出称重罐体的重量。称重显示器同时把重量信号转化成标准化 4～20mA 电流信号传输给控制系统，显示物料重量的变化同时满足控制需求。图 19-11 为称重模块系统示意图。

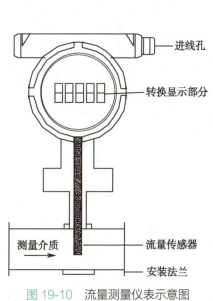

图 19-10　流量测量仪表示意图

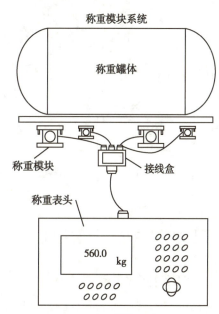

图 19-11　称重模块系统示意图

5. 阀门 阀门主要涉及两大类：开关阀和调节阀。

（1）开关阀：项目中开关阀门选用单作用气动角座阀。角座阀具有反应灵敏、动作准确的特点。为满足生产工艺要求，选用不锈钢气开角座阀，配 24V 直流气动电磁阀和阀门位置反馈开关。

没有控制信号时，由于气动电磁阀不工作，气动阀门靠内部弹簧压力维持阀门关闭状态；控制系统有打开阀门控制命令时，对应输出一个 24V 控制信号，这个信号通过开关量输出隔离栅，给气动电磁阀一个 24V DC 控制电压，电磁阀有电后，输出到气动执行机构一个控制气压信号，气动执行机构推动阀芯移动，打开阀门。阀门打开的同时，气动执行机构推动位置反馈开关动作，输出一个阀门打开的开关信号，通过开关量输入隔离栅给控制系统，控制系统上就有了阀门打开的指示信号。图 19-12 为开关阀门示意图。

（2）调节阀：车间选用直行程调节阀门，该阀拥有不锈钢阀座和阀芯。调节阀装配智能型阀门定位器，根据阀门输入控制电流的大小，智能型阀门定位器带动阀芯产生相应的位移，从而改变调节阀的开度，达到调节流量目的。控制系统有阀门开度变化命令时，对应输出的阀门控制信号产生变化，这个变化的信号通过模拟量输出隔离栅，给智能型阀门定位器一个变化的 4～20mA 电流控制信号，定位器将电流信号的变化转换成控制气压的变化，经气动执行机构带动阀芯产生对应的位移改变，从而达到流量调节的目的。调节阀动作的同时，智能型阀门定位器同时输出一个 4～20mA 的阀门开度信号，开度信号通过模拟量输入隔离栅给控制系统一个调节阀门开度变化指示信号。图 19-13 为调节阀示意图。

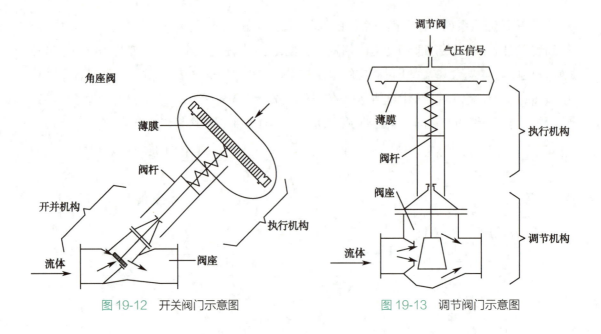

图 19-12　开关阀门示意图　　　　图 19-13　调节阀门示意图

三、阿司匹林生产过程控制

（一）阿司匹林乙酰化过程

阿司匹林乙酰化工艺 PID 图，如图 19-14 所示。

阿司匹林乙酰化工艺 PID 图中，V101a、V101b 分别是原料 a、b 的计量储罐，储罐底部安装有电子秤，用于准确计量加料量。原料 a 给反应釜 R107a 加料。加料完成后，控制系统控制原料 a 管路控制阀 KV101a、KV11 打开，控制阀 KV21 关闭，原料 a 的计量储罐中的原料 a 由于高差自动流加到反应釜 R107a 中，这时候电子秤 WIC101a 的重量不断减少，控制系统采用减重法自动计量反应釜 R107a 中的加料量，加料量到达设定加料量时，控制系统自动输出控制信号，关闭 KV101a、KV11 阀门。同理原料 b 计量储罐、反应釜 R107b 的加料过程也是如此。

以反应釜 R107a 为例描述阿司匹林乙酰化溶解过程。原料 a、b 加料完成后，控制系统关闭循环水供水阀，打开循环水排空阀。打开压缩空气阀，把 R107a 罐夹套中的水排空后，关闭循环水排空阀、压缩空气阀，然后打开蒸汽供汽阀，打开蒸汽凝水阀，调节蒸汽供汽调节阀开度，R107a 开始升温时蒸汽供汽调节阀开度大，随着温度逐步升高，慢慢减小蒸汽供汽调节阀开度，直到接近温度 T_1 时，关闭蒸汽供汽阀和蒸汽凝水阀，物料自然升温到温度 T_2，打开循环水供水阀、循环水回水阀，慢慢开循环水调节阀，保持温度 T_2 恒定 X 分钟，完成阿司匹林乙酰化过程。等待降温结晶罐空闲时把物料转移到结晶罐中。目前阿司匹林乙酰化过程基本处于人工远程控制和控制系统自动调节过程。

（二）阿司匹林结晶过程

阿司匹林结晶工艺 PID 图，如图 19-15 所示。

阿司匹林结晶工艺 PID 图所示，降温结晶罐是不锈钢材质的夹层罐，结晶罐夹层有降温盘管，降温盘管下部出口连接着循环水供水管路、冷水供水管路、排空管路；降温盘管上部出口连接着循环水回水管路、冷水回水管路、压缩空气管路。六条管路分别安装气动开关阀门，

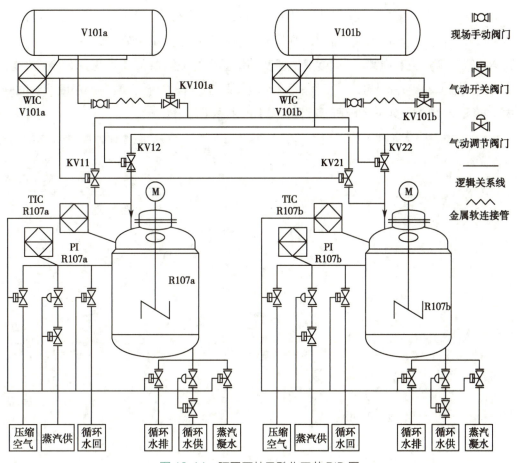

图 19-14 阿司匹林乙酰化工艺 PID 图

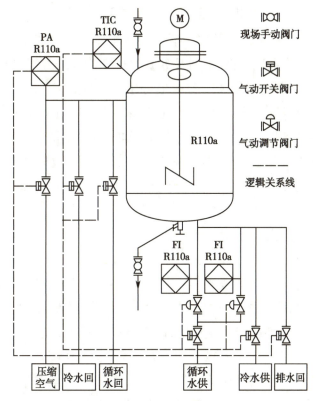

图 19-15 阿司匹林结晶工艺 PID 图

循环水供水管路上还装有一大一小两个循环水调节阀和循环水流量计,大小两套管路的配置是为了更好地满足大小流量调节需求,弥补大口径阀门在小流量调节时调节性能差的缺点。降温结晶罐顶部安装着搅拌器,温度变送器实现结晶罐温度测量和就地显示及变送功能,温度传感器从罐顶部避开搅拌器自上而下插入到结晶时工作料位,确保测量的温度能够准确反映物料实际温度。图 19-16 为阿司匹林降温结晶监控界面。

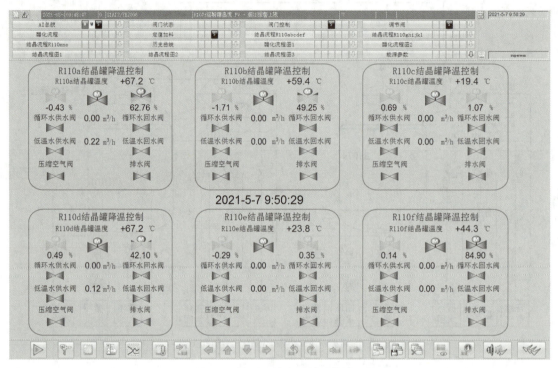

图 19-16　阿司匹林降温结晶监控界面

1. 人工操作降温过程　人工远程控制降温结晶工作时,生产操作人员通过计算机远程手动控制阀门,依次打开循环水供水、回水管路开关阀门,按照不同规格产品工艺操作流程要求,确定好合适的降温控制速率,再根据结晶罐实时温度变化情况,人工不断地调节循环水调节阀门的开度,满足生产需求。人工操作持续时间 12 多个小时,工作量大,结晶产品一致性差。

2. 自动控制降温过程　自动控制降温结晶工作时,所有阀门开关和调节阀门的开度调节都由控制系统根据生产过程自动监测控制完成。阿司匹林自动降温结晶过程开始时,人工在控制系统选择需要生产的晶形规格,点击开始按钮,启动自动控制降温过程,控制系统就自动完成全部降温结晶过程,生产出合格产品。

阿司匹林自动降温结晶过程依次分五步。

(1)预降温 40 分钟:控制系统依次自动打开循环水回水、循环水供水阀门,自动打开循环水调节阀门预设开度,保持调节阀门开度降温 40 分钟后,进入第二步降温结晶阶段。

(2)降温结晶:控制系统采用 32 分钟内温度测量采样的均值代替瞬时值,使用温度测量均值作为调节的过程值,控制系统根据预设的降温速率实时计算出的目标温度作为调节的设定值,根据优化的比例、积分和微分参数,使用 PID 调节器自动调节,保持降温速率恒定的结晶降温过程。实践证明,使用温度测量均值作为调节对象,很好地消除测量误差,避免调节阀门开度的大起大落,最终调节效果就是第二步降温曲线时间拉长来看近似地呈一条直线,收到了非常好的控制效果。

（3）30分钟的保温：当系统监测到结晶罐温度降到第三步保温温度时，控制系统自动关闭循环水供水阀门，然后开启压缩空气排水阀，打开排空阀，把结晶罐降温夹套内的循环水排掉后自动关闭排空阀和压缩空气门，由于夹套内没有与罐内温度不一致的循环水，结晶罐内物料与外界几乎没有热交换过程，故在40分钟时间内，结晶罐温度基本保持不变。

（4）结晶降温：保温过程完成后，控制系统自动打开循环水回水、供水阀门，根据预设降温速率自动调节循环水阀门开度，进行降温结晶过程。第四步降温结晶控制过程控制策略与第二步结晶降温过程类似。

（5）快速降温：控制系统根据结晶罐温度自动转换到快速降温过程，快速降温的目标温度值比较低，使用循环水降温已经无法满足降温工艺需求。需要切换到冷水降温，控制系统自动关闭循环水供水、回水阀门，打开冷水回水、供水阀进入快速降温的阶段。第五步快速降温没有降温速率要求，结晶罐温度降至预设终点温度时，快速降温阶段完成，控制系统自动关闭冷水回水、供水阀，自动降温结晶过程结束。

阿司匹林自动降温结晶过程的投运，可以同步进行15个结晶罐的自动降温结晶过程，岗位操作人员只需要在降温结晶过程的开始和完成的节点介入，其他降温结晶过程都由控制系统自动完成，彻底把操作人员从长时间调节降温速率的繁重劳动中解放出来，大大减轻了操作人员的劳动量，而且使用自动降温后结晶罐温度曲线更稳定，产品一致性好，晶形质量显著提高。自动降温温度曲线如图19-17（见文末彩图）中红色曲线所示。

第二节　异丙醇钾反应自动控制案例

ER19-2　异丙醇钾反应自动控制案例（课件）

一、控制系统需求分析

异丙醇钾是一种强氧化剂，也是一种重要的制药有机合成中间体，也叫异丙氧基钾，分子式为 C_3H_7KO，沸点73℃，闪点11.7℃。其上游原料为异丙醇和氢氧化钾，采用氢氧化钾与异丙醇发生反应进行碱法工艺制备，生产中存在易燃、易爆的安全隐患，必须对工艺过程进行自动控制。

本控制方案严格遵循国家危险化工工艺的设计要求，自动化控制准确、运行安全，方案设计实用、经济性高，操作工易于掌控、便捷操作。

（一）方案目标

控制器选用 S7-300 控制系统，人机界面选用 WINCC 软件，人机交互使用总貌、流程、联锁、曲线等功能画面。

采用 PLC 控制系统实现整个项目温度、压力、流量等参数符合图纸设计的显示、记录、联锁、控制、报警等功能。现场数显变送器读数与设备内实际工艺参数值一致，中控室监控画面读数与现场数显变送器仪表一致；PLC 控制系统所有参数读数采集时间间隔不超过 1 秒，自动记录被控设备的时间 - 工艺参数曲线，工艺参数存储时间不少于 5 年，历史数据可以以曲线的方式查询，瞬时和历史数据能够以 Excel 表格和图片的形式导出。

PLC 控制系统有电源后备系统,如果出现突然断电后确保不出现数据丢失现象;PLC 监控画面清楚、易操作,布局符合工艺各产品工艺投料顺序,监控操作画面参照公司项目自控调试要求,每台被控设备的运行状态能够清楚看到,每个阀门的启闭状态能够清楚看到;监控流程图中,每个被控对象都按照工艺要求清楚明确画出,检测变送装置、配管、阀门等与现场安装一一对应。

操作系统三级权限密码;实现安全联锁功能,安全联锁的设定值可调。自动记录被控设备的时间 - 温度曲线、时间 - 压力曲线,存储时间符合安全要求,历史曲线可查,可导出图像。

(二)方案依据

1.《自动化仪表工程施工及质量验收规范》(GB 50093—2013)。

2.《药品生产质量管理规范》。

3. WINCC 系统手册。

4.《石油化工自动化仪表选型设计规范》(SH/T 3005—2016)。

二、异丙醇钾工艺流程

(一)异丙醇钾工艺原理

工艺上采用氢氧化钾与异丙醇发生反应进行制备,利用碱法生产异丙醇钾,该工艺克服了金属法生产工艺的缺点,大大提高了生产的安全性,成为异丙醇钾的主流合成工艺,但该工艺存在的缺点是此反应属于可逆反应,且逆反应速率远大于正反应速率,反应产物水不能完全消除,造成异丙醇钾产品中游离碱含量较高,降低了异丙醇钾产品质量。为了抑制逆反应的进行,保证异丙醇钾的持续合成,需要及时移去反应中产生的水。在异丙醇钾的碱法生产工艺中,异丙醇和水属于共沸物系,工业上常采用共沸法进行脱水,通过在原料中加入不参加反应的共沸剂,如环己烷等,使其在精馏塔内与水等组分形成新的共沸物经过传质进入气相,从反应系统中脱离,从而得到符合质量标准的异丙醇钾产品。

(二)异丙醇钾工艺过程

1. 将计算好的烷醇、异丙醇、环己烷加入异丙醇钾反应罐 R601 中。

2. 开反应罐 R601 搅拌,开物料循环泵,然后开启片状氢氧化钾进料阀,开氮气保护,将准备好的氢氧化钾通过拨料器缓慢投至反应罐 R601 中,确保放料速度在半小时以上,投料结束后,关闭放料阀。

3. 开启蒸汽阀门进行升温,设定好反应温度,罐内温度设定上限为 X_1℃,反应塔 T603 塔顶温度设定温度上限 X_2℃,出料温度设定上限 X_3℃,进行反应,控制罐内温度 X_1℃,塔内气相温度 X_4℃,进行回流带水。

4. 自带水开始,每小时自动记录一次蒸汽压力、塔顶温度、罐内温度等参数,回流带水 22~28 小时左右取样分析,分析指标是总的碱含量在 Y_1%~Y_2%,游离碱含量 Z% 以下,产品合格后,打开塔顶冷凝器下层液分水罐罐底电动阀,将下层液一次性放入下层液储罐,关闭下层液电动阀,并开始回收烷醇,点击回收烷醇受器气动阀,回收量控制在 M_1~M_2kg,关回收烷醇受器阀门,再次取样分析,总碱 Y_1%~Y_2%,游离碱 Z% 以下为合格,停蒸汽,产品反应结束。

（三）异丙醇钾工艺流程图

工艺流程图表达物料从原料到成品或半成品的工艺过程,以及所使用的设备和机器。用于设计开始时的工艺方案的讨论,也可作为施工流程图的设计基础。通过工艺流程图,操作者或管理者更能集中查询现场信息,了解生产过程实时信息,对生产操作和指导提供了非常大的便利性。该反应系统工艺流程如图19-18和图19-19所示。

工艺流程图更直观地反映生产过程信息、处理相关范围的报警事物。通过工艺流程图操作者能快速决策控制目标,并能对所涉及的工艺现场控制点进行操作控制。过程报警提示是必不可少的,生产工艺的实时值、报警限值都能够快速浏览,工艺过程的任何参数超越上下限时,总貌中将出现闪烁报警,给出警示信号,也可根据要求发出声音报警信号。

在图19-18异丙醇钾工艺流程图中包含了工艺反应过程和反应所涉及的反应罐、反应塔、冷凝器、液液分离器、受器、循环泵等。在R601异丙醇钾反应罐中,FIR601、TIR601、PIR601分别为流量、温度、压力的指示和记录。在T603异丙醇钾反应塔中,分别对温度TIR603和压力PIR进行了指示和记录。R601反应罐上有搅拌电流联锁、重量报警及联锁、温度上下限报警及联锁、远程开关阀门及状态反馈、远程启停打料泵及状态反馈等。

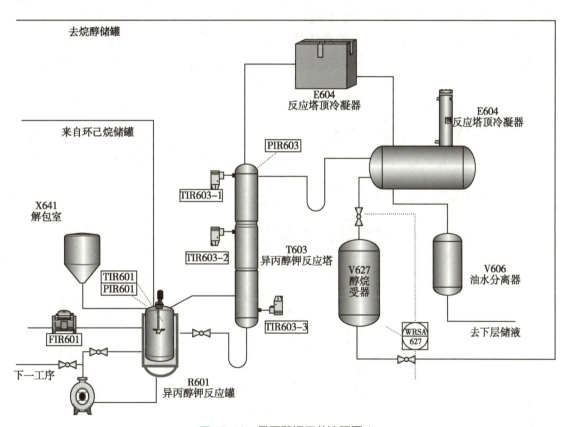

图 19-18　异丙醇钾工艺流程图 1

在图19-19中,烷醇储罐V1001、V1002和环己烷储罐V1006有称重显示、重量的超限报警和联锁、自动打料等功能。如V1001储罐重量联锁WV1001-1、WV1001-2、WV1001-3等切断阀。

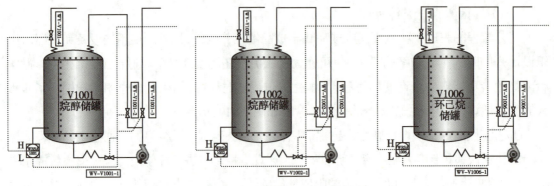

图 19-19　异丙醇钾工艺流程图 2

三、异丙醇钾工艺自动化整体方案

（一）自动控制系统概览

异丙醇钾工艺自动化是吡哌酸产品工序中一部分,生产中易燃、易爆、腐蚀、有毒性介质大量存在,生产现场用于操作监控的触摸屏 TP700、仪器、仪表、阀门都采用防爆产品,PLC 控制柜和监控计算机在安全区的控制室。控制室远离生产现场,距离符合安全设计规范要求。操作站采用一用一备模式,利用通信方式与控制柜内的 PLC 系统联络。生产现场安装触摸屏,与控制室通信联系,可进行现场操作,便于现场监控和应急处理。控制系统架构图如图 19-20 所示。

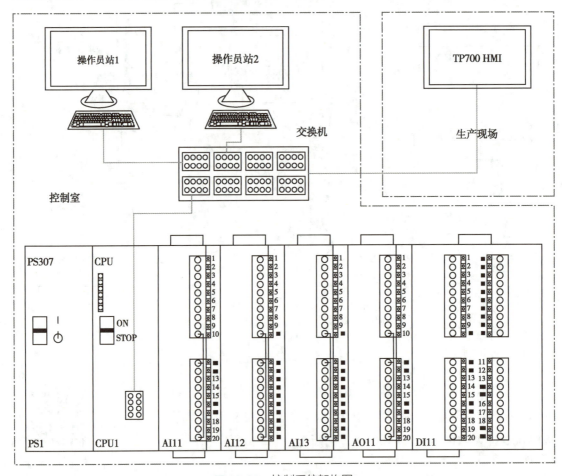

图 19-20　控制系统架构图

（二）主要设备

控制系统的主要设备见表19-1。

表 19-1　自控系统主要设备清单

序号	名称	数量	型号	单位
1	主控制器	1	6ES7 315-2EH14-0AB0	个
2	微型储存卡	1	6ES7 953-8LJ30-0AA0	个
3	模拟量输入模块（8）	4	6ES7 331-1KF02-0AB0	个
4	模拟量输出模块（8）	1	6ES7 332-5HF00-0AB0	个
5	数字量输入模块（321）	4	6ES7 321-1BL00-0AA0	个
6	数字量输出模块（322）	3	6ES7 322-1BL01-0AA0	个
7	PROFIBUS DP 接头	16	6ES7 972 0BA12 0XA0	个
8	接口模块	1	6ES7 153-2BA10-0XB0	个
9	通信模块	1	6ES7 343-1CX10-0XE0	个
10	通信模块	1	6ES7 341-1CH01-0AE0	个
11	通信附件	1	6ES7 870-1AA01-0YA0	个
12	模拟量输入安全栅	32	NPEXA—CM31	个
13	模拟量输出安全栅	8	NPEXB—CM31	个
14	数字量双路输入安全栅	64	NPEXA—C5D111	个
15	数字量单路输出安全栅	48	NPEXA—C5D12L	个
16	交换机	1	6GK5208	个
17	电源	2	6ES7 307-1EA01-0AA0	个
18	西门子电源	4	6EP1333-3BA105A	个
19	断路器（1P C6A）	20	1P 6A	个
20	断路器（2P C6A）	16	2P 6A	个
21	接线端子	600	SAK 2.5EN	块
22	IPC 547E 工控机（显示器）及软件鼠标、键盘	2	6AG4 104-3HM22-0XX5	个
23	PROFINET 总线部件	20	6XV1840-2AH10	个
24	IE FC RJ45 180 度接头	10	6GK1901-1BB10-2AB0	个
25	前连接器 40 针，螺钉型	12	6ES7 392-1AM00-0AA0	个
26	SIMATIC S7-300 机架	2	6ES7 390-1AF30-0AA0	个
27	操作台椅	1		套
28	仪表盘及辅材	1		个
29	中间继电器	48	LY2NJ	个
30	蜂鸣器	1	AD16-22SM	个
31	交流单相电源滤波器	1	FT130-10	个
32	UPS 电源	1	C3KS	台
33	编程调试费用	1		套
34	气体报警器通信模块	1	汉威电子	套

（三）主要自控设备

1. PLC S7-300　图 19-21 为异丙醇钾控制柜内图，其中安装了 PLC S7-300。

图 19-21　异丙醇钾控制柜内图

S7-300 是德国生产的可编程逻辑控制器（PLC）系列产品之一。其模块化结构、易于实现分布式的配置以及性价比高、电磁兼容性强、抗震动冲击性能好，使其在广泛的工业控制领域中，成为一种既经济又切合实际的解决方案。

S7-300PLC 使用 STEP7 软件对 S7-300 进行编程，目前 S7-300 最新的编程软件版本为 STEP7 V5.5 SP2。STEP7 包含了自动化项目从项目的启动、实施到测试以及服务每一个阶段所需的全部功能。STEP7 中使用的编程语言：顺序功能图、梯形图、语句表、功能块图、结构文本等多种语言。

2. 组成部件　由导轨、电源模块、CPU 模块、信号模块等组成。

（1）导轨：S7-300 的模块机架（起物理支撑作用，无背板总线），西门子提供五种规格的导轨。

（2）电源模块：将市电电压（AC120/230V）转换为 DC24V，为 CPU 和 24V 直流负载电路（信号模块、传感器、执行器等）提供直流电源。输出电流有 2A、5A、10A 三种。

（3）CPU 模块：各种 CPU 有不同的性能，例如有的 CPU 集成有数字量和模拟量输入 / 输出点，有的 CPU 集成有 PROFIBUS-DP 等通信接口。CPU 前面板上有状态故障指示灯、模式开关、24V 电源端子、电池盒与存储器模块盒等。

（4）信号模块：信号模块有数字量输入模块、数字量输出模块、模拟量输入模块、模拟量输出模块、功能模块、接口模块等。

3. SIMATIC WINCC 基本软件　WINCC 基本软件有 128、512、2K 或 4K 个外部变量授权选项，只有使用 WINCC 信道连接到控制器或其他数据源的过程变量才被指定为外部变量，一个外部变量可派生最多 32 个报警和最多 256 个用户定义的模拟报警。WINCC 基于计算机的操作和监视解决方案用于显示和操作所有行业中的过程、生产序列、机器和设备，基本软件本身提供了强大、通用的过程可视化，该系统可以提供成熟的 HMI 软件的所有功能。SIMATIC WINCC 变量升级包是一个用户选件，可以在任何时候修改工程组态软件包和运行系统包，以满足日益增长的需求。WINCC Runtime Advanced 或 WINCC Runtime Professional 的变量升级包允许用户增加运行系统软件中可用外部变量的数目。

（1）SIMATIC WINCC 系统运行软件：WINCC 软件的运行系统组件，其美观友好的图形系统实现了完备的过程监视与控制，WINCC 集成的微软 MS SQL server 数据库服务器实现了高性能的报警消息与过程值归档,集成的用户管理工具有效提高了操作的安全性。

（2）SIMATIC WINCC 工程组态软件:工程组态组件 WINCC CS 可以提供一套编辑程序,使用户在效率和友好性方面别无所求。库和向导使生成项目更加快速方便,并可以大大降低出错的可能。作为面向最复杂人机交互任务的软件,WINCC 能够处理综合性的项目和海量数据。

（3）SIMATIC WINCC 可扩展性:基本系统通过利用 WINCC 选件在各个方面都是可扩展的。通过细分授权,基本软件可以满足结构的不断复杂化。而且,所选的授权可以方便地根据过程变量的数量进行升级。

通过利用 WINCC/Server,客户可以像客户端/服务器应用程序一样运行 WINCC。WINCC/Redundancy 用于构建高可用性 SCADA 系统。WINCC/CAS 提供了搭建一个可扩展、集中处理数据归档的可能性。WINCC/Web Navigator 使用户可以通过互联网可视化并操作自己的工厂,功能几乎与 WINCC 客户端一样,但是具有了无可比拟的灵活性。

（4）SIMATIC WINCC 开放性:SIMATIC WINCC 的设计采用了最高的开放度和集成能力,因为它设计用于使用标准的技术和软件工具,这包含了基本技术、操作系统、通信方式,以及集成脚本的能力,所有这些都建立在开放性基础上。

（5）监控和数据采集:为工厂智能解决方案构筑了基础。WINCC 能够采集和归档过程数据,可以对数据进行累计、分析,并发送给 MES 系统使用 WINCC 工厂智能选件进行进一步的处理。

（6）权限控制:WINCC 将用户权限分为浏览用户、管理员用户、程序员用户三种级别,解决好了授权与安全性问题。

四、异丙醇钾生产过程控制

（一）异丙醇钾控制流程图

异丙醇钾生产过程复杂,一个批次反应周期 30 多个小时,工人通过计算机在控制室完成大部分生产操作,在生产现场采用触摸屏进行辅助自动化操作。烷醇、异丙醇、环己烷等原料的电子秤称重数据实时传递给控制系统,控制系统通过控制原料的出料阀门和打料泵实现准确上料,每批人工称量片碱投入拨料器后自动上料,反应罐升温控制、油水分离器采出、物料输送都实现了自动化操作。需要人工到生产现场的操作尽可能地降低到最少,如图 19-22（见文末彩图）、图 19-23 所示。

（二）异丙醇钾工艺自动化操作过程

开始反应操作时,打开异丙醇钾反应罐氮气自动阀门,反应罐中通入氮气置换 30 分钟,关闭氮气阀门。图 19-24（见文末彩图）为异丙醇钾工艺自动化打料设定界面。设置参数时,将计算好的烷醇、异丙醇、环己烷分别设定好,分别点击自动进料,烷醇、异丙醇、环己烷控制系统将设定好的物料自动加入异丙醇钾反应罐中。

打开异丙醇钾反应罐搅拌。点击界面进入加碱操作,将准备好的片碱通过拨料器缓慢加入异丙醇钾反应罐中,完成加料操作。开启异丙醇钾反应罐蒸汽阀门进行升温,控制系统根据设定好的温度自动升温操作,升温过程罐顶温度有超温、超限报警、联锁功能。

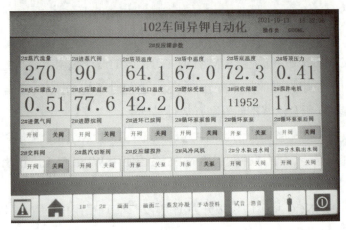

图 19-23 触摸屏操作界面

反应罐中温度达到一定值时,反应生成的烷醇通过反应塔跟水一起以气相的形式蒸出。反应塔蒸出过程塔顶、出口温度有超温、超限报警、联锁功能。

烷醇和水的气相通过冷凝器冷凝后进入油水分离器分层,油相的烷醇密度比水小,在油水分离器分层液面的上部,水的密度大,在油水分离器分层液面的下部,经过一段时间分层后,烷醇通过油水分离器中间回流管路再次进入反应塔和反应罐,水通过油水分离器底部管路排出,如此反复地反应、蒸馏、分离带水,最后反应罐中水的含量逐渐减少,异丙醇钾含量也越来越多。整个过程持续 20 多个小时。

反应时间到达后,通过自动取样器对异丙醇钾反应罐中物料进行取样分析,分析结果不合格,继续重复上述过程。分析结果合格后,终止反应罐操作,打开回收醇受器阀门收料,完成异丙醇钾生产过程,等待下一工序准备完成进行物料交接。对本次生产装置进行冲洗降温,为下个批次生产做好准备。

（三）实时画面

异丙醇钾工艺自动化操作过程中总貌、流程、联锁、曲线等功能画面提供了大量实时生产信息。方便生产操作人员和管理人员及时查看生产信息,为生产管理和质量追踪提供翔实资料。历史报警画面用于查看历史报警情况,管理人员还可进行生产过程参数的安全报警限设定,维持生产安全报警功能有效可靠。

WINCC 将把采集周期小于等于 1 分钟的归档数据进行压缩。所有的归档都会保存在

Microsoft SQL Server 数据库中。在历史曲线画面利用趋势控件,绘制过程趋势曲线,用于查看历史数据,管理人员和操作者可根据历史曲线分析生产走势和查询工人操作的优劣,对稳定和提高产品质量及优化生产有着无法比拟的优越性。

当在生产过程发生意外故障时,监控报警就会自动触发相应的报警信息,此信息会显示在报警记录表和报警画面中。

图 19-25(见文末彩图)为异丙醇钾自动化总貌图。图中显示了异丙醇钾工艺自动化操作过程中的系统总貌。从系统检索目录中可以查看工艺流程图、参数设置图、报警报表图、趋势曲线、联锁状态图等信息,并可从总貌画面直接进入某页选中的流程图、趋势曲线等画面;也可从总貌画面直接弹出某个选中的动态参数的棒状仪表,从中查阅该参数的详细信息。工艺流程画面,为系统主要监控和操作界面,在流程图上可以实现监视和控制现场的功能。

图 19-26 为异丙醇钾自动化联锁图。图中显示了系统中所设置的联锁的名称、联锁使用状态、对应联锁的详细说明。

图 19-26　异丙醇钾自动化联锁图

图 19-27 为异丙醇钾自动化曲线图。可从中查阅有关参数的记录曲线。每页趋势曲线画面可以显示多个参数的变化趋势。每条曲线可单独查阅,以便更清楚地查阅。时标可左右移动,以便查阅允许记录长度内某一时间某一参数的当时值(即查阅历史记录数据),参数记录时间间隔可以根据使用情况而定。从图中可以看出,各项参数运行平稳。

(四)PID 参数整定

整定时,首先确定控制器参数,数字 PID 控制器控制参数的选择,可按连续-时间 PID 参数整定方法进行。在选择数字 PID 参数之前,首先应该确定控制器结构。对允许有静差(或稳态误差)的系统,可以适当选择 P 或 PD 控制器,使稳态误差在允许的范围内。对必须消除稳态误差的系统,应选择包含积分控制的 PI 或 PID 控制器。一般来说,PI、PID 和 P 控制器应用较多。如在异丙醇钾反应工艺中反应罐内温度控制采用了 PID 方式。

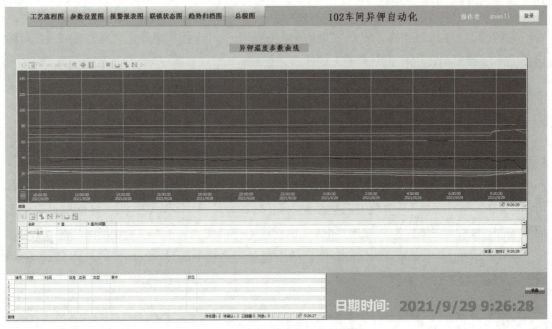

图 19-27　异丙醇钾自动化曲线图

以 2# 反应罐有自动升温操作过程为例,如图 19-28 所示(见文末彩图),2# 反应罐温度调节由反应罐的变送器测量参数,蒸汽调节阀作为执行机构,蒸汽流量计、切断阀作为辅助检测和安全切断共同组成温度调节回路。反应罐温度作为测量参数 PV,反应罐目标温度作为设定温度 SP,PID 调节输出控制蒸汽调节阀改变蒸汽流量,实现 2# 反应罐升温控制。反应罐温度控制是否平稳与 PID 控制器控制参数有着很大关系,由于加热蒸汽通过夹套去加热反应罐中物料,热滞后比较大,确定选用 PID 控制器应用。PID 控制器控制参数调节过程中,现根据经验值确定参数值 $P=5$,$I=180s$,$D=240s$,如图 19-29 所示(见文末彩图)。经过 3 个小时的运行以后,发现反应罐温度沿着设定值,高低都偏离设定值越来越大,调节阀门开度偏差也越来越大,根据经验判断比例 P 值选择过大,积分时间 I 值偏小。根据调节结果进一步调整 PID 控制器控制参数 $P=3$,$I=300s$,$D=240s$。经过一段时间运行后,观察发现反应罐温度沿着设定值,高低都偏离设定值越来越小,调节阀门开度偏差也越来越小,温度逐渐平稳,说明控制器控制参数选择基本正确。观察后期运行效果良好。温度调节曲线如图 19-30 所示(见文末彩图)。

ER19-4　第十九章　目标测试

参考文献

[1] 胡寿松. 自动控制原理. 7版. 北京: 科学出版社, 2019.

[2] 叶小岭, 叶彦斐, 林屹, 等. 过程控制工程. 北京: 机械工业出版社, 2017.

[3] 厉玉鸣. 化工仪表及自动化. 6版. 北京: 化学工业出版社, 2019.

[4] 厉玉鸣, 刘慧敏. 化工仪表及自动化例题习题集. 3版. 北京: 化学工业出版社, 2016.

[5] 施仁, 刘文江, 郑辑光, 等. 自动化仪表与过程控制. 6版. 北京: 电子工业出版社, 2018.

[6] 李虓. 生产过程自动化仪表识图与安装. 3版. 北京: 电子工业出版社, 2016.

[7] 俞金寿, 孙自强. 过程自动化及仪表. 3版. 北京: 化学工业出版社, 2019.

[8] 李丽娟, 张利. 过程控制. 4版. 南京: 东南大学出版社, 2019.

[9] 刘红波, 袁德成, 邹涛, 等. 过程控制系统. 北京: 科学出版社, 2019.

[10] 邓奋发. MATLAB R2016a 控制系统设计与仿真. 北京: 电子工业出版社, 2018.

[11] 王强. 化工仪表自动化实训. 北京: 化学工业出版社, 2016.

[12] 许秀. 石油化工自动化及仪表. 2版. 北京: 清华大学出版社, 2017.

[13] 杨延西, 潘永湘, 赵跃. 过程控制与自动化仪表. 3版. 北京: 机械工业出版社, 2017.

[14] 向晓汉. 西门子 S7-1500 PLC 完全精通教程. 北京: 化学工业出版社, 2018.

[15] 黄海燕, 余昭旭, 何衍庆. 集散控制系统原理及应用. 4版. 北京: 化学工业出版社, 2021.

[16] 韩相争. PLC 与触摸屏、变频器、组态软件应用一本通. 北京: 化学工业出版社, 2018.

[17] 韩雪涛. 自动化工程师学习手册. 北京: 化学工业出版社, 2020.

[18] KATSUHIKO OGATA. 现代控制工程. 卢伯英, 佟明安, 译. 5版. 北京: 电子工业出版社, 2017.

[19] 梁秀璟. 制药行业实现智能制造, 任重道远. 自动化博览, 2016 (8): 42-46.

[20] 汤继亮. 脚踏实地探索制药行业"智能化"方向. 自动化博览, 2016 (1): 38-41.

[21] 同济大学数学系. 线性代数. 北京: 高等教育出版社, 2014.

[22] 张建国. 复变函数与积分变换. 北京: 机械工业出版社, 2021.

[23] 须建, 彭裕红. 临床检验仪器. 2版. 北京: 人民卫生出版社, 2015.

[24] 丛玉隆, 黄柏兴, 霍子凌, 等. 临床检验装备大全: 第2卷 仪器与设备. 北京: 科学出版社, 2015.

[25] 何世伟. 色谱仪器. 杭州: 浙江大学出版社, 2012.

[26] 孙双姣. 毛细管电泳电化学发光及其联用技术在心血管药物和生物碱中的应用研究. 桂林: 广西师范大学, 2016.

[27] 张勃. 毛细管电泳在药物筛选中的应用和技术开发. 天津: 天津大学, 2012.

[28] 杨海涛, 王广基. 毛细管电泳与微透析技术在药物动力学中的应用. 西北药学杂志, 2000, 15 (3): 136-137.

[29] 王树青, 元英进. 生化过程自动化技术. 北京: 化学工业出版社, 1999.

[30] 朱泽昊, 张扶人. 浊度测量中两种基本方法的比较. 西南师范大学学报 (自然科学版), 1995, 20 (2): 148-153.

[31] 杨朝虹,李焕. 新型液位检测技术的现状与发展趋势. 工矿自动化,2009,6(6):62-63.

[32] 王化祥. 自动检测技术. 北京:化学工业出版社,2004.

[33] 李丽宏,谢克明. 液位自动检测的现状与发展. 太原理工大学学报,2001,32(4):417-420.

[34] 李冬梅. 国内外物位计量仪表技术发展动向. 仪器仪表用户,2002,9(3):5-7.

[35] 范立刚,马腾蛟. 差压变送器的正确校验. 化工自动化及仪表,2013,40(9):1183-1185.

[36] 张煊赫. 罐区液位测量中雷达液位计的选型与安装研究. 中国设备工程,2021(10):90-91.

[37] 赵长超. 无线FMCW雷达物位计的设计. 南京:南京信息工程大学,2013.

[38] 邵旻. 雷达、导波雷达和超声波液位计的应用和选型分析. 中国仪器仪表,2015(2):44-48.

[39] 彭广亮. 新型超声波液位计的开发研究. 天津:河北工业大学,2010.

[40] 左保收. 数字化超声波液位计的设计与实现. 北京:华北电力大学,2017.

[41] 路红娟. 射频导纳在导电介质物位测量中的应用. 信息技术,2010(5):136-138.

[42] 赵聪颖. 电容式物位计在应用中应注意的几个问题. 自动化仪表,2001,22(9):34-35.

[43] 苗永暄. 石药集团信息化发展战略研究. 贵阳:贵州财经大学,2017.

[44] 石正国. 沙坦类事件如何未雨绸缪 深耕制药工业云计算. 医药经济报,2019-09-23(007).

[45] 许子明,田杨锋. 云计算的发展历史及其应用. 信息记录材料,2018,19(8):66-67.

[46] 方迅. 基于真实世界反馈的医药企业业务转型研究. 南京:南京大学,2018.

[47] 赵斌. 云计算安全风险与安全技术研究. 电脑知识与技术,2019,15(2):27-28.

[48] 李文军. 计算机云计算及其实现技术分析. 军民两用技术与产品,2018(22):57-58.

[49] 李正,康立源,范骁辉. 中药制药过程数据集成、数据挖掘与可视化技术研究. 中国中药杂志,2014,39(15):2989-2992.

[50] 程翼宇,瞿海斌,张伯礼. 论中药制药工程科技创新方略及其工业转化. 中国中药杂志,2013,38(1):3-5.

[51] 张伯礼,范骁辉,刘洋,等. 中成药二次开发战略及其核心技术体系. 中国中药杂志,2013,38(22):3797-3800.

[52] 薛云丽,孙启泉,王君莲,等. 过程分析技术在中药企业科技创新中的应用. 中国现代应用药学,2012,29(12):1078-1082.

[53] 曹梦龙,朱桂新. 可编程控制器技术及工程实践. 北京:化学工业出版社,2010.

[54] 廖常初. S7-1200PLC编程及应用. 3版. 北京:机械工业出版社,2017.

[55] 郭琼. 现场总线技术及其应用. 3版. 北京:机械工业出版社,2021.

[56] 赵寿经,梁彦龙. 生物反应过程检测与控制. 北京:化学工业出版社,2014.

[57] 王森. 在线分析仪器手册. 北京:化学工业出版社,2008.

[58] 高喜奎. 在线分析系统工程技术. 北京:化学工业出版社,2014.

[59] 江光灵. 在线分析仪表. 北京:化学工业出版社,2006.

[60] 宋德杰. 传感器技术与应用. 北京:机械工业出版社,2014

[61] 陈荣秋,马士华. 生产运作管理. 5版. 北京:机械工业出版社,2017.

[62] 连志刚. 制造业信息化管控设计与优化. 上海:上海科学普及出版社,2016.

[63] 马宁. 云计算关键技术. 成都:电子科技大学出版社,2017.

[64] 徐冰,史新元,罗赣,等. 中药工业大数据关键技术与应用. 中国中药杂志,2020,45(2):221-232.

[65] 王兆义. 可编程控制器教程. 2版. 北京:机械工业出版社,2023.

[66] 姜久超. 可编程控制器原理及应用. 西安:西安电子科技大学出版社,2021.

[67] 陈浩. 案例解说 PLC、触摸屏及变频器综合应用. 北京: 中国电力出版社, 2007.

[68] 夏辛明, 黄鸿, 高岩, 等. 可编程控制器技术及应用. 2 版. 北京: 北京理工大学出版社. 2005.

[69] 方强, 李丽娜, 孙宏昌. PLC 可编程控制器技术开发与应用实践. 北京: 电子工业出版社, 2009.

[70] 常慧玲. 集散控制系统应用. 北京: 化学工业出版社, 2009.

附 录

附录A　铂铑 $_{10}$- 铂型热电偶分度表

分度号：S　　参考端温度为0℃

温度/ ℃	0	1	2	3	4	5	6	7	8	9
	热电动势 /mV									
0	0.000	0.005	0.011	0.016	0.022	0.027	0.033	0.038	0.044	0.050
10	0.055	0.061	0.067	0.072	0.078	0.084	0.090	0.095	0.101	0.107
20	0.113	0.119	0.125	0.131	0.137	0.143	0.149	0.155	0.161	0.167
30	0.173	0.179	0.185	0.191	0.197	0.204	0.210	0.216	0.222	0.229
40	0.235	0.241	0.248	0.254	0.260	0.267	0.273	0.280	0.286	0.292
50	0.299	0.305	0.312	0.319	0.325	0.332	0.338	0.345	0.352	0.358
60	0.365	0.372	0.378	0.385	0.392	0.399	0.405	0.412	0.419	0.426
70	0.433	0.440	0.446	0.453	0.460	0.467	0.474	0.481	0.488	0.495
80	0.502	0.509	0.516	0.523	0.530	0.538	0.545	0.552	0.559	0.566
90	0.573	0.580	0.588	0.595	0.602	0.609	0.617	0.624	0.631	0.639
100	0.646	0.653	0.661	0.668	0.675	0.683	0.690	0.698	0.705	0.713
110	0.720	0.727	0.735	0.743	0.750	0.758	0.765	0.773	0.780	0.788
120	0.795	0.803	0.811	0.818	0.826	0.834	0.841	0.849	0.857	0.865
130	0.872	0.880	0.888	0.896	0.903	0.911	0.919	0.927	0.935	0.942
140	0.950	0.958	0.966	0.974	0.982	0.990	0.998	1.006	1.013	1.021
150	1.029	1.037	1.045	1.053	1.061	1.069	1.077	1.085	1.094	1.102
160	1.110	1.118	1.126	1.134	1.142	1.150	1.158	1.167	1.175	1.183
170	1.191	1.199	1.207	1.216	1.224	1.232	1.240	1.249	1.257	1.265
180	1.273	1.282	1.290	1.298	1.307	1.315	1.323	1.332	1.340	1.348
190	1.357	1.365	1.373	1.382	1.390	1.399	1.407	1.415	1.424	1.432
200	1.441	1.449	1.458	1.466	1.475	1.483	1.492	1.500	1.509	1.517
210	1.526	1.534	1.543	1.551	1.560	1.569	1.577	1.586	1.594	1.603
220	1.612	1.620	1.629	1.638	1.646	1.655	1.663	1.672	1.681	1.690
230	1.698	1.707	1.716	1.724	1.733	1.742	1.751	1.759	1.768	1.777
240	1.786	1.794	1.803	1.812	1.821	1.829	1.838	1.847	1.856	1.865
250	1.874	1.882	1.891	1.900	1.909	1.918	1.927	1.936	1.944	1.953
260	1.962	1.971	1.980	1.989	1.998	2.007	2.016	2.025	2.034	2.043
270	2.052	2.061	2.070	2.078	2.087	2.096	2.105	2.114	2.123	2.132
280	2.141	2.151	2.160	2.169	2.178	2.187	2.196	2.205	2.214	2.223
290	2.232	2.241	2.250	2.259	2.268	2.277	2.287	2.296	2.305	2.314

温度/℃	0	1	2	3	4	5	6	7	8	9
	热电动势 /mV									
300	2.323	2.332	2.341	2.350	2.360	2.369	2.378	2.387	2.396	2.405
310	2.415	2.424	2.433	2.442	2.451	2.461	2.470	2.479	2.488	2.497
320	2.507	2.516	2.525	2.534	2.544	2.553	2.562	2.571	2.581	2.590
330	2.599	2.609	2.618	2.627	2.636	2.646	2.655	2.664	2.674	2.683
340	2.692	2.702	2.711	2.720	2.730	2.739	2.748	2.758	2.767	2.776
350	2.786	2.795	2.805	2.814	2.823	2.833	2.842	2.851	2.861	2.870
360	2.880	2.889	2.899	2.908	2.917	2.927	2.936	2.946	2.955	2.965
370	2.974	2.983	2.993	3.002	3.012	3.021	3.031	3.040	3.050	3.059
380	3.069	3.078	3.088	3.097	3.107	3.116	3.126	3.135	3.145	3.154
390	3.164	3.173	3.183	3.192	3.202	3.212	3.221	3.231	3.240	3.250
400	3.259	3.269	3.279	3.288	3.298	3.307	3.317	3.326	3.336	3.346
410	3.355	3.365	3.374	3.384	3.394	3.403	3.413	3.423	3.432	3.442
420	3.451	3.461	3.471	3.480	3.490	3.500	3.509	3.519	3.529	3.538
430	3.548	3.558	3.567	3.577	3.587	3.596	3.606	3.616	3.626	3.635
440	3.645	3.655	3.664	3.674	3.684	3.694	3.703	3.713	3.723	3.732
450	3.742	3.752	3.762	3.771	3.781	3.791	3.801	3.810	3.820	3.830
460	3.840	3.850	3.859	3.869	3.879	3.889	3.898	3.908	3.918	3.928
470	3.938	3.947	3.957	3.967	3.977	3.987	3.997	4.006	4.016	4.026
480	4.036	4.046	4.056	4.065	4.075	4.085	4.095	4.105	4.115	4.125
490	4.134	4.144	4.154	4.164	4.174	4.184	4.194	4.204	4.213	4.223
500	4.233	4.243	4.253	4.263	4.273	4.283	4.293	4.303	4.313	4.323
510	4.332	4.342	4.352	4.362	4.372	4.382	4.392	4.402	4.412	4.422
520	4.432	4.442	4.452	4.462	4.472	4.482	4.492	4.502	4.512	4.522
530	4.532	4.542	4.552	4.562	4.572	4.582	4.592	4.602	4.612	4.622
540	4.632	4.642	4.652	4.662	4.672	4.682	4.692	4.702	4.712	4.722
550	4.732	4.742	4.752	4.762	4.772	4.782	4.793	4.803	4.813	4.823
560	4.833	4.843	4.853	4.863	4.873	4.883	4.893	4.904	4.914	4.924
570	4.934	4.944	4.954	4.964	4.974	4.984	4.995	5.005	5.015	5.025
580	5.035	5.045	5.055	5.066	5.076	5.086	5.096	5.106	5.116	5.127
590	5.137	5.147	5.157	5.167	5.178	5.188	5.198	5.208	5.218	5.228
600	5.239	5.249	5.259	5.269	5.280	5.290	5.300	5.310	5.320	5.331
610	5.341	5.351	5.361	5.372	5.382	5.392	5.402	5.413	5.423	5.433
620	5.443	5.454	5.464	5.474	5.485	5.495	5.505	5.515	5.526	5.536
630	5.546	5.557	5.567	5.577	5.588	5.598	5.608	5.618	5.629	5.639
640	5.649	5.660	5.670	5.680	5.691	5.701	5.712	5.722	5.732	5.743
650	5.753	5.763	5.774	5.784	5.794	5.805	5.815	5.826	5.836	5.846
660	5.857	5.867	5.878	5.888	5.898	5.909	5.919	5.930	5.940	5.950
670	5.961	5.971	5.982	5.992	6.003	6.013	6.024	6.034	6.044	6.055
680	6.065	6.076	6.086	6.097	6.107	6.118	6.128	6.139	6.149	6.160
690	6.170	6.181	6.191	6.202	6.212	6.223	6.233	6.244	6.254	6.265
700	6.275	6.286	6.296	6.307	6.317	6.328	6.338	6.349	6.360	6.370
710	6.381	6.391	6.402	6.412	6.423	6.434	6.444	6.455	6.465	6.476

温度/℃	0	1	2	3	4	5	6	7	8	9
	热电动势/mV									
720	6.486	6.497	6.508	6.518	6.529	6.539	6.550	6.561	6.571	6.582
730	6.593	6.603	6.614	6.624	6.635	6.646	6.656	6.667	6.678	6.688
740	6.699	6.710	6.720	6.731	6.742	6.752	6.763	6.774	6.784	6.795
750	6.806	6.817	6.827	6.838	6.849	6.859	6.870	6.881	6.892	6.902
760	6.913	6.924	6.934	6.945	6.956	6.967	6.977	6.988	6.999	7.010
770	7.020	7.031	7.042	7.053	7.064	7.074	7.085	7.096	7.107	7.117
780	7.128	7.139	7.150	7.161	7.172	7.182	7.193	7.204	7.215	7.226
790	7.236	7.247	7.258	7.269	7.280	7.291	7.302	7.312	7.323	7.334
800	7.345	7.356	7.367	7.378	7.388	7.399	7.410	7.421	7.432	7.443
810	7.454	7.465	7.476	7.487	7.497	7.508	7.519	7.530	7.541	7.552
820	7.563	7.574	7.585	7.596	7.607	7.618	7.629	7.640	7.651	7.662
830	7.673	7.684	7.695	7.706	7.717	7.728	7.739	7.750	7.761	7.772
840	7.783	7.794	7.805	7.816	7.827	7.838	7.849	7.860	7.871	7.882
850	7.893	7.904	7.915	7.926	7.937	7.948	7.959	7.970	7.981	7.992
860	8.003	8.014	8.026	8.037	8.048	8.059	8.070	8.081	8.092	8.103
870	8.114	8.125	8.137	8.148	8.159	8.170	8.181	8.192	8.203	8.214
880	8.226	8.237	8.248	8.259	8.270	8.281	8.293	8.304	8.315	8.326
890	8.337	8.348	8.360	8.371	8.382	8.393	8.404	8.416	8.427	8.438
900	8.449	8.460	8.472	8.483	8.494	8.505	8.517	8.528	8.539	8.550
910	8.562	8.573	8.584	8.595	8.607	8.618	8.629	8.640	8.652	8.663
920	8.674	8.685	8.697	8.708	8.719	8.731	8.742	8.753	8.765	8.776
930	8.787	8.798	8.810	8.821	8.832	8.844	8.855	8.866	8.878	8.889
940	8.900	8.912	8.923	8.935	8.946	8.957	8.969	8.980	8.991	9.003
950	9.014	9.025	9.037	9.048	9.060	9.071	9.082	9.094	9.105	9.117
960	9.128	9.139	9.151	9.162	9.174	9.185	9.197	9.208	9.219	9.231
970	9.242	9.254	9.265	9.277	9.288	9.300	9.311	9.323	9.334	9.345
980	9.357	9.368	9.380	9.391	9.403	9.414	9.426	9.437	9.449	9.460
990	9.472	9.483	9.495	9.506	9.518	9.529	9.541	9.552	9.564	9.576
1000	9.587	9.599	9.610	9.622	9.633	9.645	9.656	9.668	9.680	9.691
1010	9.703	9.714	9.726	9.737	9.749	9.761	9.772	9.784	9.795	9.807
1020	9.819	9.830	9.842	9.853	9.865	9.877	9.888	9.900	9.911	9.923
1030	9.935	9.946	9.958	9.970	9.981	9.993	10.005	10.016	10.028	10.040
1040	10.051	10.063	10.075	10.086	10.098	10.110	10.121	10.133	10.145	10.156
1050	10.168	10.180	10.191	10.203	10.215	10.227	10.238	10.250	10.262	10.273
1060	10.285	10.297	10.309	10.320	10.332	10.344	10.356	10.367	10.379	10.391
1070	10.403	10.414	10.426	10.438	10.450	10.461	10.473	10.485	10.497	10.509
1080	10.520	10.532	10.544	10.556	10.567	10.579	10.591	10.603	10.615	10.626
1090	10.638	10.650	10.662	10.674	10.686	10.697	10.709	10.721	10.733	10.745
1100	10.757	10.768	10.780	10.792	10.804	10.816	10.828	10.839	10.851	10.863
1110	10.875	10.887	10.899	10.911	10.922	10.934	10.946	10.958	10.970	10.982
1120	10.994	11.006	11.017	11.029	11.041	11.053	11.065	11.077	11.089	11.101
1130	11.113	11.125	11.136	11.148	11.160	11.172	11.184	11.196	11.208	11.220

温度/ ℃	0	1	2	3	4	5	6	7	8	9
	热电动势 /mV									
1140	11.232	11.244	11.256	11.268	11.280	11.291	11.303	11.315	11.327	11.339
1150	11.351	11.363	11.375	11.387	11.399	11.411	11.423	11.435	11.447	11.459
1160	11.471	11.483	11.495	11.507	11.519	11.531	11.542	11.554	11.566	11.578
1170	11.590	11.602	11.614	11.626	11.638	11.650	11.662	11.674	11.686	11.698
1180	11.710	11.722	11.734	11.746	11.758	11.770	11.782	11.794	11.806	11.818
1190	11.830	11.842	11.854	11.866	11.878	11.890	11.902	11.914	11.926	11.939
1200	11.951	11.963	11.975	11.987	11.999	12.011	12.023	12.035	12.047	12.059
1210	12.071	12.083	12.095	12.107	12.119	12.131	12.143	12.155	12.167	12.179
1220	12.191	12.203	12.216	12.228	12.240	12.252	12.264	12.276	12.288	12.300
1230	12.312	12.324	12.336	12.348	12.360	12.372	12.384	12.397	12.409	12.421
1240	12.433	12.445	12.457	12.469	12.481	12.493	12.505	12.517	12.529	12.542
1250	12.554	12.566	12.578	12.590	12.602	12.614	12.626	12.638	12.650	12.662
1260	12.675	12.687	12.699	12.711	12.723	12.735	12.747	12.759	12.771	12.783
1270	12.796	12.808	12.820	12.832	12.844	12.856	12.868	12.880	12.892	12.905
1280	12.917	12.929	12.941	12.953	12.965	12.977	12.989	13.001	13.014	13.026
1290	13.038	13.050	13.062	13.074	13.086	13.098	13.111	13.123	13.135	13.147
1300	13.159	13.171	13.183	13.195	13.208	13.220	13.232	13.244	13.256	13.268
1310	13.280	13.292	13.305	13.317	13.329	13.341	13.353	13.365	13.377	13.390
1320	13.402	13.414	13.426	13.438	13.450	13.462	13.474	13.487	13.499	13.511
1330	13.523	13.535	13.547	13.559	13.572	13.584	13.596	13.608	13.620	13.632
1340	13.644	13.657	13.669	13.681	13.693	13.705	13.717	13.729	13.742	13.754
1350	13.766	13.778	13.790	13.802	13.814	13.826	13.839	13.851	13.863	13.875
1360	13.887	13.899	13.911	13.924	13.936	13.948	13.960	13.972	13.984	13.996
1370	14.009	14.021	14.033	14.045	14.057	14.069	14.081	14.094	14.106	14.118
1380	14.130	14.142	14.154	14.166	14.178	14.191	14.203	14.215	14.227	14.239
1390	14.251	14.263	14.276	14.288	14.300	14.312	14.324	14.336	14.348	14.360
1400	14.373	14.385	14.397	14.409	14.421	14.433	14.445	14.457	14.470	14.482
1410	14.494	14.506	14.518	14.530	14.542	14.554	14.567	14.579	14.591	14.603
1420	14.615	14.627	14.639	14.651	14.664	14.676	14.688	14.700	14.712	14.724
1430	14.736	14.748	14.760	14.773	14.785	14.797	14.809	14.821	14.833	14.845
1440	14.857	14.869	14.881	14.894	14.906	14.918	14.930	14.942	14.954	14.966
1450	14.978	14.990	15.002	15.015	15.027	15.039	15.051	15.063	15.075	15.087
1460	15.099	15.111	15.123	15.135	15.148	15.160	15.172	15.184	15.196	15.208
1470	15.220	15.232	15.244	15.256	15.268	15.280	15.292	15.304	15.317	15.329
1480	15.341	15.353	15.365	15.377	15.389	15.401	15.413	15.425	15.437	15.449
1490	15.461	15.473	15.485	15.497	15.509	15.521	15.534	15.546	15.558	15.570
1500	15.582	15.594	15.606	15.618	15.630	15.642	15.654	15.666	15.678	15.690
1510	15.702	15.714	15.726	15.738	15.750	15.762	15.774	15.786	15.798	15.810
1520	15.822	15.834	15.846	15.858	15.870	15.882	15.894	15.906	15.918	15.930
1530	15.942	15.954	15.966	15.978	15.990	16.002	16.014	16.026	16.038	16.050
1540	16.062	16.074	16.086	16.098	16.110	16.122	16.134	16.146	16.158	16.170
1550	16.182	16.194	16.205	16.217	16.229	16.241	16.253	16.265	16.277	16.289

温度/℃	0	1	2	3	4	5	6	7	8	9
	热电动势 /mV									
1560	16.301	16.313	16.325	16.337	16.349	16.361	16.373	16.385	16.396	16.408
1570	16.420	16.432	16.444	16.456	16.468	16.480	16.492	16.504	16.516	16.527
1580	16.539	16.551	16.563	16.575	16.587	16.599	16.611	16.623	16.634	16.646
1590	16.658	16.670	16.682	16.694	16.706	16.718	16.729	16.741	16.753	16.765
1600	16.777	16.789	16.801	16.812	16.824	16.836	16.848	16.860	16.872	16.883
1610	16.895	16.907	16.919	16.931	16.943	16.954	16.966	16.978	16.990	17.002
1620	17.013	17.025	17.037	17.049	17.061	17.072	17.084	17.096	17.108	17.120
1630	17.131	17.143	17.155	17.167	17.178	17.190	17.202	17.214	17.225	17.237
1640	17.249	17.261	17.272	17.284	17.296	17.308	17.319	17.331	17.343	17.355
1650	17.366	17.378	17.390	17.401	17.413	17.425	17.437	17.448	17.460	17.472
1660	17.483	17.495	17.507	17.518	17.530	17.542	17.553	17.565	17.577	17.588
1670	17.600	17.612	17.623	17.635	17.647	17.658	17.670	17.682	17.693	17.705
1680	17.717	17.728	17.740	17.751	17.763	17.775	17.786	17.798	17.809	17.821
1690	17.832	17.844	17.855	17.867	17.878	17.890	17.901	17.913	17.924	17.936
1700	17.947	17.959	17.970	17.982	17.993	18.004	18.016	18.027	18.039	18.050
1710	18.061	18.073	18.084	18.095	18.107	18.118	18.129	18.140	18.152	18.163
1720	18.174	18.185	18.196	18.208	18.219	18.230	18.241	18.252	18.263	18.274
1730	18.285	18.297	18.308	18.319	18.330	18.341	18.352	18.362	18.373	18.384
1740	18.395	18.406	18.417	18.428	18.439	18.449	18.460	18.471	18.482	18.493
1750	18.503	18.514	18.525	18.535	18.546	18.557	18.567	18.578	18.588	18.599
1760	18.609									

附录 B　镍铬 - 镍硅型热电偶分度表

分度号: K　　参考端温度为 0℃

温度/℃	0	−1	−2	−3	−4	−5	−6	−7	−8	−9
	热电动势 /mV									
0	0	−0.039	−0.079	−0.118	−0.157	−0.197	−0.236	−0.275	−0.314	−0.353
−10	−0.392	−0.431	−0.47	−0.508	−0.547	−0.586	−0.624	−0.663	−0.701	−0.739
−20	−0.778	−0.816	−0.854	−0.892	−0.93	−0.968	−1.006	−1.043	−1.081	−1.119

温度/℃	0	1	2	3	4	5	6	7	8	9
0	0	0.039	0.079	0.119	0.158	0.198	0.238	0.277	0.317	0.357
10	0.397	0.437	0.477	0.517	0.557	0.597	0.637	0.677	0.718	0.758
20	0.798	0.838	0.879	0.919	0.96	1	1.041	1.081	1.122	1.136
30	1.203	1.244	1.285	1.326	1.366	1.407	1.448	1.489	1.53	1.571
40	1.612	1.653	1.694	1.735	1.776	1.817	1.858	1.899	1.941	1.982
50	2.023	2.064	2.106	2.147	2.188	2.23	2.271	2.312	2.354	2.395
60	2.436	2.478	2.519	2.561	2.602	2.644	2.685	2.727	2.768	2.81
70	2.851	2.893	2.934	2.976	3.017	3.059	3.1	3.142	3.184	3.225
80	3.267	3.308	3.35	3.391	3.433	3.474	3.516	3.557	3.599	3.64

温度/℃	0	−1	−2	−3	−4	−5	−6	−7	−8	−9
	热电动势/mV									
90	3.682	3.723	3.765	3.806	3.848	3.889	3.931	3.972	4.013	4.055
100	4.096	4.138	4.179	4.22	4.262	4.303	4.344	4.385	4.427	4.468
110	4.509	4.55	4.591	4.633	4.674	4.715	4.756	4.797	4.838	4.879
120	4.92	4.961	5.002	5.043	5.084	5.124	5.165	5.206	5.247	5.288
130	5.328	5.369	5.41	5.45	5.491	5.532	5.572	5.613	5.653	5.694
140	5.735	5.775	5.815	5.856	5.896	5.937	5.977	6.017	6.058	6.098
150	6.138	6.179	6.219	6.259	6.299	6.339	6.38	6.42	6.46	6.5
160	6.54	6.58	6.62	6.66	6.701	6.741	6.781	6.821	6.861	6.901
170	6.941	6.981	7.021	7.06	7.1	7.14	7.18	7.22	7.26	7.3
180	7.34	7.38	7.42	7.46	7.5	7.54	7.579	7.619	7.659	7.699
190	7.739	7.779	7.819	7.859	7.899	7.939	7.979	8.019	8.059	8.099
200	8.138	8.178	8.218	8.258	8.298	8.338	8.378	8.418	8.458	8.499
210	8.539	8.579	8.619	8.659	8.699	8.739	8.779	8.819	8.86	8.9
220	8.94	8.98	9.02	9.061	9.101	9.141	9.181	9.222	9.262	9.302
230	9.343	9.383	9.423	9.464	9.504	9.545	9.585	9.626	9.666	9.707
240	9.747	9.788	9.828	9.869	9.909	9.95	9.991	10.031	10.072	10.113
250	10.153	10.194	10.235	10.276	10.316	10.357	10.398	10.439	10.48	10.52
260	10.561	10.602	10.643	10.684	10.725	10.766	10.807	10.848	10.889	10.93
270	10.971	11.012	11.053	11.094	11.135	11.176	11.217	11.259	11.3	11.341
280	11.382	11.423	11.465	11.506	11.547	11.588	11.63	11.671	11.712	11.753
290	11.795	11.836	11.877	11.919	11.96	12.001	12.043	12.084	12.126	12.167
300	12.209	12.25	12.291	12.333	12.374	12.416	12.457	12.499	12.54	12.582
310	12.624	12.665	12.707	12.748	12.79	12.831	12.873	12.915	12.956	12.998
320	13.04	13.081	13.123	13.165	13.206	13.248	13.29	13.331	13.373	13.415
330	13.457	13.498	13.54	13.582	13.624	13.665	13.707	13.749	13.791	13.833
340	13.874	13.916	13.958	14	14.042	14.084	14.126	14.167	14.209	14.251
350	14.293	14.335	14.377	14.419	14.461	14.503	14.545	14.587	14.629	14.671
360	14.713	14.755	14.797	14.839	14.881	14.923	14.965	15.007	15.049	15.091
370	15.133	15.175	15.217	15.259	15.301	15.343	15.385	15.427	15.469	15.511
380	15.554	15.596	15.638	15.68	15.722	15.764	15.806	15.849	15.891	15.933
390	15.975	16.071	16.059	16.102	16.144	16.186	16.228	16.27	16.313	16.355
400	16.397	16.439	16.482	16.524	16.566	16.608	16.651	16.693	16.735	16.778
410	16.82	16.862	16.904	16.947	16.989	17.031	17.074	17.116	17.158	17.201
420	17.243	17.285	17.328	17.37	17.413	17.455	17.497	17.54	17.582	17.624
430	17.667	17.709	17.752	17.794	17.837	17.879	17.921	17.964	18.006	18.049
440	18.091	18.134	18.176	18.218	18.261	18.303	18.346	18.388	18.431	18.473
450	18.516	18.558	18.601	18.643	18.686	18.728	18.771	18.813	18.856	18.898
460	18.941	18.983	19.026	19.068	19.111	19.154	19.196	19.239	19.281	19.324
470	19.366	19.409	19.451	19.494	19.537	19.579	19.622	19.664	19.707	19.75
480	19.792	19.835	19.877	19.92	19.962	20.005	20.048	20.09	20.133	20.175
490	20.218	20.261	20.303	20.346	20.389	20.431	20.474	20.516	20.559	20.602
500	20.644	20.687	20.73	20.772	20.815	20.857	20.9	20.943	20.985	21.028

温度/℃	0	-1	-2	-3	-4	-5	-6	-7	-8	-9
	热电动势/mV									
510	21.071	21.113	21.156	21.199	21.241	21.284	21.326	21.369	21.412	21.454
520	21.497	21.54	21.582	21.625	21.668	21.71	21.753	21.796	21.838	21.881
530	21.924	21.966	22.009	22.052	22.094	22.137	22.179	22.222	22.265	22.307
540	22.35	22.393	22.435	22.478	22.521	22.563	22.606	22.649	22.691	22.734
550	22.776	22.819	22.862	22.904	22.947	22.99	23.032	23.075	23.117	23.16
560	23.203	23.245	23.288	23.331	23.373	23.416	23.458	23.501	23.544	23.586
570	23.629	23.671	23.714	23.757	23.799	23.842	23.884	23.927	23.97	24.012
580	24.055	24.097	24.14	24.182	24.225	24.267	24.31	24.353	24.395	24.438
590	24.48	24.523	24.565	24.608	24.65	24.693	24.735	24.778	24.82	24.863
600	24.905	24.948	24.99	25.033	25.075	25.118	25.16	25.203	25.245	25.288
610	25.33	25.373	25.415	25.458	25.5	25.543	25.585	25.627	25.67	25.712
620	25.755	25.797	25.84	25.882	25.924	25.967	26.009	26.052	26.094	26.136
630	26.179	26.221	26.263	26.306	26.348	26.39	26.433	26.475	26.517	26.56
640	26.602	26.644	26.687	26.729	26.771	26.814	26.856	26.898	26.94	26.983
650	27.025	27.067	27.109	27.152	27.194	27.236	27.278	27.32	27.363	27.405
660	27.447	27.489	27.531	27.574	27.616	27.658	27.7	27.742	27.784	27.826
670	27.869	27.911	27.953	27.995	28.037	28.079	28.121	28.163	28.205	28.247
680	28.289	28.332	28.374	28.416	28.458	28.5	28.542	28.584	28.626	28.668
690	28.71	28.752	28.794	28.835	28.877	28.919	28.961	29.003	29.045	29.087
700	29.129	29.171	29.213	29.255	29.297	29.338	29.38	29.422	29.464	29.506
710	29.548	29.589	29.631	29.673	29.715	29.757	29.798	29.84	29.882	29.924
720	29.965	30.007	30.049	30.09	30.132	30.174	30.216	30.257	30.299	30.341
730	30.382	30.424	30.466	30.507	30.549	30.59	30.632	30.674	30.715	30.757
740	30.798	30.84	30.881	30.923	30.964	31.006	31.047	31.089	31.13	31.172
750	31.213	31.255	31.296	31.338	31.379	31.421	31.462	31.504	31.545	31.586
760	31.628	31.699	31.71	31.752	31.793	31.834	31.876	31.917	31.958	32
770	32.041	32.082	32.124	32.165	32.206	32.247	32.289	32.33	32.371	32.412
780	32.453	32.498	32.536	32.577	32.618	32.659	32.7	32.742	32.783	32.824
790	32.865	32.906	32.947	32.988	33.029	33.07	33.111	33.152	33.193	33.234
800	33.275	33.316	33.357	33.398	33.439	33.48	33.521	33.562	33.602	33.644
810	33.685	33.726	33.767	33.808	33.848	33.889	33.93	33.971	34.012	34.053
820	34.093	34.134	34.175	34.216	34.257	34.297	34.338	34.379	34.42	34.46
830	34.501	34.542	34.582	34.623	34.664	34.704	34.745	34.786	34.826	34.867
840	34.908	34.948	34.989	35.029	35.07	35.11	35.151	35.192	35.232	35.273
850	35.313	35.354	35.394	35.435	35.475	35.516	35.556	35.596	35.637	35.677
860	35.718	35.758	35.798	35.839	35.879	35.92	35.96	36	36.041	36.081
870	36.121	36.162	36.202	36.242	36.282	36.323	36.363	36.403	36.443	36.484
880	36.524	36.564	36.604	36.644	36.685	36.725	36.765	36.805	36.845	36.885
890	36.925	36.965	37.006	37.046	37.086	37.126	37.166	37.206	37.246	37.286
900	37.326	37.366	37.406	37.446	37.486	37.526	37.566	37.606	37.646	37.686
910	37.725	37.765	37.805	37.845	37.885	37.925	37.965	38.005	38.044	38.084
920	38.124	38.164	38.204	38.243	38.283	38.323	38.363	38.402	38.442	38.482
930	38.522	38.561	38.601	38.641	38.68	38.72	38.76	38.799	38.839	38.878
940	38.918	38.958	38.997	39.037	39.076	39.116	39.155	39.195	39.235	39.274

温度/℃	0	−1	−2	−3	−4	−5	−6	−7	−8	−9
	热电动势/mV									
950	39.314	39.353	39.393	39.432	39.471	39.511	39.55	39.59	39.629	39.669
960	39.708	39.747	39.787	39.826	39.866	39.905	39.944	39.984	40.023	40.062
970	40.101	40.141	40.18	40.219	40.259	40.298	40.337	40.376	40.415	40.455
980	40.494	40.533	40.572	40.611	40.651	40.69	40.729	40.768	40.807	40.846
990	40.885	40.924	40.963	41.002	41.042	41.081	41.12	41.159	41.198	41.237
1000	41.276	41.315	41.354	41.393	41.431	41.47	41.509	41.548	41.587	41.626
1010	41.665	41.704	41.743	41.781	41.82		41.898	41.937	41.976	42.014
1020	42.053	42.092	42.131	42.169	42.208	42.247	42.286	42.324	42.363	42.402
1030	42.44	42.479	42.518	42.556	42.595	42.633	42.672	42.711	42.749	42.788
1040	42.826	42.865	42.903	42.942	42.98	43.019	43.057	43.096	43.134	43.173
1050	43.211	43.25	43.288	43.327	43.365	43.403	43.442	43.48	43.518	43.557
1060	43.595	43.633	43.672	43.71	43.748	43.787	43.825	43.863	43.901	43.94
1070	43.978	44.016	44.054	44.092	44.13	44.169	44.207	44.245	44.283	44.321
1080	44.359	44.397	44.435	44.473	44.512	44.55	44.588	44.626	44.664	44.702
1090	44.74	44.778	44.816	44.853	44.891	44.929	44.967	45.005	45.043	45.081
1100	45.119	45.157	45.194	45.232	45.27	45.308	45.346	45.383	45.421	45.459
1110	45.497	45.534	45.572	45.61	45.647	45.685	45.723	45.76	45.798	45.836
1120	45.873	45.911	45.948	45.986	46.024	46.061	46.099	46.136	46.174	46.211
1130	46.249	46.286	46.324	46.361	46.398	46.436	46.473	46.511	46.548	46.585
1140	46.623	46.66	46.697	46.735	46.772	46.809	46.847	46.884	46.921	46.958
1150	46.995	47.033	47.07	47.107	47.144	47.181	47.218	47.256	47.293	47.33
1160	47.367	47.404	47.441	47.478	47.515	47.552	47.589	47.626	47.663	47.7
1170	47.737	47.774	47.811	47.848	47.884	47.921	47.958	47.995	48.032	48.069
1180	48.105	48.142	48.179	48.216	48.252	48.289	48.326	48.363	48.399	48.436
1190	48.473	48.509	48.546	48.582	48.619	48.656	48.692	48.729	48.765	48.802
1200	48.838	48.875	48.911	48.948	48.984	49.021	49.057	49.093	49.13	49.166
1210	49.202	49.239	49.275	49.311	49.348	49.384	49.42	49.456	49.493	49.529
1220	49.565	49.606	49.637	49.674	49.71	49.746	49.782	49.818	49.854	49.89
1230	49.926	49.962	49.998	50.034	50.07	50.106	50.142	50.178	50.214	50.25
1240	50.286	50.322	50.358	50.393	50.429	50.465	50.501	50.537	50.572	50.608
1250	50.644	50.68	50.715	50.751	50.787	50.822	50.858	50.894	50.929	50.965
1260	51	51.036	51.071	51.107	51.142	51.178	51.213	51.249	51.284	51.32
1270	51.355	51.391	51.426	51.461	51.497	51.532	51.567	51.603	51.638	51.673
1280	51.708	51.744	51.779	51.814	51.849	51.885	51.92	51.955	51.99	52.025
1290	52.06	52.095	52.13	52.165	52.2	52.235	52.27	52.305	52.34	52.375
1300	52.41	52.445	52.48	52.515	52.55	52.585	52.62	52.654	52.689	52.724
1310	52.759	52.794	52.828	52.863	52.898	52.932	52.967	53.002	53.037	53.071
1320	53.106	53.14	53.175	53.21	53.244	53.279	53.313	53.348	53.382	53.417
1330	53.451	53.486	53.52	53.555	53.589	53.623	53.658	53.692	53.727	53.761
1340	53.795	53.83	53.864	53.898	53.932	53.967	54.001	54.035	54.069	54.104
1350	54.138	54.172	54.206	54.24	54.274	54.308	54.343	54.377	54.411	54.445
1360	54.479	54.513	54.547	54.581	54.615	54.649	54.683	54.717	54.751	54.785
1370	54.819	54.852	54.886							

附录 C 铂热电阻分度表

分度号：Pt100

温度/℃	0	1	2	3	4	5	6	7	8	9
	电阻值/Ω									
−200	18.52	—	—	—	—	—	—	—	—	—
−190	22.83	22.40	21.97	21.54	21.11	20.68	20.25	19.82	19.38	18.95
−180	27.10	26.67	26.24	25.82	25.39	24.97	24.54	24.11	23.68	23.25
−170	31.34	30.91	30.49	30.07	29.64	29.22	28.80	28.37	27.95	27.52
−160	35.54	35.12	34.70	34.28	33.86	33.44	33.02	32.60	32.18	31.76
−150	39.72	39.31	38.89	38.47	38.05	37.64	37.22	36.80	36.38	35.96
−140	43.88	43.46	43.05	42.63	42.22	41.80	41.39	40.97	40.56	40.14
−130	48.00	47.59	47.18	46.77	46.36	45.94	45.53	45.12	44.70	44.29
−120	52.11	51.70	51.29	50.88	50.47	50.06	49.65	49.24	48.83	48.42
−110	56.19	55.79	55.38	54.97	54.56	54.15	53.75	53.34	52.93	52.52
−100	60.26	59.85	59.44	59.04	58.63	58.23	57.82	57.41	57.01	56.60
−90	64.30	63.90	63.49	63.09	62.68	62.28	61.88	61.47	61.07	60.66
−80	68.33	67.92	67.52	67.12	66.72	66.31	65.91	65.51	65.11	64.70
−70	72.33	71.93	71.53	71.13	70.73	70.33	69.93	69.53	69.13	68.73
−60	76.33	75.93	75.53	75.13	74.73	74.33	73.93	73.53	73.13	72.73
−50	80.31	79.91	79.51	79.11	78.72	78.32	77.92	77.52	77.12	76.73
−40	84.27	83.87	83.48	83.08	82.69	82.29	81.89	81.50	81.10	80.70
−30	88.22	87.83	87.43	87.04	86.64	86.25	85.85	85.46	85.06	84.67
−20	92.16	91.77	91.37	90.98	90.59	90.19	89.80	89.40	89.01	88.62
−10	96.09	95.69	95.30	94.91	94.52	94.12	93.73	93.34	92.95	92.55
0	100.00	99.61	99.22	98.83	98.44	98.04	97.65	97.26	96.87	96.48
0	100.00	100.39	100.78	101.17	101.56	101.95	102.34	102.73	103.12	103.51
10	103.90	104.29	104.68	105.07	105.46	105.85	106.24	106.63	107.02	107.40
20	107.79	108.18	108.57	108.96	109.35	109.73	110.12	110.51	110.90	111.29
30	111.67	112.06	112.45	112.83	113.22	113.61	114.00	114.38	114.77	115.15
40	115.54	115.93	116.31	116.70	117.08	117.47	117.86	118.24	118.63	119.01
50	119.40	119.78	120.17	120.55	120.94	121.32	121.71	122.09	122.47	122.86
60	123.24	123.63	124.01	124.39	124.78	125.16	125.54	125.93	126.31	126.69
70	127.08	127.46	127.84	128.22	128.61	128.99	129.37	129.75	130.13	130.52
80	130.90	131.28	131.66	132.04	132.42	132.80	133.18	133.57	133.95	134.33
90	134.71	135.09	135.47	135.85	136.23	136.61	136.99	137.37	137.75	138.13
100	138.51	138.88	139.26	139.64	140.02	140.40	140.78	141.16	141.54	141.91
110	142.29	142.67	143.05	143.43	143.80	144.18	144.56	144.94	145.31	145.69
120	146.07	146.44	146.82	147.20	147.57	147.95	148.33	148.70	149.08	149.46
130	149.83	150.21	150.58	150.96	151.33	151.71	152.08	152.46	152.83	153.21
140	153.58	153.96	154.33	154.71	155.08	155.46	155.83	156.20	156.58	156.95
150	157.33	157.70	158.07	158.45	158.82	159.19	159.56	159.94	160.31	160.68
160	161.05	161.43	161.80	162.17	162.54	162.91	163.29	163.66	164.03	164.40
170	164.77	165.14	165.51	165.89	166.26	166.63	167.00	167.37	167.74	168.11
180	168.48	168.85	169.22	169.59	169.96	170.33	170.70	171.07	171.43	171.80
190	172.17	172.54	172.91	173.28	173.65	174.02	174.38	174.75	175.12	175.49
200	175.86	176.22	176.59	176.96	177.33	177.69	178.06	178.43	178.79	179.16
210	179.53	179.89	180.26	180.63	180.99	181.36	181.72	182.09	182.46	182.82
220	183.19	183.55	183.92	184.28	184.65	185.01	185.38	185.74	186.11	186.47
230	186.84	187.20	187.56	187.93	188.29	188.66	189.02	189.38	189.75	190.11
240	190.47	190.84	191.20	191.56	191.92	192.29	192.65	193.01	193.37	193.74

温度/℃	0	1	2	3	4	5	6	7	8	9
	电阻值 /Ω									
250	194.10	194.46	194.82	195.18	195.55	195.91	196.27	196.63	196.99	197.35
260	197.71	198.07	198.43	198.79	199.15	199.51	199.87	200.23	200.59	200.95
270	201.31	201.67	202.03	202.39	202.75	203.11	203.47	203.83	204.19	204.55
280	204.90	205.26	205.62	205.98	206.34	206.70	207.05	207.41	207.77	208.13
290	208.48	208.84	209.20	209.56	209.91	210.27	210.63	210.98	211.34	211.70
300	212.05	212.41	212.76	213.12	213.48	213.83	214.19	214.54	214.90	215.25
310	215.61	215.96	216.32	216.67	217.03	217.38	217.74	218.09	218.44	218.80
320	219.15	219.51	219.86	220.21	220.57	220.92	221.27	221.63	221.98	222.33
330	222.68	223.04	223.39	223.74	224.09	224.45	224.80	225.15	225.50	225.85
340	226.21	226.56	226.91	227.26	227.61	227.96	228.31	228.66	229.02	229.37
350	229.72	230.07	230.42	230.77	231.12	231.47	231.82	232.17	232.52	232.87
360	233.21	233.56	233.91	234.26	234.61	234.96	235.31	235.66	236.00	236.35
370	236.70	237.05	237.40	237.74	238.09	238.44	238.79	239.13	239.48	239.83
380	240.18	240.52	240.87	241.22	241.56	241.91	242.26	242.60	242.95	243.29
390	243.64	243.99	244.33	244.68	245.02	245.37	245.71	246.06	246.40	246.75
400	247.09	247.44	247.78	248.13	248.47	248.81	249.16	249.50	245.85	250.19
410	250.53	250.88	251.22	251.56	251.91	252.25	252.59	252.93	253.28	253.62
420	253.96	254.30	254.65	254.99	255.33	255.67	256.01	256.35	256.70	257.04
430	257.38	257.72	258.06	258.40	258.74	259.08	259.42	259.76	260.10	260.44
440	260.78	261.12	261.46	261.80	262.14	262.48	262.82	263.16	263.50	263.84
450	264.18	264.52	264.86	265.20	265.53	265.87	266.21	266.55	266.89	267.22
460	267.56	267.90	268.24	268.57	268.91	269.25	269.59	269.92	270.26	270.60
470	270.93	271.27	271.61	271.94	272.28	272.61	272.95	273.29	273.62	273.96
480	274.29	274.63	274.96	275.30	275.63	275.97	276.30	276.64	276.97	277.31
490	277.64	277.98	278.31	278.64	278.98	279.31	279.64	279.98	280.31	280.64
500	280.98	281.31	281.64	281.98	282.31	282.64	282.97	283.31	283.64	283.97
510	284.30	284.63	284.97	285.30	285.63	285.96	286.29	286.62	286.85	287.29
520	287.62	287.95	288.28	288.61	288.94	289.27	289.60	289.93	290.26	290.59
530	290.92	291.25	291.58	291.91	292.24	292.56	292.89	293.22	293.55	293.88
540	294.21	294.54	294.86	295.19	295.52	295.85	296.18	296.50	296.83	297.16
550	297.49	297.81	298.14	298.47	298.80	299.12	299.45	299.78	300.10	300.43
560	300.75	301.08	301.41	301.73	302.06	302.38	302.71	303.03	303.36	303.69
570	304.01	304.34	304.66	304.98	305.31	305.63	305.96	306.28	306.61	306.93
580	307.25	307.58	307.90	308.23	308.55	308.87	309.20	309.52	309.84	310.16
590	310.49	310.81	311.13	311.45	311.78	312.10	312.42	312.74	313.06	313.39
600	313.71	314.03	314.35	314.67	314.99	315.31	315.64	315.96	316.28	316.60
610	316.92	317.24	317.56	317.88	318.20	318.52	318.84	319.16	319.48	319.80
620	320.12	320.43	320.75	321.07	321.39	321.71	322.03	322.35	322.67	322.98
630	323.30	323.62	323.94	324.26	324.57	324.89	325.21	325.53	325.84	326.16
640	326.48	326.79	327.11	327.43	327.74	328.06	328.38	328.69	329.01	329.32
650	329.64	329.96	330.27	330.59	330.90	331.22	331.53	331.85	332.16	332.48
660	332.79									

附录 D　铜热电阻分度表

分度号：Cu100

公式	Cu100 铜热电阻的温度和阻值对应关系（公式计算）								
	$-50℃<t<150℃$时，$R_{Cu50}=R(0℃)[1+At+Bt(t-100℃)+Ct^2(t-100℃)]$ $R(t)=R(0℃)$								
	式中，$A=4.280×10^{-3}$；$B=-9.31×10^{-8}/(℃)^2$；$C=1.23×10^{-9}/(℃)^3$								

温度/℃	0	−1	−2	−3	−4	−5	−6	−7	−8	−9
	电阻值/Ω									
−50	78.48	78.05	77.62	77.19	76.76	76.33	75.90	75.47	75.03	74.60
−40	82.80	82.37	81.94	81.51	81.08	80.65	80.22	79.79	79.36	78.92
−30	87.11	86.68	86.25	85.82	85.39	84.96	84.53	84.10	83.67	83.24
−20	91.41	90.98	90.55	90.12	89.69	89.26	88.83	88.40	87.97	87.54
−10	95.71	95.28	94.85	94.42	93.99	93.56	93.13	92.70	92.27	91.84
0	100.00	99.57	99.14	98.71	98.28	97.86	97.43	97.00	96.57	96.14

温度/℃	0	1	2	3	4	5	6	7	8	9
	电阻值/Ω									
0	100.00	100.43	100.86	101.29	101.72	102.14	102.57	103.00	103.43	103.86
10	104.29	104.72	105.14	105.57	106.00	106.43	106.86	107.29	107.72	108.15
20	108.57	109.00	109.43	109.86	110.29	110.71	111.14	111.57	112.00	112.43
30	112.85	113.28	113.71	114.14	114.57	114.99	115.42	115.85	116.28	116.71
40	117.13	117.56	117.99	118.42	118.84	119.27	119.70	120.13	120.56	120.99
50	121.41	121.84	122.27	122.69	123.12	123.55	123.98	124.41	124.84	125.27
60	125.68	126.11	126.54	126.97	127.40	127.83	128.26	128.69	129.12	129.55
70	129.96	130.39	130.82	131.25	131.68	132.11	132.54	132.97	133.40	133.82
80	134.24	134.67	135.10	135.53	135.96	136.39	136.82	137.25	137.68	138.11
90	138.52	138.95	139.38	139.81	140.24	140.67	141.10	141.53	141.96	142.39
100	142.80	143.23	143.66	144.09	144.52	144.95	145.38	145.81	146.24	146.67
110	147.08	147.52	147.95	148.38	148.81	149.24	149.67	150.10	150.53	150.96
120	151.37	151.80	152.24	152.67	153.10	153.53	153.96	154.39	154.83	155.26
130	155.67	156.10	156.53	156.96	157.39	157.83	158.26	158.69	159.12	159.56
140	159.96	160.40	160.83	161.26	161.70	162.13	162.56	163.00	163.43	163.86
150	164.27	164.70	165.14	165.57	166.00	166.44	166.87	167.31	167.74	168.17

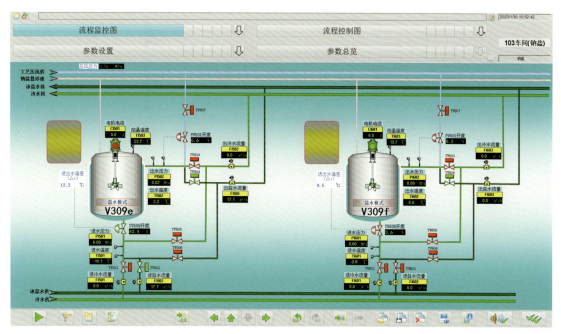

图 1-2　布洛芬钠盐结晶 DCS 软件监控界面

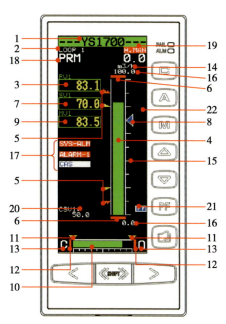

1. 工位号；2. 画面标题；3. PV 数值；4. PV 棒图；5. HH 指针、PH 指针；6. PV 下溢；7. SV 数值；8. SV 指针；9. MV 数值；10. MV 棒图、MV 标尺；11. ML 指针；12. MV 下溢；13. MV 阀门方向；14. 工程单位；15. PV 标尺；16. 标尺 100% 时的值；17. 报警发生显示、控制状态显示；18. P 寄存器；19. 运行状态显示；20. 级联设定输入值；21. PF 键功能显示；22. 键锁定状态显示。

图 9-20　YS-1700 操作画面

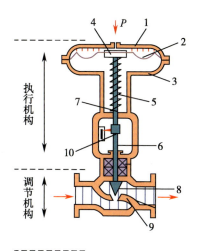

1. 上盖；2. 薄膜；3. 下盖；4. 托板；5. 平衡弹簧；6. 阀杆；7. 推杆；8. 阀芯 9. 阀座；10. 行程指针。

图 10-1　气动薄膜控制阀基本结构原理图

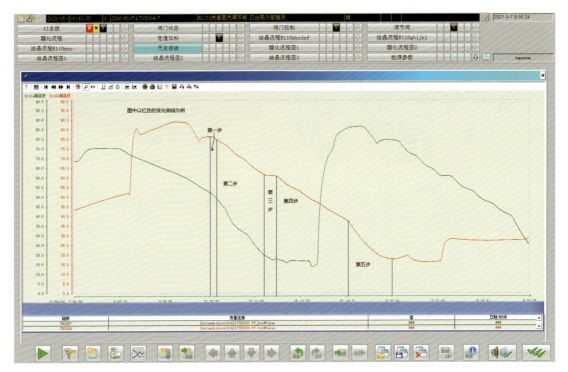

图 19-17　自动控制降温温度趋势图

图 19-22　异丙醇钾控制流程图

图 19-24　异丙醇钾工艺自动化打料设定界面图

图 19-25　异丙醇钾自动化总貌图

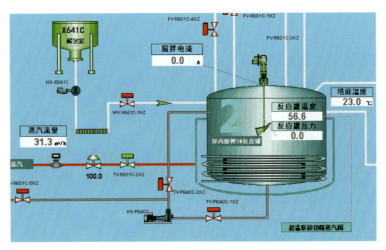

图 19-28　2# 反应罐温度调节回路图

图 19-29　2# 反应罐温度调节 PID 界面图

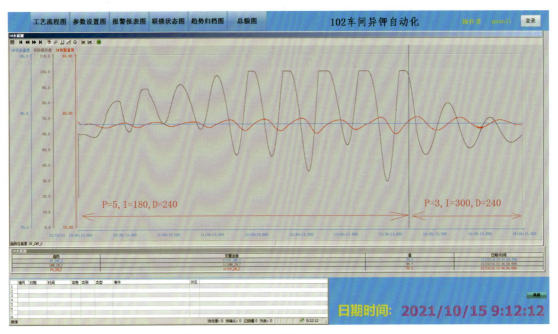

图 19-30　2# 反应罐温度调节曲线图